基层部队心理服务工作

王晓军　孙家荣　著

西北工業大學出版社

【内容简介】 本书从实际出发，共分十章对新时期我军基层部队心理服务工作的内容、方法、途径、建设以及外军心理服务工作等问题进行了全面介绍、分析和研究，为基层部队更好地开展心理服务工作提供参考与启示。

本书适合基层部队政工人员、心理服务骨干和军校学员使用。

图书在版编目(CIP)数据

基层部队心理服务工作/王晓军，孙家荣著．—西安：西北工业大学出版社，2012.4
ISBN 978-7-5612-3336-8

Ⅰ.①基… Ⅱ.①王… ②孙… Ⅲ.①军事心理学 Ⅳ.①E0-051

中国版本图书馆 CIP 数据核字(2012)第 058135 号

出版发行：西北工业大学出版社
通信地址：西安市友谊西路 127 号　　邮编：710072
电　　话：(029)88493844　88491757
网　　址：www.nwpup.com
印 刷 者：陕西兴平报社印刷厂
开　　本：787 mm×1 092 mm　1/16
印　　张：16.75
字　　数：407 千字
版　　次：2012 年 4 月第 1 版　2012 年 4 月第 1 次印刷
定　　价：38.00 元

前 言

军人心理问题自古以来就受到古今中外军事家的高度重视。早在我国春秋时期，著名军事家孙子就明确指出："三军可夺气，将军可夺心。"可见，在冷兵器时代，打击对方军心士气，导致对手产生战场心理问题与心理疾病已经成为作战中的重要方式。因此，军人职业成为最危险、最劳累、身心压力最大、最容易产生心理问题与心理疾病的特殊职业。

军人平时要承担严格的训练与管理，要完成各种非战争军事行动，要适应不同环境与行为角色，心理承受着巨大的压力与考验。在现代信息化战争中，军人心理已经成为敌方武力战、心理战打击的重点目标。如何解决军人平时和战时的心理问题与心理疾病，不断增强军人的自我心理疏导和调适能力，不断提高军人的心理健康水平，增强部队凝聚力和战斗力，已经成为世界各国军事界关注的重点问题。

20世纪八九十年代，我军就十分关注广大官兵的心理健康问题。一些部队开始进行多方面的有益探索，在心理训练、心理战、心理测试选拔、心理咨询疏导、心理治疗等领域取得了很多有价值的理论与实践成果，为我军在新时期、新阶段更好地完成各种任务奠定了良好基础，也为我军一系列条令、条例的制定提供了有价值的科学依据。近十年来，在我军颁布的一系列条令、条例中，官兵心理健康成为关注重点。2000年底，总政治部、总后勤部下发了《关于重视做好基层部队心理教育和疏导工作的意见》，明确提出了心理服务工作的八项任务和要求。2007年10月，胡锦涛总书记把心理疏导写进了党的十七大报告中，作为加强和改进青少年思想教育的重要方式。在2007年颁布的《中国人民解放军预防犯罪工作条例》中，心理疏导成为部队预防犯罪的重要方式；在随后颁布的《军队基层建设纲要》《政治工作条例》中，心理健康教育、心理疏导等成为部队新时期思想政治工作的重要方法。

2009年8月，全军在北京召开了"全军心理服务工作座谈会"。中央军委徐才厚副主席在座谈会上发表重要讲话，他说："军队心理服务工作，事关官兵健康成长和部队建设科学发展，事关部队战斗力生成和提高。近些年来，随着学习贯彻科学发展观不断深化，以人为本理念日益深入人心，各级对保持官兵身心健康越来越重视，抓心理服务工作力度越来越大，取得了明显成绩，有力促进了官兵全面发展和部队各项任务的完成。同时也要看到，经济社会快速发展，官兵成分发生新的变化，我军使命任务进一步拓展，对做好军队心理服务工作提出了更高的要求。"总政治部主任李继耐也在座谈会上发表讲话，他说："这次全军心理服务工作座谈会，是我军历史上第一次专门就加强心理服务工作召开的重要会议，对于推动军队心理服务工作深入开展，促进部队建设科学发展具有重大而深远的意义。胡主席和军委领导对这次会议非常重视，胡主席亲自审定会议方案，郭副主席、徐副主席提出明确要求。"这次座谈会的规格之高、规模之大、影响范围之广在我军发展历史上都是罕见的。这充分说明，官兵心理健康已经引起了军委最高首长的高度重视。

2009年10月，总参谋部、总政治部、总装备部和总后勤部（以下简称四总部）联合下发了

《关于加强新形势下军队心理服务工作的意见》。这是这次座谈会的一项重大理论成果，它对军队今后心理服务工作的基本原则、主要任务与内容、人才队伍建设、运行机制和组织领导问题提出了明确要求，这使我军心理服务工作有了明确的政策依据，它必将对我军官兵心理健康与部队战斗力生成与提高产生重要影响。

随着军事斗争准备工作的不断深入，基层部队官兵面临着多方面的心理压力，他们产生心理问题与心理疾病的概率不断增大，对心理服务工作的需求越来越迫切。但是，由于基层部队主官对心理服务工作的认识存在差异、基层部队心理服务专业人才较为匮乏、基层心理服务工作的理论与技术基础较为薄弱、心理服务工作机制不够完善、心理服务渠道不够畅通等问题的存在，基层部队心理服务工作一直未能扎实深入地开展起来。通过对基层部队的调查分析结果看，当前，要提高基层部队心理服务水平，切实可行的办法就是立足于现有条件，通过编写适合基层部队官兵学习的心理服务知识读本，不断向官兵普及心理服务的相关知识，对增强他们心理健康意识、提高他们开展有针对性的心理服务工作具有重要意义。在这种思路的支配下，笔者参阅了大量专业文献，并多次深入基层部队进行调查、走访，积累了丰富的第一手资料，通过深入思考、总结，历时一年时间，终于完成了本书的写作。希望本书能为基层部队从事心理服务工作的同志、有意了解心理服务工作的战友、今后到基层部队任职的军校生长干部学员提供较为专业、较为全面的心理服务理论知识。

本书基本内容是按照四总部下发的《关于加强新形势下军队心理服务工作的意见》精神组织编写的。全书共分十章，第二～九章主要从心理服务工作八个方面的主要内容进行编写；第一章主要讨论基层官兵的心理健康问题，第十章主要对古今中外心理服务工作的情况进行研究整理，为新时期基层部队心理服务工作提供新思路。

王晓军主要负责本书第一、三、六、七、九、十章及参考文献的写作、收集工作，孙家荣主要负责本书第二、四、五、八章的写作工作。

由于时间紧迫，研究、实践水平所限，书中有疏漏之处，敬请各级领导、广大基层部队官兵、心理服务同行提出宝贵意见！

著　者

2011年12月

目　　录

第一章 基层官兵的心理健康

基层官兵正处在人生发展的关键期——青年期。青年期是人的一生中心理发展变化最激烈的时期，青年人面临着一系列生理、心理、社会方面的适应问题。由于他们身心发展还不够成熟、情绪极易波动，因此很容易产生各种心理冲突、心理矛盾、心理问题、甚至心理障碍，从而使个人发展受到严重影响，为基层部队建设带来负面影响。徐才厚副主席在全军心理服务工作座谈会上明确指出："军队作为执行政治任务的武装集团，工作艰苦紧张，任务艰巨繁重，还要随时准备经受血与火、生与死的考验，更容易引发各种心理问题。特别是部队官兵中独生子女、单亲家庭的比例增大，一些青年官兵心理适应和承受能力较弱的问题进一步凸显。可以说，心理问题已成为影响官兵健康成长的重要因素，成为部队建设发展不容回避的现实问题。"为此，基层部队要深入开展心理服务工作，并将其作为加强基层部队建设的一项经常性、基础性工作。要切实抓好这项工作，基层部队必须扎实学习心理学相关知识，掌握心理服务的相关技能，开展心理服务相关活动，为基层官兵的心理健康提供良好保障。

本章主要介绍基层官兵心理健康的有关知识，它为基层官兵进一步了解掌握心理服务知识奠定良好基础。

第一节 基层官兵心理健康概述

维护基层官兵的心理健康是心理服务的重要内容。要讨论心理健康，就必须弄清楚健康的内涵。什么是健康呢？不同时代对这个问题有不同理解与认识。随着生命科学、社会科学与心理学研究的不断深入，人们对健康的认识越来越全面、越来越科学。

一、心理健康的内涵

人具备怎样的心理状态才算是健康的呢？用什么标准来衡量一个人心理是否健康呢？这是一个复杂而又必须搞清楚的基本问题，学者对它的认识与探讨经历了一个曲折的演变过程。

1. 心理健康理念的提出

1908 年 3 月，美国有一位叫比尔斯的大学生，他根据自己的亲身经历，出版了一本名为《自觉之心》的书。书中描写了他产生心理疾病、住进精神病院、受到非人对待的整个过程。他呼吁社会应该关心精神病人、改善他们的待遇，并着手开展预防心理疾病的工作。该书出版后产生了很大反响，掀起了世界心理卫生运动。1908 年 5 月，比尔斯成立了世界上第一个心理健康组织——美国康涅狄格州心理卫生协会。从此，心理健康受到社会、学者的高度关注与深入研究。

2. 心理健康内涵的演变

早期精神病学家门宁格(K. Menninger)认为："心理健康是指人们对于环境及相互之间具有最高效率以及快乐的适应情况。心理健康者应能保持平静的情绪，有敏锐的智能、适于社会环境的行为和令人愉快的气质。”

1946 年，第三届国际心理卫生大会提出了心理健康的内涵：“所谓心理健康是指在身体、智能以及情感上与他人的心理健康不相矛盾的范围内，将个人心理发展成最佳的状态。”

1958 年，心理学家英格里希(H. B. English)认为：“心理健康是一种持续的心理情况，当事者在那种情况下能良好适应，具有生命的活力，并能充分发展其身心的潜能，这乃是一种积极的丰富的情况，不仅仅是免于心理疾病而已。”英国的《简明不列颠百科全书》(1985 年)把心理健康定义为“心理健康指个体心理在本身及环境条件许可范围内，所能达到的最佳功能状态，而不是指绝对的十全十美。”我国学者对心理健康的定义是“心理健康是指生活在一定社会环境中的个体，在高级神经功能和智力正常的情况下，情绪积极稳定、行为适度，具有协调关系和适应环境的能力，以及在本身及环境条件许可范围内所能达到的最佳功能状态。”

纵观国内、外对心理健康的界定，虽然在细节上还不统一，但公认的基本观点有以下几个方面。

(1)心理健康是一种良好的心理状态，而不仅仅是没有心理疾病。

(2)心理健康是指人与所处环境必须相互匹配，所谓上什么山唱什么歌，到什么环境说什么话。

(3)心理健康具有相对性，是一种相对较好的心理状态，而不是十全十美。

(4)心理健康具有展现人心理潜能的价值，心理健康的人具有幸福感与快乐感。

总之，心理健康包括广义和狭义、积极和消极两个层面的含义。从广义上看，心理健康是指一种高效而满意的、持续的心理状态，是人在这种状态下所能做的良好适应，具有生命的活力，并能充分发挥其身心潜能；从狭义上看，心理健康是指人心理活动的基本过程内容完整、协调一致，能够顺应社会，与社会保持同步。从积极层面看，心理健康是指积极发展的心理状态，它意味着不仅要纠正一切不健康的心理倾向，更要使一个人的身心处于最佳状态；从消极层面看，心理健康是指没有心理疾病和心理障碍，这是心理健康的基本标准。

3. 心理健康的三种不同状态

心理健康是一种良好的心理状态，它与人的其他心理状态之间有连续性，人的心理状态包括以下三个连续形态。

(1)心理健康状态。处于心理健康状态的人，心情愉快，适应能力强，善于与他人相处，并能较好地完成各项工作，具有良好的情绪调节能力。

(2)心理亚健康状态。处于心理亚健康状态的人，心理出现轻度失衡，不具有应有的愉快感，与他人相处时略感困难，生活自理方面略感吃力。处于这种心理状态的人通过主动调节或在心理服务人员帮助下可恢复常态。这种心理状态也称为心理亚健康状态。

(3)心理疾病状态。心理疾病状态简称心理病态，主要表现为严重适应问题。处于这种状态的人不能正常生活、工作与人际交往，如不及时进行心理危机干预与治疗，可能会进一步恶化成精神病。处于这种心理状态的人具有心理障碍、患有心理疾病或精神病，需要专业治疗才能恢复健康。

心理健康具有相对性，任何一个人都可能在一生的某个时期经历其中的某一种状态：心理健康者可能因为某种原因出现心理问题，甚至产生心理疾病；相反，一个存在心理问题、患有心理疾病或精神病的人，如能得到有效疏导与治疗，完全可能恢复到心理健康状态。因此，心理问题、心理失衡、心理疾病如同身体的各种疾病一样，也是人难以回避的一种生存状态，正如人们常说的,“生老病死,人之常态”,这里的“病”也有心理疾病的含义。基于这种理念,我们应该以科学、平和的心态看待心理健康、心理问题、心理疾病,任何人都有可能在人生某个阶段产生心理问题或心理疾病,甚至精神病,连心理医生也概莫能外,这就如同医生也会生病一样。对有心理问题、心理疾病、精神病的人不能用歧视性态度对待,而应给予力所能及的关爱和帮助。

二、基层官兵心理健康的标准

当前,学者从各自学术观点出发,提出了各种心理健康标准,概括起来主要有以下十个方面。这十个方面的心理健康标准同样也适用于对基层官兵心理健康的判定。

1. 自我感觉良好

正确、客观的自知力是衡量一个人心理是否健康的重要指标之一。当一个人能够准确客观地评价自我心理状态时,他就具备了心理健康的基本条件。自我感觉良好是一个人具备良好自知力的具体体现,如同一个健康的人是能够对自己是否患病进行判定的。心理健康的判定与此也很类似,当某战士对自己较为自信、心情良好时,他的心理可能就是健康的;相反,当某战士自我感觉不好、情绪低落、心态很差时,他的心理可能处于不健康状态。当然,单用自我感觉良好一个指标是不能准确判定心理健康的。例如,一个妄想狂的精神病人,他自我感觉非常良好,但明显不能将其作为心理健康的依据,因为他的这种感觉没有建立在客观自觉的基础上,也没有结合其他心理健康指标进行综合判断。所以,自我感觉良好只能作为判定基层官兵心理健康的主要依据之一,而不能作为唯一依据。

2. 心理行为符合年龄特征

在心理发展的不同年龄阶段,人都有相对应的心理行为表现,从而形成不同年龄阶段独特的心理行为模式。心理健康的人应具有与大多数同龄人一致的心理行为特征。从基层官兵的年龄特点看,他们应该是精力充沛、反应敏捷、行为迅速、积极上进的,一个过于老成或过于幼稚的人,其心理行为与年龄不符,是心理不健康的重要表现。

3. 人际关系和谐

心理健康的官兵总是乐于与人交往,能够接受他人,悦纳他人,能认可别人存在的重要性和作用,在与他人交往中,能以尊重、信任、友爱、宽容、理解的态度与他人相处,能够分享、接受、给予爱和友谊,能与集体保持协调的关系,能与他人同心协力,合作共事,乐于助人。一个心理不健康的人,总是与集体和周围其他人格格不入、难以和谐相处。

4. 智力正常

智力是一个人的认识能力的总称。智力包括注意力、观察力、记忆力、想象力、思维力和创造力。其中,思维力是智力的核心,创造力是智力的最高表现。人的智力水平是通过智商(*IQ*)来衡量的。按照当前判定标准,当一个人智商分数低于 80 分时,他的心理就是不健康的;当一个人的智商分数在 90～110 分时,他的心理处于健康水平之中;当一个人的智商分数在 140 分以上时,他的心理健康处于超常水平之中。智力不正常的人很难适应不断变化的环境,也很难完成各种军事任务。

5. 情绪积极稳定

心理健康的官兵在生活、学习、训练中有愉快感,对现实生活与学习感到乐观和满意,这些积极情绪状态成为他们生活中的主导情绪,其间他们虽然也会有悲、忧、愁、怒等消极情绪体验,但这些消极情绪状态持续时间一般不会长久,当事人能够进行自我心理调节,迅速将其情绪恢复到积极情绪状态中。他们的情绪虽有波动,但不剧烈,能够保持基本稳定,并具有适度表达和控制情绪的良好能力。

6. 意志品质良好

良好的意志品质表现为意志的目的性、果断性、坚韧性和自制性。符合良好意志品质标准的基层官兵在学习、训练、执勤、战备等任务中能够不畏困难和挫折,知难而上、持之以恒;当需要作出决策时,能够毫不犹豫、当机立断;还能够为了完成任务而控制一时的冲动情绪,约束自己的言行。这符合现代军人对心理素质的基本要求。而那些刚愎自用、固执己见、优柔寡断、草率行事,做事虎头蛇尾、半途而废、行为冲动的人则属于心理不健康者。

7. 自我意识正确

自我意识对官兵的心理健康很重要。中国古代哲学家老子说过:"知人者智,自知者明。胜人者有力,自胜者强。"自知与知人是智慧与聪明的表现。一般而言,心理健康的官兵具有正确的自我意识,能体验到自己存在的价值,能够了解自己、接受自己,有自知之明,能够对自己的能力、性格优缺点作出恰当、客观的评价,对自己不提出苛刻的、过分的期望与要求,对自己的生活目标和理想能够准确定位,即使对自己无法补救的缺陷,也能科学分析、正确面对。那些过度自卑、自负的人都是自我意识不正确的具体表现。

8. 人格健全

人格是一个有多重含义的心理学术语。它是个体在行为上的内部倾向性,表现为个体适应环境时在能力、气质、性格、需要、动机、价值观和体质等方面的整合,是具有动力一致性和连续性的自我,是个体在社会化过程中形成的给人以特色的身心组织。它使人具有独特身心面貌,是人身心特点的综合,也就是平时所说的个性概念。它具有整体性、稳定性、独特性与社会性的特点。心理健康者的人格是统一的、稳定的。如果知道一个人具有某些个性特征,就可以预见他的行为取向。如果一个人的行为表现不是一贯的、统一的、稳定的,则说明他可能存在某种人格健康方面的心理问题。

9. 环境适应良好

对环境的适应能力是人赖以生存的最基本条件,适者生存是生物进化的普遍规律。在基层官兵的职业生涯中,军营内、外环境是不断变化的,有时变化还很大。因此,军人职业就要求基层官兵能对各种变化做出迅速、适当的适应性反应。而对变化着的环境能否适应,是心理健康与否的重要标志。有的基层官兵心理适应能力较差,环境一改变,就容易产生紧张、焦虑、抑郁、失眠等不良身心反应;有的基层官兵则适应能力良好,对各种不同环境变化都能很快适应,并能随遇而安。这是心理健康的具体表现。

10. 热爱生活和工作

心理健康的基层官兵是热爱生活和工作的,相应的,热爱生活和工作的基层官兵,其心理也是健康的。一个对生活充满希望、理想,珍惜生活中的每一刻、追求幸福、事业心强、积极进取、喜欢工作、渴望成才成功的基层官兵,其心理也一定是健康的。相反一个厌恶工作、没有理想和追求、工作标准很低、无所事事、看破红尘的人,其心理一定存在某种问题。

基层官兵心理健康标准是一个须慎重对待的重要问题,只有进行全面、准确的理解,才能正确地把握与使用这一标准。对此,需要明确以下四个方面的问题。

(1)不能把心理不健康与有不健康的心理和行为表现等同。心理不健康是指一种持续的不良状态。偶尔有一些不健康的心理和行为并不等于心理不健康，更不等于有心理疾病。因此，不能从一时一事的不健康行为表现就给自己或他人下心理不健康的结论。

(2)心理健康与不健康不是泾渭分明的对立面，而是一种连续状态。从良好的心理健康状态到严重的心理疾病之间有一个广阔的过渡带，心理健康与不健康只是程度的差异而已。

(3)心理健康状态不是固定不变的，而是动态变化的过程。随着基层官兵年龄不断增大、经验不断累积、环境不断变化，他们的心理健康状况也会有所改变，维护心理健康的能力也会逐步增强。

(4)心理健康标准是一种理想尺度，它为基层官兵提供了衡量健康的一种尺度，同时也为他们指明了促进心理健康的奋斗方向。

三、基层官兵心理健康的基本判定方法

在平时工作中，基层官兵心理健康的判定主要有以下四种基本方法。

1. 主观经验判定法

主观经验判定法主要有两种含义：一是求助者根据自己的主观体验和感受来判断自己心理是否有问题。焦虑、抑郁、恐惧、强迫行为等是人们能够经常感觉到的不健康心理与行为。二是心理疏导的专业经验。心理服务工作者根据求助者的心理状态和行为表现，结合自己的专业实践经验来进行判定。

主观经验判定法是最简便、最直接的判定方法，它与基层官兵心理健康的第一条标准——自我感觉良好——相对应，因此，它在心理疏导的诊断与基层官兵心理健康的自我判定中运用得最为广泛。但是，这一方法的主观随意性较大，稍不谨慎就有可能造成错误判断。有些有心理问题的人并没有痛苦感：例如，反社会型人格障碍和严重的精神分裂症病人可能自我感觉良好，而实际上却已经存在严重精神疾病。而另外一些人能体验到痛苦的感受，却并不能立刻认定他的心理就是不健康的，例如，身患重病或处于饥饿状态的人。

2. 社会适应判定法

社会适应是指一个人对社会环境的应对与顺应，主要表现在自理、人际沟通与交往等方面。心理健康者能按照社会生活的需要主动适应社会环境，即按照社会准则和道德规范行事，其心理与行为符合一般社会规范。如果一个人不能按照社会认可的方式行事，其行为有悖于社会常规以至使人感到难以接受，则被判定为心理不健康者。例如，一个人行为怪僻、离奇，不能为常人所理解，行为不符合年龄特征、地位、身份、当时环境的要求等，都可被视为心理不健康者。

社会适应判定法容易掌握，适用范围较广。但是当使用这种判定方法时，必须充分考虑不同时代、不同地区、不同社会习俗、不同文化背景等因素，如不根据实际情况，一律用此时此地此人的判定标准，也会造成误判漏判。

3. 统计分析判定法

基于心理不健康是相对于心理健康而言的。统计分析判定法是以社会绝大多数普通人心理状态的平均值为判定标准(常模)，根据求助者的心理状态是否偏离这一平均值以及偏离程度来判定的。在一个社会群体中，心理健康与心理不健康的人数在统计学中是呈正态分布的：居中的大多数人属心理健康者，而远离中间的两端则被视为心理不健康和心理超健康者(见图1.1)。

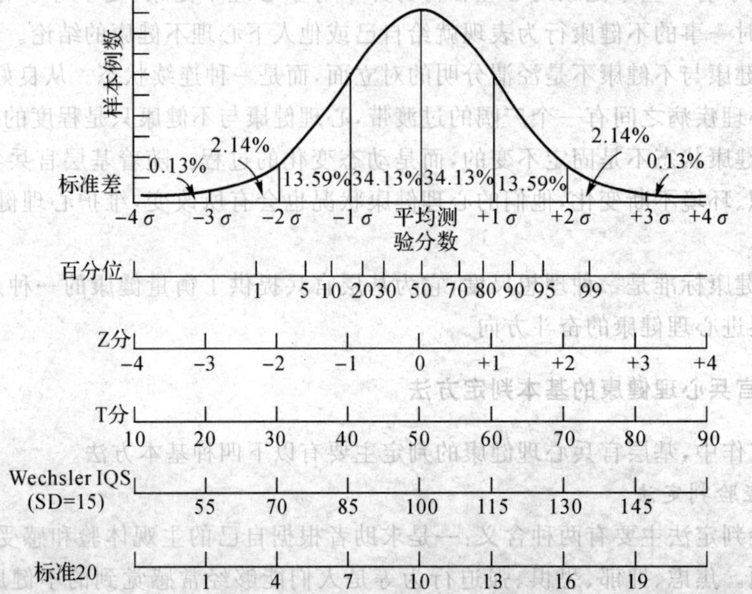

图 1.1　智商分数的正态分布图

由于统计分析判定方法是用数量化的方式来衡量心理健康问题的,因而具有一定的科学性,使用时简便、客观和便于比较。但也因为统计分析判定方法的专业性较强,所以在具体操作时有一定难度。同时,其理论本身也存在一些不足。例如,并不是所有心理健康因子都呈现正态分布,而且即便是呈现正态分布,也不是远离中间平均值的人都是心理不健康者。这一点从图 1.1 所示中就可明显地看到:偏离中间平均值的高智商者就不能被看做是心理不健康的人。

4. 临床症状判定法

任何心理异常都有致病的原因和典型的临床症状。通过鉴别求助者身上是否存在这些致病的原因和典型的临床症状,就可以判定他(她)心理是否异常。例如,妄想、幻觉是精神分裂症的重要临床症状;精神疲惫、注意力难以集中、易烦恼、易激惹、入睡困难、多梦易醒、学习效率低下、回忆和联想增多等则是神经衰弱的典型临床症状。

由于临床症状判定方法强调可观察的症状,因而比较客观和可靠。但由于人类对心理异常的研究还不够充分,一些症状不典型、不清晰的心理异常,很难甄别。当使用这种方法时,应对判定的心理异常问题充分考证,在掌握大量临床经验的基础上才能够有限度地使用。

以上四种心理健康判定方法都有优点和缺陷,实际使用时,可结合具体情况加以综合运用,以便相互印证、取长补短。

四、维护基层官兵心理健康的重大意义

1. 有利于基层官兵顺利完成军事任务

在平时,军人心理健康水平影响着学习成绩和训练效果;在战时,军人心理健康水平直接影响部队战斗力。

第二次世界大战期间,精神障碍性减员的发生率比第一次世界大战的高 3～4 倍。1973

年的中东战争，以色列军队战斗应激反应造成的减员占战斗减员的30%以上。1982年，以黎战争双方军队战斗应激反应造成的减员占战斗减员的15%～20%。在海湾战争中，美军阵亡389人，伤467人，而患战斗精神病的人竟达541人。美军预测，在未来信息化战争中，心理疾病减员将占总减员的10%～15%。

美军事心理学家阿雷尔（Arel）对美军在历次战争中的心理与行为进行研究后发现，有80%～90%的参战者有明显的恐惧情绪表现。恐惧情绪发生时还会产生较为强烈的生理反应，如心跳加速、血压升高、呼吸急促、出虚汗、肌肉痉挛、四肢僵硬、动作失调等，其中，25%的作战人员发生呕吐，10%～20%的作战人员大小便失禁。美军最新研究结果也预测：在未来信息化战争中，作战初期的30 d内，4名减员中至少有1名是因心理疾病而造成的减员。如果作战持续并伴有核生化武器威胁，则心理疾病造成的减员与战斗减员的比例将从1∶3增加到1∶2；当高强度作战持续超过30 d时，心理疾病造成的减员将超过战斗减员。

作战人员的心理状态异常会引发不良身心反应，进而会严重影响他们对精密的信息化武器装备的操作。有研究结果显示，信息化武器装备在使用过程中出现的事故很大程度上是由于操作人员对战争的恐惧、紧张情绪造成的。因此，健康的心理状态有利于官兵顺利完成军事任务，而不健康的心理状态则会影响官兵完成军事任务的质量。

2. 有效减少身心疾病和恶性事故

由于社会生活日益纷繁复杂、部队军事训练的压力越来越大，基层官兵随时面临着来自各个方面的心理刺激，很容易产生各种心理健康问题。因此，部队要高度重视基层官兵的心理健康问题，采取心理咨询与疏导措施，开展心理服务工作。首先，可引导他们较好地处理各种心理矛盾，提高心理承受能力，使他们在挫折与困难面前具备良好应对状态，有效预防心理疾病的发生。其次，基层官兵的心理健康对身体健康也具有良好的促进作用，心理健康的官兵身体免疫能力会极大增强，身体产生疾病的概率会大大降低，这对提高官兵学习训练效率、减少部队医疗费用无疑具有重要作用。最后，心理健康对部队的安全管理也具有重要意义。情绪不稳定，心态恶劣等不健康心理很容易使当事人产生极端行为，引发各种重大事故。近年来，部队发生的恶性事故多与当事者的不良心理状况有着密切关系。

3. 有利于基层官兵的成长成才

心理健康是基层官兵顺利接受思想政治教育、学习科学文化知识的前提，是服役期间正常学习、训练、交往、生活、发展的基本保证。如果一个战士经常处于焦虑、郁闷、孤僻、自卑、犹豫、暴躁、怨恨、猜忌等不良心理状态中，则他的学习、工作和生活会受到严重干扰，难以充分发挥个人潜能，更难以取得成就、获得发展。一个战士在心理健康上多一分弱点，他的成长和发展就多一分限制和障碍，他的生活和事业就少一分成就和贡献。

4. 有利于构建和谐军营

2006年10月，党的十六届六中全会通过了《中共中央关于构建社会主义和谐社会若干重大问题的决定》（以下简称《决定》）。该《决定》明确提出："注重促进人的心理和谐，加强人文关怀和心理疏导，引导人们正确对待自己、他人和社会，正确对待困难、挫折和荣誉。加强心理健康教育和保健，健全心理咨询网络，塑造自尊自信、理性平和、积极向上的社会心态。"《决定》把心理和谐作为构建社会主义和谐社会的重要内容，和谐军营是构建社会主义和谐社会中的一个方面。要构建和谐军营，就必须不断促进基层官兵的心理和谐，只有实现基层官兵的心理和谐，军营才能真正和谐，全社会也才能够实现和谐。心理和谐其实就是心理健康状态，心理和谐的人就是心理健康的人。在新世纪新阶段，只有不断提高官兵心理健康水平，才能使他们心理和谐，才能构建和谐军营，也才能为构建社会主义和谐社会做贡献、做表率。

第二节　基层官兵常见心理问题

基层官兵常见心理问题是指他们在基层部队日常学习、训练、生活中经常遇到的、导致适应不良的心理问题。它属于一般性心理问题，是正常人心理暂时失调的一种状态，而不是心理疾病，更不是精神病。它与思想道德问题有一定联系，但又不属于思想道德问题。对它的处理应以自我心理调适为主，基层干部的心理教育和专业人员的心理疏导与心理咨询也能起到较好的作用。

一、基层官兵常见心理问题类型

了解基层官兵常见心理问题的一般表现、类型、产生成因和自我心理调适方法，对于维护他们的心理健康、提高他们的心理素质、促进部队安全管理、提高部队学习训练效率、激发部队士气具有十分重要的作用。基层官兵常见心理问题主要有以下几种类型。

1. 适应问题

从老百姓到军人、从战士到班长、从一个单位调到另一个单位、从一种工作岗位到另一种工作岗位，基层官兵要经常面对新情况，扮演新角色，执行新任务，适应新环境。在这个过程中，他们会产生与适应相关的心理问题，例如，新兵入营后的心理适应、服役期间角色变换的心理适应、日常行为习惯的心理适应、任务转化中的心理适应、人际环境的心理适应、退役时的心理适应等问题。其中，以新兵入营后一周到两个月之间的心理不适应，表现得最为集中、最为明显。具体表现：①对部队快节奏的学习、训练、生活不适应，产生紧张、焦虑等不良情绪；②对部队严格管理不适应，心理压力大，产生无所适从感；③对艰苦环境、高强度训练不适应，产生心理疲劳感；④对新的人际环境不适应，远离亲人与朋友，产生孤独感、寂寞感。

2. 自我意识问题

自我意识是一个心理学概念，它最早是由美国著名心理学家詹姆斯(W. James)于1890年首次提出来的。它是指一个人对自己的意识，也即对自我的意识，简称“我”对“我”的意识。自我意识属于人格心理结构中的重要成分，也是个人心理发展到一定阶段的产物，并对人格的形成与发展产生重要影响。自我意识主要包括三个层面：①人对自己身体、生理状态的认识与体验，如身高、体重、容貌等，这是生理的自我意识；②人对自己的智慧、能力、个性的认识，这是心理的自我意识；③人对自己和客观世界的关系，尤其是与他人关系的认识，这是社会的自我意识。自我意识包括自我认识、自我体验和自我控制三种心理成分。

青年时期是自我意识发展的关键时期，青年官兵在自我发展中，既存在着自我认识、自我评价与实际情况之间的差距，同时又存在理想自我与现实自我的差距。这不仅反映了青年官兵对理想自我的追求和对自尊、自强的渴望，同时也预示着他们的自我意识发展将经历困难和挫折。心理学研究结果表明，理想自我与现实自我之间的过度差距是导致人产生心理问题的重要原因之一。如何协调理想自我与现实自我的差距、如何正确看待自己的优点与缺点、怎样正确看待别人对自己的评价，这些问题是青年官兵面临的一个个非常现实而又紧迫的问题，如果处理不好这些问题，就会产生一系列与自我意识有关的心理问题：如过度的自我接受与过度的自我拒绝，即自恋、自卑；过强的自尊与过度的自卑，如过度虚荣、自我封闭、自我中心、从众心理等；过分独立意识与过分逆反心理，如固执、倔强。其中，最有代表性的是自卑心理。

自卑是指自我评价偏低、自愧无能而丧失自信，并伴有自怨自艾、悲观失落等消极情绪体验的心理倾向，自卑的人往往不自觉地过分夸大自身缺陷，甚至毫无根据地臆造出自己的很多缺点，习惯用自己的缺点与别人优点比较，将自己看得一无是处。基层官兵自卑心理主要表现在以下方面。

(1)消极的自我评价。具体表现是，官兵对自己生理条件(外貌、身高、体格等)和学习、训练、交往等各方面能力的评价较低，总认为自己各个方面都明显不如他人。

(2)自我评价超概括化或泛化。少数具有自卑心理的官兵容易将某一方面原因造成的自卑心理泛化到其他方面。例如，有的战士由身体引起的自卑心理很快使他感到自己的言谈举止、社会交往能力、智力等心理条件均不如别人。

(3)具有过度的敏感性和掩饰性。具有自卑心理的官兵往往对自己的不足和别人对自己的评价非常敏感，常把别人与自己无关的言行看成是对自己的轻视。由于担心自己的缺陷被人知道，因而常加以过度掩饰或否认，表现出极强的虚荣心，常用回避与别人交往的方法来避免别人看出自己的缺陷和不足。

3. 人际交往问题

基层官兵日常的人际交往以及在交往基础上建立起来的人际关系不仅直接影响他们服役期间的学习、训练和生活，而且还会直接影响他们的心理健康。

人是社会性的群居动物，亚里士多德(Aristotle)曾经说过："一个人不与他人交往，不是神就是兽"。人际交往是人获得信息、相互学习的重要方式，也是人获得幸福与快乐的一种途径，是心理健康的重要体现，也是心理健康的基本条件。良好的人际关系使人获得安全感和归属感，得到支持与理解，给人以精神的愉悦和满足，促进了人的心理健康；不良的人际关系使人感到压抑和紧张，承受孤独与寂寞，身心健康受到严重损害。基层官兵人际交往问题的主要表现是缺少知心朋友、难以与别人交往、与他人交往过于平淡、感到交往有困难、不想交往、甚至产生社交恐惧等。其中孤独和猜疑是影响人际关系的重要因素。

猜疑心理是一种由主观推测而产生的不信任的复杂情绪体验。猜疑心重的人往往疑心重重，无中生有，认为人人都不可信，人人都不可交。猜疑心理是官兵人际交往中的一种消极心理。例如，有的战士在发展进步中遭遇挫折、愿望不能实现时，便疑心谁跟自己过不去；当受到领导批评时，总是疑心谁向领导打了小报告，疑心别人使绊子，疑心与自己有过节的人伺机报复等；甚至有极少数官兵在他人对自己稍微表现出一丝异常，就怀疑他人对自己有成见。个人一旦掉进无端猜疑的陷阱中，必定处处神经过敏，事事捕风捉影，从而失去了对战友的信任，对自己也心生疑窦。这样既损害正常的人际交往，又影响个人的心理健康。

孤独心理是因缺乏与他人交流而产生的孤单、寂寞的情绪体验。孤独感并不只在一个人独处时产生，那些虽有表面接触，但缺乏真正交流的人，往往感到真正的孤独。他们不管是置身于人群，还是独居一室，只要对周围的一切缺乏了解，不与他人交流沟通，就会产生孤独感。新战士初到连队，人生地不熟，如果没有人主动同他交流思想感情，理解体贴他们，而他们自己又不善于主动与别人交往，就很容易产生孤独感。严重的孤独感会使人产生挫折感、狂躁感、冷漠感等，令人心灰意冷，严重的还会厌世轻生。

4. 性心理问题

基层官兵常见的性心理问题主要包括性意识困扰、性行为心理困扰、异性恐惧等。

(1)性意识困扰。常见的性意识困扰包括被异性过度吸引、常想到性问题、性幻想、性梦等表现。常想到性问题是指当遇到异性时，产生与对方有关的性意念、体验性冲动等，或是当阅读与性有关的书刊时，产生对性的臆想。

性幻想通常表现为在某特定因素诱导下，自编、自导、自演与异性交往内容有关的幻想。性幻想可导致生理上的性兴奋、性器官充血，也可出现性高潮现象。

性梦是指人进入青春期后梦中出现与性内容有关的梦境。一般认为与性激素达到一定水平、睡眠中性器官受内外刺激、潜意识的性本能活动等因素有关，性梦中可伴有男性遗精，出现性梦一般较为正常，但频繁做性梦就不正常了。

由于认识的偏差，常常造成青年官兵的性意识困扰，出现不同程度的心理冲突，表现有焦虑、厌恶及内心不安、恐惧、自责等。严重者还可出现失眠、注意力不集中、情绪抑郁、不愿与人(尤其是异性)交往，并陷入焦虑、矛盾、困惑和苦闷的不良情绪之中，影响基层官兵的日常学习、训练和生活，甚至会干扰官兵身心的健康成长。

(2)性行为心理困扰。从人的性生理发育的角度看，进入青春期，随着性生理成熟，在性本能驱动下，青年人会发生某种性行为。但由于种种原因，这些性行为活动在事发当时或事隔多年之后，对部分人构成了心理困扰，并产生了不良影响。

手淫是构成青年人心理困扰的重要方面之一，而大众对手淫行为的生理和道德评价的误区是导致青年人产生心理问题的主要原因。相关调查统计发现，手淫后40%的男性产生焦虑不安情绪，31.8%的男性对手淫持否定评价，认为是恶习、坏毛病，属于有害行为。

(3)异性恐惧。异性恐惧者一方面在异性面前感到异常紧张和恐惧；另一方面，又强烈渴望与异性接近。这种矛盾心理有的鲜明存在于意识之中，有的埋藏于潜意识里，由此带来心理冲突并伴有严重的焦虑情绪，甚至出现异性关系妄想等心理障碍。异性恐惧主要表现：在异性面前产生赤面恐惧(面红耳赤)、视线恐惧(目光紧张、竭力回避目光接触)和面部表情恐惧(面部肌肉紧张、表现不自然)等。

5. 情绪问题

处于青年期的官兵会因为各种原因产生这样那样的情绪问题。例如，在训练中产生紧张、焦虑、恐惧等不良情绪；在学习中产生急躁、畏难、烦闷、心理疲劳等不良情绪；在生活中产生空虚、烦恼、压抑、抑郁等不良情绪；在人际交往中产生胆怯、敌对、攻击、挫折、孤独等不良情绪。由于基层官兵缺乏必要的自我心理调适技巧，面对这些不良情绪，他们往往手足无措、应对不当，结果可能陷入更深更大的情绪困扰之中而难以自拔，产生更为严重的身心问题。心理学研究结果表明，即使没有任何导致人产生消极情绪的外在原因，人的情绪也呈现周期性变化的特点，即每隔28 d，人的情绪会出现一个低谷与高峰。对个人而言，问题不在于如何回避消极情绪，而在于当人面对消极情绪时应如何采取合理方式化解它。

6. 个人发展问题

基层青年官兵正处在人生发展的关键时期，官兵们都有自己的人生理想与人生设计，但由于内在能力素质或外在条件所限，一些官兵的人生理想定位不准确、难以实现，导致他们产生各种心理问题。例如，一些官兵对人生产生迷茫、彷徨心理；一些官兵因客观原因而难以达到自己设定的目标，产生挫折心理，出现攻击行为；一些官兵因为送学、转士官、提干、立功受奖等难以如愿，产生压抑、苦闷、恼怒、挫折等各种消极不良情绪。这些心理问题都是基层官兵人生发展过程中常遭遇的问题，如果帮助疏导得当，官兵会迅速摆脱心理困扰、获得新的发展机遇，身心也会越来越成熟；相反，如果在他们人生关键时期得不到应有的帮助，他们很可能陷入孤立无援的困境，产生更严重的心理问题、心理疾病、精神病，严重者甚至会做出自杀、犯罪等恶性事件。

7. 人格问题

对社会生活适应良好的人格被称为正常人格，适应不良的人格称为不良人格，具有不良人格的人属于有人格问题的人。人格问题包括很多类型，如爆发型人格、偏执型人格、分裂型人格、强迫型人格、依赖型人格、反社会型人格、自恋型人格等。人格问题绝不是一朝一夕形成的，而是长时间逐渐累积而成的，因此容易为人所忽略，解决起来也很困难。

一般而言，基层部队官兵中有人格问题的人以偏执型人格、强迫型人格与自恋型人格比例稍多。

偏执型人格的主要特点是极度过敏，对侮辱和伤害耿耿于怀；心理与行为固执死板、敏感多疑、心胸狭窄、嫉妒心强、自以为是、自命不凡；对自己能力估计过高，但同时又很自卑，总认为别人存心不良，人际关系较差。

强迫型人格的主要特点是对自己要求严格和完美，具有强烈的自制心理与自控行为，有不安全感、过分追求完美，但又墨守成规、谨小慎微、遇事优柔寡断、难以做出决定。不能平易近人、缺乏幽默感。

自恋型人格的主要特点是喜欢指使他人，不能以平和心态对待他人善意的批评。过分自高自大，希望受他人关注，极度渴望成功、权力、荣誉与他人赞美，嫉妒心强、缺乏同情心。

人格问题不仅会影响基层官兵的人际交往，而且还会影响他们的学习、训练与生活，严重者还会影响部队管理与建设。因此，基层官兵的人格问题应受到高度关注。

8. 学习训练问题

对于基层官兵而言，学习与训练无疑是主要任务。但在实际中，部分官兵学习训练不得法，学习训练成绩提高缓慢，由此引发急躁、焦虑等不良情绪。例如，部分官兵的学习训练动力不足，学习训练兴趣较弱，怕学习怕训练，甚至产生逃避学习、训练的想法与行为；部分官兵好胜心强、渴望成功，很容易产生考试、比赛焦虑；还有部分官兵容易在训练场上产生器械恐惧、过度紧张、行为失调等心理问题，造成训练伤。学习训练问题是基层官兵常见的一种心理问题。

9. 身心问题

身心问题主要是指因身体问题而引发心理问题，或因心理问题而引发身体问题的现象。例如，少数官兵因患病而产生紧张、焦虑、抑郁、恐惧、急躁等不良情绪，从而引发心理问题；或因各种心理问题而导致身体问题，如失眠、厌食、神经性皮炎、偏头痛、荨麻疹等问题均属心因性疾病，即由心理问题而导致生理问题，从而对身体健康产生负面影响。

二、基层官兵常见心理问题产生原因分析

基层官兵产生心理问题或心理疾病的原因是多方面的，综合分析主要有以下方面。

1. 早期经验与家庭环境

心理学家认为，个体早期经验对其心理的发展起着十分重要的作用，而个体早期经验又与

其家庭教育和生长环境密切相关。心理学相关研究表明，那些在单调、贫乏环境中成长的个体，心理发展受到阻碍，潜能受到抑制，容易出现较为严重的心理问题。如果他们错过了心理发展关键期，这些心理问题会成为心理创伤或心理阴影，终生都难以修复；相反，那些接受丰富刺激、受到良好照顾的个体，其心理发展顺利，心理健康，他们在今后工作中大多表现突出，在心理测试中也是佼佼者。

此外，儿童时期与父母的关系以及父母对儿童的态度也是影响个体心理健康的重要因素。这种母婴关系、儿童与父母的关系对个体未来人际关系和社会适应产生很大影响。个体如果能够在儿童时期与父母建立和保持良好关系，对其以后的社会适应和人际交往有着积极的促进作用；相反，如果个体在儿童时期不能与父母建立这种亲密关系，或者与父母过早分离等都会对他们以后成长产生消极影响。

国内外心理学家对恐怖症、强迫症、焦虑症和抑郁症这四种神经症的个体进行的早期家庭关系的调查研究表明，这四种求助者的父母与心理健康个体的父母相比，前者表现出较少的情感温暖，较多的拒绝态度，或者较多的过度保护或过度惩罚。在个体的早期发展中，父母的爱、支持和鼓励容易使他们建立起对最初接触者的信任感和安全感；而这种信任感和安全感的建立保证了子女成年后与他人的顺利交往。而儿童时期的这种信任感和安全感的缺乏会使个体在发展中逐渐形成一种孤独、无助的性格，难以与人相处，容易产生心理问题，特别容易产生人际交往问题。同时，父母对子女的过分保护和过分严厉，也同样会影响他们的独立性以及自信心的发展。在这种家庭环境长大的人，在以后的发展中也会产生过分依赖或过分自我谴责的心理倾向。

2. 生活事件

20 世纪 30 年代，加拿大生理学家汉斯 · 塞里（H. Selye）提出了应激理论，他在这一理论中首次提出了生活事件概念。20 世纪 60 年代，美国心理学家霍尔姆斯（Holmes）编制了社会重新适应量表，对人经历的生活事件进行定量评定。1986 年，我国心理学者杨德森、张亚林编制了生活事件量表（LES），该量表主要对受测者心理问题产生的原因进行分析评定。

生活事件指的是人们在日常生活中遇到的各种各样的社会生活的变动，如结婚、升学、亲人亡故等。生活事件不仅是测试心理应激的一种方法，也是预测心理健康的重要指标之一。例如，心理学研究表明，即使是中等水平的生活事件，如果连续、叠加发生，它们对个体心理抵抗力的影响就可以产生累积效应，最终导致人产生心理问题、心理障碍。

在对生活事件与心理健康之间的关系进行解释中，心理学家认为，由于生活事件的产生增加了人适应环境的压力，人每经历一次生活事件，都要付出精力去调整由于这一事件的发生所带来的生活变化。当人在某段时间内遭遇很多生活事件时，生活事件对个体的影响作用就会累加，心理应激也会随之增加，人心理不健康的概率就会增大。奥斯特罗（Ostrow）等人曾对 1 036名大学生进行调查，得到心理问题与生活事件的相关系数为 0.39 左右，多元回归的决定系数为 0.15，这表明心理障碍或精神病理变异中可用生活事件解释的部分占 15%。

军内相关研究也证实，生活事件也是影响基层官兵心理健康的重要因素之一。这些生活事件涉及学习训练（考试失败或比武成绩不理想、部队驻地环境艰苦、自由支配时间过少等）、人际关系问题（上、下级关系紧张）、军地差异问题、评功评奖、职务晋升等问题。这说明新时期基层官兵面临的生活事件也是多种多样的。

3. 特殊的人格特征

每个人都有自己独特的人格特征，它对人的心理健康产生非常明显的影响。由于人总是依其人格特征来应对各种应激刺激，并建立对紧张性刺激的反应方式，因此，特殊人格特征往往成为导致某种心理问题或心理障碍的内在因素。例如，强迫型神经症中的特殊人格被称为强迫型人格，其具体人格品质是谨小慎微、求全求美、自我克制、优柔寡断、墨守成规、拘谨呆板、敏感多疑、心胸狭窄、事后容易后悔、责任心过重和苛求自己等。这就是为什么同样的心理致病因素作用于不同人格特征的人，可能产生完全不同的结果；而同样心理疾病发生在不同人格特征的人身上，其病情表现、病程长短和结果又都不同。因此，培养健全人格已成为心理卫生、心理教育，预防心理疾病或精神病的一项重要任务。

相关研究表明，基层官兵心理健康与艾森克(Eysenck)提出的神经质、精神质人格特征呈高度正相关，与内、外向人格特征呈负相关：情绪越稳定、行为越随和、性格越外向者心理健康问题越少；情绪越不稳定、行为越古怪、性格越内向者，心理健康问题越多。逐步回归分析进一步证实，基层官兵心理健康首先与人格特征中的神经质关系最密切，其次为内、外向性质，最后为精神质。这一研究结果显示，基层部队应高度重视官兵良好人格品质的培养。

4. 应对方式

当人面对生活事件的压力时，自然会采用一定的方式来应对环境压力。人在应对压力性事件中采用的应对方式是不同的，同一个人在不同情况下所用的方式也会有差异。随着人的心理不断成熟，他们会逐步形成固定的应对方式。应对方式一般可分为四种类型：

(1)策略控制型。即人通过发挥自己的主观能力，有计划、有策略地控制、处理事件，消除环境压力；

(2)随机处理型。即没有准备地，随着压力的出现而纯粹应付性地处理遇到的事件；

(3)回避压力型。即对压力事件总是采取逃避、回避的方式来对待；

(4)依赖寻求型。即当遇到压力性事件时，依靠家人、朋友来帮助应对压力。

策略控制型和随机处理型是对事件一种积极的应对方式，是心理成熟与健康的具体表现；而回避压力型和依赖寻求型的处理方式则是一种消极的应对方式，是心理不成熟、不健康的具体表现。

对应对方式与心理健康关系的研究表明，积极的应对方式与心理健康密切相关，它能有效减轻生活事件的影响，对心理健康有益；而消极的应对策略与抑郁和恐惧等心理问题密切相关。

5. 军人职业的影响

军人职业作为一种特殊的职业，其职业活动特点对基层官兵的心理健康也会产生较大影响。军人职业主要具有以下特点。

(1)危险性大。军事行动充满了危险性。在战时，每个军人都冒着生命危险参加战斗，战争中充满了许多危险因素；在平时，军人也经常要执行急难险重任务。大量危险因素的存在使军人不同程度地产生心理紧张感，面临威胁生命的危险情境，军人还会产生应激反应，甚至出现心理异常。

(2)时间紧迫。在战争和平时执行特殊任务(如抢险救灾等)中，部队需要具有快速反应能力。军事行动也要求每名官兵产生强烈的时间紧迫感，从而使他们产生各种心理应激反应。

(3)心理负荷大。军事活动中大强度的训练、连续作战、跋山涉水、身负重物、睡眠不足、缺乏食物、水等刺激，不仅使官兵体力负荷不断加大，而且使他们的心理负荷也远远超出普通人。由于心理素质存在差异，部分官兵心理活动会在此期间出现异常表现。

(4)情况不明。在现代信息化战争中，敌我双方往往封锁消息，隐真示假，迷惑对方。由于情况不明，官兵心理就会缺乏安全感，产生紧张、焦虑、不安的心理感受。

(5)活动易受挫。由于训练、作战、执行特殊任务等军事活动对官兵能力、体力均有较高要求，因而总有一些官兵在军事活动中遭遇挫折，个别官兵还会因军事活动而伤亡，这些刺激都会使官兵在心理上产生挫折、痛苦、自责、丧失信心等不良情绪反应。

(6)工作责任大。由于客观条件和主观因素的限制，有些官兵难以圆满地完成任务，他们就会感到没有尽到职责，特别是看到其他官兵立功受奖，自己却受到批评指责时，就会深感内疚和不安，其中少数官兵还可能产生严重心理问题与心理疾病。

当基层官兵产生心理问题时，主要的解决途径包括开展自我心理疏导、接受专业人员的心理服务，如心理知识普及教育、心理测试评估、心理训练、心理咨询与疏导、心理诊断与治疗、心理危机干预等。这些心理服务工作均有助于增强基层官兵心理素质，提高他们的心理健康水平，为使他们更好地完成多样化军事任务提供坚强心理保障。

第二章 基层部队心理知识普及教育

2009年8月，总政治部主任李继耐在全军心理服务工作座谈会上明确指出："帮助官兵掌握心理知识，是有效预防心理问题、培养良好心理素质的重要基础。一些官兵不能正确看待的心理现象，甚至出现心理问题，大多与不了解心理知识有关。开展心理服务工作，首要的是要向官兵大力普及心理知识。要把心理知识作为思想政治教育、科学文化学习、院校教学和各类培训的重要内容，教育引导官兵系统了解心理科学的基本知识，增强维护心理健康意识。"同年，四总部《关于加强新形势下军队心理服务工作的意见》(以下简称《意见》)指出的心理服务工作的主要任务和内容，第一项就是"抓好心理知识普及教育"，明确规定了基层部队心理知识普及教育的目标、形式等。实践也表明，在基层部队开展心理知识普及教育是心理服务最基础的工作，是培养官兵良好心理素质的重要前提和基础，是促进官兵发展和部队全面建设的奠基工程。

第一节 基层部队心理知识普及教育的内涵和意义

为了科学开展心理知识普及教育，必须首先明确基层部队心理知识普及教育的内涵，提高对基层部队心理知识普及教育意义的认识。

一、基层部队心理知识普及教育的内涵

1. 何谓心理知识普及教育

所谓心理知识普及教育，是根据个体生理、心理发展特点，有目的、有计划地运用有关心理学的方法和手段，对个体(团体)的心理施加影响，培养其良好的心理素质，促进其身心全面和谐发展的教育活动。基层部队心理知识普及教育，是以心理学的理论和技术为主要依托，结合基层部队担负任务和教育教学训练工作，根据官兵生理、心理发展特点，有目的、有计划地向官兵传授心理科学知识，培养官兵良好的心理素质，开发官兵心理潜能，促进官兵身心和谐发展和素质全面提高的教育活动。简而言之，心理知识普及教育就是维护和增进官兵心理健康的教育活动。

2. 正确理解心理知识普及教育的内涵

(1)心理知识普及教育是以教育的形式达到提高心理素质、促进心理健康的目的的，既包含培养心理素质，又包含维护心理健康；既保证官兵具有健康的心态，又能使他们在此基础之上不断挖掘心理潜能，激发学习训练热情，不断提高作训效率。

(2)心理知识普及教育的工作对象是全体官兵。心理知识普及教育是一种以生存与发展为目标的教育，对于个体是很基本的教育，为其全面发展奠定基础。基层部队进行心理知识普及教育，一方面是为正处于身心成长成熟期的官兵发展服务；另一方面也是为部队各项工作顺利、高效地开展提供心理基础和保障。

各级领导干部要带头学习，接受教育。总政治部主任李继耐在全军心理服务工作座谈会上强调指出："各级领导干部要把学习掌握心理知识作为新形势下治军带兵的必修课，在抓好部队学习教育的同时，先学一步，多学一点，努力成为指导心理服务工作的明白人。"基层部队心理知识普及教育工作要全面覆盖，要消灭心理教育的死角，特别是要针对基层部队的关键人员，如文书、枪械管理员、炊事班人员、驾驶员、饲养员等人员开展有针对性的心理知识教育，使全体人员都能通过心理知识普及教育而受益。

(3)正确理解心理知识普及教育还须从其所包含的基本任务出发。心理知识普及教育包含培养和维护两大方面。培养是发展性教育，须面对全体官兵，开展预防性和发展性的心理知识普及教育，培养健全人格和良好的个性心理品质，帮助官兵正确认识自我，增强调控自我、承受挫折、适应环境的能力，努力提高心理素质；维护则重点在于补救性教育，面向有心理困扰和心理障碍的官兵，开展补救性和矫治性的心理咨询与辅导，帮助他们尽快摆脱心理障碍，调节自我，恢复和提高健康水平，增强自我发展的能力。在这个过程中，要及时识别有严重心理疾病的官兵个体，并转介到专业心理治疗机构，帮助其重返正常社会生活。

3. *开展心理知识普及教育的两点要求*

(1)开展心理知识普及教育应充分结合官兵当前承担的任务。基层部队的心理知识普及教育不是给官兵教授体系严密、知识结构完整的心理学理论，而要把艰深的理论知识转化为官兵喜闻乐见的知识，并充分结合官兵当前的使命任务和心态来开展教育工作。如在新兵训练工作中，应结合新战士不适应军营生活、对艰苦训练存在畏难情绪的情况，及时开展类似于"新训中的自我心理调适""新训中常见的心理问题及自我疏导方法""新训中心理伤害的防治办法"等知识讲座。在实弹发射、实装操作、联合军演工作中，应结合官兵心理压力大，产生紧张、焦虑、抑郁、恐惧等不良心态的情况，及时开展类似于"怎样调节过度紧张的情绪?""如何克服失眠问题?""怎样缓解恐惧心理?"等教育活动，并有针对性地开展心理游戏活动，在活动中调节官兵情绪。在日常训练中，针对官兵对训练知识记不住、容易忘的现象，应及时开展"如何增强自己的记忆力?"的知识教育，针对青年官兵渴望认识自我的心理，开展"了解自己的性格、气质和智力"的知识教育活动。在老兵复退期间，也应有针对性地开展心理调节的教育活动。总之，基层部队的心理知识教育工作必须紧紧结合部队当前承担的任务来开展，绝不能空谈心理学理论知识。

(2)承担基层部队心理知识普及教育的人员应接受过心理服务的相关培训，掌握一定的心理学理论知识，熟悉军事心理学的相关知识，具备一定的授课能力和开展思想教育、心理疏导的能力。从当前基层部队的情况看，由于缺乏心理服务专业人员的固定编制，心理知识普及教育工作一般由经过培训的政工人员来完成。

此外，还要注意：①心理知识普及教育工作具有主动性、超前性特点，重在发展与预防；②常常采用团体方式，多采用讲授、训练、陶冶等方法，更注重结构化的、预先设定的教育；③工作在平时，不间断地进行；④采用教育模式开展工作，具有教育性、发展性、主体性、活动性、协同性和成功性等，形成教员与官兵之间主导和主体的关系，通过外在的引导、规范、约束控制官兵行为；⑤着重于官兵心理过程的认知活动；⑥关注官兵的整体发展。

二、基层部队开展心理知识普及教育的意义

开展心理知识普及教育，有助于基层官兵个体潜能的开发和各种优秀心理品质的培养与

发展，有利于提高他们的心理健康水平和全面发展个性，同时预防和消除各种异常心理和心理问题。基层部队开展心理知识普及教育，对官兵个体发展和基层部队全面建设具有重要意义。

1. 有利于提高基层官兵心理健康水平

绝大多数基层官兵正处在青年期。青年期是个体身心发展迈向成熟的时期，是个体由他律变为自律、由社会我进入心理我充分发展的时期。在这一特殊时期，由于青年官兵缺乏人生阅历和心理知识，很容易产生各种心理问题，使瑰丽的青春染上忧郁之色。因此，英国著名作家查尔斯·狄更斯(Charles Dickens)曾这样描述青年期："它是最好的时期，也是最坏的时期；它是智慧的时期，也是愚蠢的时期；它是信仰的时期，也是怀疑的时期；它是光明的时期，也是黑暗的时期；它是充满希望的春天，也是令人失望的冬天；我们前途有这一切，我们前途什么也没有；我们正在直趋天堂，我们也正在直堕地狱。"在这样一个迷茫、困惑的特殊时期，青年官兵渴望得到指点、渴望获得知识，以便了解、认识自我、他人和社会。因此，在基层部队开展心理知识普及教育，有助于基层官兵掌握必要的心理学知识，更好地认识自己、他人和社会，更好地把握自己，更好地解决自己当前存在的各种心理问题，不断提高自身的心理健康水平。

2. 有利于基层部队顺利完成军政训练任务

开展心理知识普及教育，使基层官兵具备良好心理素质和保持健康心态，为顺利地完成军政教育训练创造良好心理条件。在官兵素质教育体系中，心理知识普及教育与军政教育训练一道，构成了一个相互制约、相互渗透的辩证统一的完整体系。其中，心理知识普及教育是其他教育训练的中介和基础，它提供了良好的心理前提。心理知识普及教育能够帮助官兵掌握基本的心理卫生知识和自我心理保健技能，通过及时调适自己的心理状态，提高心理健康水平，完善个性品质，培养健康人格，从而有助于激发自己的心理潜能。这种良好心态和心理素质为官兵顺利完成基层部队军政训练任务创造了有利条件。

3. 有利于基层部队建设科学发展

开展心理知识普及教育能够促进官兵形成良好军人品德，促进军营和谐发展。官兵心理状态良好，才容易顺应部队发展建设需要，与集体保持一致，接受部队各种规范要求，特别是行为规范，形成符合部队要求的道德品质和行为习惯，并在此基础上形成作为军人更高的品德素养。心理知识普及教育能够保证官兵正常健康地生活和投入各项工作，促进部队建设科学发展。从心理健康角度看，当个人处于心理不平衡状态，尤其是出现心理问题而得不到帮助时，就很容易出现损害集体与他人的不良行为，轻则困扰人而受人指责，重则违法犯罪，或者做出其他异常行为，例如损害自我，给自我和社会造成不良影响等。即使不发生外部不适应行为，也会因长期处于情绪困扰中形成不良品德而导致心理素质低劣，进而影响基层部队正常工作和全面建设。心理知识普及教育帮助官兵保持良好的精神状态、道德品质、行为习惯，能够顺应部队建设、接受集体和战友，进而在自我充分发展的良好状态下为部队建设做贡献，推进部队建设科学发展。

第二节　基层部队心理知识普及教育的目标

由于军人职业和基层部队建设对官兵心理有特殊要求，迫切需要提高官兵的心理健康水平，因此，开展心理知识普及教育有着多方面的目标。

一、提高官兵心理素质的目标

信息化战争实践表明，除了先进的武器装备和作战理论，作战人员的心理素质也是改变战争结局的重要因素。提高官兵心理素质的目标要从官兵在军事活动中的心理现象和心理活动规律出发来确定。从军人心理角度看，军人心理素质主要包括认知素质、情感素质、意志素质和个性素质。心理知识普及教育就是要通过教育，培养官兵这四个方面的心理素质。

1. 认知目标

官兵的认知素质包括感知、记忆、想象、思维等心理品质，它综合表现在一个人的智力活动中。对于军人来说，提高智力比普通人显得尤为重要。孙子指出："将者，智、信、仁、勇、严也。"智力素质是军官必备的首要素质。德国著名军事家克劳塞维茨(C. V. Clausewitz)也曾说过："智力到处都是一种起主要作用的力量，因此很明显，不管军事行动从现象上看多么简单，并不怎么复杂，但是不具备卓越智力的人，在军事行动中是不可能取得卓越成就的。"现代信息化战争与过去样式的战争相比要复杂得多，智力是军人如何掌握和使用信息化武器装备、准确把握风云变幻的战场局势必备的第一素质。因此，认知素质是基层部队心理知识普及教育的第一目标。要达到这一目标应以下列三方面作为教育重点。

(1)智能目标。智能指人类认识世界和改造世界(包括自己在内)的才智和本领。"智"主要是指人对事物的认识能力；"能"则主要是指人的行动能力，包括技能和习惯。由于人类智能的主要特点是思想，思想的核心是思维，因此，人类智能的主要特征是有理性的思维和具有目的性的行动。

基层部队心理知识普及教育在"智"的方面的教育目标，主要是指培养官兵在观察、记忆、想象、思维、注意等方面的良好品质。观察品质主要指要培养官兵观察的目的性、条理性、理解性、复杂性、精确性和敏锐性。记忆品质主要是指培养官兵记忆的敏捷性、持久性、准确性和准备性。想象品质主要是指培养官兵想象的新颖性、主动性、生动性、丰富性和现实性。思维品质主要是指培养官兵思维的敏捷性、灵活性、广阔性、深刻性、独立性和批判性。注意品质主要是指培养官兵注意的广阔性、稳定性、分配性、紧张性和主动性。

基层部队心理知识普及教育在"能"的方面的教育目标，主要是指培养官兵的言语运用能力、空间掌控能力和社会交往能力。言语运用能力主要包括言语理解能力、阅读理解能力、书面表达能力等。空间掌控能力主要包括空间形状知觉能力、运动协调能力、动作灵巧能力，运动能力、适应空间环境能力、形象记忆能力、视觉想象能力等。社会交往能力主要包括人际知觉能力、沟通交往能力、分析社交生态的能力、组织协调能力、领导管理能力等。

(2)学习训练策略目标。学习策略是指官兵为有效地达到学习训练目标而采取的学习过程或学习步骤，是用以提高学习训练效率的学习规则和方法。基层部队官兵科学文化知识和专业知识的学习与军事专业技能的提高，需要掌握一定的学习训练技能，选择一定的学习训练策略，这对提高基层官兵学习训练效率具有重要作用。

基层部队官兵学习训练策略目标主要包括以下两个方面的目标：

第一目标是外显性学习训练策略目标。外显性学习行为受意识控制，是有意识、有目的的学习行为。就是使官兵掌握学习训练过程的各个阶段(预习、听课、复习、作业、练习、实践应用和总结考试)的学习训练规则、学习训练方法。课前认真预习，了解即将学习的具体内容，带着疑问去演习训练。精力集中，认真听讲，认真练习，跟上指挥员的思路和集体训练进度，把握学习训练核心，获得技能。复习学习训练内容，达到消化理解，自主动手。独立完成作业和练习，练成真才实学。实践应用就是用学到的知识指导自己的实践活动，达到学以致用的目的。最后是总结考试和考核，考试不是目的，但它却是对学习训练成果的实际检验。考试的过程也需要相关策略，这样才能够把学习训练中取得的成果展现出来。

第二目标是内隐性学习训练策略目标。即培养官兵学习训练的主体意识和浓厚兴趣，实现潜意识自主行为。内隐性学习在基层官兵的学习训练活动中表现得较为明显，如思想政治教育中的潜移默化、军人良好作风纪律的养成、良好军事技能的塑造，它是基层官兵学习训练的另一重要方式。内隐性学习具有无意识性、抽象性、理解性、抗干扰性等特征。无意识性指内隐性学习会自动地在无意识状态下产生，学习训练过程无需进行有意识的自我控制，知识是在人无意识状态下获得的。抽象性指抽象出事物的本质属性，所获得的知识不依赖于刺激的表面物理形式。理解性指内隐性学习的产物——缄默知识——在部分程度上可以被意识到。抗干扰性指人在内隐性学习中不易受身心机能失调、年龄、智力高低的影响。内隐性学习还具有高选择力、高潜力、高效性。内隐性学习训练策略重在培养官兵主体的学习意识和良好的学习训练习惯。

上述表明，内隐性学习训练策略重在培养官兵主体的学习意识和潜意识行为。只要把一些行之有效的学习策略根植于官兵的主体意识之中，就会产生意想不到的结果。要使官兵掌握认知策略（复述策略、精细加工策略、组织策略）、元认知策略（计划策略、监视策略、调节策略）和自我调节策略，使学习具有计划性、准确性、意识性、方法性、执行性、反馈性、补救性、总结性。

(3)学习训练品质目标。广义学习品质是指伴随学习过程而存在的，并决定官兵学习效果优劣，是学习者自身特点的有机综合，包括身心两方面的素质。狭义学习品质是指影响学习效果的非智力因素特征。基层官兵是教育训练活动的主体，任何教育都必须通过官兵的消化、理解、吸收才能成为官兵的内在能力和技能。因此，官兵的心理素质对教育训练的影响很大。心理学的相关研究成果表明，学习训练的目标、动机、态度、兴趣、习惯、信心、归因倾向等非智力因素对学习训练效果产生直接影响。基于此，要改善学习品质，就要从以下七个子目标着手。

1)明确学习训练目标。即强化官兵的目标意识，不断提高他们学习训练的自觉性。要使官兵认识到学习训练的重大意义，明确学习训练的具体目标，并自觉、主动、积极地为实现目标而努力学习训练。

2)激发学习训练动机。通过多种方式和途径，不断激发调动基层官兵的学习训练动力，使他们产生愿学、乐学、愿训、乐训的内在心理需求。

3)端正学习训练态度。态度是社会心理学中的重要概念，它是在特定情境中，对特定事物，以特定方式进行反应的、比较稳定的倾向，包括认知、情感和行为倾向三种成分。要端正官兵的学习训练态度，就要端正他们对学习训练的认识、情感、行为倾向，使官兵形成勤奋、认真、沉稳、创造等学习训练态度。

4)培养学习训练兴趣。学习训练兴趣是官兵基于学习训练需要而表现出来的认识倾向，是学习训练活动的催化剂。兴趣对于学习训练具有十分重要的作用，古人说："知之者不如好之者，好知者不如乐之者。"因此，在培养官兵学习训练兴趣的过程中，要使他们沿循有趣→乐趣→志趣的轨迹，不断提高兴趣发展水平。即从好奇和探究，发展到强烈的学习训练愿望、正确的学习训练目的和稳定的学习训练情感，最后达到对学习训练具有坚定信念、远大抱负和不畏挫折的学习训练自觉性。

5)养成学习训练好习惯。通过教育引导,使官兵形成良好的、稳固的学习训练行为。例如,善于动脑、积极思索、先复习再作业、勤学好问等。

6)树立学习训练信心。使官兵对自己的学习训练能力有正确的认识和评价,相信“我能行”,并对自己能获取的学习训练目标有强烈的心理期待,同时还要使官兵具有不满现状的意识,力争超越自己、超越他人。

7)学会正确归因。要使官兵在对自己的学习训练成败进行总结时,能有一种正确而灵活的态度与方式,而不总是怨天尤人,产生不正确的归因。例如,当自己学习训练成绩不好,就抱怨自己脑子笨、智商低;当自己在学习训练中取得好成绩时,又归因为自己运气好。这样错误的归因常常会严重影响官兵今后的学习训练行为。

2. 情感目标

情感是人所特有的一种心理过程和心理状态,是人对事物是否满足自身需要而产生的态度评价或主观体验。情感对人的行为具有指向性的作用,人对于那些满足自身需要的客观事物,总是产生一种积极的、肯定的、喜欢的、接近的行为倾向,而对那些与自身需要无关或相抵触的事物则产生消极、否定、厌恶和疏远的行为倾向。情感心理教育是以培养官兵积极、成熟、乐观的情绪和情感为主要目的的教育。情感心理教育通过培养官兵良好的情绪情感的控制调适能力来预防心理健康问题,它是处置解决官兵心理与行为问题的重要方式。

基层部队情感心理教育的目标主要包括培养官兵的社会性情感品质和增强其情感调控能力,具体包括以下五个方面的目标。

(1)情绪认知和情绪识别目标。情绪认知是让官兵明白情绪情感的内涵、功能、分类,了解情绪情感对学习训练和心理健康的重要意义。情绪情感识别要使官兵能够更好地察觉自我的情绪情感状态,并能敏锐地体察他人的情绪情感状态。只有这样,基层官兵才能不断调整自我不良情绪情感,正确处理与他人的关系。

(2)情绪表达和情绪理解目标。情绪表达是指官兵能运用言语和非言语手段,正确、合理、恰当地表达自己的情绪情感。情绪理解是指官兵善解他人的情绪情感,具有“移情”的能力,即知人之所感同时能感人之所感,能够客观理解分析他人的情绪情感,同时又能分享他人的情绪情感。这样才有利于军人集体凝聚力、亲和力、吸引力的形成。

(3)情绪主导和情绪平衡目标。情绪主导是要使官兵积极情绪多于消极情绪,积极情绪占主导地位。情绪平衡是要使官兵的情绪情感处于稳定平衡的状态之中。

(4)情绪控制和情绪宣泄目标。情绪控制是指人对自身情绪状态的主动影响。情绪宣泄是指情绪能量或精力的宣泄,以恢复身心机能的平衡和稳定。要使官兵学会控制情绪,能够主动影响自身情绪状态,能够正确对待并及时调节疏导与释放不良情绪,从而有意识地为自己创造良好情绪。情绪宣泄要合理,要用建设性的方式疏导不良情绪,这样可以化悲痛为力量、化嫉妒为动力、化愧疚为助人等。在适当环境里放声大哭或大笑,对亲近者倾诉衷肠,给自己写信或记日记,从事剧烈的体力劳动或体育运动,以及大声歌唱、尽情舞蹈等,都是很好的方法。因消极情绪而吸烟、酗酒、骂人、打人、闹事等虽也属于宣泄方式,但这是一种破坏性的宣泄,对个人和集体都不利。

(5)情感发展和情感培养目标。情感发展指在帮助官兵形成情绪认知、识别、表达、理解、主导、平衡、控制和宣泄能力的基础上,进一步拓展和提高,使之形成更成熟、更高级、更社会化的情感和情操。情感培养是指在情感发展的基础上，进一步帮助官兵形成一些符合社会需要的良好的情感品质，这主要包括情感的指向性如爱军习武、情感的深刻性如崇高的理想信念、情感的稳固性如正确的价值观和人生观、情感的效能性如良好士气和高昂的战斗精神。

3. 意志目标

意志是人自觉地确定目的并克服各种困难以实现其预定目的的心理过程。它是军人必备的心理素质，对军人完成任务有着重要的影响。

军人意志有三个明显特征。

(1)行动具有明确的目的性。凡在意志支配下的军事行动，总是在行动之前就经过周密思考，确定了预期目的和行动的具体方案。军人对作战目的的认识得越深刻、越透彻，他们为实现目的而奋斗的意志就越坚定。

(2)以随意动作为基础。军人的随意动作是由意识指引并在军事训练中所掌握的动作，如兵器操作、战斗车辆的驾驶等。如果不具备这些学会了的动作，则战斗中的意志行动也就无法实现。

(3)意志行动总是与克服困难密切联系。在不超过客观条件和违背作战规律的前提下，军人通过意志的力量，克制头脑中出现的与行动目的相反的愿望和消极的思想情绪，克服客观存在的各种艰难险阻，并和来自对手的心理打击作斗争。基层部队官兵必须具备钢铁般的坚强意志，才能适应信息化战争的需要。这种钢铁般的意志能够克服各种消极情绪的影响，能够克服意志行动中的各种困难，能够增强官兵的信心和力量。

1)意志的自觉性品质目标。它是指官兵自觉地调节和控制自己的行动，使之达到预期目的的意志过程。意志的自觉性是建立在科学的信仰的基础之上的，没有信仰的理想是虚幻的，没有信仰的灵魂是虚弱的，没有信仰的奋斗是不能持久的，没有信仰的军事斗争是无潜力的，没有信仰的意志活动肯定是盲目的。只有确立了坚定的信仰，行动才有目的，才能使一切军事活动处于计划、规划和谋划之中，才能主动克服困难，努力钻研技战术和指挥艺术。只有意志自觉的军人才能在战场上积极主动，勇敢歼敌；在训练场上刻苦努力，争先创优；在工作上不回避困难，积极进取；在学习中不放过疑点难点，争取最好成绩；在生活中严格要求自己，遵守纪律。

2)意志的坚毅性品质目标。它主要表现在：顽强，即敢于、勇于、善于承受艰巨任务所带来的巨大压力，并靠自己的意志力量完成任务；坚定，即在任何情况下都不为艰难所阻，使信念坚定不移，行动始终如一，无所畏惧地实现既定目标；坚持，即能在较长时间内，为实现目的坚持不懈，百折不挠地去努力，去奋斗。意志的坚毅性并不意味着主观武断，那种顽固执拗、一意孤行、刚愎自用、明知错误也不愿改正的行为，绝不是意志坚强的表现，这些不良意志品质需要在学习训练中认真加以克服。

3)意志的果断性品质目标。它主要表现为善于当机立断，克服优柔寡断，见机不失，遇时不疑，迅速果断地采取行动。善于随机应变，不机械行事，能审时度势，不草率做事。

4)意志的自制性品质目标。它是指善于控制自己的情绪、掌握自己的行动的意志品质，是衡量军人意志能力的重要标准之一。军人意志的自制力主要表现为能够用理智去支配自己的感情、欲望和注意力，使之符合军事活动的需要。同时还要有意识同厌倦、懒惰、灰心、畏惧、恐慌等消极情绪作斗争，防止意志防线的崩溃。

4. 个性目标

从心理学的角度看，人的个性包括个性倾向性和个性心理特征。因此，要在心理知识普及教育工作中达到个性目标，就必须从这三个方面着手。

(1)个性倾向性目标。个性倾向性指人的态度、兴趣、理想、信念、世界观等。基层部队心理知识普及教育的个性倾向性目标应集中于使官兵树立正确的世界观、人生观、价值观，用当代革命军人核心价值观来塑造自我，用军人道德要求自己，努力成为践行当代革命军人核心价值观的模范。

(2)个性心理特征目标。人的个性心理特征主要包括气质、性格和能力。气质是指人的情绪特征，具体表现在人心理活动的强弱、快慢、均衡程度、指向性等方面。军人是一种特殊职业，身系国家和民族的安危，时刻面临生死考验，因此，军人的气质类型必须与军人职业特点相吻合。性格是人在现实稳定的态度和习惯化了的行为方式中所表现出来的个性心理特征。军人性格应有其职业特征、符合职业要求、反映部队特点。勇敢、机智灵活、果断、顽强、坚韧、自制、纪律性是军人应具备的良好性格品质。

(3)社会适应能力目标。良好的社会适应能力主要是指一个人能积极和谐地与他人相处。部队是特殊的社会集团，是由军人个体紧密联系在一起的集体。只有当部队官兵联结成为集体，才能在力量凝聚的基础上形成强大战斗力。现代一体化联合作战决定了集体团结协作的重要性，只有当部队官兵团结成为坚强集体时，军人个体才能最大限度地发挥自身潜能，才能为部队建设做出贡献。

二、增强官兵心理效能目标

通过心理知识普及教育，基层官兵具备了良好的心理素质，此时如果官兵的心理素质得不到发挥与运用，他们良好的心理素质就会始终处于潜伏状态。如何激发基层官兵充分发挥自身心理潜能，把心理素质的内在优势转化为外在心理效能，为部队建设发挥实实在在的作用，是当前及今后一段时间基层部队心理知识普及教育中必须研究的重要问题。从心理学层面看，基层部队官兵要将心理素质潜能转化为心理效能必须经历三个层面：适应层面、发展层面和创造层面。每个层面都有自身的目标，心理知识普及教育工作在每个层面都能发挥重要作用。

1. 适应层面的目标

适应层面的目标是指以基层官兵对军营环境、军人角色、使命任务的适应为目标，这是部队对基层官兵的最基本要求，也是心理素质产生心理效能的初步体现。它包括基层官兵对军营环境、军营生活、军营人际、多样化军事任务、作战环境、角色等方面的适应。具体而言，军营环境适应的要求是通过心理知识普及教育，使基层官兵尽快顺利地适应军营环境，了解多样化军事任务，进入学习训练状态，适应军营的生活、学习与训练节奏，培养良好的作风，高效掌握作战技能等。军营人际适应的要求是通过心理知识普及教育，使官兵学会正确处理各种人际关系的知识与技巧，及时消除人际交往的矛盾与冲突，进行和谐的人际交往。角色适应的要求包括通过心理知识普及教育，使官兵掌握不同角色规范，顺利实现角色认同、角色转换，避免角色冲突、获得必要的角色承担技巧。例如，通过心理知识普及教育，帮助官兵顺利完成从地方青年到新战士、从新战士到老兵、从一般战士到班长、从班长到一般战士、从一个专业到另一个专业、从一个单位到另一个单位、从一种任务到另一种任务、从工作到家庭、从军人到老百姓等多种角色的转换和过渡，使他们更好地完成党和人民赋予的使命。

2. 发展层面的目标

发展层面的目标是基层官兵心理知识普及教育要达到的中级目标，相对于适应层面的目标，这是对基层官兵心理知识普及教育的较高要求。即：通过必要的心理知识普及教育，培养基层官兵成长发展所必需的心理素质，如强烈的进取心、上进心、使命感、责任感和争先创优的意识。具体而言，发展层面的目标是以军事能力培养为核心，着力培养官兵观察力、注意力、记忆力、想象力、思维力等基本心理素质，并激发他们在军事实践中充分将其素质展现出来。通过心理知识普及教育，培养官兵良好的个性心理品质，使官兵能够更加客观地认识社会、他人和自我，保持充足的自信心、自尊心、自控力、独立性、成就动机，能够接纳自我、发展自我、超越自我等，不断增强责任感、使命感、荣誉感、友谊感、竞争和合作意识，并在现实中将其充分展现出来，从而使心理素质充分发挥其效能和作用。

3. 创造层面的目标

军事领域是最富有创造性的领域之一，它需要军人具有旺盛的创造性。因此，培养基层官兵的创造性成为心理知识普及教育的重要目标，也是对心理知识普及教育的最高要求。心理知识普及教育创造层面的目标包括培养官兵的发散性思维、聚合性思维、创新动力与意识，激发创造情感（好奇心），不断开发官兵的创造潜力，培养官兵的创造品质和创新人格。创造层面的具体内容包括培养官兵的创造动机、创造兴趣、创造意愿，帮助官兵掌握创造性思维方法与技巧，激发官兵的创造性想象与创造性灵感，进而培养他们的创新能力，使他们能够在自己的岗位与专业中提出创新思路、设计创新方案、完成创新成果，为部队科学发展贡献自己的力量。

基层官兵心理知识普及教育的适应、发展和创造三级目标彼此衔接、上下连续，形成一个有机整体，在基层官兵心理素质的心理效能发挥中产生重要作用。

第三节　基层部队心理知识普及教育的内容

根据心理知识普及教育目标，就能够确定心理知识普及教育内容。最基本的内容就是心理学基本知识以及心理健康知识教育。同时为了增强官兵心理调节能力，使他们能够自行消除一般性的心理问题，使官兵间能够在必要时互相进行危机干预，恰当处理心理危机，还必须进行实用的心理调适方法教育等。由于一个人的心理健康状态并非固定不变，每个人的心理素质状况也各不相同，个体生活与工作状态也在动态变化，因此，心理知识普及教育必须关注个体心理健康的动态变化，必须基于个体心理素质状况，还要着眼于促进个体心理潜能开发。基层部队心理知识普及教育的内容十分丰富。本节重点介绍与基层官兵军事活动联系最密切的、最为基本的心理教育内容。

一、日常心理知识普及教育

在《意见》中明确提出要抓好心理知识普及教育，“帮助官兵学习掌握心理科学知识，是培养官兵良好心理素质的重要前提和基础。把普及心理知识纳入部队经常性思想教育，……引导官兵正确认识心理现象，了解常见心理问题，掌握心理调节方法，增强维护心理健康意识。针对官兵履职尽责、成长进步中经常遇到的心理问题，开展挫折教育、青春期心理教育、正确处理人际关系教育等，帮助官兵提高心理认知和自我调适能力，塑造自尊自信、理性平和、积极向上的良好心态。”根据《意见》精神，日常心理知识普及教育应开展以下七个方面的教育工作。

1. 心理科学知识教育

针对基层官兵的知识文化基础与当前军事活动特点，开展心理科学知识普及教育工作，主要内容包括军人的认知心理、情感心理、意志心理和军人的个性心理（军人的个性倾向性、军人的个性心理特征与军人自我意识）的知识普及教育，这是基层官兵认识自己、了解别人、提高心理素质所必备的一般心理科学知识。可以将学科知识浓缩精选，以专题讲座形式开展教育。其内容可涉及普通心理学、社会心理学、军事教育训练心理学、部队管理心理学、作战心理、心理健康与心理素质教育训练等多方面的知识。采用的教育方式主要包括专题讲授、小组讨论、播放心理科学专题影片等，还可以充分利用宣传橱窗、板报、墙报、小报、知识卡片等形式进行知识教育。

2. 人际交往心理教育

军队是一个高度集中、组织严密的集体，只要参军加入了这个集体，军人的日常活动无不打下“集体”的烙印。基层官兵生活在军营这个集体里，从起床、早操、操课、训练，到熄灯就寝，无时无刻不处在集体之中，也处处处在与他人的密切交往之中。因此，人际交往心理教育的内容包括社会助长作用、社会从众倾向、社会顾虑倾向、首因效应、近因效应、晕轮效应、刻板印象等社会心理学的知识，并使官兵了解人际吸引、人际交往的原则、人际交往艺术、人际冲突处理策略、人际障碍调适等相关知识，有助于提高官兵的人际交往能力，增强基层部队的集体凝聚力、亲和力和吸引力。

3. 心理健康教育

基层部队官兵大多数正处于青年期，这正是人生发展的关键期，这一时期被一些心理学家称为心理危机期、心理危险期，容易产生各种心理问题。因而心理健康教育显得尤为重要。教育的具体内容包括心理健康的基本内涵、军人心理健康的基本标准、军人心理健康的评估方法、基层官兵常见心理问题及其原因分析、基层官兵常见心理问题的自我调适方法等知识。军事训练中的心理健康教育与心理指导，不仅帮助官兵不断增强维护自身心理健康的意识，提高维护自身心理健康的能力与技巧，还传授一些培养健康情绪的方法，如充实精神生活、增强自信、优化意志、调控期望值、发展友谊，学会幽默、娱乐调节等。

4. 军事训练心理知识教育

基层官兵在进行军事训练中容易出现一些与军事训练有关的心理问题和心理障碍，需要开展有针对性的心理知识普及教育活动。例如，通过开展战士训练动机的激发调动教育、军事知识理解记忆的知识教育、军事技能形成与熟练的心理知识教育等，激发调动官兵军事训练的积极性，帮助他们科学理解军事知识、巧记军事训练有关知识，帮助基层部队科学指导军事技能训练，解决军事训练中产生的各种心理问题与心理障碍，不断提高基层官兵军事训练成绩。

5. 心理战知识教育

心理战被称为陆战、空战、海战之外的第四种作战样式。它包括心理战进攻与心理战防御两种作战形式。在平时的心理知识普及教育工作中，心理战是其中重要的教育内容，包括心理战进攻与心理战防御的相关知识教育。具体教育内容主要包括心理学基础知识教育，心理战系统知识教育，心理支柱教育，心理战优良传统教育，外军心理战现状与发展教育，心理战进攻战法教育，心理战防护教育，战时心理救护教育等，确保基层官兵心理保持稳定。此外，平时还要及时对官兵进行反敌宣传教育，戳穿敌心理欺诈，粉碎敌心理战阴谋，不断提高官兵的心理免疫能力。

6. 安全稳定心理教育

安全稳定是部队日常工作的重要组成部分。部队安全稳定工作主要包括预防犯罪和预防各种事故的发生。

(1)预防犯罪的心理知识普及教育。预防犯罪的内容较为广泛,这里以预防报复性犯罪为例。报复性犯罪是当军人感到被侵害时,做出伤害他人或毁坏财物的犯罪行为。它是基层部队出现较多的一种犯罪形式,如破坏、盗窃武器装备和物资,伤害他人等重大恶性案件。这种犯罪突发性强,具有很大的危害性、暴力性。预防报复性犯罪的措施是多种多样的,但开展有针对性的心理知识普及教育是基本方式之一。

1)及时缓解当事人的报复心理。一般情况下,当事人实施报复前,在言语和行为上都有较明显的攻击特征。有的言论过激,"火药味浓";有的反唇相讥,牢骚满腹;有的异常沉默,对别人不理不睬;有的烧毁书信、日记,为"后事"做准备。对这些言行表现,要十分敏锐,高度警觉。同时进行情绪分化工作,通过心理暗示,表扬他们过去做过的好事和工作业绩,诱导他们去想些顺心、高兴的事,唤起对过去美好情感的记忆,淡化现实的新鲜记忆,使激烈情绪趋向平缓。要创设合理的宣泄环境,通过个别谈心、班务会、座谈会等形式,使他们把心里的话倾诉出来,把胸中的怨气发泄出来,使紧张情绪逐步缓解。

2)针对当事人的个性特征做好心理疏导工作。一般而言,心胸狭窄、固执、以自我为中心是报复性犯罪人共有的个性心理特征,有两种个性的人容易产生报复性犯罪:一种是"闷罐子",另一种是"爆筒子"。"闷罐子"属于抑郁型个性,这种类型的人表面上沉默寡语,但内心活动非常复杂,猜疑心较强,过于敏感,如不遂愿就怀疑他人在背后"做了小动作"或故意整人,容易产生报复心理。因而,要掌握他们的心理特点,一旦发现有心理问题和反常行为,就要及时做好心理教育疏导工作,耐心听取他们的意见,弄清事情的来龙去脉,打消他们的疑虑,多从情感上、生活上关心他们。"爆筒子"属于胆汁质气质类型,这种气质的人脾气暴躁,感情容易冲动,自制力比较差。具有"爆筒子"个性的人,大多有很强的虚荣心,当愿望受阻或自尊心受到伤害时,就容易选择过激的攻击行为。这种人是心理知识普及教育的重点对象,通过心理教育,使他们逐渐学会宣泄不良情绪的正确方法,以免报复伤人。

3)迅速及时消除人际冲突。只要有人的地方,难免都会发生这样或那样的人际冲突。同样,战士与干部因为管理原因有时也会发生矛盾,经常会出现两种情况:一种情况是战士往往总与干部憋着气,想干部的"坏处"多、"好处"少,越想对干部的态度越差,关系越僵。有的战士当面顶撞干部后,存有恐惧心理,希望与干部沟通感情,干部如果不主动去找他们谈心,他们的怨气会更大。第二种情况是干部碍于面子,放不下架子,延误了与战士谈心的时机。因此,基层干部面对矛盾不要绕着走,对与干部存在人际冲突的战士要进行心理教育,并要坦诚地与他们交心、谈心,沟通思想,做好矛盾的缓解疏导工作。

(2)预防事故的心理教育。事故一般是指意外的变故或灾祸。军队对事故的界定是非正常的人员伤亡、物资损失或政治声誉受到损害,危害国家、集体、个人安全的事件。基层部队常见的事故主要包括机动车辆事故、飞行事故、舰船事故、工程作业事故、武器伤人事故、失火事故、淹亡事故、触电和雷击事故、食物中毒事故、煤气中毒事故等。事故的发生往往和人的心理活动密切相关,通过对各种事故的分析发现,四种不良心理容易诱发事故发生。

1)麻痹心理。因为许多日常活动不断机械重复又无意外情况发生,所以,有些官兵逐渐失去警觉，以致马虎大意，不按有关规定程序办事，导致事故发生。

2)紧张心理。当人从事有一定危险性而又缺乏经验的活动时，也会造成心理高度紧张。在这种情况下，自控能力降低，动作变形，从而导致事故。

3)侥幸心理。有些官兵心存侥幸，总以为那个“万一”与自己无缘，所以置纪律于不顾，违规行事，造成事故。

4)消极情绪。当人遇到挫折，情绪异常时，就容易诱发事故。如赌气蛮干，因无法控制情绪的冲动、分析和判断能力下降，常常会违背操作规程而任性妄为。或者高度忧虑，注意力分散，思维呆滞，反应迟钝，也会出现错漏失误。

5)生理、心理问题。当人正处在生理、心理“临界期”“低潮期”时，人体的力量、情绪、智力和自身机体的协调性不稳定，如果从事复杂而有一定危险的工作，则往往容易发生事故。

对此，基层部队应采取以下心理教育方式。

1)消除恐惧，提高信心。惧怕发生事故是部队官兵，特别是管理者的普遍心态，但只要按规律办事，事故是可预防的。因此，端正态度，树立信心，是预防事故的前提。

2)加强教育，强化责任心。安全教育必须坚持不懈，不能时紧时松，不能有事故就抓，没有事故就不抓。要通过经常、反复、持之以恒的教育，消除麻痹心理，使每个官兵都绷紧安全预防事故这根弦，明确职责，一丝不苟地履行自己的职责，自觉遵守相关规章制度，时时严格约束自己。

3)加强心理训练，提高心理应激能力。通过各种活动磨炼官兵意志，提高官兵心理承受能力和应激能力，使其在任何情况下都能保持情绪镇定、头脑清醒、思维有序、反应灵敏，当异常情况出现时，能做到临危不惧、随机处置。

4)注重心理选拔，消除事故隐患。工程心理学的研究表明，人的心理特点与工作效率、工伤事故紧密相连。如果人的心理特点与工作要求匹配，工作效率会大幅提高，工伤事故也会减少。因此，通过心理选拔，挑选出适合工作岗位的人员，可以减少事故的发生。

5)把握官兵心态，合理安排工作。对一些重点工作、重点人要特别关注。对某些容易因情绪波动而导致事故的重点人员要合理分工，确因人员紧张不得不安排时，应同时安排干部带队，以及时保证安全。

7. 心理调适方法教育

此项教育主要是向官兵传授一些适用、自己可操作的心理调适技巧技能，以便于官兵自主维护心理健康，优化心理素质。

(1)合理变通。人们能否走出现实生活中的各种心理困境，关键在于是否善于自救。善于自救者，即使在生活低谷中也可以蹚出一条平坦的路，由“山穷水尽”走向“柳暗花明”，拥有健康的身心，赢得幸福的人生。个体通过对外部信息接收角度和强度的转换，或对原有心理认知在重组、迁移、升华的基础上予以整合，使外部刺激与心理认知互为进退地实现协调一致，以避免心理矛盾冲突激化所造成的心理困境，这就是心理调适的重要方法——合理变通。合理变通的主要方式：回避法——转移注意力；变通法——变恶性刺激为良性刺激；转视法——换个角度看问题；换脑法——换一种认知解释事物，更新观念，重新解释外部环境信息；升华法——让积极的心理认知固着，把挫折变成财富；补偿法——改弦易辙不变初衷，失之东隅收之桑榆；

求实法——切合实际调整目标。

(2)重建心理平衡。部队官兵容易心理失衡,如环境变化、人际交往的变化、受关注程度的变化、训练内容和方法的变化、自我的变化、评价的不恰当、期望得不到满足等都会导致心理失衡。当官兵心理处于一种不平衡状态时,其内心的不安就会以消极的情绪表现出来,如失望、忧虑、怀疑、悲伤、恐惧等,不仅影响正常生活、学习,严重的还会影响中枢神经系统的功能,造成一系列心理、生理上的变化。重建心理平衡的方法主要有宣泄法,“一吐为快”“茅塞顿开”获得解脱;激励法,对自己说,“能行,一定行!”;自嘲法,人们遇到让自己尴尬或难堪的场合时,自己调侃自己,通过自我贬抑达到出奇制胜的效果,从而使自己心理达到一种高层次的平衡;遗忘法,去做自己喜欢的事,暂时忘掉不愉快;哭泣法,让自己轻松。

(3)拨开冷遇见“明月”。冷遇,对人们是一种考验。停留于心理的伤感是一种脆弱的表现。只有从冷遇中摆脱出来,才有可能完全改变自己的生活道路,保持自尊,从而保持心理平衡。如何做到呢?树立志向,改变印象,转移方向,积累力量。

(4)打开阀门减压。当与周围的人发生激烈的冲突,当遭遇战友误解和疏远,当受到失意、失恋的打击,当父母离异、婚姻危机、突患重病、创业失败等不幸降临的时候,会感到茫然、压抑甚至精神崩溃。打开心理阀门,可以帮自己安然度过种种心理危机。读书、听歌、谈心、冥想、散步、浸浴、写日记、登高远眺、聊天、求助心理热线都是很好的方法。

二、战时和执行任务心理知识教育

战时和执行任务心理教育是政治工作的重要内容,它对稳定官兵心态、预防战场心理问题与心理疾病的发生、巩固心理防线、提高士气,对圆满完成各项任务,具有重要作用。

1. 作战准备心理知识普及教育

作战准备心理教育包括作战心理应激的各种不良反应(认知、情绪与行为的不良反应)、不良情绪的自我调节方法、作战心理问题与心理疾病的发现与简单处置、心理战等方面的有关知识与技能。重点开展作战前紧张、恐惧、焦虑等不良情绪的认识与心理调适相关方面的心理教育。

作战前心理教育要在充分认识与调查了解战士心态的基础上进行,心理教育内容要有针对性,教育方法要灵活多样,可以利用授课、经验交流、讨论、分发知识卡片的方式进行。战前心理教育可以占用战前政治教育的部分时间进行。在营、连等基层部队中,开展心理知识普及教育的人员一般应是心理服务专业人员,没有心理服务专业人员的单位,一般由政工人员完成。当在班里开展心理知识普及教育工作时,一般由受过专业培训的思想骨干具体组织开展心理教育工作。

2. 作战心理知识普及教育

战时心理教育的主要内容包括心理战进攻与防御、不良情绪(恐惧、紧张、焦虑、悲观、疑虑、怯战、厌战、怕战等)调控、心理疲劳的识别与预防、心理战伤的预防与处置、战争神经症和战争精神病的预防与处置、战场心理互助与救援等方面的知识教育。

战时心理教育的重要内容是战时心理疲劳方面的知识教育。战时心理疲劳是作战人员在作战中经受超负荷的心理刺激而导致心理功能下降的一种心理问题。当作战人员产生心理疲劳时,会产生一系列的身心不良反应:肌肉痉挛、动作失调、心慌恐惧、焦躁不安、记忆力下降、注意力分散、情绪急剧波动、思维混乱等,进而导致情绪抑郁、思辨能力下降、决策水平降低、甚至精神崩溃,难以适应战场环境,进而对信息化武器装备的操作产生严重干扰。在1991年进行的海湾战争中,由于作战时间持续较长,部分美军士兵产生了心理疲劳问题,影响了部队士气与作战,美国军事专家将这种心理疲劳问题形象地称为"海湾战争综合症"。消除战场心理疲劳最有效的办法就是及时开展心理知识普及教育。教育的具体内容包括通过心理教育让官兵从知识层面正确认识心理疲劳的规律、产生原因、主要临床表现、预防的措施等,增强官兵抗心理疲劳的能力。

3. 战后心理知识普及教育

战后心理知识普及教育很容易为人所忽视,缺乏必要的心理知识普及教育将会给参战人员本人及其家庭与社会带来严重损害。以越战为例,由于美国当局没有及时进行相应的心理教育与战后心理危机干预,从越南战场归来的老兵带有较为严重的心理创伤(创伤后应激障碍,PTSD),产生自责、内疚,经常做噩梦,甚至自残等不良心理和行为。一些老兵因不堪战后抑郁情绪的折磨而选择自杀;还有一些老兵回国后因心理失常而犯罪,影响了美国社会的稳定。20世纪80年代的美国著名影片《第一滴血》就是这种社会现实的真实反映。

战后心理知识普及教育的主要内容包括战后心理创伤、战后心理健康与卫生、不良情绪调控、心理诊断与治疗、心理康复等相关方面的知识与技能教育。

4. 非战争军事行动心理知识教育

非战争军事行动是我军新时期必须承担的重要使命,它主要包括抗震救灾、处突维稳、国际救援、维和行动等军事行动。为了圆满完成非战争军事行动的各项任务,在执行任务前、执行任务过程中与执行任务后都需要进行必要的心理知识普及教育;执行任务前的心理知识普及教育内容主要包括官兵完成任务的积极性、自信心、克服紧张恐惧情绪等方面的心理知识普及教育。执行任务中的心理知识普及教育内容包括官兵应对陌生环境的心理知识教育、不良心态的自我调适技巧教育、心理自救与救援的基本知识教育等;执行任务后的心理知识普及教育内容包括官兵心理危机干预知识教育、创伤后应激综合症(PTSD)的相关心理知识教育,使执行任务的官兵能够通过自我心理调适,顺利适应新的、正常生活,避免产生各种心理后遗症。

第四节　基层部队心理知识普及教育的原则与方法

把基层部队心理知识普及教育必须确定实施的基本原则作为工作遵循的规范,作为选用方法和途径的根据,还必须遵循心理知识普及教育的规律,慎重选用教育方法,既要与心理知识普及教育的目标、内容、原则相一致,又要根据具体的教育任务和客观条件富有针对性、突出有效性,切忌主观随意、滥施乱用。

一、基层部队心理知识普及教育的原则

基层部队心理知识普及教育的原则是从目标、任务和一定的实践活动内容出发,反映其基本要求,反映其基本规律,是方法的根据,它对实现和达成工作目标、任务,促进工作科学化,求

得工作实效具有重要意义。

1. 课堂教育与自我学习相结合的原则

课堂教育与自我学习是心理教育的两种方式。课堂教育通常以灌输、启发、引导的方式进行。它通过授课方式逐渐将心理科学的基本知识内化为官兵的自觉意识,并促使其产生进一步学习的动力与兴趣。但这种方式也有缺陷,它在解决官兵个性问题、充分发挥官兵主观能动性方面不及自我学习,容易受到客观环境的限制。自我学习是课堂教育的延伸和发展,它形式简单、灵活便捷,是官兵消化吸收课堂教育内容的重要方式。但自我学习要求官兵具有较强的毅力与悟性。因此,官兵心理教育应将两种方式有机结合起来。

2. 理论学习与具体实践相结合的原则

心理科学理论与知识来源于实验与实践,它对官兵的心理与行为具有指导作用。心理教育的理论学习主要解决官兵的理性认识问题,心理教育的具体实践主要解决官兵对心理及科学理论知识的理解与应用问题。在心理教育实践中,只有将理论学习与具体实践有机结合起来,才能使心理科学的理论知识服务于官兵的生活、学习、训练等实践活动,才能发挥实际作用,才能不断得到检验与证实,才能得以升华。官兵的日常心理活动只有经过理论概括与总结,才能结晶成有价值的经验,才能有机会形成科学假设。当前,基层部队开展心理教育时往往容易走极端:要么只重视心理科学的理论学习,忽视理论与官兵实践活动的紧密联系,因而,心理教育显得空洞、乏味、单调,难以调动官兵的学习积极性;要么只重视实践,但忽视理论讲授,因此,心理教育虽然活泼、有趣、生动,但缺乏理论支撑,显得没有灵魂与深度,官兵学不到东西。只有将理论学习与具体实践紧密结合,才能不断增强心理教育的深刻性与生动性。要完成好这种结合,就必须培养素质高、能力强、熟悉心理科学理论与官兵实践活动的心理教育人才。

3. 循序渐进与应急速成相结合的原则

循序渐进是由浅入深、由少到多、由初级到高级的基本教育形式,主要解决官兵对心理科学知识的基础性与系统性问题。应急速成教育是立足现实的迫切需要,尽快掌握心理科学知识与技能的另一种教育形式,主要解决官兵在短时间内掌握心理科学知识的问题。《武经七书》中的《唐太宗李卫公问对》说:“习兵之学,必先繇下以及中,繇中以及上,则渐而深矣。”这段话的大意是说,军人在军事理论学习中,必须先由初级到中级、再由中级到高级,只有循序渐进、由浅入深,才能学好知识。这就给我们一个启示:只有依据心理科学知识的层次性、官兵心理实践活动的阶段性、官兵心理发展的连续性与背景资料(年龄、职务、学历、经历等),才能合理设计心理教育内容与方法,才能由低到高、由浅入深、由感性到理性、由具体到抽象的顺序开展教育。循序渐进的心理教育只适合相对稳定的和平环境。当遇到突发情况、需要开展心理教育活动时,应急速成的心理教育方式是最恰当的,让官兵急用先学、学后即用。因此,两种心理教育方式可在平时与战时合理选择使用。

二、基层部队心理知识普及教育方法

所谓心理知识普及教育方法,就是指为完成心理知识普及教育任务所应采用的方式和手段。方法得当,心理知识普及教育的要求可以有效落实;方法不当,预期的教育效果不仅难以实现，而且还可能抵消其他教育的作用，甚至干扰其他育人工作。因此，开展心理知识普及教育工作，必须遵循一定的心理知识普及教育的规律，必须慎重选用教育方法。

1. 思想教育引导

对基层官兵的心理知识普及教育是部队经常性思想教育工作的重要内容之一，它具有优化官兵心理素质的重要功能。经常性思想教育培养的是官兵良好的思想政治素质，它是培养官兵良好心理素质的先决条件。因此，应将经常性思想教育与心理教育融合起来，进行科学统筹，在经常性思想教育中穿插心理教育：通过科学发展观教育，提高官兵尊重心理规律，按照心理规律做人、做事的意识；通过开展当代革命军人核心价值观教育，端正官兵的人生观、价值观，培养官兵良好的人格心理品质；通过尊干爱兵教育，培养官兵建立和谐人际关系的能力与技巧。总之，心理教育与经常性思想教育的关系十分密切，可以充分利用经常性思想教育工作来塑造战士良好的心理素质，在思想教育同时实现心理教育功能。

2. 军营环境磨炼

军营环境也具有心理知识普及教育的功能与作用。从心理学角度看，环境具有影响与塑造人心理的重要作用，所谓近朱者赤、近墨者黑，良好心理品质总是在一定环境中磨炼出来的。环境具有育人的功能。当前，基层部队十分重视军营文化建设，着力营造爱军习武、精忠报国、传承光荣传统、宣传先进典型的良好环境，激发官兵强烈的学习训练动机与爱国报国热情，培养官兵爱岗敬业、争先创优的良好心理素质。在基层部队中，各单位根据长期形成的优良传统总结出了各军兵种精神和部队精神等，这些富有先进文化内涵的环境对生活其中的官兵具有良好的心理教育作用。

良好的人际环境也具有心理教育功能。言教不如身教，一个单位的主官能够以身作则、模范带头，这个单位的战士就会受到良好影响，单位主官、各级干部的工作作风、自身修养影响教育作用很大，因此，各级领导要完善自身性格，充分发挥模范示范效应。一个单位具有良好的人际关系，人与人之间形成相互合作、相互帮助的和谐氛围，这个单位官兵的人际交往就会健康发展。此外，军营的特殊环境能够磨炼官兵的意志力、协作力、决断力，提高官兵冷静果敢、胆大心细、灵活主动、吃苦耐劳、自制坚韧的良好心理素质。

3. 集体氛围影响

集体氛围对军人心理品质的形成有重要影响。一个风气、舆论好的集体，可以改造生活于其中的官兵的不良性格，培养出良好的人格品质；相反，一个风气不正的集体，可以使生活其中的战士沾染上多方面的坏习气。因此，发挥集体影响的作用对于开展心理教育、培养官兵良好的心理素质具有重要意义。良好的集体风范表现为积极向上的心态、官兵团结互助的精神、组织严密、纪律性强、自我约束得力、好人好事受到表扬、不良现象受到抵制等方面。在这样的集体中，每个官兵的性格都会得到改造。

4. 日常知识教育

日常知识教育是官兵心理知识普及教育常采用的方式。通过专题讲座、案例分析、讨论、训练、经验交流、宣传等方式，不断向官兵提供心理科学的相关知识，通过知识传授，不断提高官兵心理健康的意识，增强官兵自我心理调节的能力，提高心理防护水平，不断增强官兵的心理素质。心理知识普及教育要定期开展心理学知识讲座和相关心理训练。根据教学对象的特点，开设针对性的心理教育课程，进行专门的心理科学知识辅导，帮助官兵了解心理学基本常识，达到认识自我、调节自我、完善自我的目的。

日常知识教育要充分利用部队专题教育、军事训练等时机，开展有针对性的心理教育。例如，针对新训工作，可以对新训骨干开展心理疏导方面的心理教育；针对老兵退伍，可以开展退役前的心理调适教育；针对实装操作训练，可以开展用心理科学规律进行训练的心理教育；针对实弹发射，可以开展心理战、心态调节的心理教育；针对新兵入营，可以对新战士进行心理适应教育；针对日常的背讲、串讲、推讲活动，可以开展增强记忆方面的心理教育。总之，开展日常知识教育应有针对性、时效性，应充分调动官兵的积极性，应富有趣味性，深入浅出，使心理教育深入官兵心灵深处。

5. 自我养成塑造

在官兵良好心理素质的培养过程中，外界帮助、教育和影响固然重要，但内在的自我因素起决定作用。要引导官兵有意识地加强自身心理品质的锻炼和培养，就要使他们准确了解自己的心理特点，充分认识自身心理素质的不足，分析不良心理品质形成的原因，领悟提高心理素质的方法，在日常实践活动中通过自我努力进一步改进心理素质。

第三章 基层部队心理测试评估工作

从哲学的角度看，万事万物都有量与质的规定性，人的心理状态、心理活动也不例外。早在两千多年前的战国时代，著名哲学家、教育学家孟子曾这样说过："权，然后知轻重；度，然后知长短。物皆然，心为甚。"在孟子眼中，人的心理如同万事万物一样也可以测量，也即人心可"测"。孟子的人心可"测"思想具有划时代的意义，他奠定了心理测试评估的哲学思想基础。

从心理现象的角度看，人的心理活动包括心理过程和个性心理。心理过程由认识过程（感知、记忆、想象、思维）、情感过程和意志过程构成，它们组成了人共性的一面；个性心理由个性倾向性（需要、动机、兴趣、爱好、世界观、价值观和人生观）和个性心理特征（性格、气质和能力）构成，它们组成了人富有个性的一面。两者共同组成了人完整的心理活动。无论是心理过程还是人的个性心理都能够进行测试，并能在此基础上进行评估。心理测试评估对基层部队的管理、教育、训练具有重要作用，知人才能善任，知人才能科学施训。此外，心理测试评估也是基层部队开展心理服务工作的基础，它为心理知识普及教育、心理训练、心理咨询疏导、心理诊断治疗、心理危机干预、心理防护等工作提供坚实可靠的科学依据。

第一节 心理测试评估概述

一、心理测试评估在军事中的广泛应用

心理测试思想古而有之，早在我国战国时期就有心理测试的思想。我国的心理测试评估实践就走在世界前列。南北朝时期，我国的智力游戏燕儿图、南方"抓周"风俗、隋朝初期开始的科举取士等都有心理测试评估的成分。但科学、定量的心理测试评估却始于 19 世纪 80 年代的欧洲。

1. 科学心理测试评估思想的萌芽

19 世纪 80 年代，英国心理学家高尔顿（F. Galton）最早提出心理测量和心理测验概念，他提出了心理测试评估领域中的相关概念，为心理统计学奠定了统计数学基础。他的学生皮尔逊（K. Pearson）在他工作的基础上完成了相关的计算方法，为心理测试评估铺平了数学道路。

1890 年，美国著名心理学家卡特尔（J. M. Gattell）发表了一篇重要文章《心理测验与测量》。他在该文中明确指出："心理学学者不立根基于实验与测量之上，绝不能有自然科学的准确。""如果我们规定一个一律的手续使在异时、异地得出的结果可以比较、综合，则测验的科学和使用的价值都可以增加。"卡特尔这一思想成为现代科学心理测试实施的基本原则。

1904 年，法国教育部委托著名心理学家比奈（A. Binet）研究一种能够鉴别智力落后儿童的方法，比奈接受任务后与另一志同道合者西蒙（T. Simon）合作，他们主张用心理测试的方法发现、鉴别智力落后儿童。当时，心理测试理论还处于萌芽状态，世界上还没有一个成型的科学心理测试工具。1905 年，比奈和西蒙通过艰苦的工作，创立了世界上第一个心理测试量

表——比奈-西蒙智力量表，并创造性地提出了智力年龄的概念(MA)。1908年、1911年，他们两度对比奈-西蒙智力量表进行了修订，形成了较为成熟的1908量表和1911量表。

由于高尔顿、卡特尔和比奈在心理测试萌芽阶段的创造性工作和杰出贡献，后人把19世纪80年代称为“高尔顿时代”，把19世纪90年代称为“卡特尔时代”，而把20世纪最初10年称为“比奈时代”。

2. 智力测试在军事人才选拔中的运用

20世纪初，当比奈、西蒙编制的智力量表逐渐在世界范围传播时，智力的测试评估被广泛应用于军队人员的招募工作中。1916年，美国斯坦福大学的心理学家推孟(L. Terman)教授对比奈-西蒙智力量表进行了修订，后人将这个版本的量表称为斯坦福-比奈智力量表(即S-B量表)，推孟依据比奈的智力年龄概念创造性地提出智商理论，并给出了智商的计算公式：

$$智商=心理年龄\div实际年龄\times 100$$

从而使人的智力的数量化评估成为现实。但斯坦福-比奈智力量表只能用于单个人的智力测试评估，不能用于团体多人同时进行的心理测试评估。

此时，正值第一次世界大战激战正酣的时候，美国心理学会(APA)受美国国防部委托成立一个特别委员会，寻求为战争服务的心理学方法。美国心理学家迅速把目光投向了刚刚发展起来的智力量表。1917年，美国心理学家叶克斯(Yerks)主张运用智力量表对入伍士兵进行心理测试，并依据心理测试结果对士兵进行分类、安置和补充，进而确定某人是否被解职、任命其他合适职务，或筛选出合适人员到军官训练营进行训练等，为军队的重大人事决策提供科学依据。由于军队心理测试工作涉及人员众多，美国心理学家奥提斯(Otis)在当推孟研究生期间就率先设计了智力测试的多项选择题和其他客观题目形态。他在一战期间投笔从戎后，将这一研究成果运用于军队人员的团体测试中。美国心理学家在此基础上编制了“陆军A式量表”(Army Alpha)和“陆军B式量表”(Army Beta)，前者为文字智力测试，后者为非文字智力测试，适用于文盲和不懂英文的外国新兵。这两个智力测试迅速运用在军人的招募、选拔、安置等工作中。据统计，仅从1917年3月到1919年1月，美军就用这两个智力量表对200多万官兵进行了心理测试，其中包括42 000名军官。

第二次世界大战后，美国及其他国家对军队心理测试研究与实践并未中断。在美国，军队资格测验(AFQT)替代了军队先前的普通分类测验(AGCT)，另外，美军还运用计算机实施具有针对性的能力测验。在该测验过程中，被测试者只要选择做与自身能力水平相应的那部分内容，而不必像在通常测验过程中须完成所有的测试内容。军事训练与心理测试的关系是密不可分的，因为军事训练是战备系统的主要工作。美国所拥有军事教育及军事训练体制是世界上规模最庞大的，而且在世界各国，训练的职能及作用在军事机械和军事建设中占有重要的地位，因此，军事心理学工作者都十分重视对各种军事训练计划进行评估和完善。

在机械化战争中，人与武器装备的匹配问题成为工程心理学家关注的热点问题，这些研究成果最初显现在飞机座舱、控制台、操作仪及显示仪的人性化设计上，使人与武器装备实现最佳结合。该领域也需要心理测试，通过专业的心理测试，可以选拔那些适合某型号武器的人员，从而提高武器装备使用效率和作训效果。

3. 态度测试在军事领域中的应用

态度是社会心理学中的重要概念。态度是人在特定情境中对特定事物以特定方式进行反应的、比较稳定的倾向，它包括认知、情绪和行为意向三种成分。比如“我喜欢参军入伍”就是一种态度。通过对军人入伍态度的了解,从而把握他的入伍动机,进而了解他的思想状况。因此,态度测试在部队政治工作中应用较为广泛。社会心理学家研究发现,人的态度与其行为具有较为密切的关系,通过对某人态度的了解,可以在一定程度上预测、控制、改变其未来行为,因此,了解、测试态度成为社会心理学的一项很重要的工作。

20世纪二三十年代,心理学家的心理测试研究焦点从智力测试转向态度等非智力测试。1929年,美国社会心理学瑟斯顿(L. Thurstone)率先提出了瑟斯顿量表法。该测试量表的使用程序是,态度测试者搜集一系列有关态度的陈述或项目,而后邀请一些评判者将这些陈述按从“最不赞同”到“最赞同”分为若干类(如7类),经过淘汰、筛选,形成一套约20条意义明确的陈述,沿着由“最不赞同”到“最赞同”设置连续选项。要求参加态度测试的人员在这些陈述中选择他所同意的陈述,他所同意的陈述的平均量表值就是他在这一问题上的态度分数。瑟斯顿量表法在20世纪二三十年代的社会心理学界较为流行。但由于该测试方法复杂、费时,今天已很少使用了。

1932年,美国社会心理学家利克特(R. A. Likert)提出了一个简化的态度测试方法,被称之为相加法。它不需要收集对每个项目的预先判断,只是把每个项目的评定相加而得出一个总分数。利克特量表也是由一系列陈述组成的,利用5点或7点量表让被测试者做出反应,如对“我喜欢军人职业”这一陈述,5点量表有五个备选答案:非常赞同(5分)、赞同(4分)、中立(3分)、不赞同(2分)到强烈不赞同(1分),要求被测试者选择其中一个答案,具体如表3.1所示。

表3.1 态度测试量表的备选答案

态度	非常赞同	赞 同	中立	不赞同	非常不赞同
得分	5	4	3	2	1

在态度测试问卷中,有关对军人职业态度的陈述不止一项,被测试者在有关对军人职业这一类问题态度得分的总和除以该类态度的题目总数就可以得到被测试者对这一类问题的态度分数,平均分数越高,表明他(她)越赞同这一陈述,否则,表明他(她)越不赞同这一陈述。以此理论为基础形成了利克特态度量表。利克特量表法的测试结果与瑟斯顿量表法的测试结果具有较高相关,相关系数约为0.80。

1929年,美国社会心理学家博加德斯提出了社会距离量表,它主要用于测试人际关系亲疏态度。美国另一位著名社会心理学家莫雷诺(J. Moreno)的社会测量也是测试人际亲疏关系的量表。博加德斯社会距离量表包括一系列陈述,按从最近社会距离到最远社会距离排列开来,如可以结亲(1)、可以作为朋友(2)、可以作为邻居(3)、可以在同一行业共事(4)、只能作为公民共处(5)、只能作为外国移民(6)、应被驱逐出境(7)。括号内分值越大表示社会距离越大。此外,态度量表中还有奥斯古德(E. Osgood)等人1957年提出的语义分析量表。由于本书篇幅所限,在此不再赘述。

4. 心理健康测试在军事领域中的应用

心理健康测试也被应用到临床心理诊断、军事人员心理健康评估工作中,它在这一领域发挥越来越重要的作用。

20世纪40年代后,心理学家的心理测试研究重心转向人格和心理健康测试。20世纪30

年代末期，美国明尼苏达大学的心理学教授哈撒韦（Hathway）和麦金利（Mckinky）在该大学医院开始编制用于人格、心理疾病、精神病的心理测试。1943 年，他们联合发表了明尼苏达多相人格量表，简称 MMPI。该量表不论是临床应用频率，还是有关论文的数量，都高居各种心理测试前茅。据统计，世界上关于 MMPI 的专著和文献早已超过 8 000 多册（篇），使用国家超过 65 个，译成外文的语种超过 115 种。1980 年，中科院心理研究所宋维真教授开始对 MMPI 进行修订，1984 年完成了修订工作，并建立了中国常模。

人格是指决定个人风格并影响其余环境交互作用的行为、情感和思想的特殊模式，它是人与人相互区别的主要方面。人格主要包括气质和性格。人格具有整体性、稳定性的特点，它对人的行为产生决定性的影响作用，因此，通过对某人人格品质的测试了解，可以预测、控制他（她）的外在行为。基于此，人格测试逐渐成为心理测试评估的研究热点。

人格测试在军事人才选拔中也具有广泛应用。指挥官的人格品质好坏对战争的结果产生决定性影响，同时在作战期间，一方可以通过了解对方主要指挥官的人格弱点制定有针对性的心理攻击策略，从而产生不战而屈人之兵的作战效果。对于这一点，春秋时期，我军著名军事家孙武就提出了："故将有五危：必死可杀也；必生，可虏也；忿速，可侮也；廉洁，可辱也；爱民，可烦也。凡此五者，将之过也，用兵之灾也。覆军杀将，必以五危，不可不察也。"通过人格心理测试，可以选拔人格品质优秀的指挥官，不断增加战争的胜算。人格心理测试除了 MMPI，还有英国心理学家艾森克于 1975 年编制的"艾森克人格问卷"，简称 EPQ。美国心理学家卡特尔（R. Cattell）编制的"卡特尔 16 种人格因素测验"，简称 16PF。这些人格问卷都是认识、了解人格品质所必需的心理测试工具。

20 世纪 60 年代后期，心理学家开始重视人的心理健康问题。1965 年，美国心理学家张（Zung）编制了抑郁自评量表（SDS）。1971 年，他又编制了焦虑自评量表（SAS）。前者主要评定抑郁症状的轻重程度及其在心理治疗中的变化；后者主要用于评定焦虑症状的轻重程度及其在心理治疗中的变化。1975 年，美国心理学家德若迦提斯（L. R. Derogatis）编制了 90 项症状清单（SCL—90），该量表应用广泛，主要用于了解求助者心理健康问题的严重程度、调查不同职业群体的心理健康问题。我军军内学者制定了我军军人各因子的常模分数，这样便于基层部队进行官兵心理健康测评。2010 年，军内研究者又通过大量心理测试修订了军校学员的 90 项症状清单的各因子常模分数。

5. 职业能力测试在军事领域中的应用

职业倾向性测试评估也是心理测试在军事中应用广泛的领域。从 1935 年开始，美国劳工部就业服务局就对能力倾向性测试进行研究。1947 年，该局发布了"一般能力倾向成套测验"（GATB），该测验由 12 项分测验组成，可以测试 9 种职业倾向性。到 20 世纪 80 年代，GATB 已被译成十余种语言，被近 20 个国家用来选拔人才。1959 年，美国心理学家霍兰德（C. Holland）在长期职业指导和咨询实践基础上，提出了专业兴趣理论：职业兴趣就是人格的体现。从事同一职业工作的人存在着共同的人格，由此根据某人人格特点可推荐他申请最适宜从事的职业。为此，他将人的人格化分为六种基本类型：

现实型：这种人爱好以机械和具体事务的工作，如手工制作、机械、电气技术等。

研究型：这种类型的人喜欢科学家、理论工作者、医生等专业性强的职业。

艺术型：这种人适合从事与艺术创作、表演相关的职业，如作家、画家、演员等。

社会型：这种人喜欢人际交往，擅长教育，适合从事教师、咨询、社会工作等职业。

企业型：这种人喜欢管理控制别人，重视经济利益，适合从事营销和经营管理工作。

常规型：这种人适合从事按部就班的工作，如会计师、档案管理员等职业。

他先后编制了职业偏好量表（VPI）和自我导向搜寻量表（SDS），这两种职业性量表都可用于军事人才的选拔与安置。

此外，还有一些职业能力测试可直接用于军事领域。

机械能力测验。它属于空间知觉、机械理解和动力敏捷性等多种成分机械能力测试，主要包括明尼苏达空间关系测验和贝内特机械理解测验。

飞行能力测验。飞行能力与一个人的感知辨别、反应灵活性、注意力分配、手脚动作协调等心理品质有密切关系，例如英国皇家空军能力倾向测验。

文书能力测验。文书能力测验包括与智力测验类似的题目，包括言语、数学能力等能力测试。

二、心理测量、心理测验和心理测试

在实践中，人们往往容易将心理测量、心理测验和心理测试三个概念混淆。其实，这三个之间概念既相互联系，又存在细微差别。

1. 心理测量

当前，心理学家对心理测量的界定并不统一。但一般认为，心理测量是指依据一定的心理学理论，使用一定的操作程序，对人的心理特性（能力、人格、心理健康等）和行为进行的数量化的分析，以确定其价值高低。广义的心理测量不仅包括以心理测验为工具的测量，也包括用观察法、访谈法、问卷法、实验法、心理物理法等其他方法进行的测量。心理测量是通过科学、客观、标准的测量手段对人的特定心理素质进行的测量、分析、评价。这里所谓的心理素质，是指那些完成特定工作或活动所需要或与之相关的感知、记忆、思维、能力、气质、性格、兴趣、动机等心理特征。

心理测量可以从人的智力、能力倾向、创造力、人格、心理健康等各方面进行全面的数量化描述，以说明人的心理和行为特征；同时也可以对同一个人的不同心理特征间的差异进行比较，确定其相对优势和不足，从而发现人心理与行为问题的原因，为心理服务工作提供有价值的依据。

心理测量可以确定人与人之间的心理差异，并由此来预测不同人在将来活动中可能出现的差别，或推测人在某个领域未来成功的可能性。心理测量可以评价人在学习或能力上的差异，人格的特点以及相对长处和弱点，评价青年人已达到的发展阶段等。心理测量的结果可以为客观、全面、科学、定量化地选拔人才提供科学依据。因为，它可以预测人从事某种活动的适宜性，进而提高人才选拔的效率与准确性。心理测量可以了解人的能力、人格和心理健康等心理特征，从而为因材施教或人尽其才提供科学依据。如学校可以依据学生的能力水平分班分组，部队可以依据每名官兵的特长分配相应工作，企业可以将职员安置到与其能力、人格相匹配的部门等。

心理测量可以为升学就业咨询提供参考，帮助学生了解自己的能力倾向和人格特征，确定最有可能成功的专业或职业，进而作出最佳选择。心理测量还可为心理咨询或治疗提供参考，帮助专业人员查明求助者的心理问题、障碍或疾病的表现及其原因，进而有针对性地给予心理辅导、咨询或治疗。

2. 心理测验

心理测验是根据一定的法则和心理学原理，使用一定的操作程序给人的认知、行为、情感的心理活动予以量化。心理测验是心理测量的工具，心理测量在心理咨询中能帮助受测者了解自己的情绪、行为模式和人格特点。

在一些场合下，心理测量和心理测验常被作为同义词使用，但两者之间存在一定区别：心理测验是了解人心理的工具，主要在名词意义上使用；而心理测量则是运用测验为工具，以达到了解人心理的实践活动，从内涵看，它比心理测验的意义范围更广一些。

3. 心理测试

心理测试是运用心理测验工具对人的心理特征、状态进行测量评估的过程，它主要运用于应征、应聘人员的心理筛选工作之中，为合适岗位选拔合适人才。因此，心理测试评估具有考核筛选的意义。这是它与心理测量、心理测试的最大不同。但心理测试评估又是以心理测量为理论基础，以心理测验为工具，在基层部队的心理服务工作中，心理测试评估工作常常取代了心理测量和心理测验。

三、心理测试的特点

心理测试具有客观性、间接性和相对性的特点。

1. 心理测试的客观性

心理测试的客观性具有三层含义。

(1)心理测试测量人的心理特征是客观存在的。

(2)测试的方法、程序、测题的筛选、主测者的挑选、施测时的物理环境、计分原则、测试分数的转换与解释都是统一的、标准化了的，其心理测试结果具有可比性，也具有一定的客观性。

(3)心理测试理论与方法具有一定的科学性。例如，心理测试的信度、效度、难度和鉴别度指标都是通过数学方式得到的，具有客观性特点。

2. 心理测试的间接性

人的心理与物理现象不同，物理现象可以直接通过科学仪器进行测量。例如，要了解一个物体的速度，只需要把该物体在单位时间内的位移测量出来就已得到；要了解一个物体的长度，只需在一定温度下用测长工具按照测量长度的操作规程就可以直接得到。而人的心理却不能直接通过测量得到，根据心理学特质理论，某种内在的不可直接测量的心理特质，可表现为一系列具有内在联系的外显行为。因此，心理测试只是测量了一个人对测试项目所进行的行为反应，通过心理测试，以及心理服务专业人员对心理测试结果进行推论，从而间接了解人的心理特性。

3. 心理测量的相对性

对人的心理特性进行测试与比较，没有绝对的零点，也没有绝对的标准，有的只是一个连续的行为序列。心理测试就是看受测者处在这个序列的什么位置。因此,心理测试的结果必须与受测者相关的群体进行比较,否则心理测试结果没有意义。例如,一个 20 岁的战士通过智力测试得到他的智商分数为 110 分,要准确了解该战士的智力水平,就需要将他的智力的绝对分数与同年龄的其他人的平均值进行比较,如果与他同年龄的其他人平均智商是 100 分,则该战士的智商评估结果就是高的。如果没有参照和比较,他的智商分数就没有意义。

四、心理测试的主要方法

1. 纸笔测试法

纸笔测试简称笔试,即测试者要求被测试者根据心理测试内容把测试答案写在纸上,以了解被测试者心理活动、心理特点的一种测试方法。纸笔测试的形式主要有 6 种:多重选择题、是非题、填空题、匹配题、简答题和小论文。

2. 量表测试法

量表测试法是一种比纸笔测试更严格的测量工具,它们可以看做一把尺子,用这把尺子对被测试者的心理活动、心理特征进行测量。一般的心理量表测试都由一个或几个量表构成,它们的建构程序一般较为严格,客观化、数量化的程度较高,往往有常模可供参照与比较。

3. 投射测试法

有些心理特征很难直接观察和测量,如人的动机、欲望和需要等,这些心理要素需要用投射方式进行测试。所谓投射法,就是让被测试者通过一定的媒介,建立自己的想象世界,在无拘束的情景中,不自觉地表露出其个性心理特征的测试方法。其主要方法有以下几种。

(1)联想测试技术。给被测试者呈现一些刺激,请被测试者报告对这些刺激做出反应,根据被测试者的反应作出心理测评分析。取想测试技术常用的有各种墨渍投射测验,字词联想测验等。

(2)构成技术。被测试者需要根据一个或一组图形或文字材料讲述一个完整的故事。这种测验主要测量被测试者的组织信息的能力,从测验的结果分析被测试者的深层心理。比较著名的构成技术有主题统觉测验(TAT)、麦克莱兰成就测验,还有测量有关信念、宗教信仰、价值观的心理测验,这种技术主要侧重于对被测试者的产出分析。

(3)句子完成法。把一些没有完成的句子呈现给被测试者,请被测试者根据自己的想法把句子完成。这种方法比较简单,却很能说明问题。

(4)等第排序技术。该方法是请被测试者把一组目标、欲望、需要等按某种标准加以排序的方法。一些价值观、成就动机、态度的测量都采用这种技术。

(5)表现技术。这是一种侧重过程性分析的技术,不太注重被测试者的产出。要求被测试者参加一些活动,通过这些活动可以表现他们的需要、愿望、情绪或动机,他们处理事物、人际交往方式无不带有个人的独特心理特征。这些活动方式要求符合实际的生活场景,如做游戏、角色扮演、演一出戏、画一幅画等都可以。

(6)个案分析技术。这是一种综合性技术,既有表现的成分,又有投射的成分,个案设计得贴近实际,请被测试者根据文中提供的线索作出判断和评价,被测试者操作时要付出一定的努力,充分发挥自己的想象力,所以这种方法能引起被测试者的很大兴趣。

此外还有笔迹分析法、画树人格投射测试法、房树人投射测试法等，这些方法都属于投射测试法中的具体方法，都可以根据实际情况运用于基层部队实际心理测试评估中，在此，可以介绍相关资料以供查阅。

房树人投射测验不仅是一种人格测验，也是一种智力测验。它不仅可以动态地掌握病人病情的演变，而且能促发病人的创造力，甚至通过绘画，能起到治疗作用。通过多次绘画达到治疗目的的方法，可以逐步形成心理治疗中的绘画疗法。

房树人投射测验简称为HTP测验，是由美国心理学家(J. N. Buck)率先在美国《临床心理学》杂志上提出来的。进行测试时，主试者给被试者铅笔、橡皮以及几张白纸，要求他们在白纸上描绘房子、树木和人，然后根据一定的标准，对这些图画进行分析、评定、解释，以此来了解被测试者的心理状态与心理特征，以判定其心理是否正常的方法，从而为心理诊断和治疗服务。此外，有关画树人格投射测试可参看日本学者吉沅洪的著作《树木——人格投射测试》。

第二节　心理测试评估的科学检验指标

一个心理测试量表是否合格、是否可信、是否能够测试出想要测量的心理特征，它是否能够难易适中、是否具有较高的鉴别能力，这些问题与以下四个心理测试的科学指标有密切关系。

一、心理测试的信度

1. 信度的内涵

信度就是对心理测试一致性程度的估计。即在不同时刻使用相同心理测试量表或使用两种等值心理测试，或在同样心理测试条件下，对同一个人实施两次心理测试所获得分数的一致程度。信度就是心理测试的一致性问题。信度是用信度系数 r 来表示的，即

$$r=\frac{\text{真实分数}}{\text{实测分数}}$$

在统计学中，

$$\text{实测分数}=\text{真实分数}+\text{误差分数}$$

用数学式可表达为

$$X_{\text{实}}=X_{\text{真}}+X_{\text{误}}$$

式中，$X_{\text{真}}$ —— 在理想状态下，心理测试不存在测试误差的真实分值或客观值；

$X_{\text{实}}$ —— 从实际测试中获得的分值；

$X_{\text{误}}$ —— 误差分数。

2. 心理测试误差的来源

误差分数则是指在心理测试中，因各种因素导致心理测试结果不准确或不一致。在心理测试中，误差分数主要有三个方面的来源：心理测试本身因素、心理测试实施过程和受测者自身因素的影响。

(1) 心理测试本身引起的误差。心理测试问卷本身是引起测试误差的重要原因之一。从心理测试本身角度看，以下因素容易引起测试误差。

1）心理测试题目选取不当。心理测试题目过少或测试题目缺乏代表性、统一性，心理测试的几种等值量表事实上不等值，包括测题的内容、格式、难度不等值，都会影响心理测试的信度。

2）心理测试题目设计不妥当。一般而言，是非题或二选一的提醒容易引起被测试者的猜测，心理测试的误差就会较大。

3）心理测试的难度不恰当。心理测试题目难度过高或过低都会导致信度下降。实践表明，中等难度的心理测试题目信度最高。

4）心理测试的指导语用词不当。心理测试的测题如果语义含混不清、模棱两可，容易使受测者以猜测方式回答问题，从而导致测试误差的产生。

5）心理测试时限过短。这种情况下，受测者容易仓促回答，难以反映其心理状态的真实情况，产生测试误差。

(2) 在心理测试实施过程中产生的测试误差。在基层部队进行心理测试过程中，以下因素容易诱发心理测试产生误差。

1）心理测试的物理环境。心理测试现场温度不适、光线过暗或过强、环境噪声过大、桌椅不舒适、空间大小不恰当、空气流动性不好等环境因素都会影响测试的信度。

2）心理测试者因素。心理测试者的年龄、性别不合乎要求，衣服穿着不得当、言谈举止不合乎心理测试的相关要求、表情过于活泼或过于呆板、情绪不稳定等因素会不同程度地影响受测试者的心态，进而影响他们的测试分数。

3）意外干扰。心理测试过程中的意外停电、突发噪声、临时出现其他意想不到的特殊情况都会影响受测者的测试分数。

4）评分、计算、登分过程出错。一般心理测试需要多个评分者，而评分者的偏好各不相同，或者在计分、登分中出现失误，都会产生测试误差。

(3) 受测者自身因素。受测者自身因素对心理测试的结果影响也很大。以下五个因素是最容易导致心理测试误差的。

1）受测者的动机因素。如果受测者进行心理测试时动机不同，其心理状态就会发生很大改变。回答问题的态度、注意力、反应速度、毅力等会发生改变，从而对心理测试结果产生影响。

2）对心理测试的焦虑水平。心理学的研究表明，受测者要取得较为真实的测试结果，回答不同难度的心理测试题目，对焦虑水平的要求也不同。回答难度过大的题目需要较高的焦虑水平；回答中等难度的题目，需要中等强度的焦虑；回答难度较小的题目需要较低强度的焦虑。每名受测者的最佳焦虑水平都各不相同，要在相同条件下产生较好测试结果的难度也各不相同。当受测者过于焦虑、紧张时，心理测试者应想办法缓解受测者的不良情绪。

3）受测者的生理状态。受测者在失眠、生病、疲劳的情况下进行心理测试都容易产生测试误差。

4）重复进行同一心理测试容易产生学习、练习效应，造成心理测试误差。

5）心理测试经验。当受测者对心理测试的程序、内容、方式的熟悉程度不同时，心理测试的结果也不同，使心理测试结果的可比性降低，从而产生测试误差。

以上几个方面都是造成心理测试误差的因素。其中,有些因素可以克服,如物理环境因素;而有些因素则难以克服,如受测者本身因素。因此,心理测试的误差总是难以避免的,好的心理测试只是尽可能地降低测试误差,使心理测试分数尽可能接近真实分数。

为了说明测试误差及其计算方法,举一个现实生活中质量测试的实例,如表 3.2 所示。

表 3.2 质量测试统计表

实测质量 /g	真正质量 /g	误差 /g
12	10	2
19	20	−1
27	30	−3
41	40	1
51	50	1
$\sum X = 150$	150	0
$\overline{X} = 30$	30	0
$S^2 = 254$	250	4

用方差表示三者关系:

$$S^2_{实} = S^2_{真} + S^2_{误}$$

实测 = 真 + 误差变异,即

$$254 = 250 + 4$$

方差(S^2)是描述数据变异性的一项指标,描述一组数据的离散度,方差开方后被称为标准差(SD),可表达为

$$S^2 = \frac{\sum (X - \overline{X})^2}{n-1}$$

式中,S^2—— 方差;

X—— 实测质量;

$\overline{X}$—— 多次测量的平均质量;

n—— 测量次数。

用方差表示为信度真变异数($S^2_{真}$)与实测变异数($S^2_{实}$)的比率,用数学式

$$r_{信度} = \frac{S^2_{真}}{S^2_{实}} = \frac{250}{254} = 0.98$$

3. 信度的意义

信度的实际意义就是受测者进行心理测试的可信程度,是受测者的心理测试结果与真实情况的一致程度。信度系数的取值范围是 0.00~1.00。“0.00”表示该心理测试产生的误差最大,心理测试结果完全不可信;“1.00”表示心理测试结果与受测者的真实情况完全一致,心理测试结果完全可信。各种不同的心理测试对信度的要求是不同的,有关智力、能力倾向性、成就动机等心理测试的信度可接受的水平为 0.90,非智力心理测试,如人格、态度等心理测试的可接受信度系数一般为 0.80~0.85。

4. 信度类型

信度主要分为重测信度、复本信度、内部一致性信度和评分者信度四种类型。

(1)重测信度。重测信度也称稳定系数，是一组受测者在不同时间用同一心理测试量表测试两次(间隔一定时间)，这两次心理测试分数之间的相关系数就是重测信度。重测信度表示能够把一次心理测试的分数概化到不同时间的程度。信度越高，心理测试受环境或受测者本身因素的影响就越小，心理测试的稳定性就越好，该心理测试就越值得信赖。重测信度也存在误差，其误差主要来源于心理测试本身、所测心理特征本身的稳定性、受测者因素(生理、心理成熟、练习因素、记忆差异等)、心理测试实施中的偶发因素，如异常天气、突然断电、突发噪声、受测者情绪波动等。重测信度是有条件的。重测要有一定时间间隔，一般而言，智力测试间隔为 3 个月，人格心理测试间隔为 1 个月，心理健康心理测试间隔一般为 2 周。因为重测间隔时间太短容易产生练习效应，而影响心理测试的信度。心理测试的心理特征也应基本保持稳定，这样前测与后测才具有可比性。此外，重测时的条件，如环境、主测人、心理测试时间、指导语等都应该保持前后一致。

(2)复本信度。复本信度又称等值系数，估计两个假定相等的复本心理测试之间的一致性，计算这两个平行心理测试分数之间的相关系数，该相关系数就是复本信度。根据间隔时间不同，复本信度可分为即时复本信度和延迟复本信度(稳定等值系数)。复本信度适用于同一心理测试不能在较短时间实施两次，如同一性格测试在较短时间不适宜进行两次测试，这样可避免产生练习效应，影响心理测试的有效性。为了达到这一效果，可以选择另一等值的心理测试量表进行测试，这两种心理测试量表的复本信度越高，它们之间的可替换性就越大，化解练习效应的能力就会越强。

复本信度的误差主要有以下来源：

1)心理测试本身的误差。两种心理测试是否等值，如心理测试量表的取样是否匹配，格式、内容、题数、难度、分数平均数、标准差是否一致等。一般而言，在进行复本信度估算时，应选择同一组受测者进行两种心理测试量表的试测工作，然后计算两种心理测试之间的相关系数，当相关系数达到 0.80 以上水平时，则说明这两种心理测试基本等值，可以相互替换使用。如因条件所限，不能进行试测，可以查阅相关文献，寻找两种心理测试量表之间的复本信度记录。

2)心理测试实施中的偶发因素，如断电、噪声等。

3)心理测试的练习效应。使用复本心理测试只能尽可能减小练习效应，但不能彻底消除练习的影响。

(3)内部一致性信度。当受测者在同一心理测试里表现出跨项目的一致性时，可以从受测者在某一测试题上反映预测其他测题的反应。心理测试的这种性质又称为心理测试的同质性，它反映的就是心理测试内部的一致性，也即内在一致性信度。该信度适用于在既无复本、又无法重复测试的情况下使用。

该信度可分为分半信度和克朗巴赫 α 系数。所谓分半信度是将某一心理测试题目按序号奇偶分半或难度排序奇偶分半，并进行随机安排，将一份心理测试随机分成两个尽可能平行的两半心理测试，然后对同一组受测者分别进行两个不同测试，然后计算这一组受测者在这两个不同心理测试中的分数之间的相关系数，该相关系数就是这个心理测试的内在一致性信度。当计算分半信度时，常用的计算方法是积差相关法，但是这种相关系数计算的结果实际上只是该心理测验一半项目的相关系数，而在内在一致性信度中，需要的是该心理测验所有项目的相关系数，所以分半信度的计算必须进行修正，借以估计整个心理测试的信度，常用的修正公式是斯皮尔曼-布朗公式：

$$r_{tt} = \frac{2r_{hh}}{1 + r_{hh}}$$

式中，r_{hh}—— 分半信度系数；

r_{tt}—— 心理测试在原测题长度时的信度估计值。

这一修正公式的应用条件是该心理测试随机分半是平行、等值的，即两半心理测试的得分之间的平均数、标准差、测题的组间相关、得分分布形态和内容都相似。

所谓克朗巴赫 α 系数是利用每道题的方差或协方差来计算信度，适用于答对一题记 1 分、答错无分的心理测试的一种内在一致性系数。克朗巴赫 α 系数的计算公式如下：

$$\alpha = \left(\frac{n}{n-1}\right)\left(\frac{s_t^2 - \sum v_i}{s_t^2}\right)$$

式中，n—— 测试项目的数目；

S_t^2—— 测试方差；

$\sum v_i$—— 协方差的总和，$\sum v_i = \sum pq$，p 代表及格项目（或某种特殊反应）的比例，$q = 1 - p$。

克朗巴赫 α 系数适用于有多项选择的人格测试、态度量表等，但它不适用于多重记分的心理测试，如该方法不适合检验某官兵心理是否健康的症状自评量表（SCL—90），但却适合于检验瑞文智力测验的信度。

内在一致性信度的优缺点：它的优点是只需施测一次，省时节力，信度一般比重测信度或者复本信度系数高；它的缺点是分半系数因分半方法不同而存在一定误差，而且，心理测试题目的同质性要求较高，一般不能用分半系数来估计人格测试和心理活动速度的测试信度。

(4) 评分者信度。它是由多个评分者给同一组受测者测试结果进行评分，评分者所得分数之间的一致性，也即相关系数就是评分者信度。在高度标准化的心理测试中，由主测者引起的误差大多忽略不计。但在一些客观性差、使用主观性评分的心理测试中，如投射测试（主题统觉测试）中，应考虑主测评分者评分由于各种原因所产生的误差。通常计算评分者信度的方法有多种，如当评分者为两人时，根据记分是连续变量还是等级变量，计算两次评分的积差相关系数或等级相关系数。当评分者多于两人时，可用肯德尔和谐系数计算公式：

$$W = \frac{\sum_{i=1}^{N} R_i^2 - \frac{\left(\sum_{i=1}^{N} R_i\right)^2}{N}}{1/12K^2(N^3 - N)}$$

式中，W—— 评分者信度；

R_i—— 每个受测者所得等级的总和；

K—— 评分者人数；

N——受测者个数(或答卷题)。

二、心理测试的效度

1. 效度的内涵及意义

在心理测试中,效度也是判断某一心理测试好坏、可用不可用的重要指标之一。所谓效度是指心理测试的实际结果与心理测试预期得到的结果之间的相关程度,也即符合程度。心理测试效度的操作性定义是在心理测试中,与心理测试目标有关的有效变异数($S^2_{有}$)与实测变异数($S^2_{实}$)的比值。简单说,效度指的就是一个心理测试的有效性。

效度是进行科学心理测试工具中最重要的指标,某一心理测试若无效度,则无论其具有其他任何优点,一律无法发挥其真正测试评估功能。因此,选用标准化心理测试或自行编制心理测试量表,必须首先鉴定其效度,没有效度或效度较低的心理测试是不能选用的。效度与信度是相互关联的,信度是效度的必要而非充分条件,信度制约效度,信度高,效度可能高;效度高,信度必然高;信度低,效度一定低。

2. 效度类型

根据美国 1974 年颁布的《教育与心理测验标准》,效度可分为三种类型:内容效度、结构效度和效标关联效度。

(1)内容效度。内容效度是指心理测试题目的设定对所要测试的心理活动领域或范围取样适宜性的程度,即选择的心理测试题目是否是真正有代表性的样本。内容效度估计方法有专家经验法、统计分析法和经验推测法。

1)专家经验法。专家经验法是一种非数量化指标。即在编制心理测试量表过程中,通过聘请该领域有关专家对心理测试题目与原定内容的符合程度进行推理和判断的过程,以评价这一心理测试效度好坏的方法,它又称为逻辑效度。

为了使内容效度的确定过程更为客观,以弥补不同专家对同一心理测试的判断可能存在不一致的情况,可采用以下步骤予以弥补:①预先定义好心理测试内容的总体范围,描述有关知识技能和所用材料的来源。②确定心理测试的具体内容,编制双项细目表,制定各测题所测的内容。③制定评定量表来评估该心理测试的整个效度,如心理测试包括的内容、知识技能、材料的重要程度、题目对内容的适用性等,然后由每一位专家评判者在评定量表上对心理测试内容进行判断,以获得该心理测试内容效度的证据。

2)统计分析法。内容效度的确定可采用一些统计分析方法,如计算两个评分者之间评定同一心理测试题目之间的相关系数,这种方法称为效度的统计分析法。该指标虽然考查的是评分者的判断信度,但由于这些数据来自于两个独立的评分者,所以,两者的符合程度就能反映该心理测试的内容效度。

统计分析法还可用克朗巴赫 α 系数来确定内容效度。克朗巴赫提出内容效度可由一组受测者在独立取自同样内容范围的两个心理测试复本上的得分之间的相关系数来做估计,若相关系数越低则说明两者之间有一个心理测试题目缺乏内容效度;若相关系数越高一般可推断该心理测试有较高的内容效度。但在个别情况下,两个心理测试取样也都有可能缺乏内容效度。

此外,再测法也可以用来确定内容效度。例如,先让一组受测者在进行心理疏导之前进行心理测试,然后对该组受测者进行心理疏导之后再用同样的心理测试施测一次。如果该组受测者心理健康水平有较大提高，则说明心理疏导方法是有效的，同时也说明该心理测试具有较高内容效度。

3）经验推测法。如果内容效度的评判是由实践效果来检验的，例如，一个心理健康评定量表是否有效，要用它对心理健康者和心理明显不健康者进行心理测试，然后分析其结果，看它是否能够将两者有效区分开来。如能够很好区分心理健康者与心理不健康者，则说明该心理测试具有较高的内容效度。这种判定效度的方法称为经验推测法。

（2）结构效度。结构效度是指心理测试能够测量到理论构想的心理特征或心理特质的程度，即心理测试结果与心理学家提出的理论构想之间的符合程度。估计方法有对测试本身的分析、测试间的相互比较（包括相容效度、区分效度和因素分析法）、效标效度的研究证明等方法。

（3）效标关联效度。效标关联效度又称准则关联效度，是指一个心理测试对处于特定情境中的行为进行预测时的有效性。效标（准则）是检验效度的参照标准，它是指用以显示心理测试所欲测量的心理特征的标准，通常用心理测试分数或活动来表示。估计方法有相关法（与效标相关）、区分度分析法（组间比较）和命中率法（预测性）。例如，基层部队官兵的智力高低与学习训练成绩之间呈正相关，要编制一个智力测试量表；若要了解该智力测试量表的效标关联效度，则需要了解受测官兵的学习训练成绩。官兵的学习成绩称为该智力量表的效标关联效度。但使用这种方法时要注意：必须首先在科学上搞清楚心理测试的心理特征与效标之间存在高相关（0.80～1.00），否则就不能使用这种方法来判定某一心理测试的效标关联效度。

判定效标关联效度的具体方法有以下两种。

1）相关法。相关法是检验测验分数与效标（准则）之间的相关和一致性，即利用效度（相关）系数来推断测验分数的取值能够有多准确、多有效。它包括同时相关和预测相关。常用效标有学业成绩、工作成就、训练成绩、实际工作表现、精神疾病诊断的等级评定、先前有效的心理测试等多种效标。

2）区分度分析。区分度分析是检验心理测试分数能否有效区分由效标所定义的团体的一种方法。下面用飞行员心理素质测试的实例来说明区分度分析在实践中的运用，如表 3.3 所示。

表 3.3　飞行员心理测试项目及项目之间差异的统计表

心理测试项目	*n*	新飞	歼强	运轰	空勤	地勤	*F*
心理旋转	347	5.77	5.18	3.95	3.10	2.95	23.55＊＊＊
识符检数	229	6.03	5.35	2.52	2.56	2.14	62.01＊＊＊
隐藏图形	351	5.15	5.26	4.69	4.93	4.00	3.067＊＊
判别方向	248	5.06	4.92	2.17	1.84	—	82.30＊＊＊

（$*p<0.05$　　$**p<0.01$　　$***p<0.001$）

表 3.3 中的心理测试项目包括心理旋转、识符检数、隐藏图形和判别方向。哪一个心理测试项目能够很好地将一名心理素质良好的飞行员候选人从众多候选者中选拔出来，这就要求该心理测试具备良好的区分度。*n* 代表参加心理测试的人数。新飞、歼强、运轰、空勤和地勤代表不同的工种。各个工种下方的数字代表参加心理测试人员在该项目中的平均得分。*F* 在

统计学中代表 F 检验,它是检验两个以上组之间的平均数的差异是否显著的统计方法。如果组间平均数的差异显著,则表明该测验项目具有较高的区分度,应在心理测试题目中加以保留;如果组间平均数的差异不显著,则表明该测验项目具有较差的区分度,则应在心理测试题目中加以淘汰。p 在统计学中代表组间平均数的差异,是取样时所造成的随机误差的概率。$p<0.05$ 代表组只有 5% 的组间平均数差异是由取样时随机误差造成的,95% 的组间平均数差异是由参加心理测试人员本身心理素质的固有差异造成的,此时,组间平均数的差异足以将心理素质合格者与心理素质不合格者有效区分开来。p 值越小,则表示组间平均数的差异由随机误差影响的概率越小,心理检测的区分度就越高,因此,F 值越大,p 值越小。$*p<0.05$ 表示差异显著;$**p<0.01$ 表示差异很显著;$***p<0.001$ 表示差异十分显著。从表 3.3 中可以清楚看到心理旋转、识符检数、隐藏图形和判别方向四个心理测试项目的区分度都很高,这表明它们都具有较高效度,能够很好地将心理素质良好者选拔出来,因此,这些项目的心理测试题目应该保留。

这种方法可以运用于基层部队相关人员的心理选拔中,如对导弹操作号手的心理素质选拔、初中级指挥军官的心理素质选拔工作中。但当前基层部队还没有建立科学有效的心理测试评估选拔体系,相关的心理测试工具也还没有制定出来,这种情况对各类人员的科学选拔、使用、考核、评估工作带来负面影响,人才选拔、使用缺乏科学性。基层部队今后应加强这方面的研究与探索,尽早制定出符合基层部队特点的心理测试评估系统。

区分度分析主要有命中率法。命中率法是当测验用来作取舍的依据时,用其正确决定的比例作为效度指标的一种方法。使用命中率法可按测验分数和效标资料分为两类。在测试分数方面是确定一个临界分数(即分数线),高于临界分数者预测其成功,低于临界分数者预测其失败。在效标资料方面是根据实际的工作或学习成绩,确定一个合格标准,在标准之上者为成功,在标准之下者为失败。这样就会产生四种情况:预测成功而且实际也成功;预测成功但实际失败;预测失败但实际成功;预测失败实际也失败。将正确的预测(决定)称为命中,不正确的预测(决定)称为失误(见表 3.4)。

表 3.4　测验命中与失误的四种情况

实际 / 预测	失败(−)	成功(+)
成功(+)	(A) 失误	(B) 命中
失败(−)	(C) 命中	(D) 失误

具体的计算方法可以细分为以下几个指标:

a. 预测合格符合率。它又称正命中率,是预测成功而且实际也成功的情况。如在心理选拔测验预测合格的人数中,日后飞行训练也合格的人所占百分比:

$$预测合格符合率=\frac{B}{A+B}\times 100\%$$

b. 预测淘汰符合率。它是指预测失败实际也失败的情况。如在心理选拔测验预测淘汰的人数中,日后飞行训练实际上也被技术淘汰的人所占百分比:

$$预测淘汰符合率=\frac{C}{D+C}\times 100\%$$

c. 筛除率。它是指预测成功但实际失败的情况。如在全体训练不合格的人数中，被心理选拔测验预测合格的人所占百分比：

$$筛除率=\frac{A}{A+C}\times 100\%$$

d. 损失率。它又称错淘率，是指预测失败但实际成功的情况。如在全体飞行训练合格的人数中，被心理选拔测验预测淘汰的人所占百分比：

$$损失率=\frac{D}{B+D}\times 100\%$$

e. 淘汰率。该指标是指预测淘汰的人数占全体训练不合格人数的百分比。如在全体飞行训练不合格的人数中，被心理选拔测验预测淘汰的人数所占百分比：

$$淘汰率=\frac{C}{A+C}\times 100\%$$

3. 影响效度的因素

影响心理测试效度的因素主要有心理测试本身因素、主测者因素和受测者因素。

(1) 心理测试本身因素。心理测试题目本身对心理测试的效度产生直接影响。要提高心理测试效度，编制心理测试时要注意以下问题：心理测题中所使用的词汇和句型不能过于困难，测题的意思应该清楚明了，所编制的测题应适合所要测试的对象，测题中不能提供额外答题线索，测题的编制要合理，选择题的正确答案不能有明显提示，测题长度难度要适当，测题的排列要按先难后易顺序等。

(2) 主测者因素。心理测试实施过程中主测者因素会影响心理测试效度。例如，主测者是否遵从心理测试使用手册的各项规定、心理测试的指导语是否统一正确、心理测试的时限是否一致、评分是否合理等因素都会影响测验的效度。如果以上条件不标准化，就会使心理测试效度降低。此外，心理测试情景，如场地的布置、心理测试材料的准备、心理测试场所有无噪声和其他干扰因素等也会影响心理测试的效度。

(3) 受测者因素。被测试者在完成心理测试时的兴趣、动机、情绪、态度、身心状态、健康状况、是否充分合作与尽力而为等因素都会影响心理测试的效度。

三、心理测试难度

1. 心理测试难度的内涵

心理测试难度是指正确通过心理测试项目的人数占受测者总人数的百分比。项目难度在智力测试中被称为难度，在非智力心理测试中则被称为通俗性。它的计算方法如下：

$$P=(P_H+P_L)/2$$

式中，P_H—— 指 27% 分数最高者的通过率；

P_L—— 指 27% 分数最低者的通过率。

P 值越小，表明心理测试题目难度越大；P 值越大，表明心理测试题目难度越小。

心理测试难度存在天花板效应和地板效应。心理测试的天花板效应是指心理测试题目难度过小，心理测试成绩和通过率很高。心理测试的地板效应是指心理测试题目难度过大，心理测试成绩和通过率很低。这是心理测试难度中的两种极端情况，符合这两种情况的心理测试题目都不适合用于一般的心理测试之中。

2. 题目难度水平确定

心理测试难度水平通常应依据心理测试的目的、性质、形式而定。一般而言，难度系数在0.50为易，最好在0.50±0.20之间。临床心理诊断测试应选择较低的P值。是非题P值为0.75为宜，四择一题P值为0.83为宜。一般而言，对于选拔一般军事人才应选择0.50的难度为宜。对于选拔优秀的导弹操作号手，应适当加大心理测试题目的难度，一般为0.30为宜。

四、心理测试的鉴别度

1. 心理测试鉴别度的内涵

心理测试鉴别度是指一个心理测试题目能够正确区分受测者心理与行为的程度。鉴别度指数是根据效标内涵将受测者分组，然后计算测试高分和低分两组的受测者在某一测题上的通过率之差，即

$$D = P_H - P_L$$

式中，P_H——27%高分组在某测题上的通过率；

P_L——27%低分组在某测题上的通过率。

2. 题目难度水平确定

一般而言，D值越高，鉴别度就越好。D值为1.00，则表明高分组全部通过，低分组全部未通过，鉴别度最高。当$D \geqslant 0.30$，该测题的鉴别度是可以接受的。鉴别度与难度的关系密切：难度中等(0.50)，鉴别度最大(1.00)，$P=1.00$或0.00，$D=0$。鉴别度的高低，也受心理测试群体的同质性影响，异质群体鉴别度可能提高。如在军事人才选拔中，如果候选者的某一心理素质都很高，则表明心理测试群体的同质性较高，使用某一具有良好信度效度的心理测试的鉴别度就较低；如果候选者的某一心理素质有高有低，表明心理测试群体的同质性较低，使用某一具有良好信度效度的心理测试的鉴别度就较高，它能够将心理素质高者区分出来，以供军事人才选拔参考。

3. 心理测试难度确定的步骤

当在基层开展心理测试时，测题难度的确定可按照以下步骤进行。

第一步，选取有代表性的样组370人，按规定程序进行测试工作。

第二步，把370人按心理测试得分高低次序排列，然后从最高分数的人开始向下取足27%(100人)为高分组，再从最低分数的人开始向上取足27%(100人)为低分组。

第三步，计算高分组与低分组通过每一测题的比率，分别用P_H和P_L表示。

第四步，按心理测试鉴别度的计算公式分别求出每一测题的难度与鉴别力指数。

第五步，比较高分组、低分组在某一测题不同答案上的反应。

第六步，根据测题统计分析结果，修改测题或选择适当测题。

第三节　心理测试的使用

一个心理测试工具无论制作多么精良，如果不按正确方法使用，也不能很好地发挥其作用。基层部队使用心理测试时应注意以下问题。

一、心理测试对主测者资格有严格要求

心理测试对主测者资格的严格要求主要包括技术与道德两个层面的要求。

1. 技术层面要求

在技术层面，心理测试要求主测者必须具备一定的心理学理论知识、心理测试的专业知识和相应的专业技能。主测者必须具备心理学基础知识，主要包括普通心理学、发展心理学、社会心理学、实验心理学、人格心理学、变态心理学等领域的基本知识，此外还要具备心理统计学的相关知识。主测者还必须具备心理测试的相关知识，这是主测者资格考查工作中的基本条件，具体包括主测者对心理测试特点与性质、作用与局限性的认识程度，了解衡量心理测试的几个科学指标，如信度、效度、难度和区分度。主测者必须具有实际操作心理测试的专业技能和经验，接受过严格、系统的心理测试专业训练，熟悉有关心理测试的内容、适用范围、测试程序和记分方法等。由于一些心理测试对主测者有很高的特殊的要求，因此，在正式进行心理测试之前，必须对主测者进行与该心理测试有关的专业培训，如人格测试中的投射测试、智力测试中的韦克斯勒成人智力测试等的培训。此外，即使某人具备了心理测试的主测资格，可以熟练担任某些心理测试的主测者，但这并不意味着他就可以担任任何其他心理测试的主测者。新的心理测试不断产生，各种心理测试名目繁多，一名已经具有主测者资格的心理测试工作者仍然面临不断学习和提高测试水平的任务，面对新的心理测试任务，必须在实施心理测试前进行相关培训，培训考核合格后方可实施测试。基层部队开展心理测试时，切忌随意安排主测者实施心理测试，要注意在技术层面把好关，要有心理服务专家进行具体指导。

2. 道德层面要求

心理测试要求主测者必须恪守心理测试工作的职业道德——心理测试应保密和控制使用。对于大多数心理测试来说，泄露测试内容，不但有可能导致心理测试失效，还会带来其他意想不到的结果。心理测试的内容只有受测者事先未曾熟悉才有价值可言。主测者不可在报纸杂志上原封不动地刊登心理测试内容。对心理测试进行宣传介绍时，只能引用例题，正式的心理测试内容绝不能公开，且不可将心理测试借给不具有进行心理测试资格的人员使用，以避免心理测试的滥用和误用。

使用心理测试时还应注重对个人隐私的充分保护。在心理测试工作中，尤其是在人格测试中，经常会遇到一个不可忽视的问题——侵犯受测者个人隐私。如在人格测试中有的条目可能会涉及受测者家庭关系、内心冲突、生活隐私等个人私密问题，心理测试工作者应尊重受测者人格，对测试中获得的个人信息要注重保密，测试结果应由有资格的专业人员妥善保管，除非受测者对个人或社会可能造成危害或具有潜在威胁时，才能将心理测试结果告知相关部门或人员。

早在 1992 年 12 月，中国心理学会委托著名心理学家张厚粲教授主持制定了《心理测验管理条例（试行）》和《心理测验工作者的道德准则》，对主测者从技术与道德层面的行为进行了明确规范。

二、心理测试工具选择的要求

心理测试的应用始于心理测试工具的选择。可供选择的心理测试工具一般较多，选择哪种或哪几种心理测试工具进行测试，这是心理测试组织者和使用者首先要慎重考虑的重要问题。选择心理测试工具必须注意以下两个问题。

1. 所选择的心理测试工具必须符合测试目的

心理测试是进行心理问题诊断的重要工具，心理测试工具的选择首先必须符合心理测试的目的。由于每一个心理测试都有其特殊用途和适用范围,因此,心理测试实施者首先就应当对各种心理测试的功用、适用范围、优缺点进行深入了解。此外,不同心理测试目的要选用不同的心理测试工具。而且,不能只是根据心理测试名称盲目选择心理测试工具,必须了解该心理测试的真正适用范围和功能,否则,就会因心理测试使用不当而产生严重问题。

2. 所选用的心理测试工具必须符合心理测试的要求

正确选择心理测试工具不仅要符合测试目的,还应考虑心理测试工具是否经过了标准化,它的信度和效度如何,常模样本是否符合测试对象,常模资料是否因保留时间太久而失效等问题。即使是著名的心理测试,如果由个人自行实施,而不懂得分数如何解释,也不会产生有价值的参考资料。因此,不具备心理测试知识的个人最好不要盲目选择心理测试工具自行实施、解释,而应由有资质的心理测试人员来操作,这样的测试结果才会更有价值。

在心理测试工具选择过程中,容易出现的另一个问题是许多人常使用没有重新标准化的经典测试。标准化测试必须经常修订,使心理测试内容、常模样本、分数解释更符合变化了的时代。但目前许多人使用的心理测试问卷是许多年前的老版本,更有甚者,有人直接将国外的心理测试问卷直接翻译过来使用,而不修订其常模,这种做法在心理测试中是不允许的。

三、心理测试前的准备工作

心理测试前的准备工作是保证心理测试顺利进行和测试标准化的必要环节。准备工作主要包括以下几个方面。

1. 实施前告知受测者

基层部队要实施心理测试之前,应通知受测者,保证受测者确切知道心理测试的时间、地点、测试内容、测题类型等,使受测者对心理测试有充分的心理准备,及时调整自己情绪和生理状态以应对测试。心理测试一般不搞突然袭击,突然袭击会使受测者智力、体力和情绪处于混乱状态,不利于真实反映受测者的心理状况。

2. 准备心理测试材料

无论是个体心理测试还是团体心理测试,准备心理测试材料都是很重要的。进行个体心理测试前,应检查问卷或器材是否完整。使用心理测试仪器前,应经常检查其功能与运行状况。进行团体心理测试前,要对所有测试问卷、答题纸、铅笔和其他心理测试材料进行提前清点、检查,并摆放好,以免影响心理测试的正常进行。

3. 熟悉心理测试指导语

对于个体心理测试,主测者记住指导语是最基本的要求。如果是团体心理测试,虽说可以临场朗读,但熟悉指导语总比不熟悉要好,先熟悉指导语会使主测者在朗读指导语时不至于念错、停顿、重复或结巴,使受测者在进行心理测试时感到轻松自然,否则就会影响心理测试结果。

4. 掌握心理测验的具体程序

对于个体心理测试来说,心理测试的实施必须由受过专门训练的人员来完成。如韦氏成人智力量表包括言语、操作两大部分,操作部分的心理测试涉及测试物体如何摆放、如何示范等具体程序,这些都需要对主试者进行严格培训。对于团体心理测试,尤其是当受测者数量很多时,充分的准备工作还应包括主测者与助手的具体分工问题。

5. 与受测者建立和谐关系

在心理测试中，主测者与受测者的关系应该是友好、合作的，这种和谐的人际关系能促使受测者最大限度地做好心理测试。如在智力测试中，这种良好的人际关系会促使受测者尽最大努力发挥自己能力。在人格测试中，它会促使受测者真实坦白地回答有关个人心理特点的问题。建立和谐的人际关系要求主测者尽可能地激发受测者进行心理测试的兴趣，使其积极配合。

四、心理测试评估结果的报告

心理测试结果的报告是心理测试的后期，也是心理测试最重要的一个环节。对测试分数的错误解释与报告将使心理测试在工具选择、实施、评分过程所做的一切努力前功尽弃，更为重要的是，它还将对受测者身心发展造成不良影响，甚至使社会对心理测试本身产生怀疑和不满。报告心理测试结果时应注意以下问题。

1. 不应把测试分数直接告诉受测者或单位领导

心理测试中的分数不同于一般情况下的分数概念，如 *IQ* 的 100 分在意义上就不同于考试成绩中的 100 分，直接向相关人员报告测试分数容易引起不必要的误解。正确的做法是，心理服务人员应告诉受测者的是对心理测试分数的解释和建议。心理服务人员也不要将心理测试分数毫无保留地告诉受测者所在单位领导，以免引起不必要的误会。

2. 避免使用心理学专业术语

心理测试也像其他特殊领域一样，具有一套本专业的术语，专业人员能够理解的术语并不意味着受测者也一定能理解。例如，对于心理测试中的标准差和常模，受测者可能并不懂。因此，主测者必须用通俗语言来解释心理测试分数及其所代表的意义，必要时可以询问受测者是否听懂，并让受测者用自己的语言复述主测者解释的意思。

3. 要保证受测者知道该测试测量或预测什么

这里并不需要向受测者做详细的技术性解释。如主测者并不需要向受测者解释 SCL—90(症状自评量表)的编制过程与常模分数，但应该让受测者知道，SCL—90 量表是将他心理健康因子的得分与社会中同他相似的其他人加以比较，如果他在某一因子上得了高于常模的分数，就意味着他在这一方面处于不健康状态，应将这个结果告知受测者。

4. 要使受测者知道他是和什么团体在进行比较

同一智商分数对于不同文化水平的受测者的意义是不同的。用适用于高中文化程度的标准化样本的智力测试来测量一个不够初中文化程度的受测者，如果测得 *IQ* 为 85 分，就可以认为他基本上属于中等智力水平，因为与他相比较的样本团体的平均分数都较高。如果受测者原来文化程度是大学本科，也测得 *IQ* 为 85 分，就可解释为受测者的智力不正常、心理不健康。同样的智商分数与不同的样本团体比较就会得出不同的解释。因此，对心理测试结果进行比较时，一定要让受测者知道他将与什么人群常模进行比较。

5. 要使受测者知道如何使用测试分数

当心理测试用于人员选拔和安置时，一定要让受测者知道如何使用他的心理测试分数，这一点特别重要。主测者要向受测者讲清，心理测试分数在决策过程中起什么作用，是完全由测试分数决定取舍还是领导决策时只是把测试分数作为参考指标之一。心理服务人员还应向受测者讲清该心理测试有没有规定的最低分数线、测试结果的低分能否由其他方面补偿等疑问，使受测者对单位如何使用他的分数有必要的了解。

6. 要充分考虑心理测试分数给受测者带来的心理影响

心理服务人员对心理测试分数的解释会直接影响受测者的自我认识、自我评价，会影响受测者的情绪，进而会影响他的心理状态与行为。所以心理服务人员在解释心理测试分数时一定要十分谨慎，做好必要的心理疏导工作，防止受测者因心理测试分数低而悲观失望或因分数高而产生骄傲自满的不良情绪。

7. 要让受测者积极参与心理测试分数的解释

心理测试分数是受测者的测验分数，它会对受测者的生活或多或少地产生一定影响，因此，主测者在解释心理测试分数的各个阶段都要仔细观察受测者的反应，并鼓励他提出问题。心理测试实践证明，除非受测者积极参与分数的解释工作，否则，主测者无法了解受测者自己对心理测试分数的理解程度。

第四节　基层部队常用心理测试问卷简介

目前，在基层部队中运用较多的心理测试问卷主要有四种类型：比奈-西蒙智力测试、人格心理测试、军人心理健康测试和军人职业心理测试。

一、智力测试简介

1. 比奈-西蒙智力测试

科学的智力测试始于法国。1905 年，法国心理学家比奈(A. Binet)和西蒙(T. Simon)应法国公共教育部长之邀，专门研究智力落后儿童的教育问题，他们为此编制了一个智力量表，以便将智力落后儿童与正常儿童区分开来。

该智力量表也称 1905 年量表，它也是世界上第一个正式的心理测试。在此量表当中，有 30 个难度不同的测题用以区分受测者的判断、理解和推理能力。1908 年，他们又发表了这个量表的修订本，修订本不但增加了试题，而且测题的难度随受测者年龄的增加而上升，该量表的试用年龄是 3～16 岁。1916 年，美国斯坦福大学的著名心理学家推孟(L. Terman)对该量表进行了修订，形成了斯坦福-比奈量表。推孟首次提出了比率智商概念，以 IQ 作为衡量人聪明程度的重要指标，其计算公式为

$$IQ = \text{心理年龄} \div \text{实际年龄} \times 100$$

1922 年，比奈-西蒙智力量表被贾培杰译成中文，后经中国心理学家多次修订，形成多种修订本，其中最著名的是，吴天敏教授于 1982 年修订的比奈-西蒙智力量表，被称为中国比内测验。下面简单介绍中国比内测验(第 3 次修订)。

该修订本一共有 51 个题目，排列的顺序是从容易到困难。量表的适用范围是 2～18 岁。该量表采用离差智商的计算方法(平均数为 100，标准差是 16)。

$$IQ = 100 + 15 \times \frac{X - \overline{X}}{S}$$

式中，IQ—— 指智商分数；

X—— 某受测者的测试的原始分数；

$\overline{X}$—— 受测者所在群体的平均测试分数；

S—— 标准差。

［测题举例］填数。

填写适当的数，使矩阵的行与列的和都相等。

*	7	*
9	6	4
*	*	*

语句重组：

的 谁 也不 他 朋友 是

2. 韦克斯勒智力测验

从 1934 年开始，美国心理学家韦克斯勒（D. Wechsler）为编制新的智力量表作出了巨大贡献。他编制的各种智力量表都包括言语和操作两个分量表。他首创了离差智商概念，用以代替比率智商。

韦克斯勒智力测验主要包括三套量表，这三套量表分别是韦克斯勒学前和初小儿童智力量表（WPPSI）（适用于 4 ～ 6 岁半儿童）、韦克斯勒儿童智力量表（WISC）（适用于 6 ～ 16 岁儿童）和韦克斯勒成人智力量表（WAIS）（该量表适用于 17 ～ 74 岁成人，初版发表于 1955 年，修订版发表于 1981 年）。

中国修订版韦克斯勒成人智力量表（WAIS－RC）的测试对象是16岁以上成人，测试时间是 75min，分农村和城市两种形式。韦克斯勒成人智力量表主要有两类测验：言语测验和操作测验，两类测验共包括 11 个分测验。言语测验内容主要包括知识、领悟、算术、相似性、数字广度、词汇。操作测验内容主要包括数字符号、图画填充、木块图、图片排列、物体拼凑。

韦克斯勒通过实践研究发现，比奈-西蒙智力量表的比率智商计算方式有缺陷：随着年龄逐渐增大，比率智商的分母变大，智商相对变小，这一结果与实际情况不符。根据智力研究发现，人的智力在 18 ～ 40 岁达到高峰，但在比奈-西蒙智力量表的计算方式中，这一点却难以体现出来，测试结果与人智力发展的实际不符。为了克服比率智商计算的缺陷，韦克斯勒创立了离差智商，其计算方法如下：

$$IQ = 100 + 15 \times \frac{X - \overline{X}}{S}$$

式中，X—— 受测者的智力测试的原始分数；

$\overline{X}$—— 受测者所在常模团体的平均测试分数；

S—— 标准差。

3. 瑞文测验

瑞文测验又称瑞文渐进测验，是由英国心理学家瑞文（J. M. Raven）于 1938 年设计的一种非文字智力测验。因其使用方便，至今仍为教育界、医学界所使用。

瑞文测验主要测量人的推理判断能力、观察能力，它较少受受测者知识水平和受教育程度的影响，测试的是受测者的纯智力，可作为跨文化比较使用。

瑞文测验主要包括标准型（6～17 岁用）、彩色型（5.5～11.5 岁用）、渐进矩阵高级型（少年、成人用）和瑞文测验联合型（5～75 岁用）。该智力测试的理论基础是智力两因素理论。1989 年，我国学者李丹等完成了将标准型和彩色型合并成联合型瑞文测验（简称 CRT）的修订工作。该测验共有 72 张测验图片，适用于 5～75 岁的受测者，测验时间为 40 min，测验为二级评分:答对一题给 1 分,答错一题为 0 分,最高分为 72 分。瑞文测验例题如图 3.1 所示。

第三组12图

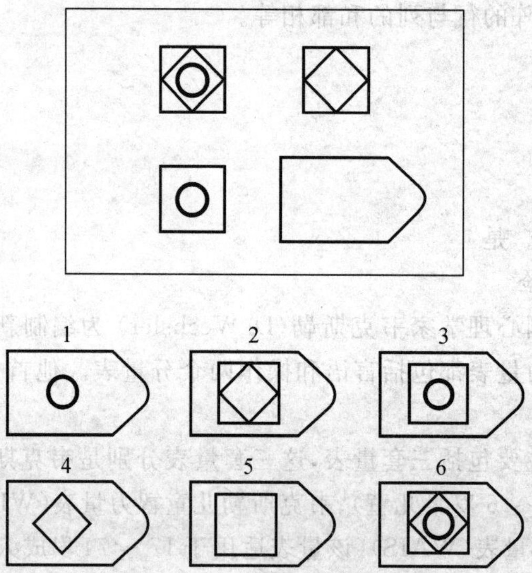

图 3.1 瑞文测验例题

二、人格心理测试

1. 人格的内涵

人格是个体在遗传素质的基础上,通过与后天环境的相互作用而形成的相对稳定的和独特的心理行为模式。它包括人的气质与性格。

2. 人格的特点

人格具有整体性、稳定性、独特性、功能性和自然性与社会性的统一五大特点。

(1)整体性。人格的整体性是指包括在人格中的各种心理特征彼此交织、相互影响,构成了一个有机的整体,它虽然不能直接观察得到,但却表现在人的行为中。

(2)稳定性。人格的稳定性是指由各种心理特征构成的人格结构是比较稳定的,它对人行为的影响是一贯的,而不受时间和地点的限制。那些在行为中偶然表现的心理活动属于一时的心理状态而不能称为人格特征。所谓"江山易改,禀性难移"说的就是人格的稳定性。

(3)独特性。每一个人都有不同的遗传素质,生活的环境又不尽相同,因而,每一个人都有自己独特的心理特点,在世界上没有任何两个人的人格是完全相同的,这就构成了人格的独特性。正因为人格具有独特性,通过对人格独特性的测试就可以描述一个人的心理面貌,从而预测他的行为。

(4)自然性与社会性的统一。人格是在一定的社会环境中形成的,因而一个人的人格必然会反映出他生活的社会的文化特点和他所受的教育,这说明人格是具有社会制约性的。但同时人的人格又反映人大脑的机能,人格的形成必然要以神经系统的成熟为基础,体现了人格自然性的一面。所以,人格既具有社会性,又具有自然性,是自然性和社会性的统一。

3. 人格心理测试的类型

人格心理测试主要包括人格自陈量表、人格评定量表和投射测验三种类型。

(1)人格自陈量表测试。人格自陈量表是测量人格最常用的方法和形式。依据所测量的人格特征编制客观问题,要求受测者根据自己的实际情况或感受逐一回答每一个问题。人格自陈量表的典型代表是明尼苏达多相人格问卷。它通常采用的测题形式有是非式、折中是非式、选择式、文字量表式、数字量表式。它存在的缺陷是受测者回答主观、容易形成反应定势和存在有意掩饰的心理倾向。

(2)人格评定量表测试。人格评定量表通常由一组描述个体心理特征或特质的词或句子组成,要求受测人经过观察对某个人的某种行为或心理品质做出评价。这种心理测试的典型代表是卡特尔16种人格问卷(16PF),严格地说,它是观察和晤谈的延伸。其结果常作为编制人格测试的效标资料。其形式有数字评定量表、描述评定量表、标准评定量表、强迫选择评定量表、检核量表。这种方式存在的缺陷是容易产生测试误差,如严格误差、宽容误差、趋中误差、逻辑误差、“光环”效应误差等。

(3)投射测试。投射测试分为广义投射测试和狭义投射测试两种类型。广义投射测试是指那些把测评目的加以隐蔽的一切间接心理测评技术。狭义投射测试是指一种特殊的测评手段,把一些无意义的、模糊的、不确定的图形、句子、故事、动画片等呈现给受测者,问其看到、听到或想到了什么,以此作为反馈信息,在此基础上加以分析、解释和评估的心理测评方式。

投射测试可分为五类:联想法、构造法、完成法、选排法和表露法。投射测试的优点有以下几点。

1)可弥补问卷测验的局限,因为它不依赖受测者是否真实回答,而是通过对受测者活动产品(如故事、绘画、笔迹等)揭示受测者的内心活动与心理特点。

2)不受文化背景的影响,可做跨文化比较和研究。

3)可以洞察受测者的内心深处的活动,避免受到受测者的抵触和掩饰心理。

4)可以节省人力、物力和财力。但这种方法也存在缺陷,即心理测试操作复杂,测试结果分析和评估的主观随意性较大,心理测试的信度、效度较低。

当前,国内、外运用较多的投射测试主要有罗夏墨迹测试(RIM)、主题统觉测验、房树人投射测验、画树人格投射测试、笔迹心理测试等。

4. 明尼苏达多相人格问卷(MMPI)

明尼苏达多相人格问卷,简称MMPI,它是由美国明尼苏达大学哈慈威(S. Hathaway)和麦金利(J. Mckinley)教授于1943年编制的。它属典型的人格自陈量表。该量表被广泛使用,目前有关MMPI的专著和文献早已超过8 000多册,使用这个量表的国家超过65个,译成外国文字的语种超过115种,对MMPI的研究已经成为一门学科。1984年,中科院心理研究所宋维真教授完成了MMPI的修订工作,并建立了中国常模。

该量表适用于16岁以上的成人,受测者须具备小学以上文化水平且没有影响测试结果的生理缺陷。其主要功能是测查受测者人格特点、鉴别精神病患者和正常人。该量表共包括566个自我报告形式的题目,实际上为550个,其中16个为重复题目。

MMPI的测题要求受测者根据自己实际情况做出“是”“否”及“不作回答”三类反应,这些题目组成了14个量表(10个临床量表和4个效度量表)。该量表所需时间最多为90 min,一般需要45 min,文化水平较低者可能超过2 h。如果只为了精神病临床诊断使用,可做前

399 题。

对该量表的解释不仅要考查单个量表的分数情况，还要考查多个量表剖析图所显示的编码类型、因子分数和剖析图的整体模式。因为大量研究表明，由多个临床量表组成的编码和模式才更具临床诊断价值。对临床量表编码的解释通常是由临床量表剖析图中得分最高的两个或若干个量表分数构成的，构成编码的量表的 T 分须大于或等于 60 分（中国常模）或 65 分（美国常模），并用该量表的数字名称进行记录。

编码类型通常只考虑量表 1(Hs)、量表 2(D)、量表 3(Hy)、量表 4(Pd)、量表 6(Pa)、量表 7(Pt)、量表 8(Sc)和量表 9(Ma)，而量表 5(Mf)和量表 0(Si)一般不做编码分析。如 12/21 显示身体的不快与疼痛，24/42 显示冲动、违反社会规范和预期不佳等，27/72 显示神经质、紧张、不良预期等，如图 3.2 所示。

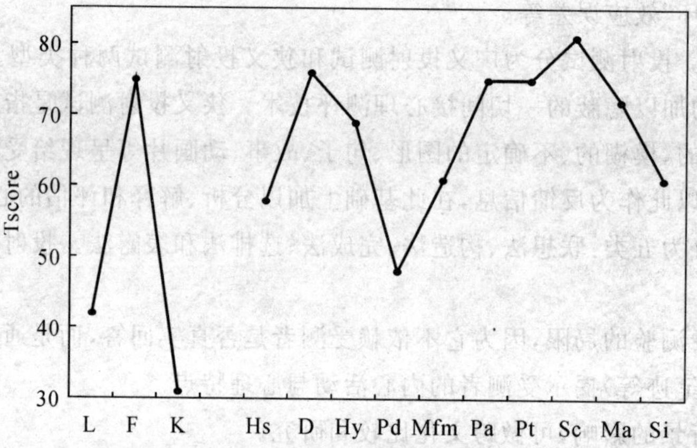

图 3.2　明尼苏达多相人格问卷的剖析图

从图 3.2 所示中不难看出，该受测者的临床量表的编码类型为 27/72，显示其人格为神经质型。从图中还可看出该受测者的效度量表中的 L 量表和 K 量表的得分十分低，而 F 量表得分很高，这说明该受测者在回答测题时的态度不够认真或想隐藏内心存在的问题，表现在回答上则是全答“肯定”或全答“否定”。

根据中国的 T 分型的剖析图分析可以看到神经症患者前三个量表（Hs，D，Hy）较其他受测者明显提高，精神分裂症患者出现 Pa，Sc 两个量表高峰，躁狂症患者除 Ma 有所提高外，D，Si 明显降低。如图 3.2 所示，该模式图显示前三个量表（Hs，D，Hy）较高，且已经超过常模值，而 Ma，Sc 的得分较低，可断定该受测者属于不典型的神经症人格。

各效度量表的意义如下。

Q 量表也称为疑问量表，高分表示受测者回避问题，不合作。该量表可作为能力、神经症、精神病的诊断指标。

L 量表也称为说谎量表，分数高表示答案不真实，夸大优点，希望给人好印象，回答测题与本人现实不一致。测题问题涉及任何人都有的细小缺点，如你迟到过吗？高分表示夸大优点或人格异常（原始分大于 5，测试结果可疑。原始分大于 7，测试结果无效）。

F 量表也称为诈病分数，由一些不经常遇到的问题所组成。分数高表示受试者不认真，理解错误，表现互相无关的症状，伪装疾病。分数高表示诈病或确为严重偏执，F>65 即为高分。

K 量表也称为校正分数，借以判断受测者的态度是否具有隐瞒性，心理防卫性强不强。高分表示不合作，缺乏了解自我的能力，想将自己表现得好些等。低分表示想让自己看起来更糟，过强的批判性，过分地直言不讳等。

MMPI 的各个分量表都是根据经验法编制的，而且对于分数的解释也是以经验为基础的，因而较为客观，不像其他人格量表那样具有较大随意性。但它的题量太大，测试需要时间长。该测验的再测信度分布在 0.5～0.9，属于较低水平，常模代表性较差，此外，还具有病理名词使用多等缺陷。

三、军人心理健康自评量表简介

心理评定量表主要包括精神病评定量表、抑郁评定量表、症状自评量表、焦虑量表、恐怖量表等。在这里主要介绍症状自评量表（SCL—90）、军人心理健康调查问卷和创伤后应激障碍自评量表（PTSD—SS）。

1. 症状自评量表

症状自评量表共有 90 个题目，简称 SCL—90 量表。此量表由美国心理学家德若伽第斯（L. R. Derogatis）于 1975 年编制，它包含比较广泛的精神病症状学内容，如思维、情感、行为、人际关系、生活习惯等，它通常用来评定受测者一周以来的身心情况。SCL—90 量表的评定结果主要取决于两个统计指标：总分和因子分。其总分是 90 个项目所得分数之和，总分反映受测者心理问题的严重程度：心理越健康，总分越低；心理问题越严重，总分越高，如果总分超过 70，可考虑筛选阳性。

2. 军人心理健康调查问卷

该量表是由解放军 102 医院等单位研制的、用来评价军人心理健康状况的量表。该量表共有 101 题，主要了解受测军人近 1 个月的心理健康状况，根据受测者回答“是”或“否”分别计 1 分或 0 分。标准分 T 的计算方法如下：

$$T = 50 + 10(X - \overline{X})/SD$$

式中，$\overline{X}$—— 该军人所在团体的平均分数；

X—— 该军人的量表得分；

SD—— 标准差，它可以通过数学计算方式得到。

当 $T \leqslant 70$，表明该受测者的心理健康；当 $T \geqslant 70$，表明该受测者的心理存在健康问题，甚至存在心理障碍。T 分数越高，说明心理障碍越严重。

3. 创伤后应激障碍自评量表

该量表是由我国学者刘贤臣等于 1998 年编制完成的，共有 24 个测题，主要对当事人经历的创伤性事件所造成的心理伤害进行主观评价。测题按照 5 级评分进行评定，并计算总分，受测者总分越高，其应激心理创伤越严重，越需要心理服务。

四、军人职业心理测试

军人是一种特殊职业，从事该职业的人员需要具备特殊的心理素质。通过何种心理测试工具为部队选拔心理素质良好的人员是今后心理服务工作的重要内容。

我军从 20 世纪 90 年代中期开始研究探讨军人心理素质测试选拔工具，经过近 10 年的艰苦探索，2002 年，我国防部发出了《关于在征兵体检中组织心理测试试点的通知》，这标志着我军心理选拔工作开始走向正规化。2006 年，我军首次运用心理测评系统选拔军校干部学员。2009 年，总参谋部运用第四军医大学研制的士兵心理素质测评选拔系统来挑选入伍新战士。2011 年 9 月，总政治部运用西安政治学院编制的“初级指挥军官心理素质测评”系统来选拔大学生士兵提干人员，并用该系统选拔军校指挥型干部学员，并计划 2012 年使用该系统测试评估全军院校指挥型干部学员，对经过测评不适合从事军事指挥的学员做其他人事安排。

这些心理测试评估探索对我军选拔、安置、任用、晋升、培训军事人才都起到了不可替代的重要作用。

第四章　基层部队心理训练工作

现代战争不仅对官兵心理是更高强度的考验，还发展出专门针对心理的战争样式和手段。心理服务建设已成为部队建设的重要方面，必须为战时力量运用准备高品质的心理状态，还要做好心理进攻和进行心理作战的全面准备，提高心理战斗力。心理训练就是提高心理战斗力的主要途径。

外军十分重视心理训练，以适应未来战场各种恶劣环境。他们借助专业化的心理战部队，利用电子、激光、计算机等先进的技术，模拟现代战场的外部景象和复杂的战斗情景，使官兵体验现代战争的景观和状态，来适应未来战场环境。当接近实战训练时，请专业心理战成员设计心理训练方案，制定训练原则，将心理训练渗透和贯穿于各项军事训练之中，不断巩固训练成果，大大提升了官兵的心理素质。近年来，我军把心理训练纳入《军事训练与考核大纲》中，使我军心理训练逐步走上制度化、规范化的轨道。基层部队必须对官兵进行实战背景和环境条件的心理训练，使官兵具备作战心理品质，官兵也必须通过刻苦训练提升自身心理品质和心理战斗力。

第一节　基层部队心理训练的内涵与意义

一、基层部队心理训练的内涵

心理训练是指依据心理学原理，创设特定的环境和条件，对官兵个体和集体的心理活动施加有目的、有计划的特定影响，使其具备军人职业所需要的心理素质，并使其学会控制和调节自己的心理状态，保持心理稳定性，提高其心理活动能力的一种特殊训练活动。

现代世界各国军队都把心理训练作为提高军人心理素质的有效途径，通过各种战争和作战环境模拟，造成危险、紧张、复杂、困难、意外等刺激心理的条件，使军人得到心理锻炼，增强其心理承受力，提高其心理韧性，增强其心理稳固性，具备应对未来战争需要的心理素质。美军认为，"心理训练作为联合作战的一个组成部分，在各种类型的作战演习(演练)中均可有效地实施。""当心理训练能够为军事和政治行为紧密而又完美地结合起来提供一种催化剂的作用时，就可以成为作战准备行为成败的关键。"

以心理学理论与方法为指导和依据的心理训练建立在一个坚定的信念基础上，即人的心理是可以改造、改善的，教育与训练就是根本的方法和途径。心理可以改造的观点，既尊重遗传影响，又重视环境的作用，更主动运用人类教育训练这个重要工具，以人类可以自己把握命运的豪迈和热情，做积极主动的改造者和推动者。生理学和心理学研究表明，人的生理耐力和心理压力承受力是有"弹性"的，经过训练，可以提高这个"弹性"的阈限值，做到处变不惊、临危不惧，泰山崩于前而色不变，不经训练，心理"弹性"小，很容易波动、惊惧甚至压力超限而崩溃。

心理训练的目的是提高心理素质，这是特殊需要的、具有特定内容的心理素质，它应建立在健康心理之上。特殊需要即战争和完成各种任务的需要，特定内容也是由此而确定的。如为沙漠作战而进行的心理训练就是要练成在沙漠干旱及风沙条件下作战所需要的心理品质；为高原作战而进行的心理训练就是要练成高原气候条件下的适应力和耐受力；为寒区作战而进行的心理训练就是要练成严寒条件下的耐力和意志力。因而心理训练是应确定明确的硬性强制性指标的活动。模拟战场环境条件和作战任务以锻造心理品质就是最重要的方法，要求训练的保障和实施也是硬性的和任务式的。心理训练根据的是军事活动、战斗任务需要的特点，是基础和基本的训练，部队可在作战任务背景和要求下进行训练。在条件和能力许可的情况下，也应按军事活动类型特性分类设置相应的针对性强的心理训练。

二、基层部队心理训练的意义

心理训练会产生直接的效果，对平时军事活动有直接的意义；作为以战争和作战任务为背景的特殊训练，对于以战争为职能、作战任务为活动内容、随时做好军事斗争准备的军队和军人，具有特殊重要的意义；对于调节战争对军人的心理影响，提高官兵作战心理品质，具有重要而实际的作用。

1. 提高官兵心理素质，促进官兵心理健康

心理学研究表明，心理训练对于提高官兵心理素质，促进官兵心理健康具有积极作用。在基层部队，不同兵种、不同武器装备，对官兵的心理素质都有特定的要求。比如汽车驾驶员必须有辨微察远的观察力，持久集中而又善于分配的注意力，以及动作协调手足自然配合的能力。现代复杂武器系统的特性及其操作使用，要求基层部队官兵具备较强的心理稳定性和心理承受力。心理训练可以使官兵形成高度的心理稳定性，即在训练中养成控制自己的情绪的习惯，学习支配和调节自己的心理活动的方法、技能，从而在极不稳定的战斗环境条件变化中，获得最佳的、稳定的战斗心理状态，思维和行为正常，遇事不慌，沉着冷静不失理智，发挥出军事智力、动作技能和武器效能；还可以增强官兵在危险情境下的心理承受力，即对超常刺激的忍耐力，学会缓解紧张情绪、克服不良心理倾向的方法，增强心理承受力。

国内、军内学者的研究表明：心理训练可使军人心理健康水平得到提高，军人在 SCL—90（症状自评量表）、SAS（焦虑自评量表）和 SDS（抑郁自评量表）的得分均朝积极方向发生变化。在人格方面，心理训练能使官兵在 16PF 的分量表的得分上有改良性变化。在应对方式方面，心理训练有利于官兵采用积极应对方式。此外，官兵在求助、幻想、自责、合理化等因子上也得到改善。在人际交往方面，心理训练也有助于官兵克服恐惧而积极交往。

2. 强化情绪稳定性和优化意志品质，提高官兵心理活动水平

战争和军事行动的各种危险、紧张、复杂和困难，强烈冲击和影响官兵的情绪和意志，发生反应，产生恐惧、情感波动、惊慌、意志力薄弱、脆弱，经不起挫折和打击，即使纪律严明的部队也会溃散为恐慌的军队。心理训练能够使官兵及时消除来自外界的各种刺激，始终保持心理平衡，避免陷入过度紧张，从而保持正常心理活动水平。同时，能够使官兵具有极强的心理适应性，即模拟实战的演练使官兵对作战可能出现的危险等情况习以为常，并可形成应对随时出现的状况的心理习惯，减少和降低心理震慑和冲击的发生率及强度，心理活动保持正常。能够使官兵集体形成“协同心理”，即集体心理训练形成的友谊、信任、尊重、谅解等会形成集体内聚力，形成相互间强大的心理支援力和助力，提高每一个体的心理活动积极性和水平，并使这些力量外化为强大的战斗力。

3. 塑造优良个性，提升官兵心理品质

根据战争和作战任务特点而进行的军人心理训练以任务为牵引，对心理过程具有特别的规定性，如动作的发生及其过程，由操作规程规范，而非随心所欲的个性展示，更非情绪不受控制的任意宣泄。这种规定性事实上以强制性要求规范出符合战争和作战任务要求的最佳心理过程，在多个军人的共同倾向性和目标趋向中完成任务。同时，心理训练中的战争和作战任务背景使训练多具有集体性，易于养成顾全大局的意识，心理倾向趋同于集体价值及目标，个性特征如性格受到自觉抑制，并倾向于美化和集体化其特征，在气质风貌和性格显性特征上表现出弱化个体独特性的倾向，特别是那些不利于完成任务，或不见融于集体及任务的个性，这就改造、改善甚至重塑了官兵个性。当然，心理训练并非销蚀个性，而正相反，使官兵个性优秀之处得以发挥，明显的短处和劣势得以改善。

第二节　基层部队心理训练的目标

心理训练通过反复练习和制度规范养成良好的行为习惯；通过训练，培养意志品质；通过活动中委托任务，提升综合能力；通过专项训练，提高各项心理素质。中国人民解放军军事心理训练中心确立了"打牢基础心理品质、优化军事职业智能、提高心理维护能力、开发心理发展潜能"，递进培养、层次发展的军事心理训练目标体系。根据基层部队实际，应达成以下目标。

一、重点培养基层官兵扎实的基础心理素质

1. 锻造官兵过硬政治心理品质

政治心理品质是官兵对战争的基本态度，它是官兵战争观和政治倾向性的集中表现，是心理品质中最核心的成分。抗美援朝战争中，志愿军不怕流血牺牲，敢于同世界上的军事强国进行较量，就是因为官兵懂得"抗美援朝，保家卫国"的道理。崇高的政治思想动机是政治心理品质的心理基础，也是官兵英勇无畏心理的内在动力源泉和精神支柱。铸造官兵合格的心理品质，首先要注重培养官兵的政治思想动机，也就是要解决官兵心中的疑难问题：为什么要打仗、为谁打仗、能否打赢等问题。通过教育训练让官兵从内心深处把祖国和人民的利益放在高于一切的位置上，甘于牺牲个人的一切，献身国防事业，安心服役，忠于职守，积极做好打赢未来战争的准备。

2. 优化官兵的智力素质

在心理学中，智力是人完成大多数活动所共同需要的能力，是人所共有的基本能力，它包括观察力、记忆力、注意力、想象力和思维力。虽然人的智力受遗传因素的影响较大，但是后天的教育训练对提高智力水平、优化智力结构具有很大作用。因此，要提高官兵信息化条件下的作战能力，就必须通过系统的心理训练加以培养和提高。相应的，优化官兵智力素质就成为基层部队心理训练的重要目标之一。现代信息化时代的战争具有自动化、智能化、信息化的特点，面向未来战争的官兵心理训练，要通过现代化的训练手段，全面培养和发展官兵有效使用信息化武器装备和遂行作战任务所需要的良好的感知能力、记忆能力、注意能力和思维能力，其着眼点和重心是培养训练官兵敏锐的观察力、良好的记忆力、丰富的想象力和深刻的思维力，关键是加强思维能力训练。如果在平时的军事训练中，有意识地加大训练难度，要求军人在短时间内迅速处理各种战术、技术情况，那么就有利于增强军人心理对紧张的适应性，从而

不断提高智力活动的能力，使思维敏捷、快速、准确。此外，智力作为一个外显的行为，不仅包含与认识过程直接有联系的心理活动，而且也包含那些不直接参与但制约着认识过程的心理活动，如情感、意志、个性等。因为任何心理认识过程都是在一定的心理背景条件下产生的，任何智力活动也都受到心理背景因素的影响，因此，在通过心理训练来优化官兵智力素质的同时，还应当注意非智力因素的培养。

二、不断提高基层官兵良好的心理适应素质

1. 增强官兵心理适应能力

心理适应能力是官兵在战争过程中对外界环境及其变化作出适当反应的一种心理能力。适应能力强的军人，无论遇到多么艰难困苦、复杂多变的战斗环境，都能很快适应，并始终保持稳定、冷静、积极的情绪状态。而适应能力弱的军人，在这种急剧变化的环境面前，往往出现过度紧张、惊恐的反应，产生不正确的被动应对方式，严重制约作战效能。随着部队机动能力的提高和战场范围的不断扩大，作战环境的变化也呈现出突发性、多变性和快节奏等特点，使官兵不断受到来自外部不良刺激的干扰和影响，只有具备较强的心理适应能力，官兵才能在尽可能短的时间内适应作战对象、作战环境和武器装备的变化，适应战场空间多变、作战样式多样、作战行动复杂、作战区域分布广、自然条件恶劣的情况，掌握战场行动的主动权。官兵的心理适应能力不是天生的，而是在日常训练与管理实践活动中逐步形成的。心理训练就是要通过各种手段，模拟信息化战争和特定战场环境，使官兵体验各种可能影响心理状况的刺激因素，逐步形成适应平时、战时需要的心理品质。

2. 提高官兵心理承受能力

心理承受能力是指军人对心理应激的承受和抵抗能力。军人生活在社会中，经常会遇到各种挫折，如亲人亡故、亲属下岗、感情受挫、工作岗位变动等；军人在残酷的战场上，更时刻面临各种杀伤武器的威慑和各种不期而至的伤残、死亡的威胁。如果对此不能正确对待，长时间处于高度紧张、恐惧之中，必然会削弱战斗力。事实证明，人的心理承受能力是有一定极限的，如果挫折超过心理承受极限，官兵就会产生心理问题、心理疾病，极端情况下甚至会做出犯罪或自杀行为，对基层部队的安全管理产生严重危害。如果战时不良刺激突破官兵心理承受极限，就会产生战场心理问题、心理疾病，心理防线就会产生致命漏洞。所以，基层部队官兵在平时就必须加强学习锻炼，培育临危不惧、处变不惊的良好心理素质，不断增大心理容量，提高对各种挫折的抵御能力。

提高官兵心理承受能力最重要、最有效的方式是开展有针对性的心理承受力训练。心理承受力训练，使官兵在基本生活条件得不到保障的情况下，在各种恶劣环境中连续作业，高强度工作，使他们长时间接受强烈、复杂刺激，不断增加官兵的心理负荷，从而逐步接近和达到官兵心理负荷的极限，使官兵形成较强的心理承受能力。苏军曾采取不断提高战斗训练标准的办法，提高官兵的心理承受能力。从 1933 年至 1960 年，苏军实施作战行动的标准平均提高了 60%，动作技能和智力技能的标准提高了 70%，肌肉机敏技能的标准提高了 20%。英阿马岛之战中，英军士兵训练有素，身体强壮，具有较强的心理耐力，这使得他们在接近南极地区的严寒中，能负重 120 lb(磅)(1 lb＝0.453 6kg)，强行军 70 mi(英里)(1 mi＝1.609 344 km)，并且抵达斯坦利港后立即投入战斗。由此可见，通过艰苦、高强度心理训练，军人心理承受能力得到极大提高。

三、塑造基层官兵创新心理素质

1. 增强官兵集体凝聚力

军人总是在一定战斗集体内生活和战斗的，集体中每一个成员的心理品质都会相互产生影响。事实表明，作战中常常出现由于部分官兵英勇顽强、意志坚定而带动整个战斗集体士气高涨的情况，也常常出现由于部分官兵发生心理恐慌而引起集体心理崩溃的问题。在未来战争中，这种集体内部成员之间"心理感染"和"心理牵动"的现象将是大量的和不可避免的。

良好的军人集体心理品质，如强烈的集体荣誉感、坚定的必胜信念、团结互助的作风、不怕牺牲的精神、勇往直前的气概等，也可以对军人个体产生积极的影响作用。当少数军人出现心慌意乱和畏难怯战情绪时，看到整个集体稳如泰山，就会在无形中受到集体气氛的感染，从内心感到集体的坚强力量，从而迅速恢复信心，振作精神，产生很强的战斗力。而当个别军人产生心理障碍时，通过周围其他人员的心理支持和精神激励，就能比较顺利地从心理低谷中解脱出来。

军人集体凝聚力可以通过心理训练得以提高。军人集体凝聚力的心理训练方式可分为军人集体心理训练和军人个体心理训练。需要注意的是，军人集体心理训练是军人个体心理训练所无法取代的，因为军人战斗集体的心理品质的高低并不是单个军人心理品质的简单相加，而是在一定条件下形成的一种有机融合，必须通过一定的训练方式和训练手段在集体环境中形成。军人战斗集体心理训练的内容主要包括明确集体目标、培养和激发集体荣誉感、增强集体成员之间的心理相容等内容。

2. 激发官兵创新能力

创新能力也称为创造能力，是指产生新思想、发现和创造新事物的能力。创造力是成功完成某种创造性活动所必需的心理条件，在创新能力中创造性思维和创造想象起着十分重要的作用。创新能力在军事领域具有十分重要的作用，可以说，军事领域就是创新的领域。著名军事家孙子曾说："兵者，诡道也。……攻其无备，出其不意。此兵家之胜，不可先传也。""见胜不过众人之所知，非善之善者也；战胜而天下曰善，非善之善者也。"孙子在这里所指的其实就是军人的创新能力。

美国心理学家莱曼（H. C. Lehman）通过大量统计发现，人在25～40岁时是创新能力最旺盛的时期。我国学者张笛梅统计了从公元600—1960年共1 360年间，有1 243位科学家的1 911项重大科学成果，发现这些科学家取得重大成就的年龄区间也在25～40岁。这说明，人生最富有创新能力的年龄是青壮年时期。心理学的研究还表明，人的创新能力与人的智商呈现复杂关系：当人的智商在110分以下时，创新能力与智力呈正相关；当智商在110～120分时，创新能力的表现还要看人的动机和特殊能力的倾向而定，与智力没有明显的关系。此外，人的思维方式与创新能力有密切关系，发散思维更有利于创新能力的发展。创新能力与人的人格品质也有密切关系：具有自主、自信、接纳自己、开放态度、积极进取、支配性强、个性独立、不轻易从众、愿意冒险、能坚持克服障碍的人格品质的人更具有创新能力。而这些人格品质都可以通过后天军营环境的熏陶、教育与开展心理训练进行塑造与培养。

新世纪新阶段，中国特色军事变革正在如火如荼地进行，部队实现跨越式发展与信息化建设都离不开广大官兵的积极创新。官兵们的创新能力将在很大程度上决定中国特色军事变革在未来所能达到的高度与深度，因此，培养广大官兵的创新能力成为部队信息化建设的内容之一，也是部队心理训练工作的目标之一。

第三节　基层部队心理训练的主要内容

《意见》明确指出："心理训练是增强官兵心理素质、激励军心士气、提升作战能力的重要途径。把心理训练纳入部队军事训练之中，结合技术战术基础训练、战备演习和执行急难险重任务，加强官兵适应能力、稳定能力和承受能力训练，强化战斗精神。"基于此，并结合心理训练的目标，基层部队心理训练的内容主要包括心理适应层面的心理训练、心理发展层面的心理训练和心理创新层面的心理训练。

一、心理适应层面的心理训练

心理适应层面的心理训练主要是训练官兵尽快适应部队教育训练与军事生活环境，包括创造近似实战的环境、场面、条件等，训练提高官兵心理活动水平，特别是在情绪稳定性、意志品质、心理承受力等方面进行磨砺，达到习以为常的程度，使官兵在未来战斗中不恐慌、不惧怕、反应迅速、心理活动基本保持稳定，并保持意志坚定、果断、自制，在战斗的一切打击面前不失勇气，勇敢面对，能够化解接踵而至的心理压力和心理负荷。总之，要使官兵在任何情况下都能够冷静沉着、处之泰然、镇定自若、善于控制激情、不怕疲劳和困难并能有效克服它们，在紧张激烈、险象环生的战斗环境中保持良好身心状态。要达到这一目的，需要从以下方面开展心理训练。

1. 基本心理品质训练

应着重从以下五个方面开展心理训练。

(1)感知觉训练。感知觉训练主要提高官兵的感知能力，使他们对军事训练、战场情况有较高的感受性，能迅速适应战场环境，能在复杂环境下进行冷静全面的观察，具有敏锐准确的时空知觉，及时捕捉和掌握各种信息情况。

(2)注意力训练。注意力训练主要提高、优化官兵的注意品质，扩大官兵注意的广度、增强官兵注意的稳定性、提高官兵注意的分配和转移能力，使他们在危险和多种干扰情况下保持注意的高度稳定和集中，及时有效地实现注意的转移和分配，能准确、顺利地完成各种任务。

(3)想象力训练。想象力训练主要是丰富官兵关于战斗的多方面表象，能正确理解语言、图形、符号、手势的意义，具备通过接受语言文字、沙盘模型、地图符号等信息作出概括的能力，即形成再造想象，发展创造想象。训练官兵提出各种应对预案并进行推演，进行各种方案比较和选择，能预见作战进程及其结果。

(4)记忆力训练。通过记忆力训练，使官兵熟练掌握记忆的基本规律，能够在紧张、疲劳等情况下准确熟记各种情况、战斗任务及武器装备的各种必要参数，能准确地回忆并运用战术技术知识，不断优化记忆品质，不断提高官兵记忆的敏捷性、持久性、准确性和准备性。

(5)思维与语言训练。思维与语言训练能使官兵思维敏捷，头脑清醒，判断准确，思维灵活，反应快速，善于批判，能够独立思考，思想深刻，能迅速、完整、全面理解训练、作战意图和战时命令，能用简练、正确的语言报告情况、复述和下达命令等。

2. 个性心理品质训练

虽说江山易改，禀性难移，但良好的性格和能力是可以通过训练活动培养的。个性心理品质训练主要指性格的养成训练。性格训练主要是培养官兵具有坚毅的性格，表现为胆大而不急躁，果断而不固执，服从而不奉承，胜而不骄，败而不馁，百折不挠，勇敢坚毅，敏锐达观等良好个性品质。例如，通过增加与战争和执行任务有关的挫折训练，使官兵在挫折中总结经验教训，不断培养官兵承受挫折的能力。还可以通过心理训练，培养官兵独立性、自主性等个性品质，使官兵具备独立分析和解决问题的能力，减少对上级、战友、集体的过度依赖，使之在训练、作战中养成遇事不惊慌、不忙乱，勇敢、从容、镇定、正确应对的良好个性品质。

3. 情绪表达训练

部队严格的管理和严肃紧张的军事生活，特别是严格的教育训练及其环境条件，会使官兵在心理上感到不适应，难免产生各种负性情绪，如压抑、抑郁、焦虑、愤怒等。如果这些不良情绪不能得到及时、有效的疏泄，官兵就会产生各种心理问题，甚至会产生毁坏公物、违纪、自杀、犯罪等极端行为。因此，训练官兵合理表达情绪，有利于克服过度抗拒和压抑不良情绪的习惯，学会充分感受和正确表达各种情绪的技巧，不断提高官兵的心理适应与人际交往能力。

情绪表达训练可按以下步骤进行：

第一步：自由组合训练小组，每组以5～8人为宜。

第二步：每人依据以下语句主干，快速完成句子，不要想得太多，只要把脑中一下子就想到的东西写下来即可：

当我生气时，我会……

当我愤怒时，我会……

当我害怕时，我会……

当我嫉妒时，我会……

当我悲伤时，我会……

当我郁闷时，我会……

当我害羞时，我会……

当我开心时，我会……

当我冲动时，我会……

第三步：组员分享讨论不同表达方式的积极与消极面。首先，每个成员就一种情绪表达方式做主题发言。如愤怒的积极面是对尊严的维护，它能使自我奋发图强，不断激励自己采取有效行动；消极面是对挫折和失败的愤怒，它让人痛苦、绝望、容易产生极端念头，丧失理智产生不合理行为。然后小组的其他成员提问、补充，谈自己对这一问题的认识与看法，并进行组内成员间的相互交流。

第四步：讨论每一种情绪表达方式出现的问题。每个成员就每一种情绪表达方式写出一个问题，并说明理由，然后由其他成员进行补充。如"当我生气时，我会哭泣。"这哭泣是否应该、合理？摔东西是否合理？哪种方式比较合理和明智呢？

4. 人际交往能力训练

人际交往是困扰官兵的重要问题，一些基层官兵不善于与陌生人打交道，另一些官兵不善于与别人合作，这样既影响官兵个人的工作和生活质量，还会对部队教育训练带来很大的负面影响。提高官兵的人际交往能力可以从训练人际突破能力和团队合作能力开始，训练官兵打破人际交往中初次接触时的尴尬，提高官兵与陌生人交往的能力，使官兵学会适应团队工作程序，培养官兵的团队合作意识和能力。下面主要介绍三种人际交往心理训练方法。

(1)人际交往心理突破训练。

训练条件:提供可自由走动的足够容纳全体参与者的空间,参与训练的官兵均为初次交往的官兵。

训练时间:15 min。

训练人数:以 20～30 人为宜,至少有一名指导训练的人员。

训练次数:不少于 2 次。

训练步骤:

第一步:热身训练。让参与训练的官兵在训练场地自由散步。

第二步:初步交往训练。要求每一位官兵与所有参训者握手,不要求说什么,但要官兵表现得自然。对此,指导者先进行示范。

第三步:继续交往训练。所有官兵相互握手后继续散步,进行初步交谈,要求同时向对方说出自己的姓名。

第四步:进一步交往训练。官兵继续自由散步,这时指导者要求已经初步认识的官兵将对方介绍给其他人,如说:"请让我把你介绍给某某……""这是某某……"要求每一位官兵和其他官兵接触、握手、相互自我介绍,再把他认识的官兵介绍给别的官兵。

第五步:分享与讨论。让官兵分组进行讨论,每组人员以 5～8 人为宜。讨论内容是在此次训练中,你认识了多少人,了解了多少人的个人信息,参加本次训练活动的意义与收获,在初次交往中你存在的主要问题,怎样改进它。

(2)团队合作训练。

训练时间:15～30 min。

训练步骤:

第一步:说明训练要求。通知全体参训者,他们将参加一个不同寻常的问题解决游戏——戴眼罩通过长绳——来进行整个游戏,要求参与者按规则依次行动。

第二步:开始活动。小组成员戴上眼罩,请每一位成员注意他们前面各有一个布袋,里面有条绳子。他们的任务是每个人把绳子拿出来,相互围成一个圈,每个人需要站在绳子的外面,并要求距离均等。

第三步:确定观察者。从小组中确定一个观察者,让他站在一旁进行观察,切记不能说话,以便促进小组对本训练有更深入的体会。

第四步:讨论与分享。作为参与者或观察者,你是否融入到本活动中,是否认为游戏的进行遵循了一定的程序,彼此间有无协调感。

第五步:深入思考。在训练中,官兵不同角色与彼此间的协调对于游戏本身有什么积极意义?如果这是一项需要完成的工作,应该怎样做才会更有效?

(3)"真诚赞美"训练。敏锐发现别人优点并真诚赞美别人是改善人际关系、促进人际交往的重要技巧。通过学习与训练,官兵学会发现战友优点,并以适当方式向对方表达,目的在于促进战友间的肯定与接纳。

训练时间:30 min/次。

训练步骤:

第一步:训练分组。将参训官兵分成 10 人一组,分别围成一个个圆圈坐下。

第二步:坐圈。每组请一位成员坐在圆圈中间,其他人轮流说出他的优点和欣赏之处,要求每个人都必须说出优点，态度要真诚，要努力去发现别人的长处，但不能毫无根据地吹捧。

第三步：交流。赞美完毕之后，被赞美的成员要说出自己受赞美的心理感受，哪些受赞美的优点是真实存在的？哪些是自己知道的？哪些受赞美的优点是不存在的或是自己不知道的？

第四步：重复。以同样的方式继续进行，直到每个官兵都被称赞过。

第五步：分享与讨论。全体参训官兵进行交流，彼此分享参训后的心理感受与体会。

5. 自我心理放松训练

官兵面临众多压力，当压力事件出现时，沉重的心理负担不断累积，个人心理压力持续增大，官兵此时最容易产生各种心理问题。实践证明，连续数分钟的完全放松比 1 h 睡眠效果还要好。身体放松的常用方法有游泳、做操、散步、洗热水澡等；精神放松的方法有听音乐、看漫画、静坐、欣赏幽默故事或小品、练瑜伽、冥想、打太极拳等。如果这些一般方法无效时，则需要较为专业的放松方法以缓解紧张情绪。

心理放松训练又称为松弛反应训练，它是在一个安静的环境中按一定的要求完成特定的动作程序，通过反复练习使人学会有意识控制自己身心活动以达到减压的目的。在实施练习前，可先自测当前所受心理压力状况，练习一段时间后再自测一下压力状况，以了解训练成效。

简易放松练习前的准备工作按以下步骤进行：

第一步：找一个安静、不受干扰、光线柔和的地方。

第二步：给自己预备足够的练习时间。

第三步：有一个活动自如的空间。

第四步：留意自己的姿势，看自己是否坐得舒服。

然后放松练习开始。当你舒服坐好之后，开始做深呼吸，将空气慢慢吸入再慢慢呼出，每当你呼出的时候在心中默念“放松”，当你呼吸平稳时将你的注意力集中在右手上，慢慢将右手握紧成拳头、再使劲握紧拳头，感觉已经不能再握紧为止，然后默数 1～10。慢慢将右手放松、放松，你感觉僵直的右臂逐渐经由臂膀—手肘—手腕—手心—手指而慢慢松弛下来，并使它们放松、再放松，接着将注意力再集中在呼吸上，每当呼吸时，心中默念“放松”，重复 3 次后再将注意力集中到你的左手，重复以上练习。

将注意力集中到整个右脚，将右脚伸得僵直、收紧，将脚趾“拉”向头部方向，此时你会感到小腿部分酸痛，心中默数 1～10，再将脚趾反头部方向伸出，数 1～10，放松整个右脚。当你的右脚完全放松时，它会自然地略向外倾，然后将注意力集中在呼吸上，让自己放松……再将注意力集中在左脚上，重复以上练习。

放松心理训练的关键是训练者能分辨和感受到肌肉收紧、放松时的状况。在放松者能把握以上感受后，可将上述练习原理运用到身体其他部分，如头部、颈部、肩部、胸部、背部等部位，逐步达到全身的放松。等到官兵完全掌握这种方法之后，可在重大演习、实际作战中运用该法实施自我心理放松。

二、心理发展层面的心理训练

心理发展层面的心理训练主要是训练官兵在特殊环境下不断获取军事知识、树立远大职业目标、不断增强职业综合能力的心理素质训练，主要包括观察力、注意力、记忆力、想象力、思维力、情绪调节能力、职业理想、学习动力、学习方法、时间管理、自信心、组织管理能力、言语与书面表达能力、协调能力、作战心理等方面的心理训练，重点培养官兵从事军人职业、获得良好职业发展前景所需的各种心理素质。

1. 动力和目标的教育训练

官兵进入军营会产生新鲜感，但时间长了也会产生厌倦感，感到迷茫和彷徨，这其实反映了官兵学习训练动力不足的问题。一些官兵对人生感到迷茫，失去了明确的人生目标和追求；一些官兵受消极思想的影响，开始对自己的职业选择产生怀疑；一些官兵对自己的职业前景感到悲观失望……

基层部队应及时开展正面教育与引导，向官兵讲清人生的理想与规划是一个长期的、需要不断努力、不断奋斗才能实现的过程，要想使梦想变成现实，首先要了解所要从事的职业前景、状况、要求、自己当前素质与职业要求之间的差距等。了解官兵内心的真实想法，然后有的放矢地开展理想、人生观、价值观教育训练。教育训练方式可以采取讲座、辩论、座谈、实地参观、先进人物访谈等方式，把部队的实际发展情况向官兵做详细介绍，使官兵对自己今后发展的定位有一个准确的参照系，而不至于失之于茫然。下面介绍职业追求自我引导训练。

训练目的：提高职业生涯规划能力。

训练条件：安静的环境、舒适的椅子。

训练步骤：

第一步：放松自己。均匀缓慢深呼吸，全身放松。

第二步：模糊远景想象。职业生涯里的梦想和心愿想象：是什么？具体的情景：何时？何地？何种场景和人物？

第三步：长期人生目标规划想象。未来30年是什么样子？具体的情景？未来20年是什么样子？具体的情景？未来8～10年是什么样子？具体的情景？

第四步：中期人生目标规划想象(3～5年)。是什么样子？具体的情景：何时？何地？何种场景和人物？

第五步：短期人生目标规划想象。未来1～2年是什么样子？具体的情景？未来半年是什么样子？具体的情景？未来3个月？未来1个月？未来1周？明天？

第六步：讨论人生职业生涯想象。把自己各种人生职业生涯想象写下来，与训练人员和参训的其他官兵共同讨论，分析其目标、设计的合理性，剔除不合理的职业规划，树立合理的职业规划。

2. 作训心理训练

(1)克服恐惧的训练。恐惧是指人在面临并企图摆脱某种危险或可怕情景而又无能为力时所产生的一种情绪体验。恐惧是军人在训练与作战中常常会出现的一种情绪状态，它具有情景性、传染性、紧张性和破坏性。人在恐惧时，其认知、意志、情感、行为都会受到严重影响，失去自制力、无法集中注意力、难以正确判断、容易出现错觉(所谓“风声鹤唳，草木皆兵”)、行为动作失调导致武器装备操作失效，对作训效能造成严重影响。长期处于恐惧之中还会导致身体疾病——“惊恐伤肺”，有时还会产生躯体反应，如呕吐、大小便失禁、武器操控动作失常。恐惧产生的主要原因有对危险事物缺乏科学正确的认识、心理承受能力差、胆量小，对急剧变化的环境缺乏适应能力、缺乏严格的心理训练等。行为主义心理学实验研究表明，对某一事物的恐惧不是天生的，而是在后天环境中通过条件反射作用形成的，因此，恐惧也可以通过条件反射训练予以消除。心理行为训练的方法主要包括系统脱敏训练和心理冲击两种，它们是由行为主义心理治疗方法演变而来的心理训练方法。

1)系统脱敏训练。系统脱敏训练包括三个程序：放松训练、建立恐怖等级表、实施系统脱敏。

a. 放松训练。让对某种装备或战场刺激感到恐惧的官兵坐在舒适的椅子上，深呼吸后闭眼，由训练指导者引导其想象可令人轻松的情境，如躺在海边听轻松的音乐等，而后依次练习放松前臂、头面部、颈、肩、背、胸、腹及下肢，亦可借助肌电反馈仪来增强训练效果。反复进行这样的训练，直至恐惧者达到能在实际生活中运用自如、随意放松的娴熟程度。

b. 建立恐惧等级表。首先要根据恐惧者的恐惧经历及会谈资料找出所有使其感到恐怖的刺激。将这些刺激进行相互比较，根据刺激作用的大小分成若干等级。通常可将刺激因素按其可引发恐惧者的主观恐惧的程度，分为五等或采用百分制(0～100)，如引起1分主观恐怖的刺激为一等，引起2分恐惧的为二等……以此类推，而后将这些不同的刺激因素按其等级依次排列成表，即为恐怖等级表。需要注意的是，被视为一等刺激因素所引起的焦虑或恐怖(即主观的焦虑或恐怖评定为1分者)应小到足以被全身松弛所抵消的程度。这是影响训练效果的关键。此外，理想恐惧等级设计应使各等级之间的级差均匀，是一个循序渐进的系列层次。

c. 实施系统脱敏。首先让恐惧者在放松的情况下进行脱敏学习，而后按照设计的恐怖等级表由小到大依次逐级脱敏。

先让恐惧者想象最低等级的刺激物或事件。当他能清楚地想象并确实感到有些紧张恐惧时，就让其停止想象，并放松全身，而后反复重复上述过程，直至恐惧者对这样的想象不再感到恐惧为止，从而完成第一等级脱敏。接着再对下一个等级的刺激物或事件(恐怖等级表中列为2分的刺激)进行同样的脱敏训练。最后迁移到现实生活中，不断练习，巩固训练效果。在实际训练过程中，一般在一次训练内以完成1～2个等级刺激的脱敏训练为宜。

需要指出的是，除了想象脱敏以外，系统脱敏法还有四个变式：

a. 自动化脱敏。用事先准备好的恐惧等级的录音、录像进行脱敏。此法的优点是恐惧者可自由决定脱敏的速度，可在野外或战斗中进行。

b. 接触脱敏法。在渐进性恐惧等级基础上，外加示范与实物接触，让恐惧者观看训练指导者处理其所害怕的刺激物，而后照着做，一直到用手握或触摸不感紧张恐惧为止。

c. 现场脱敏法。用实际刺激物代替视觉性想象，恐惧者在他人陪伴下到实际训练或作战中去逐级面对实际刺激物来进行脱敏操作。这种方法较不易操作，但效果很好，如害怕枪炮爆炸声的人经历了一场真正战斗后，其恐惧感会逐步消退，即所谓在战斗中训练，在战斗中适应，在战斗中提高。

d. 情绪性表象法。通过形象化的描述，诱发恐惧者的兴奋、骄傲和欢乐等积极情绪情感活动。这些积极的情绪情感活动与由恐惧所引起的焦虑反应互不相容，从而可以逐渐抑制和消除恐惧心理。该法最适合年龄小的恐惧者。以上方法可以根据实际情况与作训需要灵活加以运用。

2)心理冲击训练。心理冲击训练可分为现实冲击训练和想象冲击训练。前者是让恐惧者到现实情境中体验强烈的恐惧刺激；后者是通过训练指导者口头指示，让恐惧者想象可怕情境，体验恐惧情绪。

虽然冲击心理训练具有方法简单、训练时间短、收效快的优点，但它会使恐惧者承担巨大痛苦，甚至引起超过恐惧者心理承受能力的焦虑而导致恐惧反应加剧，从而欲速而不达。因此，心理冲击训练不宜滥用，而且应该对使用该训练时的各种影响因素进行周全的考虑和有效控制，以尽量减少风险性和伤害性。

训练步骤：

第一步：向参训者详细介绍有关情况、签署训练协议。在实施心理冲击训练之前，训练指导者要向参训者仔细介绍该训练法的原理、过程、训效和可能出现的各种情况，尤其要让参训者了解在训练中可能会承受的痛苦，从而使参训者慎重考虑选择该法，再拟定签订协议，以约束参训者。

第二步：进行身体与心理检查。参训者同意使用该法后，训练指导者必须聘请专业医护人员对参训者进行严格、详细的体检和心理检查，确保参训者没有严重的心血管疾病、中枢神经系统疾病、严重的呼吸系统疾病、内分泌疾病（如甲状腺功能亢进）和各种心理障碍。

第三步：训练场地及其他条件的准备。首先要确定刺激物和训练场地。刺激物应是参训者最害怕和忌讳的事物，也就是引发参训者恐惧反应的根源。如果刺激物不止一种，则选择引起焦虑或恐惧反应程度最高的事物。训练场地由刺激物的性质决定，在可能的情况下，尽量在模拟训练室内进行，以便于对训练过程有较多的控制。模拟训练室不宜太大，布置应简单，除了刺激物外别无其他。刺激物的摆放应使参训者无论在哪一方位都能感觉到刺激物的存在而无法对之回避。房门原则上要由疏导者把持，控制参训者使其不能随意夺门而出。要注意的是，训练时要准备好安定、心得安、肾上腺素等应急药品以备不测。

第四步：实施心理冲击。实施训练前，参训者应正常进食、饮水，最好排空大小便，如可能最好在训练中同步监测血压和心电。训练指导者将参训者带入模拟训练室，在指定位置坐下，就迅猛地向参训者呈现刺激物进行冲击。参训者受惊后可能会惊叫、失态，训练指导者应不予理睬，仍持续地呈现刺激物，并对参训者闭眼、塞耳等回避行为进行制止、劝说、鼓励。当参训者出现严重的生理反应（如晕厥、休克、呼吸异常或心电、脑电指标异常等），应马上终止治疗，否则训练指导者应尽量鼓励、劝说参训者坚持下去，特别是在参训者的应激反应高峰期之后（即达到焦虑紧张的极限，其标志是情绪由强到弱的逆转），一定要说服甚至使用适当的强制手段让参训者完成训练，以免前功尽弃。如果参训者的情绪反应和生理反应均已经过高潮，开始逐渐减轻，直至精疲力竭，对刺激物听而不闻、视而不见，本次训练就可结束了。通常一次训练要持续 30～60 min。心理冲击训练一般需实施 2～4 次，1 日 1 次或隔日 1 次，视效果而定。如果训练过程中参训者未出现应激反应的逆转趋势，一方面可能是由于刺激物的刺激强度不够，应设法增强刺激物效果；也可能是该求助者不适于心理冲击训练法，应停止心理冲击训练而改用其他方法。

(2)心理疲劳的调适与训练。心理疲劳是由于心理活动过度或不足，使神经系统的紧张程度过高或长时间从事单调、厌烦的学习、训练、工作而引起的疲劳。心理疲劳造成的危害较大，容易引发人的职业倦怠，厌烦自己当前所从事的工作，导致工作效率下降、人际关系紧张、工作失误增多。此外，心理疲劳还会影响其他人，当某人处于心理疲劳状态时，牢骚增多，经常会说消极悲观的话。可以通过一系列典型身心症状鉴别心理疲劳：处于心理疲劳期的人会肌肉痉挛、心慌恐惧、烦躁不安、记忆力下降、注意力分散、意志力降低、自我控制力减弱、思维混乱、情绪波动较大、决策能力降低、难以适应作战环境，有的甚至精神崩溃。有人将“海湾战争综合症”的原因归结为心理疲劳，它严重影响军人的作战能力和士气。心理疲劳产生的原因：承受的心理刺激强度大，有时刺激过量，工作长期超负荷，睡眠不足，环境过于单调等。

心理疲劳调适与训练的具体方法。

1)保证良好的生理状态。分析自己的生理状况，调整到最佳状态，例如适当增加营养、保证良好的身体等。

2)保持良好的心理状态。保持乐观的精神和积极的情绪，使学习和训练处于最佳的状态。

3)创造良好的学习训练环境。优雅整洁的学习环境，清新的空气，适宜的温湿度和光线使人心情舒畅，学习效率高，而且不易疲劳。

4)摸索一套适合自己的学习训练方法。科学的学习训练方法是防止心理疲劳的最后防线和具有决定意义的因素，因此，学习训练时应劳逸结合，不打疲劳战，并按照学习训练的心理规律，采取多种方式并使其交替或结合使用，提高学习效率和效果。

5)科学进行战场管理，充分利用战斗间歇的零散时间进行休息，提高睡眠效率。心理学研究表明，适当休息可以提高工作效率，休息的方式是多种多样的，有在坐椅上休息的、有随意休息的、有听音乐休息的、有喝茶放松的、也有散步休息的，哪一种休息的效果最好呢？心理学的研究发现坐下来休息的效果较好，如表 4.1 所示。

表 4.1　休息方式与休息效率关系表

休息方式	提高效率的比例/(%)
在座椅上完全松弛	9.3
休息而不拘形式	8.3
听音乐	3.9
喝茶	3.4
散步	1.5

良好充足的睡眠当然是最好的消除心理疲劳的方法，但在作战中有规律的充足睡眠是很难得到的，在实际作战中补充被剥夺的睡眠是缓解心理疲劳的有效方法。那么补充多长时间最合适呢？心理学的研究结果如表 4.2 所示。

表 4.2　睡眠不足的时间与补充睡眠的时间的关系表

睡眠不足的时间/h	补充睡眠的时间/h	补充睡眠的比例/(%)
48	12	25
72	24	33
96	120	125

从表 4.2 中不难看出，剥夺的睡眠时间越长补充睡眠的时间也会越长，当剥夺睡眠的时间超过 72 h 时，补充睡眠的时间将超过剥夺睡眠的时间。根据这一规律，要科学进行战场管理，以多种方式灵活、合理地休息。在作战持续一定时间后，需要将作战人员分期分批后送，使处于心理疲劳的人员能够在后方较好环境得到较为充分的休息，以缓解心理疲劳，等到其心理状态恢复时再重返战场。中外作战实践证明，这种休整方式可以有效消除作战人员的心理疲劳、提高作战效率、激发部队作战士气。

6)平时开展心理承受能力训练。平时进行循序渐进的、科学的、有节制的短时间的睡眠剥夺训练、工作增压训练、间歇性睡眠训练、噪声条件下睡眠训练等,有利于增强官兵适应恶劣环境的能力,提高抗心理疲劳的水平。此外,还可以通过多种教育向官兵传授应对心理疲劳的知识与技巧。

(3)专业心理训练和特殊心理训练。要紧密结合不同专业技术操作开展心理训练。不同专业兵器在技术操作过程中,对官兵心理素质的要求也是不一样的。例如,发射号手需要身体各部分具有较好的动作协调能力,对各种仪表具有很强的识记能力;监测员需要长时间稳定的注意力和细致的鉴别力;有些修理人员要有特殊听力,在黑暗中要靠反应灵敏的触觉能力操作。这些特殊的能力要求,只有靠长期训练才能形成。要根据战斗和工作环境进行心理适应性训练,例如,长期执行作战值班任务的人员,会产生寂寞感;长途行军的汽车驾驶员会产生疲劳感;发射手与监视导弹运行的监测员也有不同的心理反应。所有这些都说明,要针对所处的不同的战场环境进行心理训练,才能解决不同专业军人的心理适应。

三、心理创新层面的心理训练

心理创新层面的心理训练基本内容:①培养官兵自信心。自信心是创新发明者相信自己成功的良好精神支柱和心理素质。②官兵质疑精神培养。质疑精神是善于提出疑难问题的精神。学起于思,思源于疑,不迷信权威,不人云亦云。质疑精神培养的关键在于养成怀疑和追问的思维习惯,激发培养好奇心。③培养官兵良好意志品质。创新过程是艰辛的,需要坚强的意志力,否则遇到挫折就会畏缩。④开发官兵右脑功能。心理学研究表明,人的创造力由人的右脑主管,因此,开发右脑可以激发培养人的创造力。由于右脑主管人的左侧肢体,因此,要开发右脑就需要多使用人的左侧肢体。⑤培养官兵良好的思维方式。创新能力与人的发散思维、举一反三的思维方式有密切关系。要培养人的创造力就需要进行思维的训练,如发散思维训练、联想思维训练、记忆训练、观察训练、预见力训练、洞察力训练等。

可以通过以下训练进行官兵心理创新训练。

1. 头脑风暴训练

这是突破习惯性思维的心理训练,主要是引导官兵不受拘束地发表个人看法,培养其创新能力。

训练时间:30 min。

训练步骤:

第一步:简要介绍头脑风暴法的基本情况。

第二步:选择问题。选择的问题范围要狭小,且具有分歧性的答案,问题一般为官兵所熟悉,且较为简单。

第三步:说明须遵守的规则。训练规则包括不评论别人构想的好坏、鼓励最出格的想法、注重想法的数量、鼓励利用别人的灵感进行想象,不准参加者私下交谈,以免打断别人的思维活动等。

第四步:组织并激发团体气氛。参加头脑风暴训练的适宜人数一般为30人,要产生良好的训练效果必须将参加者组织好:既不抑制参加者的创造性,又不至于使现场显得很混乱。为了达到这种效果，可以采用分组的方式，激发官兵讨论的气氛。

第五步：主持讨论会议。讨论时，以引导为主。可以提问激发官兵的思维，如关于事物的其他用途：如果将它创新后，还有哪些用途？为解决问题而改变思路：它像什么？能够给我们哪些启示？可以扩大缩小：如果增加点什么，能使它发生改变吗？能使它变轻、变小、变短吗？可以替代重组：可以利用其他材料来代替或改变其用途吗？可以修改变形：如何将它修改成新的形状或改变大小、形状、颜色、气味？能否改变其形式？

第六步：记录意见观点。小组记录员应依照发言顺序记录新点子。当发言内容含混不清时，应向发言者确认。讨论结束后应对记录进行分类整理，并加以补充，然后交给经验丰富的专家组进行筛选，以选择最恰当的点子。

2. 创新思维训练

创新思维是人在创造性活动中或在需要创造性解决的问题情境中表现出来的有创见的思维活动。它主要包括发散性思维和集中性思维，前者是求异思维，后者是求同思维，其中发散性思维对创新思维能力的培养特别重要。

(1)发散性思维训练。发散性思维是一种不依赖常规、寻求变异、从多方面寻求答案的思维方式。发散性思维具有流畅性、变通性和独特性三个特点。流畅性是指发散性思维产生各种答案的量，一个人在规定的时间内所寻找的答案越多意味着流畅性越好；变通性是指灵活应变的特性；独特性是指发散性思维成果新颖独到的程度。对发散性思维可以进行以下训练：

第一步：图形发散训练。在黑板上点一个点，引导官兵说出该点像什么，官兵可以说出像苍蝇、星星、米粒、小石子、黑眼睛、圆珠笔头等。

第二步：功能发散训练。要求官兵在规定的很短时间内尽可能地说出某一种物品的功能，如在一分钟内尽可能地说出“砖块”的用途。

第三步：词语发散训练。要求官兵在规定的时间内以某一个词为元素组成各种词语，如在一分钟内尽可能地写出以“树”为元素的各种词语：松树、柏树、枫树、梧桐树、杨树、柳树、桃树、树木、树林、树敌、树立、树苗、树叶……然后再检查谁说出符合要求的词语多。

第四步：分类发散训练。要求官兵按照要求寻找毫无相同之处的两件东西之间的相似或相同点。例如，要求官兵寻找一只猫和一台电冰箱之间的共同特征(猫吃鱼而冰箱可以放鱼、都有不同的颜色、都是人类比较喜欢的东西等)，然后比较谁说得多、说得好。

第五步：构思题目发散训练。给官兵提供一个小故事，要求他们在限定的时间内为故事列出合适的题目，最后看谁说得符合要求的题目数量多。

(2)洞察力训练。洞察力是通过对事物现象的观察理解领悟其内在本质的思维能力，它是人透过现象看本质的一种思维方式，对创新思维的培养具有重要作用。洞察力训练就是通过洞察别人所说的和自己所想的之间的差异，使自己更容易理解他人，更好地与别人达成一致的意见。

训练时间：10 min。

训练步骤：

第一步：在一张便条上画出三栏(见表 4.3)。

表 4.3 心理训练表格

项目	谁	说了什么	我的想法
答案			

第二步:记录在一次谈话中谁说了什么。

第三步:写出自己在这个叙述后的想法。

第四步:回顾别人说了什么和其后你的想法,如果你信任与你谈话的人,那么你可以和他一起对照你记录的想法,并与他交流,看一看你的领悟与别人本来的想法是否一致,有多少程度的一致,以此判断你的洞察力。

(3)脑筋急转弯训练。这是一种智力游戏,事实上它是一种求异思维训练,其问题比较简洁,答案富有新意,有时令人捧腹,趣味性强。脑筋急转弯训练对人打破惯常思维、突破思维定势、培养创造性思维具有一定的价值。

3. 意志力训练

(1)越野训练。训练要求:20～30 km,野外自然场地,地理人文环境较为复杂,徒步行军,行进路线不确定,训练难度可随机变化。

训练目标:培养参与者的毅力与耐力;培养参与者身心自我调控能力;培养团队合作意识与精神,提高决断能力。

训练准备:迷彩衣、迷彩鞋、毛巾、行军被囊等;安全措施与装备(小刀、绳索、信号弹、指南针、对讲机、水壶、行军简图等);方便食物(少量压缩饼干、火腿肠、水)。

活动单元:参加者 3～5 人为一组,队员临时随机组成,队员在整个行军过程中不得分开,要求集体行动。

评分标准:在限定时间内完成必经路线,取回标志牌,先期到达者为胜利者。

训练步骤:

第一步:热身运动。参与者热身预热,充分活动身体;小组预热,小组成员确定临时负责人,成员彼此交心,表达自己的看法和构想、担忧等,拟订行军方案,共同商量行军的具体细节。

第二步:装备检查。各小组负责人检查成员行军装备、食物等。

第三步:开始越野。单元小组按照自己拟订行军路线行进,寻找预先设置的明显或隐藏的标志牌,并全部取回标志牌,在限定的时间内到达目的地。

第四步:讨论分享。野外行军后,小组成员要谈一谈自己此次参加这项活动的体验与感受,分析成功与否的原因,表达自己的收获。

(2)挑战自我心理训练。训练目的:通过设置险恶、危险的环境或条件、不确定的结局,让官兵独立做出判断和采取行动,尔后再进行评估和改进的心理训练方法。该法主要训练官兵敢于挑战自我、进行合理冒险,培养他们勇敢、果断的战斗精神,使他们具备克服困难和战胜敌人的信心。能对意外情况做出迅速反应,并采取积极行动。挑战自我心理训练法使参训官兵在不同心理环境中自主分析判断情况,自主采取积极应急措施,自主进行心理评价,从而达到不断完善官兵心理素质的目的。

训练方法:根据条件,将参训官兵以孤身或小分队形式投放到原始森林、偏僻沙漠、荒丘孤岛、雪山湿地等自然条件恶劣的环境中,在无后勤保障、断粮断水、通信中断的情况下进行具有挑战性的生存训练。为了增加训练的逼真性,可设置实战背景:或执行突发任务,或遭遇敌突袭,或遭敌包围等,使挑战条件具有一定难度和不确定性,让官兵根据所学知识进行正确分析与判断,迅速寻找脱离"险境"的对策,以培养官兵合理冒险的挑战精神。在冒险训练结束后,应及时开展官兵自我小结和评估,然后进行总结与讲评,寻找训练过程中可以继续改进的方面,以便在今后的训练中加以克服。

挑战自我心理训练是一种综合心理训练,它可以有效提高军人的体能、心理适应能力、耐挫力、意志力、自信心、团队协作能力、不良心理疏导能力、组织管理能力和心理健康水平等,有计划地长期开展这项训练可以完善官兵人格品质,使他们尽快适应未来信息化战争的作战环境。

注意事项:该项训练具有一定的危险性,因此,在训练准备中,组织训练的单位和个人应精心筹划、周密部署、循序渐进、严格要求、科学组织。训前应针对训练开展动员教育,使官兵充分了解训练的意义、要求和应具备的知识,使官兵明白训练充满着不透明性、不确定性。训练中应分阶段进行小结,发现意外问题及时解决,训练后应按要求总结与评估。

开展训练时,①对危险情景的设置要准确得当,能够确切反映出未来战争中可能遇到的真实情况。在内容、形式和难度上,要充分考虑受训人员的身心特点和个性差异,使受训人员有能力作出正确的判断和选择。②要坚持把培养受训人员思维能力和果敢精神作为训练重点。挑战自我不等于盲目蛮干或侥幸碰运气,它是建立在科学的分析判断和坚定的信心之上的,因此,训练中特别注意引导受训人员学会如何分析面对的复杂情况,如何对当前的主要危险和自己的优势作出及时而准确的判断,如何迅速而果敢地定下行动决心,并坚定不移地将决心贯彻始终。③搞好评估环节。受训人员进行冒险训练本身并不是目的,而是要通过这种挑战自我的训练来增强他们的风险意识和应付危险的心理能力。因此,在每次实施这种训练之后,都及时进行总结和讲评,找出每个受训人员在训练过程中的成败得失,发现存在的薄弱环节,以便在以后的训练中加以克服。

第四节 基层部队心理训练的基本原则和方法

一、基层部队心理训练的主要原则

心理训练是标准高、内容新的训练实践,是一种特殊的训练形式,有着自己独特的内在规律。搞好心理训练,除了要遵循军事训练的一般原则之外,还必须根据官兵心理活动规律,正确把握开展心理训练的一些特殊原则,以增强心理训练的实际效果。

1. 专业性与融合性相结合的原则

军人的心理品质是区别于其思想政治素质、科学文化素质、作风纪律素质的一种精神因素,培养这种素质的心理训练是一种相对独立的训练活动。因此,在心理训练的组织实施上,必须有其独立的训练内容,并相对集中时间和力量,突出训练重点,力争在一个阶段在某一方面心理品质的培养上有所突破,有所提高。在现代心理科学发展的基础上,心理训练也越来越专业化。外军心理训练不仅已经形成了较为系统、科学的理论和方法,而且建立了专业化的心理训练基地，培养了专业的训练实施人员，建立了完整配套又科学的训练体系等，能够进行全员心理训练，训练水平也越来越高。

同时，军人的心理发展又总是与其他实践活动紧密联系在一起的，因此，心理训练又应当在政治教育、科学文化知识学习、军事训练、行政管理、作风养成等活动中融合进行，在提高官兵军政素质的过程中，同步提高其心理品质。也就是说，心理训练的效果既取决于心理训练本身，也有赖于政治教育的丰富内容，更离不开军事训练、日常管理中的一系列专门措施，使官兵的心理品质与其他素质协调发展。按照这一原则，基层部队制订教育训练计划时，应当明确在军政文体训练科目中所包含的心理训练内容及其训练方法。在具体科目的实施过程中，应当采取切实可行的措施和方法，使心理训练在组织和时间上得到可靠保证。当检查、考核与验收军政训练成果时，也应当把心理训练的成果作为重要内容，从而促使心理训练与其他教育训练活动有机结合。

(1)要在思想政治教育中融合心理训练。正确的政治思想观念是一种高级心理现象，需要培训教育才能形成，所以，思想政治教育也是一种特殊的心理教育训练，是在提高思想觉悟的基础上，引导官兵自觉加强心理品质训练和修养。通过心理训练，能够增强政治心理对抗能力，从打牢官兵政治心理的认知基础着手，形成官兵较强的心理倾向性，符合战争需要的倾向性的情绪和坚强的意志，从而提高对战争的心理适应性和对抗性。

(2)要在军事训练中融合心理训练。基层部队实施军事训练时可有意识地设置和组织实施心理训练，使之具有锻炼官兵心理稳定性和心理可靠性的效果。如在训练科目中从难从严要求，加大训练的难度、强度和力度，打好良好战场心理的基础。在险恶的训练环境中磨炼和强化作战意志，采取对抗性的训练，提升官兵心理攻防能力。加强体能训练，并在体能训练中增加心理训练的成分与内容，不断增强官兵自信心，增大心理适应性和耐久性。许多军事体育活动，如军体拳、越障碍、游泳和器械训练等都可以在提高军人军体素养的同时培养他们的意志力、心理承受力和心理耐力。

(3)要在日常管理中融合心理训练。遵循人的心理反应规律，在日常管理中对官兵的心理活动实施定向影响，改变官兵的心理特征和心理品质。如严格纪律、加强管理可明显提高官兵意志品质。

(4)要结合文化体育活动进行心理训练。文化体育活动可以使人身心健康，这已经被大量事实所证明。因为文化体育活动可以使人得到心理平衡。当人遭受心理压力，失去心理平衡时，参加文化体育活动，可以使心理能量得到适度释放，从而恢复心理平衡，这个过程本身就是心理训练的过程。同时，文化体育活动在许多方面都可以提高人的心理素质，有些娱乐活动可以提高官兵的感知能力和协调能力，如蒙着眼睛寻找目标，凭声音认人，钓鱼、套圈等活动都可以在一定程度上提高、优化人的心理素质。

(5)要在官兵自觉的自我心理修养中融合心理训练。要教育官兵主动接受心理教育训练，主动配合部队的心理锤炼，严格要求自己，在军营这所特殊学校中，不断提高自己的心理素质。

2. 普遍性与针对性相结合的原则

在内容上，心理训练存在普遍性，即不论哪个部队、哪类单位的心理训练都应当围绕共同心理品质，对官兵进行共同科目的心理训练，使官兵的心理品质得到普遍提高。

心理训练要根据作训需要，有针对性地明确训练目标、训练方法、训练时间，使心理训练真正做到因事、因地、因人、因任务制宜，做到有的放矢。一方面，由于具体任务和责任不同，从事各自专业所具备的心理品质要求也不尽相同，心理训练必须针对官兵担负特殊任务所需要的具体心理品质来进行；另一方面，官兵由于遗传素质、家庭环境、文化程度、兴趣爱好及主观努力各不相同，其身心发展往往是不平衡的、具有个人特点。因此，在心理训练中，必须从官兵所担负的任务及其个性心理特点出发，充分认识到个性差异，区别对待，因人施教。对不同官兵，要分别采取不同的训练方法，以保证其心理品质的健康发展和均衡提高。例如，对于外向型性格的官兵，要给其提供较多的活动条件，并注意培养其耐心和意志；对于内向型性格的官兵，则要允许他们有充分的时间作出反应，并注意激发其情感，调节其情绪。特别是要注意帮助那些心理品质较差的官兵搞好心理训练，通过深入细致的工作，耐心指导其克服心理弱点，改善心理状态。同时，还要针对现代战争的作战样式、特点和战场条件开展心理训练，必须针对攻心作战的新发展开展心理训练。

总之，心理训练要在普遍开展和共同提高的原则下，因人、因事制宜，在训练内容上各有侧重，要有轻重缓急。训练方法要灵活多样，训练手段要推陈出新，要研究新时期官兵心理新特点，有针对性地开展心理训练。只有这样，才能不断增强心理训练的针对性，达到预期的训练目的，也才能收到比较理想的训练效果。

3. 目标性与渐进性相结合的原则

基层部队心理训练的根本目的是为了适应未来信息化战争的客观需要，因此，必须贯彻从难、从严、从实战出发的原则。也就是说，要把官兵置于近似实战的训练环境之中，严格按照有关规定抓好训练内容的落实。要从信息化战争的特点和需要出发，把官兵可能遇到的各种困难和心理问题尽可能都考虑进去，并有针对性地设置训练科目，使官兵的心理受到严格的磨炼和摔打。

心理训练又应坚持循序渐进，训练内容的安排应由易到难，由浅到深，由简到繁，逐步增加情况的复杂程度和任务的难度，分阶段增加官兵心理和体力的负荷。因为官兵在身体和心理方面承受紧张的能力是有限度的，不讲科学，过度的紧张和过重的负荷，往往会造成新的心理挫折和心理障碍，效果也会适得其反。特别是要注意新训阶段的心理训练，由于新兵心理承受能力较弱，更不可急于求成、盲目蛮干。在训练内容上，要根据官兵的接受能力，按照先理论后操作、先技术后战术、先基础后应用、先分练后合练的顺序展开，使官兵逐渐适应战场环境，最终消除各种消极战场心理反应。在训练强度上，要根据官兵心理承受能力，逐步增加心理负荷，使官兵心理承受力与心理稳定性由弱到强，由不适应到习惯，由被动到主动，避免参训人员因过度危险、过分紧张、过重压力、过高要求而产生对训练的心理抵触。在训练环境上，要根据官兵的心理适应性，由白天到黑夜，由近到远，由熟悉环境到陌生环境，由一般路线到复杂路线，逐渐合理地加大难度和强度。

从另外一个角度看，任何一种心理品质的形成、发展和改变，都是在实践中经过多次反复学习和训练之后才获得的，即使是已经形成的心理品质，如果不定期巩固和强化，也会逐步减弱甚至消失。因此，心理训练还应当持之以恒，有计划、有步骤地连续不断地抓下去，而不可浅尝辄止，半途而废。尤其是对那些重要的训练内容，要反复进行，直至达到预期的训练目的。

4. 情境性与安全性相结合的原则

战争的真实情况最能迅速、深刻地锻炼人，提高人的心理品质。因此，必须着力于创造近似实战的逼真环境，使参加训练的官兵产生身临其境的心理感受，学会在复杂的条件下准确地思维、想象、记忆和高效能地使用武器装备。相反，心理训练如果不真实，官兵就不能感受到战场上的真实境况，他们的心理反应就会与战场实际反应相差甚远。实践证明，走过场、花架子式的心理训练，不利于锻造官兵优良的心理品质和培养他们适应作战需要的战斗心理模型。因此，心理训练应当最大限度地创造出近似于实战的训练情境，使受训者有身临其境、心感其境的感觉，以增加官兵心理感受的真实感。模拟情境主要是模拟实战场景，例如，利用声、光、电及信息技术，模拟出声响效果以增强感官刺激，逐渐消除对战场各种声响的紧张和恐惧感；利用敌方武器和战争理论设置复杂战场情况，营造敌部分尖端武器巨大杀伤效果，营造敌方部队的作战推进，使官兵体验到战场危险临近等。这样的情境设置一定要逼真，情况和条件全面、具体是做到逼真的基本要求。野外生存和实战演练也是模拟情境的主要手法。陌生的环境，无援的战斗，恶劣的气候，这些都容易降低人的反应和协调能力，也会使人的心理恐惧空前增大，导致情绪波动、意志消沉，甚至厌战、避战、畏战、怠战等消极心理。通过训练已习惯这样的环境条件，并能够在这样的环境条件下坚持完成任务，官兵的心理品质就能因此而得到极大的锻炼和提高。而实战演练则将野外生存的单纯训练与作战任务和背景结合起来，更好地提高官兵在复杂、陌生、瞬息万变的战争环境和条件下的应对能力和水平。

模拟、再现近似实战的环境并在其中进行心理训练，客观上存在着一些危险成分，如穿越火障，攀登悬崖、高塔，如果事先不做周密的研究和论证，实施过程中组织不严密，就很容易造成事故和人员伤亡，进而影响到心理训练的效果。因此，心理训练在讲求逼真和接近实战条件的同时，决不可忽视安全性。安全性要由训练的科学性、设计的周密性来保障，要使心理训练符合心理科学的规律和方法，既要进行合理冒险、大胆设置逼真的训练情境，又不能盲目蛮干。这里关键是要在掌握可靠资料的基础上，进行反复论证，而后再科学确定心理训练的内容、方法、难度，并在技术上提供充分的安全保证。这样，官兵才乐于接受，并能真正从训练中受益。

二、基层部队心理训练的基本方法

运用正确的心理训练方法，积极引导官兵形成良好心理品质，逐步消除不良心理障碍，保证官兵正常甚至超常发挥技战术水平，圆满完成党和人民赋予军人的职责和使命。这是心理训练所要达到的宏观目标与任务，要达到这一目标需要有正确训练、科学的训练手段。通过对国内外心理训练方法的梳理与总结，概括出基层部队心理训练的五种基本训练方法。

1. 结合渗透训练法

结合渗透训练法是指通过心理训练内容与教育训练活动的相互融合，全面改善官兵的心理状态，增强心理训练效果的训练方法。

从广义上讲，任何训练科目都包含心理训练内容，因此，心理训练要与部队其他教育训练内容相互渗透并有机结合，使之形成一个整体，共同为提高官兵的战斗力服务。在具体操作上可以从以下几个方面着手。

(1)政治教育渗透，与理论学习相结合。政治教育是保持心理健康和提高部队士气的前提之一。基层官兵勇敢的战斗精神、顽强的战斗意志和积极的战斗情绪都源于他们的思想政治觉悟，而思想政治觉悟的提高又是通过部队对官兵的政治教育获得的。同时要把心理训练与思想政治教育及理论学习紧密结合起来，使官兵明确开展心理训练的目的和意义，提高主动参与心理训练的积极性，牢固树立坚定的政治信念，保持高昂的作战斗志。

(2)教育训练渗透，与战术训练紧密结合。野外训练环境和近似实战的战术演习是心理训练的最好课堂，因此，利用战术训练提高官兵心理素质是心理训练的最常用方式和最好的方式。为了在战术训练中反映心理训练的内容，要注意选择复杂地形和困难条件，以增大官兵的心理负荷；注意选择难度较大的战术想定科目，以增大官兵对克服困难的心理体验；注意设置有较强实力的假想敌，以增强官兵的敌情观念和对抗意识。

(3)结合任务渗透，同技术训练相结合。基层官兵的技术训练是官兵掌握各种战斗技能的专门训练，这一训练本身就包含着多种心理因素的参与，它要求官兵必须把心智技能与动作技能紧密结合起来。因此，在技术训练中，既要培养官兵熟练、高超的军事技能，又要注意培养官兵敏捷、灵活、准确、协调的良好心理品质，使两者融为一体，并有机地统一于官兵具体的技术动作之中。

2. 模拟心理训练法

模拟训练法是指有针对性地设置近似未来战场作战环境和条件，使参训人员体验到一定强度的心理刺激，从而增强对战斗环境的心理适应能力、心理承受能力和心理自控能力的训练方法。根据未来战争的要求，模拟训练必须是最大限度地设计和显示出接近于未来实战的战场环境，把未来战争中可能出现的因素变成官兵预料之中的、熟悉的和习惯的情况，使官兵在平时训练中体验到战斗条件下需要承受的心理负荷，从而提高他们顺利完成作战任务的各种心理品质。

根据训练模拟重点的不同，模拟训练法主要包括以下几种方法。

(1)模拟战场景象训练法。模拟战场景象训练法是指在战术训练中广泛运用声、光、烟、电的效果渲染气氛，模拟未来战场环境。模拟未来战场环境可采用高新技术来实施完成。在实际训练中，用建立战斗心理模型的方法模拟现代战争对作战人员认知、情绪情感、意志和行为的巨大刺激作用，不断增强官兵内心的强烈感受，以培养受训者积极、勇敢、坚定、独立和首创精神。在现代条件下，战场景象模拟的手段越来越多，战场景象的模拟更加逼真。在具体操作上主要有以下几种方法：

1)实施干扰和设置障碍。在专业技术训练中，根据未来战场的情况，利用发声、发光器材和电子设备，对训练者实施有意识的干扰。如在噪声下练习听力，在烟幕下训练观察力，在电子干扰的情况下训练鉴别力，锻炼心理自控力等。还可以在训练中人为设置障碍并限时排除，设置故障限时查找和排除，突然改变目标显示方式或检查考核条件等。这些训练可以提高官兵的良好心理品质，锻炼官兵的心理反应能力。

2)按实战要求，一丝不苟做动作。利用器材显示效果只是模拟战场景象的辅助手段，而官兵一丝不苟的动作才是战场景象的实质内容。训练中的动员、宣传鼓动、抢救伤员、抢修装备、阵地伪装、戴防毒面具操作、战场警戒等都必须认认真真地去做。逼真的训练不仅为参训官兵再造一种心理压力，更重要的是让参训官兵知道在枪林弹雨的战场上，在力所能及的范围内他可以做什么，这是最重要的参战心理准备。

3)多兵种合练，构建未来战场真实景象。军事演习，特别是多兵种联合演习可以形成近似于实战的战场真实情景，既是参训官兵心理训练的时机，也是检验参训官兵战时心理适应能力的最好时机。这种联合演习中的心理效果显示，利用电子和激光手段，进行实兵对抗，可以检测双方“战果”，使战场景象更加逼真。因为大型演习耗费较大，不可能经常进行，所以平时可以搞一些小规模的兵种联合训练。

要做好战场景象的模拟工作，需要从以下方面着手。

1)运用高技术数字化模拟手段，模拟战场逼真的声、光、电、形等刺激。一方面应积极研制抵御和防止高技术武器所造成的直接破坏和杀伤的装备、设施和防护器材；另一方面，必须在拟声、造光、辨形等方面多下工夫，在心理适应能力训练中尤其应侧重地模拟高技术武器装备产生的声、光、形、波等战场刺激，使官兵逐渐适应和调节因此而产生的不良心境，减轻心理负荷，不断增强心理承受能力和心理适应能力。战场景象模拟除了声、光、形等主要内容外，还有气味(如模拟性毒气)、浓郁弥漫的战场硝烟、熊熊燃烧的烈火等内容，参训官兵如经常在有强烈战场气氛的环境中训练，很容易激发官兵的战斗精神，提高他们对未来战争的心理适应性，缩短战场心理适应期，增强官兵的作战能力和作战效能。

2)模拟战斗困难情景。心理训练必须让参训官兵真切体验到战场上的各种考验。要达到这一目标就必须建立战斗心理模型，模拟未来战争战场上可能出现的各种战斗困难情境。在具体操作上，就是要充分利用不良天候，“冬练三九，夏练三伏”，雨雪不误，风雾不避，昼夜不分；要充分利用复杂地形，如在高山峻岭、荒原密林、江河湖泊、空旷沙漠等严酷环境中进行野外求生训练；要有意识地进行生理极限训练，如耐高温、耐严寒、耐饥饿、抗疲劳等，并有意识地增大训练强度，如进行 5 km 越野后随即进行实弹射击或准备实施实弹发射，利用不同场地进行1 000 m，1 500 m，2 000 m 障碍循环作业训练等，以此来适应现代信息化战争具有的快节奏、高强度的特点。模拟战斗困难情境的基本内容：设置复杂多变的敌情；增加危急艰难的战斗情节；设置危险严酷的障碍；增加各种干扰因素；选择复杂地形和恶劣气象条件等。简言之，就是要锻炼参训官兵在复杂恶劣地形和全天候条件下，在情况若明若暗、敌众我寡、孤军无援、通信联络中断、补给不济等险恶态势下，临危不惧，镇定自若，沉着应变的良好的心理适应和顺利完成作战任务的心理能力。

3)模拟战场复杂局势。真实的战场情况是异常复杂的，甚至可以说是瞬息万变的。因此，开展模拟战场景象训练时，战场情况的设置首先要有复杂的敌情和战术情况，总体上必须有深度、难度、速度和强度，在训练思维上要敢于设置疑局、危局、僵局、残局、败局，还可模拟战斗过程。这种方式可以锻炼指挥员的多种心理能力，可以使部队经受顺利、挫折、胜利、失败等多种心理考验。战斗过程的设计应包括从受领任务、战斗动员、战斗准备、战斗实施、战斗总结等基本程序。内容设置可以通过连续作战、疲劳饥渴来突出心理耐力训练，可以设置突发事件来进行应急心理训练，可以通过在短时间内向指挥员输送大量复杂信息来训练指挥员的分析和决策能力，可以设置和利用训练中出现的战场心理问题，来训练参训官兵的心理恢复能力。

4)战场示形、造型与辨形。在引起参训官兵心理恐惧的诸因素中，怪异的形态也是其重要因素之一，特别是当辅之以特定的声、光的怪异形体突然出现时，往往会造成参训官兵的心理错觉和恐惧情绪，并由此产生恐惧行为和心理紊乱。在现代信息化战争中，作战双方谁都不会轻易放弃以形制敌的灵丹，尤其是现代新型武器装备，在不影响其效能的情况下，常披着种种奇形怪状的“外衣”，从而达到使对方望而生畏的效果。目前常用的方法有：仿形，即伪装某一事物或现象，以假充真，使人难辨真伪，从而造成心理错觉；隐形，通过技术手段，消除武器装备反射雷达波束的角和面，使敌因现代侦察监视手段失灵，不能准确获取可靠信息而产生焦虑、多疑和烦躁不安。通过各种高技术模拟手段，营造战场示形、造型与辨形的逼真情景，使参训官兵的心理能力受到冲击和锻炼，有效减少他们对不良刺激的过度敏感性。

(2)模拟讲解结合训练法。在模拟训练过程中，指挥员可结合各种模型、图表、实地、实物及模拟器材及电影、幻灯等电教器材的讲解，使参训官兵了解一般的作战原则和基本知识，熟悉信息化作战特点和手中武器装备的技战术性能，克服不必要的心理障碍。然而心理训练的实践表明，无论模拟如何真实，参训官兵在实兵演练中所感受到的心理压力比模拟训练要大得多。而一旦模拟训练中配合讲解进行，则心理训练的效果就明显提高。如美军在进行坦克碾压散兵壕的训练时，首先让坦克在队列前通过，由教员进行讲解，然后转弯至安全距离进行火炮射击，接着坦克向前行驶，并推倒火炮、掩体。当士兵们听完讲解并亲眼看到坦克的威力之后，便开始进行碾压训练。士兵们蹲在简单加固的堑壕里，任坦克从头顶上驶过，此时士兵的心理压力相当真实而强烈，但与未讲解前相比，已缓和了许多。再如行进间投掷手榴弹实弹、紧跟炮弹炸点运动、爆破作业、对受训部队附近目标轰炸等实兵实弹训练，通过先讲解、后模拟、再实际操作的程序，都能够有效地锻炼参训官兵的心理承受力与心理适应能力。

(3)自我模拟训练法。在心理模拟训练实践中，锻造参训官兵良好心理品质，不仅需要再现战场外部情况刺激，而且还应当模拟受训人员的内心感受。要做到这一点，就必须有意识地设置各种突然性和危险性因素。例如，孤军作战的情境、快速反应行动、变化莫测情况、实力强大的对手等，从而使参训官兵心理上长时间地承受最大心理负荷，增强他们对困难的真实心理感受。

模拟刺激训练必须坚持三个基本原则：一是情况、情境的设置必须符合实战需要，要力求逼真、准确，使人身临其境；二是情况的设置要与部队现有的武器装备性能、参训官兵军事技能水平和心理承受能力相一致，尤其是与联合作战的实际需要相一致；三是训练时尽可能以参训者成功地处置情况而结束，否则，受训者就会产生心理障碍，失去克服困难的信心。

3. 能动训练法

能动训练法就是引导参训官兵根据训练和战斗情境及自身心理变化的特点，发挥主观能动性，主动采取调节和控制生理变化的手段来保持心理稳定性的训练方法。能动训练的方法有许多种，但最常用的是放松训练法。通过能动训练法的训练，帮助官兵克服过度紧张心理，使官兵学会稳定心理状态的自我调整方法，克服或缓解过度紧张的情绪。

放松训练的方法有许多种，其中最常用也最简便易行的放松训练法主要有以下五种。

(1)身心放松练习法。心理紧张会导致肌肉的紧张，肌肉紧张又会加剧心理紧张。身体放松练习法就是通过放松肌肉来减轻心理紧张，通过做一些身体放松动作有利于消除心理紧张。如用做操、散步、游泳、洗热水澡等方式进行身体放松；用听音乐、看漫画、静坐等实现精神放松。至于哪些人需要放松，何时需要放松，可以通过观察身体和精神状态来确定。从身体方面，可以观察其饮食是否正常，睡眠是否充足，有无适当运动等。从精神方面，可以观察其处事是否镇定，是否容易分心，是否心平气和等。如果观察后的判断是否定的，就需要进行放松训练。这种训练与自我暗示相结合效果会更好。

(2)想象放松练习法。指挥员在指导想象放松之前，应先让参训官兵放松地坐好、闭上双眼，然后给予言语性指导，进而由他们自行想象。常用的指示语有："我静静地俯卧在海滩上，周围没有其他的人，我感受到了阳光温暖的照射，触到了身下海滩上的沙子，我全身感到无比的舒适，微风带来一丝丝海腥味，海涛声……"在给出上述指示语时，要注意语气、语调的运用，节奏要逐渐变慢，配合对方的呼吸。

(3)精神放松练习法。精神放松练习法也称为注意转移法，就是通过改变参训官兵心理活动的指向性，把他们的注意力从当前对象转移到另外对象上去，从而降低大脑皮层兴奋中心的兴奋程度，减弱紧张心理。如可以指导官兵把注意力集中在视觉上，静心地看着一支笔、一朵花、一点烛光或任何一件柔和美好的东西，细心观察它的细微之处；集中在听觉上，聆听轻松欢快的音乐，细细体味，或闭目倾听周围的声音；集中在触觉上，触摸自己的手指，按按掌心，敲敲关节，轻抚额头或面颊；集中在嗅觉上，找一朵鲜花，集中注意力，微微吸它散发的芳香，等等。也可指导他们闭上眼睛，试着将生活中的一切琐碎和不愉快的事情忘掉，着意去想象恬静美好的景物，如蓝蓝的海水、金色的沙滩、朵朵白云、高山流水等。

(4)渐进性肌肉放松法。当对官兵进行渐进性肌肉放松训练时，要注意选择不受干扰、温度适宜、光线柔和的房间或室外，让他们坐姿舒适。然后引导他们想象最令自己松弛和愉快的情景，并在一旁用言语指导和暗示。指导语是："坐好，尽可能使自己舒适，并使你自己放松。现在，首先握紧右手拳头，并把右拳逐渐握紧，在你这样做时，你要体会紧张的感觉，继续握紧拳头，并体会右拳、右手和右臂的紧张。现在，放松，让你的右手指放松，看看你此时的感觉如何。现在，你自己试试全部再放松一遍。再来一遍，把右拳握起来，保持握紧，再次体会紧张感觉。现在，放松，把你的手指伸开，你再次注意体会其中的不同。现在，你左手重复这样做。"以上同样的方法用于放松左手与左臂，接着放松面部肌肉，颈、肩和上背部，然后胸、胃和下背部，再放松臂、股和小腿，最后身体完全放松。

(5)呼吸调整法。呼吸、血压等生理活动与人们的情绪状态关系密切，情感发生时，都产生相应的生理变化，如紧张时，人的呼吸加快，血压升高。呼吸调整法就是使呼吸变慢，从而缓解紧张情绪。这种方法往往与身体肌肉放松结合起来使用。通常的做法是，深吸一口气，屏住呼吸，保持身体肌肉紧张，然后慢慢呼气，同时放松全身肌肉，如此反复几次就可以缓解紧张心理，这种方法也可称深呼吸放松练习法。当在某些特殊场合感到紧张但又无时间和场地实施其他放松方法时，可以进行最简便的深呼吸放松法。放松训练的目的是要组织参训官兵学会在战斗间隙适当做一些放松身体肌肉和心情的活动，如俯卧撑、体操、适量跑跳和肌肉松弛体操以及讲笑话等，以改善紧张的心理状态。

除放松训练方法之外，常用的能动训练方法还包括暗示训练法、自豪训练法和言语调整训练法等。

暗示训练法就是运用语言信息或某种特定的动作姿势来主动调控自身的心理状态，解除心理负担，保持心理稳定的心理训练方法。这种方法通过指挥员讲出特意选择的词句来发展参训官兵积极的自我暗示能力，增强抵抗应激状态的能力，防止疲劳和无谓的神经能量消耗，最终达到加强自我监督，消除胆怯、恐惧、忧虑等不良情绪的目的。

自豪训练法是指受训者在自然放松状态中，在指挥员引导下，通过回忆自己最佳训练状态或战斗情景，并在头脑中树立和修正自我形象，引发自豪感，从而使被压抑、困扰的自信心重新得到恢复和激发，最终大大增强训练和作战积极性，坚定胜利信心的心理训练方法。

言语调整训练法即通过第二信号系统影响心理状态的训练措施。关键时刻，一句笑话，一句富有哲理的话，可以起到消除紧张情绪或使神经达到适度兴奋，调整心理状态的作用。因此，参训官兵在训练中多次反复默念甚至大声说出"沉着、冷静、不要慌！""我一定要完成这项任务"等命令或口令，就能引起兴奋，进而增强自己的力量和能量。

自我暗示法一般与身体放松、呼吸调整法结合起来使用。当参训官兵由于种种原因而引起情绪紧张或激情即将爆发时，可以选择一个舒适的姿势，半闭眼，进行慢而均匀的腹式呼吸，同时默念能使自己镇定的语言。这些语言要简练，一般是肯定式的，如"我能完成任务，我很勇敢"，每句话重复三遍，同时头脑想象轻松的感觉，这种方法可以有效地减轻心理紧张程度。如果是要振奋精神消除疲劳，则心中默念，"我全身都有劲，我的精神很好"等语句，并想象自己全身各部位都轻松有力的感觉。

4. 意念训练法

意念训练法就是通过外部影响或内部导调手段，对受训人员现有的心理状态进行调整，使其符合未来作战要求的训练方法。最常用的意念训练法主要有以下三种。

(1)暗示训练法。暗示训练法是在训练过程中，通过生理调控、语言暗示等方法调整受训人员的身心，以便达到短时间内使其恢复心理活动能量的目的。运动生理学研究发现，采用暗示法放松神经肌肉，只需要十几分钟就可以进入身心全面休息状态，它比睡眠和自然休息效果高约4～5倍，战场上使用这种方法，可有效缓解官兵的心理紧张情绪与身心疲劳状态。

(2)转换训练法。转换训练法强调在战斗间隙，尽快把官兵紧张心理从应激状态中解脱出来，以有效减少紧张程度的积累，从而进一步增强心理耐力。相关研究表明，一个人同执行重要任务之前所产生的恐惧心理作斗争、同过分激动的心情作斗争，所消耗的神经能量有时比战斗行动本身所消耗的能量还要多。采取转换法可把紧张情绪转移开，能降低心理紧张程度。如模拟战斗情境，在采取行动之前，让参训官兵读一些有趣的书或诗，听听音乐，看看画报，进行思想转换，对于减轻和消除紧张情绪是十分有效的。因此，在心理训练中，既要有意识地培养参训官兵自我转移紧张情绪的能力，更要根据不同任务，采用不同方法，适当开展娱乐活动，这样既可调节气氛，又可分散紧张情绪，放松心理状态，最终使官兵保持持久的作战心理耐力。

(3)想象训练法。想象训练法就是以形象思维形式在人的意识中引起运动表象，并使它们在相应的肌肉运动中得以实现的意念动作。想象训练法可以使参训官兵对将要完成的任务做到心中有数，对可能遇到的情况事先有心理准备。即使有些无法模拟的战斗情况，通过这种方法训练，也可以增强参训官兵的心理素质。在平时军事训练中，利用这种方法，可以缩短训练时间，熟练操作动作，提高训练成绩。国外实验研究表明，想象训练法可以将训练效果提高达30%左右。运动表象是意念动作的基础，它对于参训官兵适应实际战斗中危险复杂的行动具有重要作用。为了有效运用意念动作，训练开始前，指挥官通常让参训官兵讲述自己采取的每一个行动步骤，然后根据意念完成作业。

想象训练的程序：

第一步：熟记过程。指挥员通过讲解和陈述，使参训官兵了解操作武器装备的动作。讲解可以在实地、结合实物进行，力求详细具体。

第二步：形成表象。就是在参训官兵脑海里勾画操作动作要点及其顺序，战斗行动画面及其过程。

第三步：念动推演。念动推演有三种形式：①单个参训官兵自我推演。它主要训练单兵技术动作，也可以设计一些情况，如受伤、减员操作、故障等。如果自我感觉良好，说明意念过程是成功的，如果感到配合不好，可以再重复一次。念动过程的设计要循序渐进，一开始不能要求太高，以免不成功形成心理障碍。②沙盘推演。这是借助模型进行念动推演，通过意念活动将沙盘模拟的地貌在人脑中勾画为实际地形，将 些兵器模型、符号想象为实际的武器装备。沙盘推演的效果比较明显，特别适用于指挥员的心理训练，在推演中还可以进行对抗式练习。③借助模拟器材进行念动推演。借助模拟器材进行念动推演，更容易形成表象，使官兵对操作过程事先有了心理适应，这样可以缩短训练时间，节约训练经费，提高训练效果，也可以克服战场不良心理反应。

5. 专业训练法

专业心理训练必须根据各军兵种和各部(分)队担负的任务及职业心理要求有针对性地进行不同内容的心理训练。通过模拟所在部队担负任务的背景,设置一些可能会遇到的难题和险情,开展一系列体验式训练,强化自信沉着、果敢坚定、冷静从容的意志品质。如在执行处突维稳任务前,可以设置一些应对不法分子冲闯营区警戒、处置持械闹事人员、抓捕违法犯罪分子等突发状况,让官兵在近似实战背景下进行心理磨砺,练就过硬心理素质,最终能够从容应对各种突发事件。基层部队专业心理训练不仅要培养与部队任务相协调的良好心理品质,还要根据各个参训官兵担负的具体任务、个性特征、完成任务要求的心理品质组织开展训练。

第五节　基层部队心理训练的组织实施与保障

基层部队开展心理训练时一般是结合政治教育、军事训练进行的,在组织实施过程中必须按要求实施,以便取得良好效果。

一、基层部队心理训练的组织实施

1. 制定心理训练计划

心理训练计划一般与拟定年度和月军事训练计划一道进行。计划应包括年度或月心理训练任务、目标等要素。根据军事训练的不同阶段,确定心理训练的内容、心理训练的形式和方法、对参训官兵能产生较大心理影响的训练手段等。制定心理训练计划应遵循科学性原则以保证训练的安全性。

(1)要树立科学观念,认识到位,真正把心理训练纳入部队训练中,作为教育训练和部队建设大系统的重要部分,科学筹划。要从客观条件上切实加以保障,训练计划要统一制定,力求恰当合理,并成为训练、考核、评比的依据;训练设施要有专人负责,各级主管部门要专抓专管;训练器材要及时提供,科学研发与改进;训练时间既要单独保障又要与军政训练结合进行。训练的具体操作要到位,务求贴近实战。特别是开展综合演练中的心理训练,从训练设计、情况设置、胜负评定等都要充分考虑到心理训练的需求和目标任务。机构要健全,制度要规范,结合我军体制改革,在各级机构中要明确心理训练组织管理及实施机构的职能及工作范围,并提高心理训练研究水平。还要做好心理保障,进行心理治疗,保证参训官兵始终保持良好心态,及时使不良心理反应恢复到正常状态。

(2)在具体训练实施中要注重合理性,不论是时间和内容安排还是项目和场景设置,都要做到独立训练与整体训练统一,全面训练与重点训练统一,训练危险性与安全性统一。

(3)在训练方法上要把握规律性。心理训练要根据实际需要,运用心理学、生理学、军事学、谋略学等多学科理论与方法,遵循人的生理规律、心理规律和战场及战争规律等。

2. 做好心理训练准备工作

心理训练准备工作主要是编写教材或教学指导材料、培训教员和骨干。心理训练在我军开展得还不够普遍,教学材料比较少,教员力量不足。心理训练教学材料主要包括普通心理学、军人心理学、心理战等方面的书籍。可以参考有关运动心理学、运动员心理训练的方法,并吸收外军心理训练经验。教员要先学一步,或以旅、团为单位集体备课。

3. 考查心理训练效果

基层官兵心理训练效果的测评是一项复杂工作，主要可以采取以下形式。

(1)通过观察比较进行评估，如有的战士平时胆量很小，通过心理训练胆量变大了，在重大场合行动自如了。

(2)对官兵心理素质进行心理测试评估，一般由专家制定心理测试问卷，受测者在规定时间内通过笔答或操作完成规定内容，可以通过心理测试了解掌握官兵观察力、注意力、想象力等心理品质。

(3)对官兵个性心理特征和心理倾向进行心理测试，通过心理测试结果分析官兵心理状态、个性心理等。

二、基层部队心理训练保障

心理训练需要依赖一定的物质手段来营造气氛，要有模拟手段、训练场地、训练器材等，应适应军事斗争准备和信息化战争对个体和官兵群体心理素质的要求，积极为心理训练提供物质基础和技术条件。心理训练保障工作的主要内容如下。

1. 心理训练的保障计划

心理训练的保障计划是实施心理训练保障的重要依据，并贯穿心理训练保障的全过程。心理训练保障计划通常是根据不同的心理训练内容和保障需求制定的，主要包括保障的内容，如所需教材、器材、经费、场地和勤务等、保障的方法和保障的要求等。制定心理训练保障计划要依据年度心理训练的计划和安排，结合训练保障能力的实际，计划好不同阶段和不同训练内容的保障计划。特别是心理训练设施不完备的基层部队，应尽量紧缩其他训练经费的开支，在心理训练的设施上要舍得投入，以确保心理训练保障计划落到实处。

2. 心理训练的教材保障

心理训练教材保障通常包括各种文字教材(包括基本教科书、实验教材、各种教学图表、资料和手册等)、电化教材和计算机辅助教学课件等。

3. 心理训练的器材保障

心理训练器材保障是指心理训练工作所需要的器具和材料。一般而言，基层部队开展心理训练所需器材主要包括软桥、螺旋梯、摇摆平台、阻绝墙、滚轮、旋梯、荡木、轮胎墙、高低台、悬梯、高栏滑索、晃动射击练习器、火障等。在心理训练器材保障上，要立足于训练经费和保障能力的实际，坚持因陋就简、因地制宜的原则，针对军事斗争准备过程中心理训练的实际需要，有重点地进行设置，并充分发挥训练器材的作用，为全面提高官兵的心理素质创造条件。此外，还可以充分发挥基层官兵的主观能动性，积极鼓励官兵自主创新，设计、制作相关的心理训练器材。以下是心理训练基本器材的功能和构造。

(1)软桥。软桥主要是模拟舰船行进或人员换乘时的摆动状态，锻炼参训官兵的胆量和平衡能力。桥长为 10 m，桥宽为 1 m。既可架空设置，也可垂直设置。垂直设置时，桥面最低点距地面不少于 1 m。

(2)螺旋梯。螺旋梯主要模拟人员上下舰船时的晃动和螺旋状态，锻炼参训官兵心理与行为的稳定性和生理适应能力。螺旋梯一般高 4.5 m，底部圆盘直径 3 m；顶部圆盘直径 4 m，底部支撑轴距地 0.3 m。

(3)摇摆平台。摇摆平台主要用于抗眩晕训练，可容纳 6 人同时训练。当参训官兵登上摇摆平台一侧，平台就会向一侧大角度倾斜，参训官兵必须牢牢抓住平台上的铁柱，才不至于滑下。这项训练能锻炼参训官兵的勇气和平衡能力。摇摆平台长 8 m，宽 3 m。

(4)阻绝墙。阻绝墙主要模拟阵地的残墙断壁，锻炼参训官兵的胆量和身体协调性。阻绝墙高 3 m，顶宽 1 m，斜坡为 45°。

(5)滚轮。滚轮主要锻炼参训官兵在舰船航行中的偏航和人员失重状态下的心理与生理适应力。滚轮的直径为 2 m，由口径为 50 mm 的钢管制成。

(6)旋梯。旋梯主要是锻炼参训官兵在超、失重状态下的心理适应能力。梯长 4 m，梯宽 0.4 m，梯杠间距 0.5 m；支架高 2.5 m。

(7)荡木。荡木主要锻炼参训官兵在舰船晃动状态下的平衡力和稳定性。荡木长 4 m，宽 0.2 m，距地面 0.5 m，由铁架、木板、铁索等制成。

(8)轮胎墙。轮胎墙主要模拟崖壁，锤炼参训官兵的胆量和攀登的技巧。墙高 4 m，墙宽 2.6 m，由铁架和轮胎等制成。根据心理训练需要，轮胎墙既可单独设置，也可组合设置。

(9)高低台。高低台主要用于锻炼受训人员的胆量。高低台长 1 m，宽 1 m，高 1.7 m，间隔 1 m，由口径 50 mm 的钢管制成。

(10)悬梯。悬梯主要用于胆量训练，提高身体在复杂条件下的平衡能力，增强协调性。悬梯长 8 m，高 3 m，间隔 0.5 m，用 50 mm 钢管连接。

(11)高栏滑索。高栏滑索主要是训练参训官兵的攀登技巧，有效消除参训官兵的恐高心理。滑索模型架宽 6 m，高 6 m，软梯宽 2 m。

(12)晃动射击练习器。晃动射击练习器主要锻炼参训官兵能在舰船的晃动中，进行不同姿势的射击。晃动射击练习器长 1.9 m，宽 0.7 m，高 0.5 m，由钢管和角钢制成。

(13)火障。火障主要锻炼参训官兵的胆量，提高他们对战场环境的心理适应能力。当设置火障时，既可设置供人员低姿态匍匐前进通过的火网，也可设置供人员直身前进的火圃，以全面提高受训人员的心理素质。

4. 心理训练的经费保障

心理训练的经费保障要坚持统筹规划、突出重点、科学管理的原则，把有限的经费用在心理训练的重点内容和阶段，以确保心理训练的正常进行。一是坚持统筹规划，为心理训练提供可靠经费保障。二是突出保障重点，充分发挥心理训练经费的使用效益。三是注重科学管理，把有限的经费用在刀刃上。由于经费有限，供求矛盾比较突出，因此，必须坚持计划管理、量入为出、专款专用、综合效益的原则。必须采取有效监督、控制和调节等方法手段，充分调动人、财、物的潜力，紧紧围绕教学和训练目的的实现。要综合分析、综合平衡，把握经费保障的使用方向，保证经费的合理使用，做到供求协调，保证必需，力求用最低的耗费，达到最大限度地满足教学训练的需求，充分发挥有限经费的经济效益。

5. 心理训练的场地保障

心理训练场地主要包括具有满足心理训练要求的永久性场地和临时性场地、室内场地和室外场地、技术训练场地、专业训练场地、战术训练场地和综合训练场地，如心理行为训练场、战术训练场、战术演习场、障碍场、器械场、技术训练场、专业教室、实验室等。

6. 心理训练的技术保障

心理训练的技术保障主要包括心理训练信息资源等各种新型教学与训练媒体、硬件设备和软件资源的综合管理及运用、现代化的模拟手段等。一是心理训练技术保障应与时代同步，能充分反映当前科技发展水平。二是保障重点训练内容，积极稳妥地做好技术保障工作。三是根据心理训练的需要，不断加大技术保障的力度，提高心理训练的现代化水平。四是加强技术保障队伍建设，积极培养新型的心理训练技术保障人才，实现由经验型保障向知识型、技术型、综合型保障的转变，为心理训练提供高技术化、高效率化、高实用化的技术保障。

7. 心理训练的时间保障

基层部队在其他训练科目中有机融入心理训练内容的同时，还应根据心理训练的基本内容和科目，认真筹划，充分论证，确定年度心理专项训练的有效时间，并以法定形式固定下来，确保心理训练的每一类训练对象、每一个内容、每一个阶段、每一个科目都有相对固定的训练时间。具体训练时间的安排应参照《军事训练与考核大纲》的具体要求，结合本单位实际情况进行具体安排。

8. 心理训练的勤务保障

心理训练的勤务保障是为配合心理训练和教学而进行的各项勤务活动。一般由保障分队和部队指定的分队承担。主要担任战术、技术科目等心理训练的示范，协助教练员指导受训者见习，充当战术技术实兵演习分队，模拟敌军战术技术演练，配合参训官兵进行实兵战术技术对抗演习，负责心理训练和演习场地设置，以及其他各项战术、技术心理训练的勤务保障工作。一要科学制定心理训练勤务保障计划；二要加强勤务保障部(分)队的训练，提高其敬业奉献精神和较为过硬的军事素质，特别是心理素质；三要强化勤务保障部(分)队的全面素质，在人员配备上求强，业务上求精，训练上求严，保障上求实，能够实实在在地为部(分)队的心理训练提供可靠的保障，满足心理训练的多元需求。

9. 心理训练的人才保障

要搞好心理训练工作，专业队伍建设是一个关键点。当前，全军还十分缺乏心理训练专业人员。针对这一现状，可以从以下方面不断加强心理训练人才队伍建设。

(1)向全社会公开招募，组建心理训练人才队伍。随着全社会民众文化水平不断提高，大学生士兵越来越多，高学力人才不断进入军营，拥有心理学专业学历的人才也不断增多，为心理训练人才队伍建设提供了良机。

(2)开展相关教育培训。对于被选中从事专业化心理训练的官兵，要通过教育不断提高他们的业务水平。教育内容包括政治、军事、体能、条例条令等，教育时间在半年左右。如可能，他们应在军队相关院校进行培训，随后进行岗位实习。

(3)开展工作与轮训。实习完成后，心理训练专业人员要到各个工作岗位上去工作和轮训，为部队心理训练工作提供专业支持。

第五章　基层部队心理咨询与疏导工作

《关于加强新形势下军队心理服务工作的意见》指出："心理咨询疏导，是化解官兵不良心理反应、排除心理困扰的有效手段。广泛开展心理咨询活动，采取面对面咨询、热线电话咨询和专家网上在线咨询等办法，回答官兵提出的心理问题，为官兵进行心理调适和疏导。"基层部队对此要有清醒的认识，更要有科学的方法，平时对官兵多指导帮助，当官兵遇有问题时，能够及时给以咨询疏解，引导官兵走出心理困境，为官兵成长进步提供帮助。

第一节　心理咨询与疏导基本理论和方法

心理咨询与疏导是消除青年官兵心理问题与心理障碍的一种非常有效的途径，也是促进青年官兵心理疾病康复的重要方法。基层部队必须遵循心理学的理论与方法开展心理咨询与疏导工作。

一、心理咨询与疏导概述

从心理学讲，心理咨询与心理疏导是两个不同但却非常相近的概念，在工作实践中，是两种紧密相关的实务。

1. 心理咨询与疏导的内涵

所谓心理咨询，是咨询者运用心理学知识、理论和技术，通过与求询者的协商、交谈和指导过程，提供可行性建议，针对正常人及轻度心理障碍者的各种适应和发展问题，帮助求询者进行探讨和研究，维护和增进其身心健康，促进其个性发展和潜能开发的过程，从而达到自立自强、增进健康水平和提高生活质量的目的。心理咨询既是一种技术，也是一门艺术。

心理疏导是指人们运用心理学的相关理论与方法，对心理适应不良者采用语言、动作、感觉和想象的方法，使其压抑在内心的郁结得以宣泄和解脱，心理冲突得以缓解和消除的心理调适方法。

心理咨询、心理疏导的内涵很相近。事实上，两者具有共同的一面，即都是以语言、文字、环境氛围、和谐人际关系等作为媒介，给有心理问题的求助者以支持、帮助、启发和教育的过程。它们的工作对象是共同的，即有心理问题的求助者；运用的手段是相似的，即语言、文字、环境、和谐的人际关系；追求的最终目标是一致的，即使求助者心理问题得到解决，恢复心理健康；工作的着力点是相同的，即官兵的认知，应从基本道理入手，帮助官兵分清什么是对的，什么是错的，什么是客观性的，什么是通过主观努力可以改变的，应当怎么做，不应当怎么做，哪些能做，哪些不能做，从而引导官兵消除疑虑、困惑，平静心态，化解心理冲突，解除精神负担，最大限度地提高学习、工作、生活的积极性。但它们也有细微的差别：心理咨询更为专业，它对工作人员的业务资质具有较高的要求（获得国家职业资格认证），是收费的（部队的心理咨询是免费的）；心理疏导是心理咨询的重要方法，它对工作人员的业务资质要求不是很严格，工作对象一般是有情绪问题的求助者，使用的方法多种多样，既有心理咨询的方法手段，又有心理训练的方法手段，可运用的范围比较广，能够在学校、社区、部队、企业中广泛使用。

2. 心理咨询与疏导的适用范围与分类

心理咨询与疏导的服务范围十分广泛，其对象是在日常生活中出现心理问题的正常人。主要包含三大类。

第一类是心理正常、但遇到与心理有关的现实问题并主动求助的人。人在现实生活中会遇到许多问题，如学习问题、就业问题、婚恋问题、工作问题、人际交往问题、个人发展问题、社会适应问题、自我认识问题、不良情绪问题等。在这些形形色色的现实问题面前，人难免会心理失衡，产生各种心理问题而不能自拔，需要别人进行疏导、调节。

第二类是心理正常、但心理健康出现问题并请求帮助的人。长期处于心理困惑之中，内心冲突激烈而难以自拔的人，或者在生活、学习、工作、战争中遭受到比较严重的心理创伤而心理失衡，心理健康遭到严重破坏，已经影响到学习、生活、工作、人际交往，在心理上感到很痛苦的人。有的求助者的心理问题甚至达到"疑似神经症"的程度。

第三类是特殊对象，即临床治愈的精神病患者。精神(心理)异常的人经过临床治愈后，心理活动已经基本恢复正常，需要心理疏导帮助他们恢复社会功能，防止疾病复发，彻底摆脱心理疾病的困扰。但当对这一类对象进行心理疏导时，必须控制在一定范围内，它有严格的条件限制，有时必须与精神科医生协同工作。

面对一个主动来寻求帮助的求助者，怎样判定他(她)是存在心理问题或是神经症呢？即判定的依据是什么呢？我国心理诊断专家许又新教授提出了一个量化、简便易行的判定依据，它包括三个方面内容。

(1)对求助者心理问题持续时间的判断。如求助者心理困扰持续时间不到三个月为短程，评 1 分；如时间为三个月到一年为中程，评 2 分；持续时间在一年以上的为长程，评 3 分。

(2)对求助者精神痛苦程度的判断。轻度求助者自己可以主动摆脱精神痛苦，评 1 分；中度求助者自己摆脱不了痛苦的困扰，须靠别人的帮助才能改变、摆脱痛苦处境，评 2 分；重度求助者自身或在别人帮助下完全无法摆脱痛苦状况，评 3 分。

(3)对求助者社会功能的判断。求助者工作、学习及人际交往能力轻微受损，评 1 分；求助者社会功能中度受损，工作、学习或人际交往效率显著下降，不得不减轻工作、改变工作或只能承担部分工作，或某些社交场合不得不尽量避免，评 2 分；求助者社会功能重度受损，已完全不能工作、学习而不得不休病假，或对某些必要的社会交往完全回避，评 3 分。

将以上三项得分加起来，如果求助者评分为 3 分，可以判定为一般心理问题。如果求助者总评分为 4～5 分，可以判定为可疑病例，需要进一步观察才能断定是否是心理疾病。如果总分大于等于 6 分，神经症的判断是成立的。以上前两类人员属心理疏导的重点对象，第三类人员须在取得求助者或监护者同意的情况下，将其转介到更有资质的专业机构进行心理治疗。需要补充说明的是，对求助者精神痛苦程度和社会功能的评定，至少要考虑近三个月的情况才行，若评定涉及时间太短，判定就不可靠。

心理咨询与心理疏导按内容大致可分为两大类：一类是障碍性心理咨询与疏导，指对存在不同程度心理障碍的来访者进行咨询与疏导，可从神经症求助者到轻微心理失调者。如智能障碍、情绪障碍、人格障碍、行为障碍、学习障碍、沟通障碍、适应性障碍、性心理障碍等。主要包括精神障碍的咨询与疏导，精神病的早期诊断和恢复期的咨询指导；各种心理疾病的诊断和治疗,最常见的是各种神经症(神经官能症),主要有焦虑症、抑郁症、强迫症、恐怖症、疑病症、癔症;神经衰弱;心身疾病(心理生理性疾病)的咨询治疗,如植物神经功能紊乱,神经性头痛,更年期综合症,退休后适应不良综合症、神经性厌食、偏食、挑食以及高血压、低血压、冠心病、糖尿病等疾病的心理诊治。另一类是发展性心理咨询与疏导,指对希望开发自己潜力、作出更好选择的求助者进行咨询,重点在帮助来访者更好地认识自己和社会,增强社会适应能力,充分开发其潜能,提高人的全面发展,促进其早日成功和成才。如学习咨询,工作、择业、恋爱、婚姻等咨询指导。比较而言,前者内容比较具体、实在,但后者是咨询的目标和发展方向。

3. 心理咨询与疏导的原则、方法和途径

心理咨询与疏导是咨询疏导者协助求助者共同确定问题、解决问题的过程。首先,双方要建立良好咨询关系,相互信赖、充分理解、彼此坦诚。其次,咨询与疏导者要倾听和设身处地地理解,对于求助者的自由倾诉要全神贯注地倾听,要关注倾诉者的说话内容、神情、姿态和表达方式。通过恰当地提问,弄清求助者需要解决的心理问题的来龙去脉和主次轻重。再次,要共同确定具体而便于操作的目标,以提高求助者的自信心。最后,要重视作业和反馈,让求助者记录心理问题解决的过程,也可让求助者完成操作性任务,而咨询与疏导者要敏锐地从求询者那里收集反馈信息,善于将求助者的进步准确及时地加以反馈。这个过程需要遵循一定的原则,运用恰当的方法,通过合适的途径,循序渐进地完成。

(1)心理咨询与疏导的原则。

1)保密原则。保守秘密既是对咨询与疏导者的道德要求,也是咨询能有效进行的基本要求。做好保密工作,应注意绝不能将求助者的资料当做社会闲谈的话题;应小心避免自己有意无意间进行个案举例,以此来炫耀自己的能力和经验;不应将个案记录档案带离服务机构。在工作场所,亦要小心保管,避免放错地方、遗失或避免他人翻阅。若有需要,相关资料传阅之前,必须经当事人同意,如果求助者可能危及他人或危及自己的生命(自杀、他杀等),必须与有关人员联系,采取保护措施。此外,由于教学与研究的需要,咨询内容须公开时,必须隐去求助者的真实信息。

2)中立原则。咨询与疏导者在心理咨询过程中应始终保持不偏不倚的价值中立立场,确保心理咨询的客观与公正,不得把自己私人的意愿、利益、价值观掺杂进去,要保持冷静、清晰的思维。在心理咨询过程中,不轻易批评对方,不把自己的价值观强加于对方。

3)信赖原则。咨询与疏导者应满腔热情,以真诚的态度,从正面、积极的角度来审视求助者的问题,它是信任与接纳的化身,相信求助者的可塑性、可改变性,采取正面、积极的态度引导求助者转变与成长。

4)理解与支持原则。咨询与疏导者要设身处地感受求助者的内心体验,以深刻了解其心理痛苦和行为动机。从专业角度而言,这种真诚理解是同感的基础。对求助者的自我反省与转变的努力予以及时的肯定与支持,使他们受到鼓舞,改变他们对自我的消极认识,这样将有助于解除求助者心中的心理郁结,从而获得鼓励和信心。

5)成长性原则。心理咨询与疏导主要不是一种外部指导或灌输关系,而是一种启发与促进内部成长的关系,要求心理咨询与疏导者对求助者予以尊重、接纳,竭力推动对方进行独立思考,从而强化其自助能力,避免为其直接出谋划策。

(2)心理咨询与疏导的方法。一般方法是在建立信任的基础上,先用语言启发或暗示,鼓励其尽量说出内心的痛苦体验,然后作出分析诊断,再与其一起讨论身心障碍产生的根源及形成过程，使其建立正确的认识；激发和利用其内部有利因素，培养自我领悟、自我认识、自我矫正的能力，引导其认知活动朝着有利于问题解决的方向发展，促使自身心理病理的转化；阐述解决心理适应不良的具体方法，并要求其实践。与此同时，心理工作者所采取的一切方法均应取得求助者的认可，在指导实践中尽量做到具体、说服、保证、劝告、制止、转移、暗示、讲理等，改善其心理状态，解决其面临的心理问题。

(3)心理咨询与疏导的途径。①设立心理咨询室，开展一对一、面对面式的个体心理咨询。②设立团体心理咨询室，开展一对多式的团体心理咨询。③设立心理咨询热线，随时开展心理咨询服务。④开设心理咨询网站，在网上进行心理咨询。⑤可根据部队实际情况，充分利用广播站、报纸、板报、节假日等有利资源，进行心理健康知识的普及与宣传，起到心理保健的作用。⑥定期为官兵进行心理健康测查，建立较为完备的官兵心理档案，发现心理隐患及时化解。⑦建立心理骨干培训制度，为各部队培养心理工作骨干。⑧针对官兵承担的重大任务，开展心理咨询与疏导工作，做好士气激励工作，及时化解军事行动中出现的各种心理问题，并为机关提供官兵在任务中的心理状态情况，为科学决策、高效完成任务提供有价值的心理资料。

二、心理咨询与疏导的理论和方法

当前开展心理咨询与疏导依据的理论与方法主要有四大理论体系：精神分析的理论与方法、行为主义的理论与方法、人本主义的理论与方法和认知心理学理论与方法。根据基层部队实际，主要介绍三种理论与方法。

1. 精神分析心理咨询与疏导的理论和方法

精神分析（或心理分析，Psycholoanalysis）产生于19世纪末，是一种典型的心理咨询与疏导的理论和方法。由深受催眠术影响的犹太人医生西格蒙德·弗洛伊德（S. Freud）创始，到20世纪20年代，精神分析理论逐渐扩展到社会科学的各个领域，并形成一个势力强大的学派，被称为精神分析学派。

(1)精神分析心理咨询与疏导的基本理论。

1)潜意识理论与人格结构假说。潜意识指被压抑的欲望、本能冲动以及替代物（梦）。潜意识的主要特点是无意识性、非理性、冲动性、无道德性、反社会性、非逻辑性、非语言性等。这些为人类社会、伦理道德、宗教法律所不容许的东西，有强烈的心理能量，总是要按照快乐原则追求满足，它是人和人类生存的动力。“性欲”是潜意识中能量最强的组成部分。

弗洛伊德认为人格由本我、自我和超我三部分构成，如图5.1所示。

本我（id），即伊底、原我、兽我，指最原始的与生俱来的潜意识的结构部分，其中蕴藏着人性中最接近兽性的一些本能冲动，具有强大的非理性心理能量，一味追求满足，遵循快乐原则。自我（ego）指意识结构部分，代表着人的现实生活，是人的理性与机智，处于本我与超我之间，充当仲裁者，监督本我。超我（super－ego）指人格中最道德的部分，代表着人的良心、自我理想，处于人格的最高层次，按照至善原则指导自我、限制木我，以达到自我理想的实现。

精神分析学认为，本我、自我和超我三者保持平衡，就会实现人格的正常发展，人的心理就会处于健康状态；如果三者处于不平衡状态，人会面临心理冲突，就会产生焦虑情绪，如果进一步恶化就会演变成神经症。

焦虑是一种伴随某种不祥的预感而产生的令人不快的情绪，它包含有紧张、不安、恐惧、愤怒、焦躁、压抑等情绪体验，同时还伴有植物性神经障碍，如胸闷、口干、腹胀，打嗝、叹气、心慌、出汗。在弗洛伊德的理论中，焦虑是心理冲突、心理不平衡的情绪表现，通过了解一个人的焦虑程度、焦虑种类，就可以了解他是否有心理问题、有什么样的心理问题等。

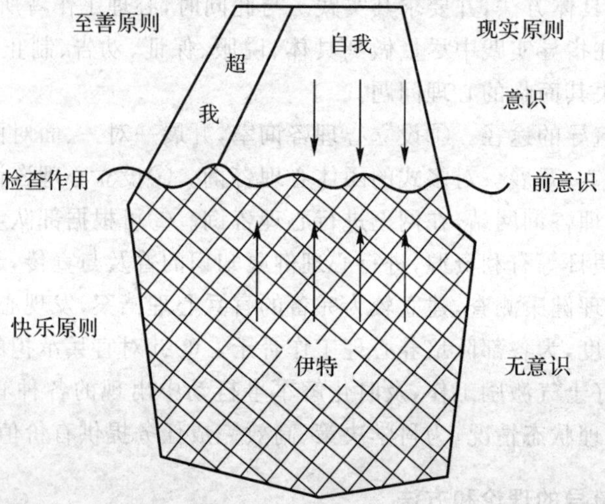

图 5.1　弗洛伊德的人格理论结构示意图

焦虑可以分为三种。①神经质焦虑。神经质焦虑是指某种状况所产生的不合实际的焦虑情绪。如有恐怖症的人见到令其害怕的刺激物时，就会产生过度的恐惧回避反应，有时达到十分夸张的程度，这种焦虑多见于神经症求助者。弗洛伊德认为神经质焦虑是由于自我害怕不能控制本能冲动导致的不良后果而产生的焦虑，是本我面对刺激时所产生的心理冲突。②现实性焦虑。现实性焦虑是自我面对现实刺激时所产生的心理反应。例如，闻到焦臭味后害怕失火而产生的焦虑情绪就属此类。这种焦虑多见于心理健康的正常人。③道德性焦虑。道德性焦虑是指由超我所体验到的羞耻感和罪疚感而产生的焦虑情绪。它是恐惧所想或所做的事情违反自我理想、道德标准和良心的情绪体验，是超我面对刺激时所产生的心理冲突。

2）自我防御理论。焦虑是一种令人不舒服、有压力感甚至痛苦的情绪体验。因此，当人面对这种情绪时，总是想方设法尽力摆脱它，于是在人的自我心理结构中就形成了保护自己心理不受伤害、维护自身心理健康的机制，弗洛伊德将其称为自我防御机制。它是自我应付本我的本能冲动、超我的精神压力和外在现实的过高要求等三个对手的心理防护举措，它可以缓解、防止因焦虑而带来的心理失衡和精神压力。它是人实现自我心理疏导的方式，也是人保护自己的第一道心理防线。

自我防御机制是弗洛伊德精神分析理论中较有特色的部分。在他看来，如果面对理性方法不能应对焦虑时，人就会采用以下多种自我防御机制以维护心理平衡。

压抑。压抑是自我防止焦虑情绪进入意识领域的一种自我心理调节方法。我们每个人都不同程度地使用着压抑，只是有的人一味依赖压抑，并且过分使用它，对其他方法一概排斥，因而就陷入了心理不正常的状态中。这种人与外界接触有限，给人一种孤僻、紧张、僵硬、谨慎的印象。他们可能因为害怕性冲动过强而过分加以压抑，从而导致性功能衰退和性冷淡等障碍；也可能因为过分压抑而引起癔症性失明或瘫痪等心身性障碍。过分压抑还可以引起关节炎、气喘、溃疡等多种生理性障碍。精神分析的目的就在于设法发现被压抑的思想、欲念、情绪，了解它们对人格的影响，并采取精神分析学的方式将它们诱导出来，使其得到充分宣泄，让失衡的心理重新获得平衡。

升华。升华也称为移量，是指人的心理能量从一个对象转移注入另一个对社会有价值的对象的过程。通过转移可替代性满足，如果替代性满足的方式具有较大的社会价值与意义，比如追求知识，热衷于慈善事业，搞文学艺术创作等，获得的就是升华。

投射。投射是指当一个人的本我或超我对自我施加压力时，他为了消除焦虑，可能力图把导致焦虑的原因转嫁给外界。投射是人们以社会能够接受的行为动机来取代社会不能认可的行为动机。

否认。否认是指自我用否认方式来阻挡外界使他痛苦或不愿意的事物，否认后虽明知有此事而在主观上觉得若无此事的自我心理调节方法。这样可以获得暂时性的心理平衡，缓解焦虑情绪的痛苦折磨。

幻想。幻想是指以脱离现实的空想来满足自己在现实中难以满足愿望的自我心理调节。幻想常常以白日梦的形式出现。

转化。转化也称为躯体化，就是把心理上的痛苦转化为躯体症状从而避免精神痛苦。例如，一个士兵怕战死沙场，在受一点轻伤后，便在心理上进行自我暗示，觉得自己完了、动不了了，此时在躯体上有可能出现癔症性瘫痪，医生检查他的躯体功能时发现生理上没有病变。由于心理作用发生躯体转换性障碍，如肢体瘫痪、行走不能、四肢痉挛、癔症性失明、失聪等，实际上是转化机制在发生作用。这种自我防御机制在战场心理问题中很常见。

固着。人生一般都要经历幼年、童年、青年、成年四个阶段。人在正常情况下身心发展总是连续不断地从一个阶段进入另一个阶段。但有时也会因为挫折与创伤而停顿不前，这停顿如果发生在心理发展过程中，就称为固着。比如固着在口唇期的成人往往沉溺于吃喝、抽烟、接吻、搜集东西、学习知识等；固着在肛门期的成人可能表现为吝啬、小气、爱整洁等。

倒退。倒退是人发展到某种阶段后或因恐惧而回复到早期阶段的现象。那些身心健康、适应性很强的人有时也会出现倒退心理以减轻压力。

补偿作用。弗洛伊德认为，人绝不会真正放弃他最初的目标，当他接受某种替代时，实际上是对他最初目标的补偿。比如，身材矮小的人为了补偿其长高的愿望，常会摆出一副大人物的派头；渴求爱情的人可能以暴食暴饮作为补偿。

合理化。合理化也称为文饰作用，是指用一种自我能接受、超我能宽恕的理由来代替自己的真实动机，以此缓解焦虑情绪的自我心理调节方法。如“酸葡萄”心理，《阿Q正传》中阿Q的精神胜利法就是这种机制的形象表现。

反向作用。反向作用指人把某种自我不允许的冲动、欲念潜意识地转化成强烈的相反形式。如欲盖弥彰、此地无银三百两就是这种自我防卫机制的最好写照。

幽默。幽默是指通过幽默的语言或行为来应付紧张尴尬的局面，或者间接表达潜意识欲望的自我防御机制。

上述自我防御机制可以分为自恋防御（包括否认、投射）、不成熟防御（包括退行、幻想）、神经症防御（包括合理化、转移、反向作用、补偿、压抑）和健康成熟的自我防御（包括升华、幽默）。

弗洛伊德揭示的自我防御机制绝大多数既有积极的一面，也有消极的一面，问题的关键要看运用者运用是否得当、是否适度。运用得当时，可以有效缓解人的不良心情，使心理保持必要的平衡；运用失当时，就会演变成心理障碍，有可能形成不正常的或过度的心理行为反应，从而心理失常，产生心理疾病，这一点应引起大家的充分重视。

3)性欲论。弗洛伊德是一个泛性论者,他把人的一切问题都归为性的问题,他将性称为力比多,这是一种人类与生俱来的性冲动,它常驱使着人去满足它。不仅成人有性的冲动,儿童也有性的冲动。弗洛伊德按照力比多能量贯注于人体有关部位的变化和发展,把人的心理发展分为五个阶段:口唇期(0～1岁)、肛门期(1～3岁)、性器期(3～6岁)、性潜伏期(6～12岁)和青春期(12～20岁)。儿童性的最早发展与父母有密切关系:男孩容易对母亲产生性爱,形成恋母情结(也称俄底普斯情结);女孩容易对父亲产生恋父情结(也称爱列屈拉情结)。如果对儿童的这种性心理不能随着他们的成长加以正确引导,这些儿童长大成人以后其性心理就会固着在儿童期,而难以形成正常的婚恋心理。

4)梦论。梦论与潜意识和性欲论是精神分析理论三大支柱,是精神分析学探索人潜意识心理活动、实施心理咨询与疏导的最重要理论基础。

弗洛伊德认为,梦并不是偶然形成的联想,而是被压抑的欲望以一种想象性、伪装性的形式被满足。因为潜意识中的原始冲动和性欲难以直接见人,加上意识对潜意识具有稽查和控制作用,所以,欲望必须通过伪装变相的方式才能得到满足。因此,心理咨询与疏导要了解求助者心理问题的症结所在,必须对他的梦进行解析,简称释梦,以揭示梦的隐匿意义,不但可以了解求助者为什么会产生心理问题,而且它本身还是一种心理咨询与疏导方法。

(2)精神分析心理咨询与疏导的基本方法。精神分析主要有两种基本的心理咨询与疏导方法,还有一些自我心理疏导方法。

1)自由联想法。自由联想是精神分析最关键、最重要的心理咨询与疏导方法。其做法是让求助者舒适地躺在安乐椅上,心理咨询与疏导者则坐在躺椅之后,边听边做记录,并对求助者所说的一切不做任何情绪表示,也不予评价。鼓励求助者把脑子里想到的任何念头都毫无保留地讲述出来,而不管这些想法多么微不足道、多么荒诞不经或多么杂乱无章。因为弗洛伊德认为,借助自由联想过程可以了解求助者的无意识世界,从而了解求助者心理问题产生的根源。当求助者自由联想受挫或出现沉默时,心理咨询与疏导者就要不时给出一定的说明、分析,以启发帮助求助者向自我心灵更深处自由联想。这种方法适当应用可以推进心理疏导向前进步。大多数时候对求助者的联想过程不予干预,让求助者通过毫无阻碍的自由联想,将压抑已久的不良情绪充分发泄出来,重新获得心理平衡。

2)梦的分析法。梦的分析法是通过特定方式对梦境进行分析、解释,以揭示其被压抑的隐义的过程。弗洛伊德认为梦境有两个层面:一是显性梦境,它是求助者醒后意识中所记的梦,是意义直白的梦境,没有解释的余地;二是潜性梦境,这是一种不为求助者所了解的梦境,必须通过专业分析才能得到解释。通过梦境的分析,将求助者难以意识的潜性梦境暴露出来,从而使潜意识的欲望变成意识领域的事物,由难以控制的变成可以控制的,进而使心理问题获得解决。

3)精神分析的自我心理疏导方法。弗洛伊德的自我防御机制理论对现代人进行自我心理疏导影响很大,在日常生活中,人们有意无意地使用着这些方法进行自我解脱。下面介绍几种由弗洛伊德自我防御理论发展而来的自我心理疏导方法,以供基层官兵在日常生活中使用。

回避法——耳不听来心不烦,回避不良刺激。转移注意力,尽可能回避、躲开导致心理困境的外部刺激,是个体即将或已经陷入心理困境时,最先也是最容易采取的摆脱策略。

淡化法——减少关注,改变外部信息刺激的影响程度。外部信息刺激与人的心理相互作用,产生心理体验,心理认知与心理体验不一致时就会导致心理冲突,心理冲突无法排解就可能出现心理问题。如果能够人为地回避会导致心理冲突的外部信息刺激,减轻或消除外部刺激对心理认知的影响,就能弱化心理体验的强度,从而减轻心理认知和心理体验的冲突。

自我安慰法——酸葡萄与甜柠檬效应,变恶性刺激为良性刺激。通过找一些理由为自己开脱,以减轻痛苦、缓解紧张,使内心获得平衡的办法。弗洛伊德指出,常见的合理化有两种:一是希望达到的目的没有达到,便否定该目的的价值或意义,俗称"酸葡萄效应";二是未达到预定的期望或目标,便提高目前现状的价值或意义,俗称"甜柠檬心理",即用某种"合理化"的理由来解释事实,变恶性刺激为良性刺激,以求心理自我安慰的现象。虽然,自我安慰时所谓的理由不过是自圆其说,但确有维持心理平衡、实现心理自救之效。

转移视线法——横看成岭侧成峰,换个视角看问题。并不是任何来自客观现实的外部刺激都可以回避或淡化。任何事物都有积极和消极的两个方面,有时候,同一客观现实或情境,如果从一个角度来看,可能引起消极的认识和情绪体验,使人陷入心理困境;如果从另一个角度来看,就可以发现它的积极意义,使消极认识与情绪体验转化为积极认识与情绪体验,从而走出心理困境。当审视、思考、评判某一客观现实或情境时,要学会转换视角法,换个角度看问题,常常会使感到痛苦不堪的心理困境转眼间就化为乌有。

换脑法——转念一想豁然开朗,换一种认知解释事物。换脑法就是转换认知,更新观念,重新解释外部环境信息,相当于换一个脑袋思考、解释问题,减少或消除心理认知与心理体验的矛盾冲突。

升华法——塞翁失马,焉知非福;塞翁得马,焉知非祸。人的心理问题长期不能解决,往往与他们的心理定势有关。克服心理定势,有效的方法是进行心理移位,即把固着的心理认知转变到另外更为积极的心理认知上,这样做具有变消极为积极、变被动为主动的性质。要改变旧有心理定势,就要重新选择一个新的心理认知,这就是用新的、高层次的利于他人和社会的心理认知代替旧有的心理认知,从而消除消极的心理状态。"失败乃成功之母""化悲痛为力量"就是从失败的消极因素中,认识其中蕴涵着的积极因素,鼓励个体奋发图强,产生成功的动力和契机。大文豪歌德(Goethe)年轻时曾遭受失恋的痛苦,几次企图自杀,但他最终把破灭的感情当做素材,从爱情焚毁的灰烬中得到灵感,写出了震惊世界的名著——《少年维特之烦恼》,真所谓"塞翁失马,焉知非福"。

补偿法——改弦易辙不变初衷,失之东隅收之桑榆。这是一种当目标实现受挫时,采用更替原来的行动目标,或变换实现目标的途径,或克服实现目标过程中的障碍,或改变长远目标等方法进行弥补,以减轻、消除心理上的困扰,这就是补偿作用。日本著名指挥家小泽征尔(Ozawa Seiji),原来专攻钢琴,在手指摔伤、十指的灵敏度受到影响后,曾一度十分苦恼和灰心,后来改学指挥而摆脱了心理困境,一举成名。

降温法——退一步海阔天空,切合实际调整目标。常言道"希望得愈热烈,失望的痛苦就愈深。"一个人的目标或抱负水平越高,其期望值就越高,但失败的可能性也越大。当个人的动机不能实现,实现目标的需要不能满足时,就可能有受挫感,产生心理紧张或痛苦。避免或缓解这种状况的有效措施之一,就是及时调整人生目标,使之更加切合实际。

宣泄法——面对不良情绪,合理心理宣泄。当人情绪不佳时,不能自寻苦恼,把痛苦、忧伤闷在心里,一定要使之合理发泄出来。心理学的相关研究表明,结肠炎、消化性溃疡病、过敏性结肠炎、神经衰弱、失眠等均与过度情绪压抑有关。值得注意的是,从社会影响看,宣泄有合理和不合理之分。基层官兵应该学会选择合理方式来宣泄心中的苦痛和郁闷,以免恶性循环。

常见的合理宣泄方法有以下几种：向人倾诉、诉诸文字、大哭一场、劳己筋骨、纵情一笑等。

2. 合理情绪心理咨询与疏导的基本理论和方法

合理情绪心理咨询与疏导的理论和方法是20世纪50年代中期美国人艾利斯(A. Ellis)创造的。

(1)合理情绪心理咨询与疏导的基本理论。合理情绪理论(简称RET)运用于心理咨询与疏导中，也被称为ABC理论："A"(Activating events)指发生的事件，"B"(Beliefs)指人对发生事件所持的认识或信念，"C"(Consequences)指发生的事件所引起的情绪及行为后果。ABC理论认为，人对中性事件理性或非理性的认识会产生积极的或消极的情绪反应。人的情绪是伴随着人的思维产生的，情绪或心理困扰是由于不合理的、不合逻辑的非理性思维所造成的。任何人都不可避免地具有或多或少、这样那样的不合理的思维与信念。人若不断用内化语言重复某种不合理信念，就会导致罪恶感、害羞、焦虑、忧郁等负性情绪，从而导致难以化解的困扰。所以，心理困扰的持续是由于那些内部语言持续的结果。艾利斯认为，大多数人的思考似乎不合逻辑。因此，他说："人不是为事情困扰着，而是被对这件事的看法困扰着。"心理咨询与疏导的主要任务就是采用积极的、说教的、指导性的语言，指导求助者纠正认知系统中的非理性认识，促进求助者放弃原有的不正确认识，从而达到化解消极情绪的目的。

那么，是哪些不合理信念给人们带来麻烦呢？艾利斯根据自己的临床观察，于1962年总结出了自认为具有普遍意义的、通常会导致人产生心理问题或神经症的11种不合理信念。

1)在自己的生活环境中，每个人都绝对需要得到其他重要人物的喜爱与赞扬。

2)一个人必须能力十足，在各方面有才能、有成就，这样才是有价值的。

3)有些人是坏的、卑劣的、邪恶的，他们应该受到严厉的谴责与惩罚。

4)事不如意是糟糕可怕的灾难。

5)人的不快乐是外在因素引起的，人不能控制自己的痛苦与困惑。

6)对可能发生的危险与可怕的事情，应该牢牢记在心头，随时顾虑到它会发生。

7)对于困难与责任，逃避比面对要容易得多。

8)一个人应该依赖他人，而且依赖一个比自己更强的人。

9)一个人过去的经历是影响他目前行为的决定因素。

10)一个人应该关心别人的困难，否则就会为此感到不安与难过。

11)生活中每个问题都应该有一个正确而完美的解决办法，如果找不到这种完美的解决办法，那是莫大的不幸。

20世纪70年代后期，艾利斯进一步把这些主要的不合理信念归并为3大类，即人对自己、对他人与对周围环境、事物的绝对化要求和信念。对于人所持有的不合理信念，美国心理学家韦斯勒(Wessler)等曾将其概括为下列三个主要特征：绝对化要求、过分概括化和糟糕至极。

1)绝对化要求。这一特征在各种不合理信念中是最常见的。它是指人以自己意愿为出发点，认为某一事物必定发生、一定发生或不会发生。这种信念通常用"必须如何""应该如何""一定如何"等方式来表达。比如"我必须获得成功""别人必须很好地对待我""生活应该是很容易的"等。

2)过分概括化。这一特征是一种以偏概全、以一概十的不合理思维方式。艾利斯曾说过，"过分概括化就如同根据一本书的封面来判定一本书的好坏一样，是不合逻辑的。"它一方面表现在人们对自身的不合理评价上，以自己做的某一件或几件事的结果来评价自己整个人，评价自己作为人的价值，其结果常常会导致自责自罪、自卑自弃等不良情绪的产生；另一方面表现在对他人的不合理评价上，他人稍有差错就认为他人一无是处，这会导致一味地责备他人，进而产生敌意和愤怒等消极负面情绪。按艾利斯的观点来看，以一件事的成败来评价整个人是一种理智上的法西斯主义。他认为一个人的价值不能以他是否聪明、是否取得了成就等来评价，人的价值就在于他具有人性。因此，他主张“评价一个人的行为而不是去评价一个人。”因为在这个世界上，没有任何一个人可以达到完美无缺的境地。所以，艾利斯指出，每一个人都应十分清楚，自己和他人都有可能犯错误。

3)糟糕至极。这种观念认为如果发生了一件不好的事情，那将是非常可怕的、非常糟糕的，是一场灾难。这种想法会导致一个人陷入不良情绪体验(如耻辱、自责自罪、焦虑、悲观、抑郁等)的恶性循环之中而难以自拔。艾利斯指出，这是一种不合理的信念，假如一个人沿着这条思路想下去，他就把自己引向了极端的负性情绪状态之中了。这种不合理信念常常与人对自己、对他人及对自己周围环境的绝对化要求相联系，当人绝对化要求的“必须”“应该”“一定”的事物并未如愿发生时，他们就会感到无法忍受，他们的想法就会走向极端，就会认为事情已经糟到极点了。非常不好的事情确实有可能发生，尽管有很多原因使人希望不要发生这种事情，但没有任何理由说这些事绝对不该发生。人要努力去接受现实，在可能的情况下去改变这种状况，在不可能的情况下，则要学会在这种不理想状况下生活下去。

因为情绪是由人的思维、人的信念所引起的，所以，艾利斯认为每个人都要对自己的情绪负责。他认为，当人陷入情绪障碍之中时，是他们自己使自己感到不快的，是他们自己选择了这样的情绪取向。现代心理学研究也发现，人的心理问题总是以对现实的歪曲理解为基础，有心理问题的人总是从一个片面的角度去判断现实与推测未来，这样将导致社会适应不良。发现并纠正错误的非理性认知思维方式，是重返心理健康的有效途径。因此，促进心理健康、心理和谐最基本、最简洁的途径就是优化人的认知思维方式。不过这里有一点要强调的是，合理情绪心理咨询与疏导理论并非一般性地反对人们具有负性情绪。如一件事失败了，感到懊恼，有受挫感，这是适当的情绪反应，而抑郁寡欢、一蹶不振则是不适当的情绪反映了。每一个人都或多或少地会具有不合理的思维与信念，而那些具有严重情绪障碍的人，这种不合理思维的倾向则更为明显、更为极端、更为严重。情绪障碍一旦形成，人自己是难以自拔的，当不能进行自我心理疏导时，就需要在专业人员的帮助下进行心理咨询与心理治疗了。

(2)合理情绪心理咨询与疏导的基本方法。

1)合理情绪心理咨询与疏导的基本步骤。

第一步：帮助求助者找出使他们产生消极情绪的诱发事件，如军事训练、考试比武、工作压力、人际交往等。

第二步：帮助引导求助者分析挖掘他们对诱发事件的解释、评价和看法，即由它引起的信念，从理性角度审视这些信念，并且探讨这些信念与所产生的消极情绪之间的关系，从而认识到消极情绪发生原因是他们存在不合理的信念，这种失之偏颇的思维方式才是心理问题产生的关键。

第三步：拓展求助者的思维视野，并引导他们与不合理信念进行辩论，动摇并最终放弃不合理信念，学会用合理的思维方式代替不合理的思维方式。还可以通过与他人讨论或实际验证的方法来辅助他们转变思维方式。

第四步：随着不合理信念的消除，消极情绪开始逐步减少或消除，并产生出更为合理、更积极的行为方式。行为所带来的积极效果，又促进着合理信念的巩固与积极情绪的产生。

第五步：求助者通过情绪与行为的成功转变，形成了合理的思维方式，从而不再受消极情绪的困扰，并产生新的心理感受。

2）合理情绪心理咨询与疏导的基本技术。

a. 辩论法。心理咨询与疏导者在采用辩论法时要积极主动地、不断地向求助者发问，对其不合理的信念进行质疑。从提问的形式上看，可分为质疑式和夸张式两种。

质疑式。与不合理信念辩论时可直截了当地向求助者的不合理信念发问，如“你有什么证据能证明你自己的这一观点？”“是否别人都可以有失败的时候，而你不能有？”“是否别人都应该照你的想法去做？”“你有什么理由要求事物按你所设想的那样发生？”“请证实你自己的观点！”等。一般说来，求助者不会简单地放弃自己已有的信念，虽然他们往往不加批判地接受了许多现成的看法，但面对来自心理咨询师的质疑，他们也会想方设法为已有信念辩解。因此，心理咨询师需不断努力，借助于这种辩论过程的不断重复，使求助者感到为自己的不合理信念辩护变得理屈词穷了，并使他们真正认识到以下问题：一是他们的那些不合理信念是不现实的、也是不正确的；二是他们的那些不合理信念是站不住脚的；三是分清什么是合理信念，什么是不合理信念；四是以合理信念取代不合理信念。

夸张式。夸张式是心理咨询师针对求助者信念的不合理之处故意提一些夸张的问题，其落脚点与质疑式提问是一样的，仅仅是方式上略有区别。这种提问方式犹如漫画手法，是把对方信念的不合理、不合逻辑、不现实之处以夸张的方式放大给他们看。心理咨询师抓住对方不合理之处发问，这种提问方式往往优于前一种方式，因为对方在这一过程中也感到自己的思维方式存在问题，因此容易心服口服。

实施辩论法应注意的问题：

首先，从一典型事件入手先找出诱发性事件，询问求助者对这一事件的感觉和反应，并询问求助者为何会体验恐惧、愤怒等情绪，分清求助者对事件持有的信念中哪些是合理的，哪些是不合理的，将不合理的信念罗列出来。

其次，寻找的是求助者对某类事物所持的信念而不是表面的想法，但这不同于心理分析的无意识动机。在进行合理情绪心理疏导的过程中，只有真正找到了求助者不合理信念，心理疏导者在辩论时才可做到有的放矢，否则就容易出现在外层转圈子而辩论却难以深入的现象。求助者的不合理信念要一个个地去找，并采用各个击破的原则，不能指望一锤定音，一了百了。

最后，与不合理的信念辩论时可采用类似于苏格拉底以来许多哲学家所用的辩论方法。戴尔·卡耐基（D. Carnegie）曾这样谈论过苏格拉底式辩论方法：“雅典哲学家苏格拉底对人类思想的变动，有透彻的了解。他是迄今能使对方心服口服的第一个人。苏格拉底绝不指责对方错误。所谓苏式回答法，就是使对方说出肯定的回答。以简洁的问题询问对方，使他不得不回答‘是’。第二句也使他不得不说‘是’。接下去每个问题都使他的回答不脱离肯定的范围。等到他感觉时，他原先否定的问题，已在不知不觉中回答‘是’了。”这种辩论技术需要长期磨炼。

b. 合理的情绪想象法。合理的情绪想象法（Rational-Emotive Imagery，REI），是合理情绪心理疏导法中最常用的方法之一。它也是需要由心理疏导者进行指导，帮助求助者进行想象的技术。其步骤如下：

第一步：帮助求助者在想象中进入他产生消极情绪反应或自感最受不了的情境之中，体验在这种情境下的强烈情绪反应。

第二步：帮助求助者改变这种不适当的情绪反应并体会适度的情绪反应。

第三步：停止想象，让求助者讲述他是怎么想的。此时，心理疏导者要强化求助者的新的合理信念，纠正某些不合理信念，补充其他有关的合理信念。

合理的情绪想象法除了帮助求助者改变消极情绪体验，认清信念与情绪反应的关系之外，还可用于帮助求助者找出他对某事所持有的不合理信念。有时求助者谈到某一事件时，往往只记得自己当时多么气恼，却说不上自己当时的想法，想不起来为何如此气恼。心理咨询师可帮助求助者想象当时情景，重新进入那种最坏的情绪体验之中，此时再进一步探查求助者当时的想法，从而找到其所持有的不合理信念。

c. 认知的家庭作业。合理情绪心理咨询与疏导法是在改变人的认知上下工夫，但要改变人的信念与思维方式是一件非常困难的事。因此，心理咨询与疏导不但需要心理咨询师的努力，也需要求助者本人的努力，这种努力不仅在咨询与疏导时进行，也应持续到会谈以外。认知的家庭作业正是为此而设立的。在完成作业的过程中，求助者可以更好地掌握会谈之中的内容，并且学会自己与自己的不合理信念进行辩论。认知的家庭作业主要包括：合理情绪治疗自助量表、与不合理的信念辩论和合理的自我分析。

合理情绪治疗自助量表。这是由艾利斯创立的一种自助表格。其内容为先让填表者找出诱发事件和情绪反应，然后再找不合理信念。表中列有十几种常见的不合理信念，填表者可从中找出符合自己情况的不合理信念，若还有其他的不在此列中的不合理信念可单独列出。接下来是请填表者自己对自己所有的不合理信念一一进行质疑式的辩论。最后填写通过自己与自己的不合理信念辩论而达到了怎样的情绪的和行为的效果。

与不合理的信念辩论。这也是一种规范化的作业形式，内容很简单，只需求助者回答一些具体的问题：一是我打算与哪一个不合理的信念辩论并放弃这一信念；二是这个信念是否正确；三是有什么证据能使我得出这个信念是错误的；四是假如我没能做到自己认为必须要做到的事情，可能产生的最坏的结果是什么；五是假如我没能做到自己认为必须要做到的事情，可能产生的最好的结果又是什么。

合理的自我分析。合理的自我分析目的与上述作业相同，它是一种完全由求助者自己完成的报告。没有特殊的要求与规定，报告的重点在求助者自己对自己所有的不合理信念进行的辩论。

3. 人本主义心理咨询与疏导的理论和方法

人本主义心理学是20世纪中叶在美国产生和发展起来的一种心理学思潮，它既反对精神分析本能的生物决定论，又反对行为主义机械的环境决定论，强调心理学应当研究人的本性、潜能、尊严、价值和人生意义，研究对人类进步富有意义的现实性问题。人本主义心理学在20世纪六七十年代迅速崛起，成为继精神分析和行为主义之后西方心理学中的“第三势力”。美国社会心理学家、人格心理学家马斯洛(A. Maslow)是人本主义心理学的主要发起者和理论家。卡尔·罗杰斯(C. Rogers)是人本主义心理学最有影响的人物之一，他对心理学的贡献主要表现在：提出了人格的自我理论、倡导以求助者为中心的心理咨询理论以及以学生为中心的教育思想。

(1)人本主义心理咨询与疏导的基本理论。

1)人本主义的心理健康观。人本主义心理健康观有四个核心内容:①强调人的责任。把人看做他们自己生活的主动构建者,可以自由改变自己。如果不能改变,只是因为身体上有局限性。人本主义心理咨询与疏导的主要目标,就是使求助者认识到他们有能力做他们想做的任何事情。②此时此地。认为只有按生活本来面貌去生活,我们才能成为真正完善的人。对过去和将来的某些思考是有益的,但多数人花费过多的时间反省过去,计划未来,这其实是浪费时间,只有生活在此时此地,人才能充分享受生活。③从现象学角度看个体。没有人比你更了解自己,要努力去理解求助者从何而来,然后给求助者提供指导,使他们能够帮助自己。④人的成长。马斯洛用自我实现这个词,来表达获得更多的心理品质、成为一个人能够成为的那种人,是要让求助者自己克服困难,继续成长。罗杰斯说:"好的人生,是一种过程,而不是一种状态,它是一个方向,而不是终点。"

2)人本主义的人性观。人本主义心理学家非常重视人性的研究,并把人性置于心理学研究的核心地位,其主要观点有以下内容。

a. 人性本善。人本主义心理学家认为人的本性是善良的,现实生活中人性恶的一面是社会文化造成的。个人在出生时并不具备恶的本性或冲动,只是由于后天环境的影响而逐渐染上了恶的思想观念。他们把自我实现作为人类毕生的追求,看成是人类成长、进步的基本动力,人性基本上是建设性的,破坏和侵犯行为是人的基本需要遭到挫折后而引起的。

b. 人是自主的。人本主义心理学家相信人是自主的,即人有自由意识,可自由地选择自己的未来。人本主义心理学家在承认各种内在因素和外在条件的制约的同时,坚持主张人有一种必不可少的自由和自主。正是因为有了这种自由、自主,人才可以尝试消除种种条件的限制,去发展自我、实现自我;也正是因为有了自由和自主,人才可以做出选择。由于选择是自由意志的结果,因此,应对自己的选择负责。一个缺乏自主能力,受外力制约的人将是沉闷的、呆板的、缺乏主动性与创造性的,这种人是社会所鄙视的。

c. 人是持续不断地成长的。从人本主义心理学的角度来看,人是一种"正在成长过程中的存在",人有能力指引和改变生命历程的主导动机和设计。因此,在人的一生中,行为动机不断指导着人的自我趋向完善。马斯洛和罗杰斯把成长假设视为人本主义人性观的基石。马斯洛认为,人性的核心在于人类的肌体内部有一个"本能的内核",它包含着趋向实现的潜能,这个生物学内核只是作为一种潜在的"原材料"而存在,它等待着个体对它进行主观的开发和实现。罗杰斯也认为,每个有机体都有一种有方向的形成倾向,它的内心深处都有一种想保存、提高和再造自己的倾向,它也希望摆脱外界控制而独立,成为自我支配的、甚至超越自己的本性。

d. 需要层次理论。需要层次理论是马斯洛1943年提出的。马斯洛认为,人类价值体系存在两类不同的需要,一类是沿生物谱系上升方向逐渐变弱的本能或冲动,称为低级需要和生理需要;一类是随生物进化而逐渐显现的潜能或需要,称为高级需要。第一类需要属于缺失需要,可引起匮乏性动机,为人与动物所共有,一旦得到满足,紧张消除,兴奋降低,便失去动机。第二类需要属于生长需要,可产生成长性动机,为人类所特有,是一种超越了生存满足之后,发自内心的渴求发展和实现自身潜能的需要。满足了这种需要,个体才能进入心理的自由状态,体现人的本质和价值,产生深刻的幸福感,马斯洛称之为"高峰体验"。此时人具有一种欣喜若狂、如醉如痴、销魂的感觉。心理学实验证明,当人待在漂亮的房间里面就显得比在简陋的房间里更富有生气、更活泼、更健康;一个善良、真诚、美好的人比其他人更能体会到存在于外界的真善美。当人们在外界发现了最高价值时，就可能同时在自己的内心中产生或加强这种价值。总之，较好的人和处于较好环境的人更容易产生高峰体验。他将人的需要分为五个层次：生理需要、安全需要、爱与归属需要、尊重需要和自我实现的需要。后来，他又在尊重需要和自我实现的需要之间增加了认识需要和审美需要。

(2)人本主义心理咨询与疏导的基本方法。人本主义心理咨询与疏导方法更多的是提供一种理念而不是方法，因此，没有像精神分析、行为主义理论中那些具体、明确的方法和技巧。人本主义心理咨询与疏导的基本方法包括求助者中心法、Q-分类法和交朋友法。

1)求助者中心法。罗杰斯认为，每个求助者都具有自我完善、达到心理健康的潜能，只是由于后天环境的影响，求助者失去了妥善使用促进自我心理健康的能力和信心，因此，心理咨询与疏导工作者要做的就是用尊重、设身处地的关心、无条件接纳的态度协助求助者将自我心理健康潜能释放发挥出来。在此法中，求助者是真正的主角，咨询与疏导就是要调动求助者自身的潜能，就是要提供一种适宜的气氛，以引导求助者做自我探索、认识自我。这里，融洽的咨询关系是心理咨询与疏导获得进展的决定性因素，同时也提出了建立良好的心理咨询与疏导关系与气氛的几种最重要的态度以及形成相应的技术。

咨询疏导者应具有以下态度。

a. 真诚一致。心理咨询师与求助者都是真诚的，而且要做到真诚，双方既要明了自己的内心感受，在可能的情况下保持深层意识与外部表现的一致，又要愿意通过语言和行动来表达自己内心的复杂感受。

b. 接受。接受意味着无条件地给求助者以积极关注，意味着心理咨询师要表达对求助者作为一个有潜力的人的深切、诚挚关心，无论求助者表达出的感受是好还是不好，心理咨询师都把求助者作为一个有价值的人去尊敬，这是一种不因求助者思想、情感和价值而受到影响的关心，这种价值不受其他条件、行为、感情的影响。对于求助者所表达出来的情感与感受均不加以价值评判，而是一概地加以尊重。这样的接受就缓和了两者的关系。

c. 移情理解。咨询与疏导者应站在求助者角度去体验其思想、情感和行为，并把体验到的这种情感、价值传达给求助者，使求助者意识到自己的情感、思想和行为受到积极关注，有被人听到和理解的感受，求助者才能自由无拘束地讲述自己的内心感受。

d. 表达。咨询与疏导者的真诚一致、接受和理解如果不能被求助者体会到，那就是毫无价值的心理咨询与疏导。因此，想要达到一个双方都满意的结果，咨询与疏导者要常常采用语言或非语言的方式来帮助求助者。

要使心理咨询与疏导产生良好效果，还需要满足以下表达的条件：①心理咨询与疏导只是在两人之间进行的心理交流，即求助者和咨询疏导者间的交流。②求助者处于心理失调状态中，他们是无助与脆弱的，而咨询师是心理健康的，他所表述的自我概念和体验是真诚一致的。③求助者应该知觉和体验心理咨询师的真诚、接受与移情理解。

求助者中心法主要通过以下步骤来具体实施。

第一步：求助者主动求助。如果没有改变自我的需要，心理咨询与疏导就很难成功。

第二步：咨询与疏导者说明情况。这一步主要是向求助者介绍心理疏导过程，突出强调求助者的作用，咨询与疏导者的作用只是创造有利于求助者健康成长的氛围。

第三步：鼓励求助者自由表达情感。不管求助者表达什么样的情感，咨询与疏导者均应以诚恳、友好的态度相待，并接受。

第四步:咨询与疏导者能接受、认识、澄清对方的消极情感,注意发现对方影射或暗含的消极情感。这是很困难且很微妙的一步。

第五步:促进求助者的成长。一旦求助者将消极情感表达、暴露出来,接着模糊的、试探性的、积极的情感便会不断萌生出来。

第六步:接受求助者的积极情感。咨询与疏导者只需不加评价地接受对方的积极情感,促使对方自然达到领悟与自我了解的地步。

第七步:求助者开始接受真实自我。由于咨询与疏导者对求助者采取了接受和理解的态度,求助者便有机会重新认识自我,并接受真实自我。这为其在新的水平上达到自我整合奠定了基础。

第八步:帮助求助者采取决定。咨询与疏导者应协助求助者澄清可能做出的选择。

第九步:效果产生。求助者通过自我领悟,达到了对心理问题的新认识,某种积极的、尝试性的行动便应运而生了。

第十步:扩大效果。在已有尝试的基础上,咨询与疏导者应帮助求助者发展更深层的领悟,并扩大领悟范围,将积极行为扩大到生活的其他方面。

第十一步:求助者的全面成长。求助者克服了对选择的恐惧,勇于探索自我发展的新行动。此时,双方的关系达到顶点,求助者会主动提出问题寻求讨论。

2)Q-分类法。罗杰斯认为,每个人都具有自我引导的权利与能力。人是由他们对自我和周围现实的意识感知所指导,并非由他们无法控制的无意识力量所驱使的。人格的优化不能像弗洛伊德那样把着眼点放在儿童早期的大小便训练或性体验上,对健康人格来说,现实及人如何认识现实要比过去经历更重要。虽然过去经历也能影响人感知现实的方式,但人要重视的是眼前而不是过去。因为,每个人都希望为他人所接受与认可。由于一个人需要得到别人的赞扬和肯定,而强迫自己去做实现自我观念和个人价值的事情,这之间必然产生"现实的自我"与"理想的自我"的差异。基于上述的理论假设,罗杰斯创制了Q-分类法。

Q-分类法可以有多种不同的实施形式,但所有的形式都使用相同的基本概念和假设:一是求助者能准确地描述自己,即"真实的自我";二是能描述那些他希望具有、但现在并不具有的特征,即"理想的我"。当心理咨询与疏导开始时,一个人的真实自我和理想自我之间存在很大差异。

Q-分类法的实施步骤如下:

第一步:给求助者100张卡片,这些卡片上写有许多形容词或句子。例如"我同别人有着热切的情感关系""我是一个精明的人""我鄙视自己""我对自己有一种积极的态度""我常常感到焦虑""我能够经得起紧张"等。

第二步:要求求助者选择那些最能描述自己生活风格的卡片,这就产生了自我分类。求助者须按照正态分布的方式来选择卡片。一般情况下,咨询与疏导者要求求助者把这些卡片放成9堆。卡片堆的排列形式从反映出最像这个求助者的那些描述的这一端,依次排列到最不像这个求助者的那些描述的另一端。排列在中间的那一堆是这个求助者不能决定列出的特征是否像自己的卡片,也就是说它们是中性的。排列完毕后总是两端的卡片数目最少,中间的卡片数目最多。

第三步:要求求助者对排列的卡片进行分类。通过求助者对卡片的分类,才能借助卡片的描述探知求助者最希望成为哪一类人,这就产生出理想分类。罗杰斯认为,Q-分类法能够检验出心理咨询与疏导的开始、期间和结束时求助者的真实自我和理想自我之间的关系。这种数量化检验通常可以运用相关系数。当真实自我与理想自我的得分完全呈正相关时，相关系数记为＋1.00；当它们完全成负相关时，相关系数记为－1.00；当两者不存在相关时，相关系数记为0.00。两者正相关趋向越强，正相关系数取值就越高，如＋0.95，＋0.89，＋0.75等都呈现了很高的正相关；两者负相关趋向越强，负相关系数取值就越高，如－0.97，－0.85，－0.78都呈现了很高的负相关。一般情况下，求助者在心理咨询与疏导开始阶段，真实自我和理想自我之间有很大差距，呈负相关。随着心理咨询与疏导的逐步深入，求助者真实自我和理想自我之间的差距逐步缩小，两者相关度渐渐增加。咨询与疏导就是要使真实自我和理想自我趋向正相关。

3)交朋友法。交朋友法是人本主义心理咨询与疏导的一种基本方法，它是利用集体形式和氛围来帮助求助者改变其适应不良行为或解决心理问题的一种方法。它试图创造适当人际环境，使小组的每个成员都能最大限度地利用个人潜能，化解心理问题，达到自我实现的目的。

交朋友法的目标是说服求助者不受心理防御机制的阻碍来揭示自己内心的情感，暴露真实自我。小组的主持人或促进者和参与者都需要积极鼓励其他人表达自己真实情感，敢于表露出那些在小组中从未表露的态度。这样做的好处在于小组中每个成员都被其他成员所重视，并从他们那里得到关于自己的实际情况的肯定以及否定的反馈，以便真正地认识自己。

交朋友心理咨询与疏导法一般是在一个房间里举行聚会，这个房间最好没有家具，显得很开阔，各位成员席地而坐。所有参与者(10～20人)随意而放松地围坐着，每次聚会大约2 h，活动时间一般安排在周末，确保所有成员都能参加。

交朋友法的主要原则与方法包括：

a. 交朋友法的目的是帮助每个成员逐渐认识、了解和爱惜自己，感受自己的重要性，尊重自己和自己所做的事情，学习对自己负责。

b. 小组成员的基本态度是真诚和坦率的，不掩饰自己的情感，无论是对自己还是对小组中的其他成员。

c. 活动原则是来去自由。交朋友只是生活中的一个方面，而不只是一种心理咨询与疏导手段。参加交朋友小组的求助者并不意味着有心理障碍，只意味着求助者希望生活更加充实与快乐。所以每位成员都是来去自由的。

d. 活动开展由小组成员决定。因为每位成员都要对自己的选择和行为负责，使他们学会如何发挥自己的潜能、自己对自己负责的态度与方法，为帮助自己解决心理问题创造有利的条件。

交朋友小组活动的开展是渐进的，其实施过程大致分为三个阶段。

第一阶段——相互接受。活动开始后，成员们大多数不愿意谈自己的感受与态度，当谈起自己的感受时，如果其他的成员会为此批评他的观点，那么就会出现沉默的情况。那是因为当交流信息的基础尚未巩固时，小组中容易产生一种混沌状态和一种令人手足无措的情感体验，咨询与疏导者此时要善于疏通混沌，使大家产生安全感，鼓励大家积极交流内心愿望，启发大家以真诚态度沟通交流。通过各种磨炼积累起来的感性认识使成员提高了对事物的认识、分析、理解和处理能力。

第二阶段——探索理解。在本阶段，参与者对自己既有高度评价，也有真诚表露，他们充分尊重不同的意见，相互听到真实的理解，进行自我探索。参与者在倾听他人叙述和进行自我探索过程中,获得了自我认识的能力,彼此间达到了相互理解和移情,这对于求助者人际交往关系的深化和心理成长是最基本的。当小组成员间产生不愉快的情绪时,咨询与疏导者要运用自己的角色及人格力量来化解矛盾,创造轻松、宽容、相互依赖的气氛,巧妙调节出愉快气氛。

第三阶段——变化成长的萌动。此时求助者与咨询疏导者都能直率表达自己,能正面地回答别人,相互之间的依赖感逐步增加,其主要表现是对他人的关心,愿意倾听他人倾诉,整个小组出现强烈的共存感。组内气氛和谐、关系亲密、情绪高涨,出现了无所不谈的局面。

第二节　基层部队心理咨询与疏导的类型和方式

基层部队官兵大多数年纪较轻,人生经历有限,在军队建设和军事斗争准备任务繁重、部队执行多样化军事任务日益增多等情况下,遇到问题或挫折甚至失败在所难免,需要及时有效的心理咨询与疏导,帮助他们解决问题,获得提升甚至飞跃;而他们又都处于人生和军人职业生涯的重要时期,对自己的未来有一定的憧憬,对自己的进步发展有一定的期待,更需要适时正确的发展指导。加之近年来我军兵员结构和成分的新变化,一些青年官兵心理适应和承受能力较弱的问题更加凸显,部分官兵行为上出现的偏差、部队发生的一些事故案件,大都与不良情绪郁积、心理问题未能及时化解有直接关系。基层部队心理咨询与疏导既要关注心理问题,更要着眼心理建设;既要应对及时,更要主动出击。

一、基层部队心理咨询与疏导主要类型

基层部队心理咨询与疏导工作大都可以归入解决心理问题和军旅人生发展指导两大类,即发展性心理咨询与疏导和调适性心理咨询与疏导。

1. *发展性心理咨询与疏导*

发展性心理咨询与疏导是指根据官兵身心发展的一般规律和特点,帮助官兵尽可能圆满地完成心理发展课题,妥善解决心理矛盾,开发个体生命中蕴含的潜在能量,促进官兵的发展和人格的完善。发展性心理咨询的目的在于帮助官兵了解心理发展的规律,重视自己在心理发展过程中可能或已经出现的各种发展性心理问题,并提供处理方法,使其更好地认识自我,同时警惕自己在成长发展过程中可能出现的心理异常表现,防患于未然;鼓励官兵最大限度地发挥自己已经具有的各种现实能力,充分挖掘潜在能力,更好地适应环境,更健全地发展自我。

发展性心理咨询与疏导的范围和内容非常广泛。不论官与兵,不论级别高低,不论性别,都存在发展问题,基层部队发展性心理咨询与疏导就是要探索官兵心理发展的特点与规律;为官兵提供优化个性与健全人格的措施;为官兵揭示和预见学习训练及工作中心理问题产生的原因和影响因素,并为官兵提供健康正确的预防和排除心理问题的方法;探索官兵个性发展中依赖性与独立性的矛盾及其产生原因,为官兵提供优化指导;为官兵科学揭示青春期心理,特别是性心理发展特点与规律,帮助官兵顺利度过生理发展特殊时期;帮助官兵掌握人际沟通与良好人际关系保持的技巧,培养人际冲突控制能力与社交能力;帮助官兵正确认识个体与群体关系、个体发展与群体发展的关系,学习正确面对并妥善处理个体与群体的矛盾;学习培养广泛兴趣,学习培养为提高履职尽责能力所需要的直接和间接兴趣、能力等;重大转折、重大任务时期的环境适应与自我心理调节;正确恋爱心理及其保持与调节;职业成就和岗位奉献动机的

激发与保持；自我价值的追求及其体现；等等。

2.调适性心理咨询与疏导

调适性心理咨询与疏导是指为有各种心理问题的咨询对象提供心理援助、支持、治疗，以消除咨询对象的心理障碍，促进其心理朝着健康的方向发展。调适性心理咨询与疏导的目的在于宣泄求助者的消极情绪，以缓解心理压力；改变求助者认知上的错误观念，确立正确的思考方向和合理的思考方法；改变求助者不良行为与习惯，助其养成良好行为习惯，改善个性风貌；指导求助者进行有效的自我心理调控，提供自我心理调控的方法；激发求助者的心理自愈机能与潜能，鼓励其解决自己的问题；帮助求助者重新建立包括和谐人际关系在内的良好的社会适应性行为。

调适性心理咨询与疏导的范围和内容主要包括自卑、空虚、单相思痛苦、误解焦虑、怯场等一般心理问题；失眠、口吃、抑郁、恐惧、意志减退、性功能障碍等可以自行调控和矫正的心理障碍；强迫症、恐怖症、神经衰弱等神经症，爆发型人格障碍、偏执型人格障碍等人格障碍性心理疾病；同性恋、异性装扮癖、窥阴癖、露阴癖等性变态；以及偏头痛、神经性厌食症、胃痉挛、神经性呕吐等心身疾病与心身障碍等能够适度缓解和控制的各类心理疾病。

3.发展性与调适性相结合的心理咨询与疏导

发展性与调适性心理咨询与疏导不是截然分立的，它们有着非常紧密的关系。心理服务实践中，发展性心理咨询与疏导事实上正是在做预防性调适的工作，而调适性心理咨询与疏导在矫正的基础上若不进行基于发展的心理指导，就不完整，可能还会出现反复。也就是说，基层部队不仅要做好克服心理障碍、排除心理困境的心理服务工作，还要有目的、有计划地做好预防性、指导性心理服务工作，要把发展性与调适性结合起来作为基本的心理咨询疏导服务工作模式。发展性与调适性相结合的咨询疏导模式既重障碍、重矫正，又重发展、重预防，使心理咨询与疏导既服务少数人更服务多数人；由少数专业人员从事的工作发展为经过培训后，众多教育、心理、医务、管理工作者、思想政治工作者都可以参与的活动，形成广泛而强大的心理工作力量；既以消除心理障碍为目的更以促进心理发展为目的，从而形成现代意义上的心理咨询疏导，为心理咨询疏导的发展开辟更为广阔的天地，这在基层部队具有更加重要的意义。目前，部队心理咨询疏导队伍主要由思想政治工作者和医务工作者两方面组成，其中多数为兼职人员，又以思想政治工作者为主。多数在基层部队承担心理咨询疏导工作人员的知识积累和工作经验更适合于从事官兵的一般性心理问题、发展性心理问题的辅导，同时由于这些心理方面的工作多与其日常工作紧密相连，因此，更容易受到官兵的欢迎，也更容易收到良好的效果。相结合的工作模式实现了心理咨询与疏导服务的齐抓共管、合力推进，体现出心理咨询与疏导服务工作以人为本、科学筹划、全面协调、统筹兼顾、良性互动。

发展性与调适性相结合的咨询疏导模式应重视心理危机干预。心理危机是一种复杂的症状，它的出现不遵守一般的因果关系规律，个人心理危机一旦出现，往往难以进行正常的工作生活，甚至危及个人和他人的生命；群体性危机则更具破坏力，严重时会使整个部队丧失战斗力。紧张的军事生活、高强度的军事训练和残酷的战场环境，会导致军人出现心理危机的概率增高。发展性与调适性相结合的心理咨询与疏导对于预见官兵潜在的危机和危机发生时采取第一阶段的快速治疗，有着积极的作用。

军人心理危机可分为成长性危机和境遇性危机。成长性危机通常是由官兵个人发展的一系列阶段组成，当官兵从某一阶段转入下一阶段时，原有的行为和能力如果不足以完成转换，新的行为和能力尚未建立，则可能出现行为和情绪的混乱而导致危机。境遇性危机主要是官兵在日常生活和执行任务时，由于不可预料的突发事件引起异乎寻常的内心体验而导致的心理危机，比如战争、演习、天灾等情况。这种超出个人期望的境遇性危机，会使官兵在某一方面产生难以逾越的心理障碍。在无明显精神病症状的前提下，可以根据官兵确切的诱因事件，有针对性地展开障碍排除，即调适性咨询疏导，也可以实现部分甚至全部的心理危机干预的功能。

此外，还要着眼工作特点进行心理调适。如针对环境苦、强度高、节奏快、压力大的工作实际，可以对官兵采取烦恼宣泄、情绪转移、自我暗示、主动沟通、环境熏陶、理智调节、换位思考等方法进行心理调节，并制成卡片发到官兵手中。另外，还可以组织开展自我调控训练，组织官兵回味“我最快乐的事”、吟唱“我最喜欢的歌”，让大家把所见所闻表达出来，把官兵的豪情壮志抒发出来，把内心的真情实感宣泄出来，从而帮助性格孤僻、自我封闭的官兵搞好情绪调节，保持阳光心态。

二、基层部队心理咨询与疏导主要方式

基层部队心理咨询与疏导的方式主要有团体心理咨询与疏导、个体心理咨询与疏导、心理自助互助活动等。

1. 基层部队团体心理咨询与疏导

军人团体心理咨询，是在特定情景下进行的一种非军事活动的团体心理训练形式。在部队心理咨询人员少、资金紧缺的状况下，团体心理咨询与疏导尤为适用，它可以扩大受益面。基层部队以发展性与调适性相结合为基本的心理咨询疏导服务工作模式，要求以团体心理咨询与疏导为基本方式，着力培养、训练和提高官兵心理素质。

(1)团体心理咨询与疏导的独特优势及其教育培养作用。

1)团体心理咨询具有独特的优势。①高效性。对于同一年龄段的军人群体而言，一般具有相似的部队生活经历和工作性质，有着共同的认知发展及社会性发展特点。因此，官兵所面临的心理问题通常也是其群体所共有的，比如训练恐惧、环境适应不良、人际交往受挫、恋爱和性等心理困惑与强迫症状、人际关系敏感和抑郁等心理问题。这时，可以根据问题进行同质分组，通过集体心理咨询与疏导进行调适、引导、疏解，加以改善，使多个为共同目标而来的官兵在团体中活动，互相激励、互相帮助，节省大量的时间和精力，在部队心理咨询人员不足的情况下获取最大的心理服务效益。②有利于消除官兵对心理咨询疏导的防御。单独会谈，可能会比较紧张，反而不利取得效果。而团体心理咨询与疏导保持了官兵集体生活体验上的连续性，使成员们通过彼此认同，感觉到自己是整体的一部分，满足了官兵安全需要和归属需要，因而对官兵心理状况的改善非常有效，而且，团体心理咨询小组会形成某种凝聚力，促使官兵在行为或态度上做出积极的改进。

2)团体心理咨询的教育作用。心理咨询不仅具有矫正性，而且还具有很强的教育性。在团体心理咨询疏导中，咨询疏导者可根据教育内容，构建教育团体，通过设计各种问题、情境和活动积极引导官兵学习、讨论，主动探索心理问题，实现官兵在互动、互助、合作的过程中的模仿学习，共同完成接受心理健康教育的过程。这样能够在非教育性的环境中，不知不觉地将心理健康知识和心理调节方法传授给官兵。在团体心理咨询与疏导中，实施者应努力与官兵建立相互尊重和信任的平等关系，做官兵的朋友，在活动中不仅做主导者、组织者和设计者，更应

当做官兵的合作伙伴和知心朋友,尊重官兵群体的内在心理需要,可以借鉴团体心理咨询中建立关系所需的共情、积极关注、尊重与温暖、真诚可信等方法,巧妙地把组织团体心理咨询和调动积极性的方法融入思想政治教育中,增强思想政治教育的亲切感和艺术性,拉近与教育对象的心理距离,与官兵形成良好的教育关系,以取得教育实效。

(2)团体心理咨询与疏导在军事训练中的运用。

官兵在军事训练中,为保持自身同环境之间的和谐,为完成训练任务、提高训练成绩,往往需要不断进行自我调整,还必须主动或被动地改变自身认知结构和行为模式,因而面临一系列心理压力。运用团体心理咨询与疏导,根据官兵军事训练心理特点和心理活动规律,维护官兵心理健康,消除官兵心理异常,提高训练质量和效率,不断增强训练的科学性。

训练开始时,要明确训练目的,端正训练态度。训练目的明确,训练态度端正,训练就会有积极性、主动性、自觉性。军事训练应该是严肃而严格的,为战而训具有严酷性和艰巨性,正面的教育和讲清训练总体部署与基本计划安排,当然是必要的。但如果遵循青年官兵心理特点,采取团体心理咨询与疏导的方式搞好训前教育,为军事训练做好必要而充足的心理准备,将会对军事训练的展开和顺利实施并取得应有的效果,产生积极的促进作用。要通过对训练目的充分、明确、清晰的讲解,通过借助于心理的手段和方式,进行心理发动,提高官兵对训练意义的认识水平,调动官兵参与训练的积极性,提高官兵对训练的重视程度,使官兵迅速进入军事训练的心理状态。

训练中,要针对官兵心理的变化,进行心理疏导,保持稳定而良好的训练心理。一般地,训练开始时,官兵都会有较浓厚的兴趣,注意力也较集中,训练积极性高;训练中会遇到困难,官兵心理特别是训练兴趣和积极性会随困难的出现和克服与否呈波浪式的变化;熟练后或基本掌握后,由于训练兴趣减弱,出现松懈情绪,训练积极性有所降低。要针对官兵心理变化的具体情况,适时地采取心理咨询与疏导的方式,运用心理咨询与疏导的技术,进行心理调适、启发教育,实现心理转换,使官兵保持稳定的、持久的训练热情,保持顽强的意志和勇于拼搏的精神,充分发挥自己的智能和技能,完成训练科目,实现训练目标,提高训练成绩。还可以帮助训练教官运用心理学的理论和技术,改进训练方法,设计训练活动,使训练科目或动作技能的讲解生动形象,示范准确到位,便于官兵理解和掌握。训练中往往还会出现“高原”现象。所谓“高原”现象,就是训练中期往往出现进步的暂时停顿,甚至在一定时期内成绩不但不会上升,反而会有所下降的现象。当“高原”现象出现时,应当帮助官兵分析原因,帮助官兵克服急躁、埋怨、泄气情绪,改变旧的活动结构,采取新的活动方式、方法,鼓励官兵增强信心,突破“高原”期。

训练后期,要防止松劲情绪,树立精益求精的高标准思想。在每个训练阶段的后期或者某个科目的训练后期,由于经过长期的训练,官兵对军事技能基本掌握甚至达到熟练程度,自满情绪出现,精神就容易懈怠,注意力容易分散,甚至可能出现满不在乎的现象。这时,必须通过团体心理咨询与疏导,进行心理再发动和激励,使官兵树立从难从严从实战出发的思想,继续严格训练、严格要求,善始善终,精益求精,更上一层楼。

训练考核时,要引导官兵树立积极的考核心理,正确对待考核成绩。训练考核是军事训练的一个重要环节,其目的当然是检验训练效果。不可忽视的是,训练的阶段性决定了考核的阶段性,每一阶段的训练考核都应该成为后续训练的良好准备和基础,所以,训练考核还应该具有延续良好训练情绪和心理状态的功能。也就是说,训练考核不仅要检验训练效果,还要为官兵从训练到休整以及平时工作的心理调整与转换打好基础，更要为新的阶段和新的训练任务打下良好的心理基础。要根据官兵荣誉感强、上进心强的心理特点，引导他们树立积极的考核心理；同时，又要针对他们心理上的弱点，矫正消极的考核心理。最重要的就是，通过团体心理咨询与疏导，官兵能够正确对待考核及成绩，能认真总结经验教训，胜不骄，败不馁，始终保持训练积极性，始终保持提高军事训练成绩的决心和信心。

2. 基层部队个体心理咨询与疏导

基层部队应针对官兵个体心理问题、心理异常、心理障碍不同的情况，激励官兵自我领悟、自我认识和自我矫正，促进官兵心理问题转化、心理异常消失、心理障碍减轻直至消除，并帮助官兵认识个性心理，改造个性缺陷，增进官兵心理健康。军事实践活动中最普遍的和常见的是心理适应不良，要对官兵进行细致的心理咨询与疏导，促进官兵良好适应。

(1)个体不良心理现象发生的原因。个体为了保持自身与部队军事生活环境之间的和谐，不断进行自我调整，而其主动或被动地改变自身认知结构或行为模式的能力较差，以至在短时间内因应对军事生活环境变化而出现一系列心理适应不良的现象。

个体不良心理现象的发生原因多种多样，主要有个体个性心理因素、环境因素、人际行为因素及应激因素等。由于家庭环境、性格特征、文化素养、兴趣爱好等差异会形成不同的个性心理，而个性心理特征也会由于自我意识、独立性意向、感性与理性、思维与意志、性格与需求不同而参差不齐。现在各国军队十分重视心理因素对军事生活实践影响的研究，以区分可能出现的情感、性格障碍或不能很好适应军事生活的个体。他们认为影响训练任务完成及可能致病的原因与个性心理特征密切相关，而个性心理特征是指个体在心理过程中所表现出来的经常的稳定的行为特点，它表现为一个人典型的心理活动和行为，包括能力、气质和性格。因环境变化和刺激能自觉改变个性心理特征，称为“个性再塑造”。而有的个体的“个性再塑造”心理过程过于缓慢，并难以自觉改变其个性心理特征，在军事生活实践中就极易发生心理适应不良症。这种个体心理称为非稳定型个体心理，这也是军事训练损伤发生的高危个体。青年官兵情绪变化大、易于激动，面临的战斗、工作及生活又紧张艰苦，对军事训练的适应过程具有多层次和多功能性质。人际关系融洽或不融洽表示其心理需要获得满足或被剥夺，满足需要的愿望获得实现或受挫折，就会产生心理满足感或者孤立无援感和被社会抛弃感。非稳定型个体在人际关系上往往表现出两种情况：一是被领导者的角色适应能力差，特别是面对班、排干部和老兵时表现为紧张、害怕、自卑、缺乏自信心和主观能动性；二是性格内向，易产生压抑、强迫等情绪倾向，表现为与同辈战友和干部的人际关系不协调、不融洽，往往不敢或不愿主动与他人交往。另外，干部工作方法简单粗暴，忽视经常性思想和管理工作，使个别成绩差、身体素质差的官兵表现出失落、失望的情绪，出现寻找机会私自离队，甚至自残的思想倾向，此类情况极易导致严重心理障碍。此外，军事训练中的挫折、战斗应激也是引起个体不良心理表现的原因。

(2)个体不良心理的表现。个体不良心理主要以情绪障碍为主，如抑郁、焦虑等，也可出现适应不良的行为或生理功能障碍。

1)抑郁反应。抑郁反应是适应不良的最常见类型，以情绪低落为主，如悲观、悲哀、失望、无助等，伴有思维迟缓和意志减退。一定程度的抑郁同焦虑一样，是人们日常生活中常有的情绪体验。悲观、悲哀、失望常常与当事人失去自己所重视或追求的事物有关。如亲人去世、工作上的挫折、训练中的失误等。当事人的情绪反应强度取决其赋予所失去的事物的主观价值。

此外,在未受挫折或应激状态下,人们也可能产生一种失助反应。失助反应发生于一个人对所面临的挫折情境失去控制,无力改变挫折情境,或经过多次应付仍然不能摆脱挫折情境影响,于是表现为对挫折情境的无能为力和无所适从,被动地承认或接受挫折所带来的一切痛苦。过度的抑郁可被视为病态。抑郁病人的整个精神生活呈现显著的、普遍的抑郁,生活被动,动作少而迟缓,思维迟钝,少言寡语,自卑、自责,常有自杀意念和行为。

2)混合性焦虑和抑郁反应。混合性焦虑和抑郁反应突出地表现为焦虑,或与其他情绪症状混合存在。焦虑给人以痛苦、不愉快的情绪体验,挫伤了人的锐气,伤害了人的自尊心,使人丧失自信心。因此,一个人如果屡遭失败,肯定会逐渐变得遇事退缩不前,对未来总是有一种莫名其妙的恐惧感,对训练成绩和工作绩效影响很大。

3)品行障碍在官兵心理适应不良中可见到,表现为侵犯他人的权利,或出现与年龄不相符的、违反社会常规和准则的行为。如青年官兵个体受到挫折时做出的攻击性或非社会化行为。攻击行为可以指向他人,也可以指向自身,表现为嘲笑、谩骂、殴人、毁物、自责、自伤等。官兵的攻击行为,可造成重大事故,必须严加防范。平时品行表现良好的士兵,当发生品行紊乱的适应性障碍时,可能会发生偷盗行为,也可表现为说谎话及各种违反纪律的事件。品行障碍的症状多在某种可以确认的军事生活事件之后发生,并且随军事生活事件的消除逐渐恢复正常。此外,还有一种工作能力和学习能力抑郁性适应不良。这种障碍的特点是,患者以往工作能力和学习能力一直很好,但是,在应激性事件发生之后,出现工作效率明显下降,军事训练和学习成绩下降。在这种适应性障碍期间常伴有抑郁与焦虑。

4)军事训练中的心理问题。这些心理问题主要表现:①训练兴趣不浓。训练积极性不高,对训练的强制性逆反,对训练的翻覆反感,对训练机械重复厌烦。②训练情感弱,理智感也不强。训练中不负责任,不实事求是,甚至弄虚作假,献身精神不强,心智技能和动作技能不能有机结合。③缺乏坚韧耐心的意志。不能自觉理解训练目标,也没有达到训练目的的决心和毅力,在训练中怕苦怕累,意志脆弱,遇到困难时缺乏坚强的毅力,不能有意识地和困难作坚决的斗争,灰心丧气,打“退堂鼓”,缺乏耐力和战胜困难的决心。④认知狭隘,思维狭窄。表现在观察能力、组织能力、表达能力、示范能力和创造能力受限,有的官兵由于理论知识贫乏、辩证思维能力弱,容易固执己见。⑤训练中情绪不稳定。军事训练反复多,内容单调,因此官兵容易对训练忽冷忽热,反复练就厌烦,遇到困难就急躁。⑥训练考核心理消极。面子思想严重,虚荣心强,甚至弄虚作假,不能正确对待考核、检查、评比、表扬和批评,遇到考核容易急躁、怯场,取得成绩就骄傲,狂妄自大,自以为了不起,受了批评就苦恼、失望、垂头丧气、心灰意懒,甚至出现过激心理、悲观心理、迁怒于人等。

(3)个体不良心理的咨询与疏导。要根据官兵军事生活心理特点和活动规律,要针对问题、针对官兵个体心理特性,进行个体心理咨询与疏导,消除心理问题,使训练更加科学化,提高训练的质量和效果。以针对官兵个体心理特性进行心理咨询与疏导为例,要分别官兵个体在气质、性格、能力上的差异进行心理咨询与疏导。

1)分别对不同气质官兵进行针对性咨询与疏导。①气质上倾向于胆汁质的官兵,在军事生活中一般表现为不怕苦、不怕累,练兵热情高,敢想敢干,大胆泼辣,接受能力强,接受快;但由于情绪急躁,缺乏忍耐性,急于求成,不善于细致分析,满足于一般化,因而训练成绩往往不够理想。对于这类官兵主要应该帮助他们提高情绪的自我调节能力,积极引导他们克服虚荣心,并注意讲清道理,防止“顶牛”,防止矛盾激化。②气质类型倾向于多血质的官兵,在军事训练中可能表现为对训练环境适应快，军事技能强，训练成绩一般进步较快；但由于容易骄傲自满、兴趣转移，而成绩波动性大，常出现时好时坏的现象。对这类官兵应特别严格要求，表扬批评都要适当，并多给予活动的机会和任务，使他们从中受到更多的教育，养成扎实专一、持之以恒的精神。③气质类型倾向于黏液质的官兵，在军事训练中常表现为思想稳定，学习自觉，刻苦认真；由于这类官兵忍耐性强，虽然适应环境慢些，开始训练时会遇到一些困难，成绩不很理想，但他们掌握动作技能踏实、巩固，后来的成绩一般都能稳步上升。对他们在训练中遇到的困难应多给予帮助和鼓励，以增强其信心和勇气，并注意着重培养其敏捷性。④气质类型倾向于抑郁质的官兵，在军事训练中常常表现为胆子小、缩手缩脚、模仿能力差，稍有意外情况，就易过度紧张，因此训练成绩可能较差。对于这类官兵，切忌在公开场合过分地批评指责，因为他们自卑感强，信心不足，敏感脆弱，心理易受挫折；要更多地关怀体贴他们，循循善诱，耐心引导，并尽量通过鼓励、表扬、暗示等办法，使他们看到自己的优点和能力，以增强其上进的勇气和决心。

2)对于不同性格官兵要有不同的要求和教育方式。①对于自卑感较强和经常抑郁忧闷的官兵，不要过多地去指责，而应多暗示、多表扬，以鼓励他们振作精神，增强信心，看到光明前程。②对于清高自负和自尊心过强的官兵，既不能老夸奖表扬他们，也不能过分批评他们，而应当使其看到自己训练中的缺点和不足，明确努力的方向。③对于轻浮草率的官兵，要严格要求，不能姑息迁就。④还要注意矫正性格缺陷。性格缺陷者对人表现出粗鲁、暴躁、古怪、孤僻；对事表现出自私自利，心胸狭窄，时时处处打自己的小算盘，考虑个人的得失；对己表现出过度自尊，爱慕虚荣，容不得半点别人对自己的不尊重等。性格缺陷容易诱发多种身心疾病，导致军事生活适应不良，尤其难以处理好人际关系，影响个人学习工作训练绩效、生活质量和前途。性格缺陷的有效纠治方法是接受心理健康教育，心理服务工作者要引导官兵及早发现并了解其可能产生的危害，及早接受心理咨询，进行心理训练。当然，性格缺陷的矫正是一个长期的过程，需要心理专业人员跟踪指导，更重要的是个人坚定信心，持之以恒。

3)正视官兵能力差异进行心理咨询与疏导。每个人能力都有差异，要根据每个人的特点，扬长避短，因势利导，积极训练，都是可以取得明显进步的。对于能力表现较低的官兵，更要循循善诱，耐心引导。

4)消除心理结构中的不良成分。重要的方法就是引导官兵建立合理而又现实的需要结构，通过帮助官兵分析需要结构的合理不合理、现实不现实的区别，竭力避免产生畸形需要结构，坚决反对以不正当的手段满足自己的需要。同时，要通过强化官兵法律意识，使其养成遵纪守法的好习惯。要通过严格依法办事，既不侵犯官兵的合法权利，又对违法乱纪行为给予坚决打击和制止，决不手软，姑息迁就；要通过法律威慑力，使不良心理品质得到有效遏制和矫正。

5)积极应对心理变化。心理的变化总会或多或少地在活动中露出或留下痕迹，要加强心理分析。在对象上，应将法纪观念淡薄、作风纪律散漫的，婚恋受挫、家庭发生变故的，个人或家庭遇有涉法问题未得到及时解决的，以及自控能力较弱的官兵作为重点；在时机上，应将任务转换、重大政策制度出台、官兵面临进退去留，如新兵入伍、老兵退伍、士兵考学、士官选取等，容易诱发心理问题的时机作为重点。

(4)官兵早期心理障碍的识别与排除。心理障碍的早期表现症状轻，不典型，往往不易被发现，以至因耽误而致病。

1)官兵早期心理障碍的识别。①观察生活习惯、生活规律变化情况。如以前很讲究个人卫生、注意清洁的人,突然间变得不知更换衣褥,不愿理发洗澡,甚至满面污垢,物品随手乱放,工作拖拉,纪律松懈,或原来生活节约的人变得挥霍无度。②观察脾气性格改变。脾气改变是许多心理障碍早期症状之一。如原先热情合群的人变得沉默寡言,孤僻不合群,待亲友冷淡,甚至避而不见,或原来很有礼貌的人变得出言不逊,对人无礼。③情绪发生变化。早期的情绪变化表现为有的人终日洋洋自得,喜欢与人争执,自我评价过高,常做出一些不符合实际的事情来;有的人情绪低落、悲观失望,甚至出现自杀行为;有的病人情绪反应迟钝,对周围的事物漠不关心,与人疏远;有的人则表现为焦虑不安、心烦意乱、紧张,似感将有大祸临头;还有的人则经常照镜子,喃喃自语,自鸣得意。

2)官兵早期心理障碍的排除。

a. 帮助基层官兵学会自我排除。心理障碍的形成,外因是条件,内因是根据。心理障碍的排除离不开主体自我意识的参与。帮助官兵排除心理障碍,重在教方法。一是使官兵认识到有了异常心理,要及时找人倾诉,不要闷在肚里。倾诉,可以及时释放有害情绪,用良性心理代替不良心理,这个过程就是心理障碍排除的过程。二是使基层官兵有意识地参与集体活动,主动调整心态。基层官兵心理障碍,实际上也是人脑对现实生活的片面反映。这种片面反映是由个体片面的生存状态所导致,要排除由此引发的心理障碍,就必须反其道而行之,让官兵融入集体生活中,使官兵获得对现实生活较为全面的、正确的认识,形成正常心理。三是引导官兵自觉地培养业余爱好,促进身心健康。官兵心理障碍与生活单调、兴趣缺乏不无关系。要建设先进军事文化,充分发挥其在基层建设中的优势,以利于基层官兵保持正常的心理。

b. 发挥组织功能进行外部排除。一是内部环境调节。生活空间对人的心理影响很大,排除官兵心理障碍首先就要改造基层生活环境。连队应经常组织丰富多彩的集体活动,使基层官兵心理经常保持在良性状态。二是外部环境调节。一个特定的、封闭的环境对正常心理的形成具有局限性。适当地扩大官兵的生存空间,有助于排除心理障碍。连队应有计划地组织官兵外出郊游、参观等,使官兵拓宽视野,打开思路,丰富心理反应的内容。三是直接心理调节。就是通过一定的手段直接改变个体心理,在基层,其主要形式就是开展群众性的谈心活动。由于谈心主体成分多元化,谈心内容综合化,谈心方法多样化,因此,群众性的谈心活动对改变官兵心理状态很有帮助,从而排除官兵的心理障碍。四是间接心理调节。基层应普及心理学知识,使官兵充分了解自己的心理,自觉地保护和调节自己的心理。五是改进基层管理、教育、训练方式。对基层管理、教育、训练方式的不适,是造成基层官兵心理障碍的最直接因素。以此为切入点排除基层官兵的心理障碍是最根本的排除方法。要努力钻研新时期科学带兵方法,更新教育内容,采取切实可行而又灵活多变的训练方式。只有这样,基层官兵的心理障碍才能得到控制,并减少到最低限度。

(5)帮助官兵提高挫折心理的自我排解能力。挫折,是当人从事有目的的活动时,由于遇到障碍和干扰或主观原因而造成的失利、失误或失败,也是人的动机和需要得不到满足时所处的一种心理状态。心理学研究表明,人在遭遇愿望落空之后,比如生活中遇到的不幸、失恋,该得到的荣誉和成绩没有得到,受到批评、指责或处分等,往往容易出现不良的情绪,如青年官兵在此种状态下易产生压抑、沮丧、忧郁、苦闷、烦恼等情绪反应。必须帮助青年官兵维护心理平衡、保持健康心理和调动自身积极性以排解受挫心理。

1)适度宣泄、缓解压力。心理学研究表明,当一个人受到挫折后,用意志力量压抑受挫情绪，努力掩饰内心的不平静。这种做法虽然可以减轻焦虑，但这些只能缓解表面的紧张，暂时稳定了思想，却按捺不住内在真实情绪的纷扰，这样做不仅不能解决问题，还可能陷入更深的心理困境，带来更大的身心危害。比如，愤怒时如强加抑制，就像一颗定时炸弹，时刻有毁灭自己或他人的危险；悲痛时如强加抑制，不能用适当方式宣泄出来，就会危害身心健康。如同闷热的夏天唯有一场大雨，才能使空气一新、晴空万里一样，困境中的心理重压也只有适度宣泄出来，才能赢得心理上的一片晴空。宣泄的实质是将心理烦恼和压力引起的能量，通过一定的途径向外界转移，以减轻内在压力。因此，当青年官兵遇到挫折感到"委屈"或孤独时，可给亲朋好友写信，也可以主动找领导或战友交谈，把自己心头的积怨倾吐出来，或者在无人处大声吼叫，以缓解内心的痛苦，有利于恢复心理平衡，帮助自己重新振作起来。

2)正确认识，坦然面对。挫折是客观存在的，无论科技如何发展，人的知识如何渊博，阅历和经验多么丰富，都不可避免地会遇到各种困难和挫折。因此青年官兵面对挫折要有充分的心理准备，一旦遇到挫折就要坦然面对，力争战胜挫折带给自己的种种困惑和痛苦，增强自己面对现实的勇气。要正确认识挫折的两重性。挫折会给人以打击，带来损失和痛苦，但也能使人奋起，从而成熟起来。挫折既有消极的一面，也有积极的一面。挫折的积极作用，就在于它可以激发人的进取心，促使人为改变境遇而奋斗；它能磨炼人的性格和意志，挖掘人的创造能力和智慧，使人对面临的问题能有更清醒、更深刻的认识，增长人的知识和才干。青年官兵遇到亲人病故，家庭遭灾等无法避免或无法克服的不幸时，要努力安慰和提醒自己正确认识，生老病死、自然灾害是人生中无法避免甚至是不可抗拒的，要不断地化生活中的悲痛为生存中的勇气，学会客观、公正、全面地分析挫折，勇敢承受挫折可能带给自己的打击和痛苦，力争作生活的强者。

3)设法转移、调整心态。当遇到挫折时，可设法转移自己的注意力，把心态调整到最佳状态。注意力转移即把注意力从消极情绪转换为积极情绪。当挫折出现时，可以主动暂时离开使心理困惑的场景，通过改变环境，以求得精神刺激的逐渐淡化，调整心态达到平衡。采取转移注意力的基本方法是寻找一个新颖的刺激，激活新的兴奋中心以抵消或冲淡原来的兴奋中心，使不良情绪逐渐消失。如听听音乐，看看书，参加文体活动和有兴趣的活动等，让自己的生活丰富多彩，富有情趣，充实自己的精神生活，避免使自己沉浸在因各种原因引起的不良情绪反应中。

4)总结反思、调整目标。人都有抱负和目标，尤其是年轻人更富于幻想。人的挫折总是与一定的目标相联系的。如果目标定得过高而不切实际，而自身能力缺乏或者客观条件不具备、不允许，就会影响个人达到期望的目的，从而产生挫折。对目标的期望越高，对挫折的体验就越深，反应就越强烈。这时，青年官兵应及时确立一个新的、更加切合实际的、通过自己的努力能够实现的理想目标。在生活中，很多青年官兵都会在奋斗过程中遇到因失败带给自己的挫折感。部分原因是因为目标定得太大、太远，不切合实际。当青年官兵受到挫折时，应以科学的方法为指导，采取积极的态度，反思和调整自己的行为，分析失败原因，总结经验教训，找出自身的不足和优点，扬长避短，重新确立符合自己实际的新目标。这样就一定能在"山重水复"的挫折和困难中，探索到通往"柳暗花明"的途径，从而获得成功。怨天尤人，急功近利，斤斤计较个人的得失，既得不到教训，也找不到正确的方向，甚至会从反面吸取"教训"，变得世故圆滑，从而失去青年官兵应有的锐意进取精神。

5)树立信心、不断进取。信心是一种巨大的精神力量。一个人对于自己所从事的事业，目的越明确，信心就越坚定，动力就越强。因此青年官兵在向目标奋斗的过程中要坚定自己必胜的信心，多一点自我激励，提升自己的斗志，排除困难、挫折带给自己的困扰；要有不达目的誓不罢休的狠劲儿，知难而进，勇于战胜各种困难和挑战；要在奋斗的过程中体验克服困难带给自己的喜悦，相信自己能行。只要在挫折中多鼓励自己，使自己永葆高昂的精神状态，持之以恒，努力进取，心力永远指向成功的目标，就一定能够实现自己的奋斗目标。

6)加强训练、提高耐力。遇到一点挫折就垂头丧气、悲观厌世，与容忍挫折的耐力高低有直接的关系。事实证明，青年官兵挫折感的强与弱，并非是由挫折或失败的大小所决定，根本的在于个人承受挫折的心理能力。而人承受挫折的能力并不是天生的，主要是通过实践磨炼逐步提高的。青年官兵要不断加强自己的心理训练，有意识地让自己去"经风雨，见世面"。平时要重视经历的一般性挫折和失败，合理地想象挫折和失败可能带来的危害情景，适当增加挫折的压力度，锻炼、提高自己的忍耐力。同时要告诫自己把一些挫折和失败看得轻一些，以免被压垮。在适当的时机还应该主动给自己制造一些障碍环境，让自己有受挫的体验，培养自己大无畏的精神，在反复的锻炼中提高自己面对挫折时的承受力和忍耐力。

7)开阔思路，肯定自我。要改变遇到一点挫折就垂头丧气、悲观厌世的心理状态，很重要的就是开阔思路，可以适当地变换思维的角度和方式看待问题。俗话说：天无绝人之路。当事者眼界不宽，适应性不强，往往对眼前的状态感到束手无策，认为没有缓和的余地，走到了绝路。殊不知，摆脱眼前状态的方法和可能性还有很多。从其他方面重新评价和审视所遭遇的挫折，也会有助于摆脱挫折的困境。例如，别人的嫉妒和谣言中伤会给青年军人带来痛苦，但另一方面，也可以帮助他们认识到人事关系的复杂性。通过总结经验教训，改进自己，帮助他人，使青年军人在调整和处理人际关系上学到许多的东西。心理专家提醒人们学会自我观察、自我分析、自我评价，从而达到欣赏自我、宽慰自我、接受自我的目的，是很有道理的。尺有所短，寸有所长。每个人都有自己的长处，也都有自己的短处。只要扬长避短，失意不失志，生活肯定会充满阳光的。

3.基层部队心理自助互助活动

自己和与自己的生活密切相关的人才能真正启动心理向健康进发的进程，才是消除心理问题、维护心理健康最可靠和有效的力量。在基层部队建立心理服务骨干队伍，广泛开展官兵个体和官兵之间的心理自助互助活动，这既是心理工作的有效手段，又是促进部队建设健康发展的重要方式和动力。

(1)要因地制宜开展心理自助互助。当前，一些基层部队因地制宜，根据驻地特点，摸索出很多颇具"山野情趣"的自助互助心理疏导活动，如感受面对面歌唱的豪放，从而释放孤独压抑的情绪，到小溪抓鱼摸虾，到山坡采蘑菇摘野果，以排解枯燥生活带来的心理问题。

(2)形成交心制度，互相说服劝导。一些基层单位在自愿基础上，3～4个人为一组，彼此之间经常交流、相互了解。相互诉说、相互倾听、相互开导，以甩掉心理包袱、减轻心理压力、越过心理障碍。这样的交心方式基于相互间平等、尊重、关爱而展开，避免了有些交心方式身份不对等的弊端，克服了交心顾虑，实现了不论职位高低、兵龄长短，平等交流，畅所欲言。这样的心理疏导方式既帮助官兵解决了思想和心理问题，更有助于官兵间建立良好的关系，促进基层建设。

(3)引导不良情绪进行合理宣泄。基层部队官兵的心理压力往往比较大，加上生活工作中的一些不如意或摩擦，难免会出现一些消极情绪。应该在基本理解的基础上实施有效心理引导，鼓励官兵合理宣泄。对于处于暴怒状态的官兵，可以让他们有选择地利用沙包来进行心理宣泄，而对于抑郁、压抑、苦闷的官兵，则可以选择利用宣泄板抒发自己的不良情绪。还可以鼓励官兵用倾诉、呐喊、运动甚至哭泣来宣泄自己的情绪，而不要一味压抑官兵的不良情绪。

(4)倡导以人为本，适时调节放松。基层部队在管理与各项工作中都要非常重视以人为本，针对驻训、演练等重大任务中官兵过度紧张的心理状态，适时开展心理引导，结合传统节日，如八一建军节、端午节、中秋节等有意识地设置一些活动，如会餐、晚会、拉歌等人人都能参与的活动，让官兵进行心理宣泄、放松。要及时了解并掌握官兵个人成长进步中的重要纪念日，如生日等，送上干部、上级、战友的关心、祝福，使官兵感受到战友深情。这些并不需要特别隆重，也无需特别的安排，只要让战士感受到真诚的情感，就能温暖人心。如在战士生日时，全体战友送上生日歌，干部端上一碗长寿面，就足以传达真诚祝福与美好祝愿。

(5)结合实际，组织心理行为训练。针对官兵某一时期出现的具有共性的心理问题，依靠心理服务骨干力量，组织心理行为训练，在饶有兴趣的训练活动中，解决官兵心理问题。例如新兵刚下连时，为帮助新兵快速适应连队生活、工作，可进行"信任背摔""激励他人"等心理行为训练，并及时引导教育，使新兵能较快适应军营生活，与老兵建立良好关系。

第三节　基层部队心理咨询与疏导建设

基层部队心理咨询与疏导是与部队其他各项工作紧密联系的专项工作，对部队全面建设具有重要作用，需要有计划地进行建设，为基层部队更好地开展心理咨询与疏导工作，为部队全面建设和官兵发展提供基本条件和保障。

一、加强心理咨询与疏导的信息化建设

基层部队心理咨询与疏导以门诊咨询、电话咨询、书信咨询等传统方式为主。但是鉴于当前部队心理咨询与疏导人力、物力资源和部队实际情况，传统模式难以发挥出更大的作用，具有一定的现实局限性。表现在：咨询对象的范围受到限制，咨询信息沟通速度较慢，咨询成本高。计算机及网络技术的发展，为基层部队心理咨询与疏导工作提供了新的方式和条件，增添了新的内容和形式，因此可以充分利用网络所具有的开放、便捷、高效等特点，建立基层官兵心理咨询网站，疏导广大官兵的心理问题。网络咨询形式快捷方便，不受空间和人员数量的限制，官兵可以消除顾虑、畅所欲言，便于心理咨询工作者准确了解和掌握官兵的心理情况，更加有效地开展心理咨询与疏导工作。充分发挥网络的优势和作用，积极开展网络心理咨询与疏导。

1. 基层部队网络心理咨询与疏导的优势

(1)扩大心理服务覆盖面。网络咨询打破了咨询者与来访者之间的时空束缚，扩展了咨询业务的容量。这种样式突破了传统心理咨询受时间、地点、人数限制的问题，在很大程度上克服了由于目前基层部队心理服务工作人员数量偏少，来访者数量较多所带来的矛盾，从而极大地拓展了心理咨询的时空。

(2)提高心理咨询与疏导的效果。网络心理咨询，可以在平等的氛围中进行心理咨询，官兵不容易产生逆反心理。在门诊咨询过程中，咨询师的言谈举止，语气语调，稍不注意就会使来访者产生逆反心理，从而影响心理咨询的进程。而在网络咨询中，来访者和咨询师在相互平

等的氛围中进行交谈并且探讨解决问题的办法，不容易产生阻抗。

(3)减轻求助者的心理压力。网络咨询允许匿名的特性，可以减少来访者的心理紧张和心理压力。网络的身份隐蔽性使心理咨询更容易被官兵接受。来访者只需要一个虚拟的网名就可以与咨询者进行心理咨询与疏导，没有人知道你的真实来历，也不必担心自己的秘密被他人知晓，从而减少了传统心理咨询中存在的心理压力，使咨询得以顺利进行。

(4)网络咨询便于来访者迅速、及时地获得信息资源。

2. 网络心理咨询与疏导的内容

网络心理咨询可以分为心理保健咨询和个人发展咨询，心理保健咨询针对那些觉得心理不够健康的人群，即凡是生活、工作、学习、训练、家庭、疾病、康复、婚姻、育儿等方面所出现的问题，求助者体验到的不适或痛苦，都属于心理咨询与疏导的工作范畴。

(1)各种情绪障碍，如焦虑恐惧、抑郁悲观，及因此引起的适应不良和失眠等心身症状。

(2)各种心态障碍，如严重自卑、身心疲累、人生厌倦、无安全感、自虐暴力和孤傲等。

(3)认知和行为障碍，如学习工作困难、虽经努力亦难于提高成绩，动作迟缓或多动、反复、思维意向不可控等烦恼。

(4)精神病人康复期的指导。各类心身疾病，如冠心病、哮喘、高血压病的辅助治疗。

(5)对家庭中的成员如夫妻、老人和小孩，应如何呵护、和睦相处和教育护理的咨询。

(6)长期慢性躯体疾病，久治不愈，对治疗不满意、丧失信心，因而需要心理指导者。

(7)不良生活方式与不良行为方式的调整，例如适应不良行为、睡眠障碍、成瘾性精神活动的调整、过度求医行为、各种饮食问题等。

(8)性心理障碍的心理治疗。

(9)心理治疗范围还包括各种强迫症、恐怖症、抑郁症、焦虑症及神经衰弱等各类神经症。

二、加强心理咨询与疏导的后勤保障

开展心理咨询与疏导服务不仅需要心理学知识，同时也需要医学的介入，还需要必要的保障。要使心理咨询与疏导工作深入开展，就必须改变过去单纯运用思想政治工作硬去解决心理问题的现象，使心理咨询与疏导的后勤保障成为部队后勤保障工作中不可缺少的重要内容。

1. 积极为官兵开展心理难题会诊

要以旅(团)卫生队为基地，建立综合性的官兵心理咨询服务门诊。服务门诊配置1～2名经过军区以上单位培训的心理医生或咨询师，配置心理咨询热线电话和相应的心理咨询与疏导设备。心理医生或咨询师对官兵咨询的各种心理问题给以热情诚恳解答，并指导其进行及时有效的心理疏导。机关有关部门可以在营区公共场所设立心理咨询电话亭供官兵使用，也可以在局域网设立网上“心理咨询吧”，存储相应的心理咨询信息，以便官兵自己查询。

2. 积极搞好心理预测防范工作

部分基层官兵由于不能适应部队紧张的工作、生活节奏，很容易引发心理或生理上的问题。而潜在的精神上的、心理上的问题又不易被发现，由此增大了干部骨干做经常性思想工作的难度。在这种情况下，就需要各级部门采取必要措施对官兵心理问题加以预测和防范。为此，旅团可以在上级业务机关指导下建立心理测评室，配备心理检测仪、人格测量表等设备，为每名官兵建立心理健康档案，为基层干部及时了解掌握官兵人格特征和心理倾向提供第一手资料。通过对前来接受心理咨询与疏导的人员进行有针对性的心理测试，为进一步进行心理咨询与心理疏导提供科学依据。有条件的单位还可以为官兵建立心理宣泄室，为官兵配置心理宣泄人、心理宣泄棒、心理宣泄墙等相关设备，以便基层开展心理疏导活动。

3.积极为官兵进行心理治疗服务

对存在较为严重心理疾病的官兵，可以请专业的心理医生，在使用一定的药物治疗的同时，辅助利用先进的治疗设备对官兵因训练强度大而产生的畏惧心理、因安全管理严而造成的郁闷心理、因成长进步难而形成的彷徨心理等进行心理疏导和干预治疗，帮助基层官兵减轻各种心理负担，促使他们以更加充沛的精力和旺盛的斗志投入到部队建设的各项实践之中。

第六章　基层部队心理诊断治疗工作

军人是一个特殊职业，德国著名军事家克劳塞维茨说："战争是充满危险的、劳累的、不确定性的和偶然性的领域。"无论在和平与战争年代，军人职业都需要心理素质过硬的人来从事。早在春秋时期，我国著名军事家孙子说："将者，智、信、仁、勇、严也。""智、信、仁、勇、严"代表了冷兵器时代一名指挥官必须具有的五种心理素质。在孙子眼中，指挥官的素质高低决定着战争的胜负，只有具备这五种心理素质的人才能胜任指挥官角色。

现代战争也不例外，指挥官心理素质的高低往往在平时影响部队作风，在战时影响战争的进程与结局。基层部队平时常说这样一句话："兵熊熊一个，将熊熊一窝。"指挥官的心理素质对其所管辖的部属产生直接影响。在现代信息化条件下的基层部队建设中，每名官兵的心理素质都会影响其日常学习、教育、训练、作战的效果，如果官兵产生了严重心理问题，甚至出现心理疾病或精神病，对基层部队建设影响很大。

当前，由于基层部队在信息化建设和军事斗争准备工作中面临的使命越来越多样化、任务越来越繁重，基层部队官兵承受的心理压力也越来越大，官兵产生心理问题、心理疾病的风险正在逐渐加大。因此，预防、诊断和治疗官兵的心理疾病成为基层部队管理的重要内容，基层部队主官、心理服务人员都需要具备一定的心理诊断治疗的相关知识，以便在需要时开展相关工作。

第一节　基层部队心理诊断工作

一、心理诊断概述

1. 心理诊断内涵

"心理诊断"一词最早是由瑞士精神病学家罗夏(H. Rorschach)于1921年率先提出来的。它是指运用专门的心理学方法和技术，对求助者或求治者的心理状态与行为特征等进行全面评估和鉴定，以确定求助者心理异常的性质和程度。根据心理诊断对象和任务的不同，心理诊断有广义和狭义之分。广义的心理诊断是指对心理和行为，特别是对人格进行评鉴的方法；狭义的心理诊断专指诊断心理异常、精神疾患的方法。前者针对的对象是对所有人的心理的评估，具有心理测试评估的作用；后者主要针对的是具有严重心理问题、心理疾病和精神病的人，通过心理诊断将其鉴别出来，以准确了解其心理疾病和精神病的类型和严重程度，以便进行进一步的确诊和治疗。

当前，心理诊断已被当做鉴别、评估有心理问题和心理疾病的人的重要手段和方式。

2. 心理诊断的重要意义

在基层部队心理服务工作中，实施心理诊断具有重要意义。

(1)心理诊断是开展心理咨询和心理治疗的重要依据，也是评估心理咨询和心理治疗效果的重要参考。心理咨询针对的对象是存在心理问题的官兵，而心理治疗主要针对的是存在心理疾病的官兵。无疑心理疾病要比心理问题严重得多，开展心理服务工作的方式也存在区别。因此，面对求助官兵，要确定是用心理咨询还是运用心理治疗，主要的前提和依据就是对求助者进行心理诊断。通过心理咨询和心理治疗工作，其效果如何，是否有必要继续进行更进一步的心理服务，心理诊断都具有重要参考价值。如果缺少相关的心理诊断，心理咨询和心理治疗的效果则难以得到科学评估。

(2)心理诊断是医学诊断的重要组成部分。在基层部队，当某人存在精神病症状时，是否对他(她)进行心理咨询与疏导，还是将他(她)送至专门机构进行心理治疗，甚至实施药物治疗，心理诊断在这一决策过程中扮演着十分重要的角色。因为，心理诊断可为精神病医学诊断提供有关人的心理与行为的定性和定量评估，在精神疾病临床诊断中具有特殊地位和价值。例如，借助明尼苏达多项人格调查问卷(MMPI)可鉴别某人有无精神疾病以及精神疾病的严重程度。

(3)心理诊断可以为心理服务工作提供相关参考决策信息。例如，利用神经心理学的诊断方法可以判定某人神经系统方面的功能障碍，有助于心理治疗者确定最佳的治疗方案。

(4)在心理服务工作中，心理诊断对于维护和促进基层官兵的心理健康是必不可少的内容。心理问题、心理疾病、精神病都是动态的，要及时了解掌握基层部队官兵心理健康状况，对部队安全管理、科学施训、预防和减少犯罪具有重要作用。要及时了解掌握基层部队官兵的心理健康状况，就必须正确运用心理诊断工具，将存在心理问题、心理疾病、精神病的人从健康官兵中鉴别出来，以便开展心理服务工作，并对少数存在心理疾病、甚至精神病的官兵实施紧急心理危机干预，进行快速治疗，从而为心理治疗人员顺利开展工作提供帮助。

3.心理诊断的特征

心理诊断与临床医学的疾病诊断有所不同，与之相比，心理诊断具有以下四个方面的特征：心理诊断结果的多维性、心理诊断结果的个体差异性、心理诊断结果的矛盾性和心理诊断标准的多重性。

(1)心理诊断结果的多维性。心理诊断的结果除正常与不正常的结论之外，还有分类与分型维度等方面之分。例如，使用艾森克人格问卷(EPQ)对求助者的个性进行诊断后，诊断结果有内向型、外向型、稳定型和不稳定型4种类型。外向型又可分为典型外向型和趋外向型、典型外向稳定型与趋外向稳定型、典型外向不稳定型与趋外向不稳定型等，类型繁多。而且，这些不同的人格类型诊断并没有明确的好与不好、正常与异常之分，它们只是对求助者人格特征的客观描述而已，不具有价值判断的意义。

(2)心理诊断结果的个体差异性。身体疾病诊断结果一般具有同质性，患者是什么病就是什么病，临床表现和病因一般是比较明确的，同种疾病的身体症状表现基本相同。而心理诊断的结果对同一种心理异常而言，不同的人可能有不同的表现及心理原因。例如，对于人际交往问题，有的人是因为个性孤僻造成的，有的人则是由于好胜心太强而产生的，还有的人则可能是社交恐怖或环境恐惧症造成的。所以，心理诊断结果是不能一概而论的，需要针对具体人进行具体分析、具体对象具体对待。

(3)心理诊断结果的矛盾性。身体疾病诊断的结果一般具有绝对性、单极性和统一性，正常就是正常，不正常就是不正常。但在心理诊断中，仅做出单一的诊断结论是远远不够的，难以准确说明求助官兵心理健康状况和心理特征，还需要结合心理诊断的其他方法所获得的结果对求助官兵进行综合评估。例如，当使用韦克斯勒成人智力量表测查官兵智商时，对某人的智商进行评价时需要这样来说明：总体智商为88(中等偏上)，而操作智商却为80(中等偏下)，言语智商则为96(正常)。而不宜对求助者的智力作出简单的正常与不正常的结论。因为人的心理是最为复杂的物质现象，对它的描述和说明需要进一步细化。

(4)心理诊断标准的多重性。身体疾病诊断的标准是唯一的，一般是以临床表现、理化检验数据、人体组织结构状况为依据而制定的。而心理诊断则有多重标准：

1)求助者的主观体验标准。求助者有抑郁、焦虑、强迫等情绪或行为体验，主动向心理咨询师求助，便可视为有心理问题。

2)心理测验标准。心理测验数据具有平等性和客观性，可作为心理诊断的客观依据。

3)社会标准。求助者的心理与行为不符合社会规范、道德准则和价值观念的理念与行为即被视为异常。由于受到时间、地域、民族、宗教、文化传统和价值观念等多种因素的制约，在心理诊断中，对求助者某些心理行为现象又需要做具体分析，不能按某一特定标准做出简单诊断结论。

二、基层部队实施心理诊断的主要方法

在基层部队开展心理诊断的常用方法包括观察法、会谈法、个案法和心理测试法。

1.心理诊断的观察法

观察法是心理诊断常用的方法之一。观察法是一种有目的、有计划地观察求助者心理、行为表现以做出评估和判断的方法。观察法是获得心理诊断信息的重要手段与途径。观察的方式可分随机和明确的观察、长期与定期的观察、一般和重点的观察、自然和实验观察等形式。心理服务人员在使用观察法时，可采取直接或间接根据文字材料或知情人提供的信息进行。

观察的主要内容包括求助官兵的仪表(穿着、举止、表情)、身体状况(肥瘦、高矮、活力等)、人际沟通情况(大方或尴尬、主动或被动、可否接触)、言语和动作(表达能力、流畅性、简捷、动作情况)、交往表现(兴趣、爱好、对人对己态度)、在困难情境中的应付方式等相关内容。观察时观察者要有一定的社会阅历，能够从求助者文化背景和社会风俗习惯中观察他们的外在行为，并理解其意义；观察者还要有一定的心理学专业知识和心理咨询与疏导经验；此外，心理诊断者还要具有能与不同人进行良好沟通交往的能力，以便顺利取得有用资料。

2.心理诊断的会谈法

会谈法是指心理服务工作者在接见求助官兵时所进行的有目的、有计划的会谈，是双方采用言语或非言语方式进行的人际沟通。心理诊断者通过会谈过程深入了解求助官兵当前存在的心理问题、心理疾病。

会谈前需要提前预约。会谈时，心理诊断者要认真倾听求助官兵的谈话，并不时要用坚定口吻进行信息反馈，以表示心理诊断者在认真倾听，对求助官兵存在的心理问题很重视、很关注。会谈时切忌目光游离、接打手机、抽烟等不适当行为。真诚的态度是取得会谈成功的前提，只有心理诊断者的态度真诚，才能引发求助官兵发自肺腑的倾诉，才能获得真实的、第一手的心理诊断资料。对是否当着求助者的面进行记录，心理诊断者应灵活处置。当需要采用录音、录像时，事先要征求求助官兵的同意后才能实施，并对涉及求助官兵的会谈记录、音像资料要进行妥善保管，不得向无关人员透露。当其中一些资料需要公开发表时，也要充分征求当事人意见，取得同意后方可进行，并隐去求助者真实姓名等带有个人标志性的信息。心理诊断者

会谈时可采用开放式提问，让求助官兵自由回答。也可以根据需要采用封闭式提问，在使用封闭式提问过程中要预先设计好问题，并在会谈中建立和谐的人际关系，营造关心、尊重、亲切的心理氛围，并不断鼓励求助官兵回答心理诊断者的问题，切忌对求助官兵的提问进行否定与训斥。在诊断中，心理诊断者要始终保持价值中立的态度和行为。

3.心理诊断的个案法

心理诊断的个案法也称为调查法，是指广泛收集与心理疾病患者有关的个案资料，通过系统的综合分析，查清其心理疾病的表现及其产生的原因和机制，从而对心理疾病作出判断的方法。

个案法需要调查了解的内容主要有以下方面。

(1)一般资料。它具体包括求助官兵的姓名、性别、年龄、文化程度、经济状况、婚姻情况等。

(2)求诊原因。就是促使求助者主动就诊或送诊的主要原因，如情绪、个性原因等。

(3)求助者现状。求助者目前心理问题、心理疾病的主要表现、特征、性质、程度等。

(4)求助者的人格特征。它主要包括求助者的兴趣爱好、脾气性格、行为习惯、个性倾向、认知风格等。

(5)既往史和社会生活背景。求助者出生前后至就诊时为止的各种有关资料，例如，家庭生活资料(幼年期的生活、现实家庭结构、主要家庭成员关系、家庭成员的健康状况、家庭成员是否存在遗传病史等情况)、成长经历、社交生活、职业状况和婚姻生活等资料。心理诊断者仔细认真掌握这些情况后，需进行进一步分析，并提出简要的诊断意见。

4.心理诊断的心理测试法

心理测试法是心理诊断最重要、最常用的科学检查方法，它对于迅速了解求助官兵的心理健康状况是很有帮助的。这种方法主要利用科学、合适的心理量表或问卷对求助官兵进行心理测试评估的方法。由于心理测试法采用的是标准化、数量化的方法，因此，它能够对求助官兵的心理活动作出相对客观、科学的评价。正确选择合适的心理测试量表和问卷是最为关键的。一般而言，在基层部队进行心理诊断时，心理诊断者通过与求助官兵交谈、观察，根据其生活背景等相关情况，对其存在的心理问题、心理疾病的类型、产生原因和机制有了概括了解，此时，心理诊断者可运用心理诊断的其他方法获得一定认识后，方可选用合适的心理测试量表和问卷。在选择心理测试量表、问卷时应注意两个问题。

一是所选心理测试量表、问卷具有较高信度和效度，并有相关文献资料作为证明。

二是心理诊断者要根据求助官兵的实际情况选用合适测试工具，而不能采用地毯式心理测试。

三、基层部队实施心理诊断的基本步骤

基层部队开展心理诊断时一般可按以下步骤进行。

1.详细收集资料

详细收集资料这是心理诊断过程的初始环节，也是做出正确诊断的前提条件。对这一过程总的要求是全面获取求助官兵的相关资料信息，越详细越具体越好。

2.初步分析诊断

心理诊断者把所获取的有关求助官兵的资料进行整理，运用心理学的相关理论与方法做

出初步的诊断结论。当心理诊断者发现资料不全、难以形成心理诊断结论时，需要再一次进一步收集相关资料，然后再做出初诊结论。

3.反复进行确诊

心理诊断者对求助官兵的正确心理诊断，往往不是通过一次收集资料、一次初诊就能完成的，而需要其通过随后的心理治疗实践对初诊结论予以佐证，不断修正原先心理诊断的判断与结论，以便使心理诊断更加真实可靠。为了保证这一过程科学有效，基层部队的心理诊断者应按照“从初诊到治疗，再从治疗到复诊，反复进行确诊”的思路开展心理诊断工作。

四、影响心理诊断的因素

影响心理诊断的因素主要包括心理诊断者的影响因素和求助者的影响因素。

1.心理诊断者的影响因素

心理诊断者本身的因素对科学实施心理诊断具有重要影响作用。这种影响作用主要表现在以下几个方面。

(1)第一印象。在心理诊断中，如心理诊断者先获得求助官兵的一些资料，其中包括病史及最初与求助官兵的接触和过分随意的交谈所形成的第一印象都可能给心理诊断者以暗示，心理诊断者可能会产生不全面或者错误的判断，带着错误的倾向来收集资料，就会对后面的诊断产生误导作用。在一般情况下，心理诊断者对求助官兵的第一印象可能最终影响诊断决策。当更符合客观实际的新资料出现并与第一印象冲突时，心理诊断者必须尊重资料的客观性、科学性，而不要固守自己的第一印象。

(2)心理定势。心理定势是心理诊断者作出诊断时可参照已有知识经验作出快速诊断的一种心理倾向。它可以使心理诊断者从事诊断活动时能够相当熟练，甚至达到自动化程度，这样可以节约时间与精力。但同时心理定势的存在也会束缚心理诊断者的思维，使心理诊断者只用常规方法解决心理诊断问题，而不求其他创新性突破，这会给心理诊断带来一些消极影响。心理定势还会使心理诊断者的诊断思路沿固有模式进行，或按原来思路收集资料并作出诊断，特别是在接待别的心理治疗者转诊过来的求助者时，容易受到前一心理诊断者的诊断或书面报告的消极影响。

(3)询问不够深入。当求助官兵心理诊断报告有某些症状发生时，心理诊断者只注意求助官兵心理诊断报告的表层意思，没有对其原因进行深入询问，故对诊断产生误导。所以，心理诊断者进行诊断询问时，一定要注意对心理疾病患者展开深入讨论，特别对于那些容易混淆的心理疾病与心理问题的关键问题，一定要谨慎检查，防止只获得表面信息而造成误诊。

2.求助者的影响因素

(1)求助者受心理诊断者的期望效应。在心理诊断中，心理诊断者期望效应是指通过非言语的暗示，对求助者产生暗示影响，一般有姿势暗示和面部暗示。心理诊断者与求助者之间的非言语交流传递了心理诊断者所希望获取的信息。某些求助者为了取悦心理诊断者，报告了一些符合心理诊断者期望的信息，从而使诊断资料产生理解偏差，影响了诊断的客观性与科学性。特别对于那些受暗示性高的求助者，如癔症患者特别容易受心理诊断者的影响，癔症患者可能会根据心理诊断者的用词，将幻想说成是妄想，将某些表象说成是幻觉，将自身观念说成是妄想等，从而导致误诊。

(2)求助者的不配合。某些求助者并非是出于自愿来配合进行心理治疗的，当面对心理诊断者的询问时，他们可能会产生不配合行为，甚至对于心理诊断者所询问的一切问题都回答“没有”“不存在”“感觉很好”“没有任何问题”等简单模糊的回答。有些求助者到心理治疗室求助只是为了证明自己没有问题，而并非真正有意寻求帮助，同时因为害怕被诊断出存在某种心理问题或心理疾病，所以对自己存在的某些心理问题、心理疾病进行有意无意地隐瞒，这就容易使心理诊断者对其进行诊断时产生错误判断。

(3)求助者的夸大描述。某些求助官兵存在强烈的求医心理，急于要心理治疗者为其消除心理困扰或障碍，对于心理诊断者关于症状的询问，只要有一点症状符合自己情况便给予肯定回答，但没有报告症状的严重程度、持续时间等重要信息。另外一类情况是，某些求助官兵言语夸张，对本来症状很轻的问题使用非常严重的字眼加以描述，使心理诊断者获得错误信息，导致误诊。

五、对心理诊断收集资料的分析

对收集到的信息资料进行分析是心理诊断过程中的重要环节。信息的获得可能来源于很多方面，例如之前提过的，信息资料的来源一般可以从会谈、行为观察以及各种心理测试评估来获得。而如何对这些不同来源的资料进行分析和利用，就需要心理诊断者对其进行有机整合和分析。有时会遇到这样的情况，当心理诊断者问求助者：“当你在单位表现不好时，你的感受是怎么样?”求助者可能会笑着回答：“没什么啊，只是我没有努力，工作表现并不代表一切……”但是细心的心理诊断者此时观察到，求助者在交谈时双手不自然地搓了搓，并且眼神显得有些游离。心理测试结果显示，该求助者焦虑得分处于一般程度，那么心理诊断者应该对求助者作出什么诊断呢？是根据求助者的外在表现和量表的结果诊断并无焦虑问题，还是根据心理诊断者对其行为的观察作出另外一种诊断呢？这就需要心理诊断者充分利用其他可利用的信息资料，对所有获得的信息进行综合分析，才能作出正确诊断。所以，分析资料在整个心理诊断过程中是一个举足轻重的环节，必须予以高度重视。

第二节　基层部队心理诊断的实施过程

基层部队开展心理诊断一般需要进行初诊、复诊、会诊和转诊等过程。

一、心理诊断中的初诊

1. 初诊的内涵

心理诊断中的初诊一般都是安排在心理咨询或心理治疗的初始阶段，主要是指心理诊断者运用心理诊断的各种技术，在与求助者第一次接触后对其心理问题或心理疾病所形成的初步判断。这种判断有时是心理诊断者对求助者心理问题与心理疾病性质的判断，有时是心理诊断者对求助者心理问题与心理疾病类型的判断，有时则是心理诊断者对求助者心理问题的大概印象。当对求助者进行初诊时，心理诊断者一定要采取谨慎态度，切勿随意或匆忙下结论，而应反复推敲、反复斟酌。初诊结果对之后所采用的心理咨询和心理治疗技术、方法、效果具有直接影响。

2. 初诊的基本步骤

心理诊断者与求助者的初次会谈一般包括以下 4 个步骤：①心理诊断者介绍心理咨询、心理治疗的有关情况。②心理诊断者要与求助者建立良好的人际关系。③收集心理诊断者作出诊断所需要的资料。④心理诊断者通过倾听、提问、分析对求助者的情况作出初步诊断。

在诊断中，心理诊断者要注意第四个步骤是建立在心理诊断者对求助者有一定了解和有比较充足信息支持的基础上进行的。如果在初次会谈之后，心理诊断者对求助者的了解没有完成，还没有获得相对充分的资料，这个阶段就不能称为初诊。心理诊断者对求助者的初诊可以推迟进行，直至对求助者的问题有了大致了解。对初诊的理解也不能单纯从初次与求助者的接触时间长短来衡量，因为时间也只是初诊的参考指标之一。

3. 实施初诊时应注意的问题

初诊是心理诊断者对求助者的问题所形成的一个初步诊断，是对其心理问题、心理疾病的一个初步判断。实施初诊时要注意以下三个方面的问题。

(1)心理诊断者易迅速对求助者的心理问题、心理疾病做出判断。在基层部队中，实施初诊的人员很容易出现这类问题。由于心理咨询或心理治疗的需要，心理诊断者必须在掌握一定的信息资料后，迅速对求助者存在的心理问题、心理疾病进行分析判断。但初诊缺乏深层次的论证和探讨，心理诊断者往往由于时间紧，难以对求助者存在的心理问题、心理疾病作出全面、客观、科学的评价，心理诊断者容易在初诊中形成过早、过急、过于草率的判断，因而容易产生误判、漏判、误诊、漏诊。这是由于初诊本身的特点所造成的，这对今后进一步的复诊产生消极影响。

(2)初诊易在信息不充分和不全面的情况下进行。初诊通常是以 50 min 为一单元，由心理诊断者与求助者进行会谈的。这期间，心理诊断者要完成求助者资料的收集、整理，并作出分析和判断。因此，要在有限的时间内深入了解求助者的信息资料是很困难的，所以，初诊也就只能是以有限的时间最大限度地掌握求助者的有关信息，并根据这些资料作出初步诊断。

(3)第一印象的影响。在短时间的初次接触中，首因效应的影响是比较大的。心理诊断者对求助者作出初步诊断，一般就是在整个咨询或治疗的初始阶段。这个时候，心理诊断者对求助者的接触还很短暂，受到第一印象的影响比较大。因此，对求助者所形成的第一印象会影响心理治疗者对求助者的心理与行为特征的解释。心理诊断者与求助者接触时间短暂，要心理诊断者在短时间内及时、准确、快速地作出判断有一定困难。

二、心理诊断中的复诊

1. 复诊的内涵

心理诊断的复诊是在初诊基础上，为进一步确认或修正初诊结论而进行的进一步诊断。复诊的目的是检验或者修正初诊结论。复诊过程使心理诊断更客观、更准确、更科学。

2. 复诊的基本步骤

一般来说，心理诊断的复诊包括以下 4 个步骤。

(1)复诊中心理诊断者必须要审阅初诊记录；

(2)心理诊断者对初诊进行再推敲；

(3)分析相关证据；

(4)再次进行诊断。

在初诊和复诊之间要有一定的时间间隔。在这期间，心理诊断者可能从不同渠道获得更多关于求助者的相关信息资料，复诊过程能使心理治疗者重新审视初诊结论，反复思考心理诊断过程，并分析新的信息资料与初诊之间的逻辑关系，对新旧信息进行整合推断，对之前认为无关的一些信息资料进行再分析，看是否能够提供新的诊断思路，确保诊断的可靠性与科学性。

3.初诊与复诊的区别

心理诊断的初诊和复诊存在区别，这主要表现在以下三个方面。

(1)程度不同。复诊是在初诊基础上的进一步深化，因此，复诊阶段一般比初诊阶段拥有更翔实的诊断资料。复诊阶段需要心理诊断者进行更深入的信息加工，对信息资料有更全面的分析。而初诊经常在信息不充分的情况下进行，信息资料不全面，诊断结论需要进一步检验。

(2)要求不同。复诊是对初诊过程的回溯，要求心理诊断者必须作出准确而严密的诊断。这个过程要对初诊阶段所收集的信息资料进行重新考察，在这个阶段特别强调逻辑推论，要求对初诊阶段的逻辑推理进行再思考，对所有资料进行严密的分析与推论。而初诊一般要求心理诊断者迅速对求助者的问题作出一般性判断，它对逻辑推论的要求一般不高。

(3)非重复性。复诊是对初诊的一个更严密的验证，是在初诊的基础上所作出的进一步诊断，而不是对初诊的简单重复。

三、心理诊断中的会诊

1.会诊的内涵

心理诊断的会诊主要是在心理诊断过程中，心理诊断者自己通过反复思考仍然不能对求助者做出明确诊断时，需要更多同行专业人员进行集中讨论，共同作出诊断结论的方式，这个过程就称为心理诊断的会诊。

2.实施会诊时应注意的问题

(1)会诊是一种严谨的、负责任的态度的体现。当心理诊断者由于知识、技术方面的局限，或者因为求助者的心理问题、心理疾病超出心理诊断者的能力范围，或因其心理问题、心理疾病的复杂性不能进行确诊时，应邀请其他心理服务同行专家进行讨论，对求助者心理问题、心理疾病作出确切诊断。这是一种对求助者高度负责的具体表现，也体现了心理诊断者对于心理咨询、心理治疗的严谨态度。每一位心理诊断者都有自己擅长或不擅长的方面，求助者也一定要消除“你是心理诊断者，你就一定要能对所有人提供帮助”的不正确心态，当接待的心理诊断者提出对心理问题、心理疾病进行会诊时，求助者要积极配合。对没有把握的问题进行会诊是体现一名心理诊断者专业素质的重要方面，而不是无能的具体表现。如果明知自己能力有限、对所接待的个案的问题没有确切把握，为了掩饰自己的缺陷仍旧依据片面理解对问题作出诊断，这样可能会导致严重后果，这是对求助者极不负责的具体表现。

(2)会诊是心理诊断者提升自我能力的过程。一个心理诊断者在思考问题的时候难免会受到一些思维定势或个人因素的影响。当接触自己不是很擅长的心理问题、心理疾病时，邀请其他心理服务同行专家进行会诊，在会诊过程中听取来自专家的独到见解，这将有助于拓展心理诊断者的工作思路和视野，有助于不断提高心理诊断者对心理问题、心理疾病的诊断能力。

四、心理诊断的转诊

1. 转诊的内涵

心理诊断的转诊主要是指心理诊断者把不适合进行心理咨询与心理治疗的求助者转介给其他适合单位，或将不适合自己的心理服务的求助者介绍给其他心理服务者的过程。

2. 实施转诊的条件

在基层部队，基层主官与心理服务人员有时也会碰到转诊问题。当某些求助者存在的心理问题、心理疾病不是心理诊断者擅长的领域和问题、主观上感到难以把握时，心理诊断者此时必须承认自己心理治疗上的局限性，应及时联系转诊给其他更适合的心理服务机构或人员。此外，基层部队开展心理诊断时还应注意：不是所有的求助官兵都适宜进行心理治疗，有些求助官兵的个人本身因素影响心理咨询、心理治疗效果，使之难以取得积极效果。心理诊断者必须清楚地认识到，心理诊断者并非能对所有前来求助的官兵实施有效帮助。基层部队心理服务人员认为“自己一定能帮助所有人”的想法是非常有害的，尺有所短，寸有所长，每名心理服务人员也都不是万能的，他们都有自己比较擅长的技能，也都不可避免地存在短处。当对求助者的心理问题、心理疾病无从着手、无能为力时，一定要及时进行转诊，以防耽误对求助者心理问题、心理疾病的及时处置。

基层心理服务人员也是人，也会犯这样那样的失误，自身也有不可克服的问题。如果基层部队心理服务人员发现自己对某一求助者的治疗是不适宜的，最好的办法是把该求助者介绍给其他心理服务人员。有些心理服务人员可能对充满敌意、没有礼貌的求助者存在偏见、感到棘手或感到难以接受(如同性恋)时，在这种情况下，若勉强继续开展心理服务工作，其效果将难以保证。当心理诊断者确诊某求助者存在精神病时，应及时进行转诊，将其转到专业医院进行进一步的诊断和治疗，这也是转诊要做的重要工作。

第三节　基层部队官兵常见心理疾病

一、基层部队官兵心理疾病概述

1. 心理疾病

心理疾病不同于一般的心理问题，它难以通过心理咨询与疏导的方式加以解决，必须通过寻求心理服务专业人员、机构进行心理治疗和药物治疗。心理疾病主要包括神经症、人格障碍、性变态、精神病、心身疾病、心身障碍、行为偏离、大脑疾病引起的心理异常等。

与其他职业相比较，军人职业更容易产生各种心理疾病。军人心理疾病可以分为军人平时心理疾病和军人战时心理疾病两大类。军人平时心理疾病主要是指军人在平时的教育、训练、管理、生活和完成多样化军事任务中所产生的心理疾病。它主要包括各种神经症、人格障碍、精神病等。战时心理疾病是指在战争期间紧张、艰苦条件下，由于各种心理压力而导致的心理异常表现、神经症和精神病的总称。它主要表现为战壕休克、战争神经症、战时精神病、战斗精神病症、战斗衰竭、过度疲劳综合症等。战时心理疾病发生的原因是多方面的，作战规模、强度、进程、持续时间、战场环境、武器装备、军心士气、官兵关系、心理素质、作战样式、心理救护、核生化攻击等都是引发战时心理疾病的重要因素。

2.心理疾病与心理问题

心理疾病与心理问题是有一定区别的。当前,对心理问题主要有三种理解:①心理问题是指心理学中的问题,如心身关系、心理与实践、心理学的理论与应用等均属心理问题。②心理问题是指心理学中研究的问题或心理学工作者研究的问题,例如,心理学研究什么问题属心理问题。③心理问题是指人们心理上出现的问题,例如,情绪消沉、心情不好、焦虑、恐惧等消极不良心理,都属心理问题。在概念使用中,第三种对心理问题的理解属于主流。

从心理问题和心理疾病的排列序列中,它们都属于心理状态的不同序列:心理健康状态、心理问题、心理障碍或心理疾病。心理问题是一种轻微的心理失调,它使当事人在主观上感到不适与痛苦。心理问题具情景性、偶发性,无病理变化等特点。当事人存在心理问题时,一般还能正常生活、学习、工作、训练与人际交往。在严重程度上,心理疾病要比心理问题严重得多。它是因为个人及外界因素而造成的心理状态的停滞、延迟、退缩或偏离。它具有心理活动的不协调性、过度针对性、损害严重性和顽固性。心理问题需要进行心理咨询与疏导,心理疾病则需要进行心理诊断治疗,甚至同时需要药物配合治疗。

3.军人心理疾病

从实际情况看,基层部队官兵的心理疾病发生率在逐年增高。据美军事心理学家阿雷尔统计:80%~90%的参战官兵有明显的恐惧表现,其中,25%的人表现为呕吐,10%~20%的人表现为大小便失禁。第二次世界大战中,美军战场心理疾病减员比第一次世界大战高3~4倍。越战期间,许多越战老兵产生了被称为“创伤后应激障碍”(PTSD)的战场心理疾病。在参加“沙漠风暴”行动的70万美军中,约有16万人自称患有海湾战争综合症的战时心理疾病。2008年,美国兰德公司调查采访了1 900余名美国陆海空三军士兵。调查报告显示。在阿富汗和伊拉克战争中,美军共有超过150万名官兵先后在前线作战,其中,18.5%的官兵(约30万人)产生了战场心理疾病。在第三次或第四次被派往战场时,有心理健康问题的官兵比例大幅提高,远超过初上战场的官兵。这说明,战场心理问题是普遍存在的。

心理疾病造成的后果是严重的。美军33%的回国官兵需要心理医生的帮助。严重的战场心理疾病还易造成高自杀率。2003年,美军自杀率为十万分之18.8,2004年为十万分之10.5,2005年是十万分之19.9,远高于美国内平均自杀率(十万分之8.9)。更为严重的是,战场心理疾病已成为动摇美军军心、打击美军士气、造成美军非战斗减员的重要因素之一。2004年,美驻伊部队的心理健康调查显示:17%的官兵出现创伤后后应激障碍,52%的士兵士气低落,75%的士兵因得不到心理医生和牧师的帮助而滥用抗抑郁药物。心理疾病在我军基层官兵中也存在。军内学者在一次日常性的一般演习中的心理健康调查结果显示:有46.5%的官兵有过度疲劳感,37.2%的官兵情绪产生波动,21.3%的官兵注意力难以集中,9.6%的官兵存在过度紧张情绪。有128人次的官兵接受了心理治疗,心理治疗的治愈率达到95%。

二、基层部队官兵心理疾病的主要类型及特点

1.神经症

神经症又名神经官能症。它是一组由于精神因素造成的非器质性的心理障碍,是基层部队临床上最常见的心理疾病,以18岁到30岁的青年官兵患者最多。神经症一般没有任何可以查明的器质性病变,但又确实有心理异常表现,甚至可以表现得非常严重。不过病人对自己的病态有充分的自知力并能主动救医,而且生活自理能力、社会适应能力和工作能力基本没有

缺损。一般认为是由于各种心理因素引起高级神经活动的过度紧张，致使大脑机能活动暂时失调而造成的。神经症患者有一些共同的表现：焦虑情绪、防御性行为、人际关系不协调、躯体不适感等。但病程不足3个月不能诊断为神经症。神经症具有精神和躯体两方面症状，是可逆的和可以治愈的，因心理压力大时加重，反之症状则减轻或消失。神经症是一种常见的心理疾病，患病率较高。据世界卫生组织（简称WHO）的调查资料推算：人口中的5‰～8‰有神经症或人格障碍，它是重性精神病发病率的5倍。西方国家的患病率为10‰～20‰，我国的患病率为13‰～22‰。神经症也是心理服务门诊中最常见的心理疾病之一。

军人中最常见的神经症主要是神经衰弱、强迫症、恐怖症、疑病症和抑郁症。

(1)神经衰弱。“神经衰弱”一词最先是由美国医生比尔德（Beard）于1868年提出的。神经衰弱是一类以精神容易兴奋和脑力容易疲乏，常有情绪烦恼和心理症状的神经症性障碍。临床的主要表现是头痛、头晕、入睡困难、失眠、多梦、精力不足、脑力迟钝、困倦疲乏、注意力不集中、记忆力减退、健忘、做事丢三落四、易激动、自制力差等。在进行神经衰弱诊断时，可依据神经衰弱症状的四个主要特征：

1)感情控制能力降低。神经衰弱者易激动、易怒、烦躁不安，一点小事就会引起强烈的情绪反应。

2)睡眠障碍。神经衰弱者入睡困难、睡眠浅表、多梦、易惊醒或早醒等。

3)精神活动功能下降。神经衰弱者注意力涣散、记忆力减退、学习工作效率降低。

4)植物神经功能失调。神经衰弱者心悸、胸闷、多汗、食欲不振、易疲劳。

神经衰弱是不会转变成精神分裂症的。心理学研究表明，神经衰弱和精神分裂症是性质完全不同的两类疾病。两者不仅在临床表现上有根本区别，而且其病因、治疗方法、药物应用、转归和预后等都不相同，在长期临床研究和观察中，没有发现神经衰弱发展或转变成精神分裂症。这种心理疾病在青壮年期发病较多，脑力工作者尤为常见，两者占心理服务门诊就诊神经症患者的半数以上。

(2)强迫症。强迫症是以强迫症状为特征的神经官能症。所谓强迫症状是指在患者主观上感到有某种不可抗拒的和被迫无奈的观念、情绪、意向或行为的存在。患者清楚地认识到，强行进入的、自己并不愿意的思想、纠缠不清的观念或行为都是毫无意义的，明知没有必要，但不能自我控制和克服，因而感到痛苦。强迫症常发生在青年期。强迫症的心理异常表现为强迫观念、强迫意向和强迫行为。

有强迫症状的患者一般能认识到强迫症状来源于自身，干扰了自己的日常生活、学习和工作，为之感到苦恼，试图加以排除或对抗，或迫切要求实施治疗，一般诊断并不困难。但对于慢性强迫症，患者在试图摆脱强迫症状失败之后，形成了适应于其病态心理的行为方式，对其强迫症状不再感到苦恼，转而坚持保留其病态行为，不再要求治疗。需要与之鉴别诊断的心理疾病包括精神分裂症、抑郁症、恐怖症和脑器质性疾病，因为这些心理和身体疾病的某些症状与强迫症很相似，进行心理诊断时容易产生混淆，因此需要进行鉴别诊断，以便准确区分强迫症患者。

(3)恐怖症。恐怖症是指患者对某些事物或特殊情境所产生的十分强烈的恐惧感。这种恐惧感与引起恐惧的刺激或情境通常极不相称，让人难以理解。患者明知自己的害怕不切实际，但不能自我控制。恐怖症患者一般女性多于男性，多发生于青少年或成年早期。常见的恐怖症有以下几种：社交恐怖、旷野恐怖、动物恐怖、疾病恐怖等。

(4)疑病症。疑病症是指患者在没有任何证据的情况下确信自己有病,而处于对疾病或失调的持续的、强烈的恐惧中。患者表现得极为焦虑,当医生检查证明他们没有病时,他们常常会断定医生的诊断是错误的,又去找其他医生进行确认,直到与他们原先判断一致时为止。疑病症状常常是患者不自觉地希望从家庭或周围寻求对自己的注意、关心和同情,同时也作为满足某些欲望的手段,在疑病症的背后,实质是患者内心潜在的一种不安全感、心理矛盾、心理冲突和心理困扰。

(5)抑郁症。抑郁症是一种常见的心理疾病,主要表现为情绪低落,兴趣减低,悲观,思维迟缓,缺乏主动性,自责自罪,饮食、睡眠差,担心自己患有各种疾病,感到全身多处不适,严重者可出现自杀的念头和行为。抑郁症可以分为内源性抑郁症、隐匿性抑郁症、青少年抑郁症、继发性抑郁症等多种类型。

2.人格障碍

人格是一个非常复杂的心理学概念,美国著名心理学家奥尔波特(G. Allport)列举出了有关人格的50种不同定义。当前,比较权威的人格定义是,人格是个体在行为上的内部倾向,他表现为个体适应环境时在能力、气质、性格、需要、动机、价值观和体质等方面的整合,是具有动力一致性和连续性的自我,是个体在社会化过程中形成的给人以特色的身心组织,是人在心理方面相互区别的一种高度概括,它具有稳定性、独特性、整体性和社会性。人格是人与人相互区别的主要方面,是人心理结构的重要组成部分,也是人心理健康的重要内容。人格障碍是人格缺陷或人格发展的内在不平衡、不协调,表现为人格特征偏离正常状态。它是介于正常和精神病之间的边缘状态。人格障碍可分为三种类型:第一类以行为怪癖、奇异为特点,包括偏执型、分裂型、分裂样型人格障碍;第二类以情感强烈、不稳定为特点,包括戏剧化型、自爱型、反社会型、边缘型人格障碍;第三类以紧张、退缩为特点,包括回避型、依赖型、强迫型、被动攻击型人格障碍。

基层部队官兵中常见的人格障碍类型有以下三种类型。

(1)偏执型人格障碍。这种类型的人格障碍主要特点:极度的感觉过敏,思想、行为固执死板,坚持毫无根据的怀疑。对别人特别嫉妒,而又非常羡慕。对自己过分关心,且又无端夸张自己的重要性。把由于自己的错误或不慎产生的后果往往归咎于他人,但从来不信任别人,认为别人存心不良。具有这种人格障碍的人在家不能和睦相处,在外不能与朋友、战友、同事和平共处,人际生态极为恶化。

(2)表演型人格障碍。表演型人格障碍又称癔症型人格障碍。这种人具有浓厚而强烈的情绪反应。其行为特点是喜欢自吹自擂、装腔作势。总想引起他人的注意和关心,爱虚荣,有兴奋的事情发生,常把自己的感觉和情感加以夸张的表现,从而加深他人对自己的印象。善变、要求他人的多,内心真情少。总以自我为中心,依赖性强,缺乏主见。

(3)回避型人格障碍。这种人格障碍的人心理自卑,行为退缩。面对挑战常常采取逃避态度或难以应对。想与他人交往,但又怕被人拒绝、嫌弃。想得到别人的关心与体贴,又害羞不敢亲近。但他们并不安于或欣赏自己的孤独,不与人来往并非出于自己的心愿。他们的心理处于极其矛盾的状态之中。

(4)分裂样型人格障碍。有这种人格障碍的人具有以下特点:情感淡漠、疏远,缺乏亲密信任的人际关系,没有知心朋友。孤僻,好沉思幻想,喜欢单独活动。行为怪异,不喜修边幅。对别人的赞美与批评无动于衷。

3.性变态

性变态是指性冲动障碍和性对象歪曲的心理障碍。即患者寻求性欲满足的对象与性行为的方式与常人不同,违反社会习俗而获得性满足的行为。性变态大致分为以下类型:同性恋、性对象障碍(恋物癖、异装癖等)、性动作障碍(窥淫癖)、以古怪条件引起性活动(施虐狂、受虐狂)等。

4.精神病

精神病是指人脑机能活动失调、丧失自知力,不能应付正常生活,不能和现实保持恰当接触的严重的心理疾病。它主要有以下三方面的特征:

(1)患者认知机能受损严重,产生幻觉、妄想。

(2)社会功能丧失,不能正常处理人际关系,不能正常参与社会活动,无法学习、训练和工作。

(3)缺乏自知力,不承认自己有精神病。军人中常见的精神病的种类主要有精神分裂症、情感性精神病、反应性精神病和器质性精神病。

精神分裂症。精神分裂症是一种常见的精神病,其发病率在精神病中居首位。发病年龄多为青壮年。该病心理异常的主要表现是精神活动"分裂",即患者行为与现实分离,思维过程与情感分离,行为、情感、思维具有非现实性,难以理解,不能协调。常表现为联想散漫、思维破裂、情感淡漠、言行怪异,出现幻觉、妄想等。精神分裂症患者一般智能完好,但对自己的疾病缺乏自知力。

情感性精神病。情感性精神病是以情感障碍为主要症状的一种精神病,又称躁狂-抑郁性精神病。它主要表现为情感的高涨或低沉,有时两种状态交替进行。在青年官兵中,某些强烈惊吓、尖锐批评、失恋、复转等过度刺激都是致病诱因。患有情感性精神病的患者,性情极端失常,有强烈的激动、兴奋或忧伤、抑郁的情绪反应。

反应性精神病。反应性精神病是一种心因性精神病,由急剧或持久的精神刺激所引起。该病临床症状与精神因素密切相关,并伴有相应的情感反应,容易被人所理解。青年官兵中由于意外事件的突然降临而导致反应性精神病。该病一般病程较短,治疗方式以心理治疗配合其他治疗为主。一旦患者能正确对待精神因素或精神刺激消除后,症状即可消失,且预后良好。对于那些具有明显的创伤性体验的患者可采取适当的调整环境,异地休养等方法配合治疗。

器质性精神病。器质性精神病是指脑部有明显病理性改变,以及继发于躯体疾病或中毒感染等脑功能紊乱所致的精神病性精神障碍。对于基层部队官兵而言,这种精神病一般产生于意外事故中的脑损伤、训练中的大脑损害、作战中的脑震荡、脑中毒等事件。器质性精神病易产生意识模糊综合征、痴呆综合征和遗忘综合征。

5.心身疾病

心身疾病是指主要或完全由心理因素引起的躯体疾病。它与情绪有关,主要表现为躯体症状,而且伴随着病理形态学变化的躯体疾病,也称为心理生理疾病。心身疾病不同于一般的躯体疾病,前者由心理因素引起;后者由生理因素引起。心身疾病与神经症也不同,前者躯体症状清晰,且存在器质性病变;后者躯体症状模糊,不伴有器质性病变。心身疾病主要包括偏头痛、支气管哮喘、高血压、消化性溃疡、荨麻疹等。

三、基层部队官兵战时心理疾病的主要类型及特点

战争与军人心理健康密切相关。我军作战史料显示：在抗美援朝的后期作战中，我军官兵战场心理疾病发生率占战伤总数的25%。在1979年的对越自卫反击战中，官兵心理疾病发生率为20.7%。在信息化战争中，由于作战样式发生转变，作战强度极大增强，各种精确的信息化武器的使用无疑极大增强作战人员的恐惧心理，加之高强度心理战的攻击，作战人员产生战场心理疾病的概率更是大大增加。美军事心理学家认为：在未来常规战争中，身体战伤造成的减员与心理疾病造成的减员之比是3∶1。在未来核生化战争中，身体战伤减员与心理疾病战伤减员之比达到2∶1。如果作战持续30 d，战场心理疾病造成的减员将超过身体战伤造成的减员。当高强度作战持续60 d后，大部分官兵将可能丧失正常心理反应能力，成为战场心理疾病的受害者，作战能力大大下降。

根据外军作战中出现的不良反应和典型症状，依据战场心理疾病严重程度，可将其划分为四种类型。

1.一般性战场心理问题

这是最轻微、最常见的战场不良心理反应。其主要表现是：作战中情绪不稳定，易冲动、哭泣、心情烦躁或牢骚满腹，出现睡眠障碍（有噩梦或入睡困难），对外界刺激反应过度敏感，肌肉紧张、发抖、战栗、出汗、恶心、尿急尿频，呼吸急促、困难，心慌胸闷。2008年，美军方按照规定的“心理健康问题风险标准”统计进行的例行调查发现，伊拉克战争中19.1%的美军官兵产生过心理健康问题，11.3%的驻阿富汗美军存在心理健康问题，8.5%的在其他地区服役的美军也不同程度存在心理健康问题。这些心理问题是作战人员初上战场心理不适应的一种具体表现，对作战人员信息化武器装备的操作行为易产生较大干扰。但经过一段时间适应，该类心理问题可逐步自行缓解。

2.战场严重心理问题

随着战斗不断持续，特别是在战局不明朗、不顺利时，作战人员易产生严重心理问题，主要表现是目光呆滞、沉默不语、表情淡漠、容易出现幻觉或错觉、思维动作迟缓、情绪抑郁、焦虑紧张、恐惧、易怒、言语出现障碍、攻击性强，对前途感到过分悲观，有即将死亡或负伤的预感，容易伤人或自伤，有的甚至产生逃跑和自杀念头。在海湾战争中期，美军官兵中出现大量患有“海湾战争综合症”的士兵，并因此而造成一定数量的减员。该类心理问题一般难以自我康复，须借助战场心理救助才能缓解与康复。

3.战争神经症

战争神经症是战场心理疾病的主要类型。它包括战争癔症、焦虑症、恐惧症、神经衰弱、创伤后心理应激障碍等，有统计资料显示，战争神经症占战时精神疾病的50%以上。我军某医院精神科对战时精神疾病住院病例的统计显示，战时神经症约占战时精神疾病的60%。外军实战中的统计资料也与此相类似。例如，美军战争神经症的发病人数在50%以上。在战争神经症中，癔症较为常见。在苏联卫国战争中，癔症约占战时精神疾病的45.2%，神经衰弱约占29.5%，反应性神经症约占23.4%。产生战争神经症的作战人员一般会失去作战能力，须及时后送实施心理治疗，且短时间难以康复，如救治得当，患者一般能被治愈。创伤后应激障碍（PTSD）是战场神经症中最常见的一种类型，它在美军作战人员中发病率较高。美国防部对从伊拉克、阿富汗和其他地区回国的士兵进行的心理健康检查表明，2万余名回国美军官兵被

确诊患有创伤后应激障碍，约占回国人员的 10%。诱发该病的直接原因是强烈的战场刺激，如残忍血腥的战争场面、战友的伤亡等。它不会立即发作，具有一定的潜伏期(一般为数周至 6 个月)，其临床表现是反复重现创伤体验，反复重现创伤性梦境或噩梦，自我封闭，生活快感消失，伴有严重的焦虑与抑郁情绪。创伤后应激障碍不仅对作战人员的战斗行为产生严重影响，对撤离战场后的官兵心理与行为影响也很大。美军调查统计显示：刚撤离战场时，仅有 3%～5%的官兵被诊断为存在严重心理创伤，3～4 个月后，有 30%的官兵存在严重心理创伤，但仅有 30%的患者能完全康复。

4. 战时精神病

战时精神病包括战场精神分裂症、颅脑损伤性精神病、反应性精神病和抑郁症，它是战场心理疾病最为严重的表现形式。据美军第二次世界大战统计资料显示，战时精神病约占精神病院收治病例的 7%，其中，精神分裂症最常见，约占战时精神病的 80%，其次是战时抑郁症，其次为颅脑损伤性精神病，最后为器质性中毒、颅脑外伤等引起的精神病。反应性精神病约占 1.9%。发现战时精神病后须迅速后送，患者须入院接受心理与药物的综合治疗，但难以治愈。战时精神病患者一般会丧失战斗力，严重时需退出现役。因此，该病对部队战斗力的负面影响很大。

第四节　基层部队心理治疗的理论与方法

基层部队在教育、训练、管理、执行各种任务过程中容易遇到官兵产生各类心理疾病的特殊情况。为了不影响部队的正常工作、生活秩序，基层部队主官、心理服务工作人员与心理服务骨干应了解常见心理疾病诊断、治疗的相关理论，以便实施科学有效的处置。本节主要介绍基层官兵常见心理疾病治疗的相关基本理论。

一、精神分析心理治疗基本理论与方法

1. 精神分析心理治疗的基本情况

精神分析心理治疗基本理论是西方现代心理治疗理论中的一个主要流派，它产生于 19 世纪末到 20 世纪 20 年代，精神分析理论逐渐扩展到社会科学的各个领域，并形成一个势力强大的学派，被称为精神分析学派。精神分析心理治疗理论与方法的创始人是西格蒙德·弗洛伊德(S. Freucl)。精神分析心理治疗理论创立之后，弗洛伊德的学生们与后来者又进一步发展了他的理论，形成了新的理论体系，例如，荣格(C. Jung)创立了集体无意识理论，阿德勒(A. Adler)创立了个体心理学，霍妮(K. Horney)、沙利文(H. Sulivan)、弗洛姆(E. Fromm)分别提出自己的理论，形成了精神分析心理治疗理论体系。

2. 精神分析心理治疗的基本理论

(1)潜意识理论。精神分析学派将人的心理活动划分为潜意识、前意识和意识三个部分。潜意识指被压抑的欲望、本能冲动以及替代物(梦)。它按照快乐原则追求满足，其中“性欲”是潜意识中能量最强的组成部分。前意识指意识中可以招回的部分，潜意识很难进入意识领域，而前意识则可以进入意识，它介于意识与潜意识之间，担负着一定的稽查任务，注意防守，把住关口，不允许潜意识的欲望和本能进入意识领域。但是，当前意识丧失警惕时，潜意识的欲望和本能也会通过伪装而迂回进入意识。意识指心理的表面部分，是同外界接触直接感受到的

一纵即逝的心理现象，弗洛伊德把意识比作和“大房间”(潜意识)相毗邻的“小接待室”，它由压抑的潜意识欲望所决定，并遵循“现实原则”。

(2)人格理论。弗洛伊德将人格分为本我、自我和超我三部分。(具体内容参见第五章)

(3)性欲论。弗洛伊德是一个泛性论者，他把人的一切问题都归为性的问题，他将性称为力比多。力比多是一种人类与生俱来的性冲动，它常驱使着人去满足它。不仅成人有性的冲动，儿童也有性的冲动。弗洛伊德按照人与客体的关系，把性的发育划分为五个阶段：一是躯体阶段，从出生到3岁左右；二是自恋阶段，大约从3岁到6岁；三是同性恋阶段，大约从6岁到青春期；四是异性恋阶段，主要是青春期阶段；五是成熟阶段，主要是指青春期以后。

(4)梦论。弗洛伊德认为，梦并不是偶然形成的联想，而是被压抑的欲望以一种想象性、伪装的方式被满足。因此，心理治疗者要了解求助者心理问题的症结所在，必须对他的梦进行解析，简称释梦，以揭示梦的隐匿意义。通过对求助者的梦进行分析解释，心理疏导者就像通过一个瞭望窗口深入到求助者心灵深处，通过释梦不仅可以了解求助者为什么会产生心理问题，而且它本身还是一种心理治疗方法。

(5)心理疾病的产生原因。精神分析理论认为，本我、自我和超我三者保持平衡，就会实现人格的正常发展，人的心理就会处于健康状态。如果三者处于不平衡状态，人会面临心理冲突，就会产生焦虑情绪，如果进一步恶化就会演变成心理疾病。

3.精神分析心理治疗的基本方法

精神分析常用的心理治疗方法主要有三种。

(1)自由联想法。这是精神分析心理治疗最关键、最重要的方法。其做法是让求助者舒适地躺在安乐椅上，心理治疗者则坐在躺椅之后，边听边做记录，并对求助者所说的一切不做任何情绪表示，也不予以评价。鼓励求助者把脑子里想到的任何念头都毫无保留地向心理疏导者讲述出来，而不管这些想法多么微不足道、多么荒诞不经或多么杂乱无章。因为弗洛伊德认为，借助自由联想过程可以了解求助者的无意识世界，从而了解求助者心理问题产生的根源。在自由联想中，心理治疗者偶尔给出一些解释，但大多数时候对求助者的联想过程不予干预，让求助者通过毫无阻碍的自由联想，将压抑已久的不良情绪充分发泄出来，重新获得心理平衡。

(2)解释法。解释法指在自由联想中，遇到求助者自由联想受挫或出现沉默时，心理治疗者不时给出一定的说明、分析，以启发、帮助求助者向自我心灵更深处自由联想。这种方法适当应用可以推进心理治疗向前推进。

(3)梦的解析法。弗洛伊德认为梦境有两个层面：①显性梦境，它是求助者醒后意识中所记的梦，是意义直白的梦境，没有解释的余地；②潜性梦境，这是一种不为求助者所了解的梦境，必须通过心理疏导者的专业分析才能得到解释。通过梦境的分析，将求助者难以意识的潜性梦境暴露出来，从而使潜意识的欲望变成意识领域的事物，由难以控制的变成可以控制的，进而使心理问题获得解决。

4.心理治疗中的阻抗问题

精神分析是实施心理治疗时运用频率比较高的心理治疗理论与方法。在实际运用中，最需要注意的问题是对患者阻抗的分析与解除，只有解除患者对心理治疗者的阻抗心理，心理治疗活动才能产生效果。

(1)阻抗的内涵。阻抗最早由弗洛伊德提出。他认为，阻抗是患者在自由联想过程中，对于那些使人产生焦虑的记忆与认识的压抑与否认。在心理治疗中，阻抗是不可避免的，因为，心理疾病多因无意识的心理冲突、心理创伤引起，要让患者重新意识、体验它们，无疑会在心理上重新经历一次焦虑和痛苦，自然会产生自我防御——阻抗。所谓阻抗是患者对于心理疏导过程中自我暴露与自我变化的抵抗，它可表现为求助者对于某种焦虑情绪的回避，或对某种痛苦经历的否认。

(2)阻抗的表现形式。阻抗的表现形式是多种多样的。

1)讲话程度上的阻抗。讲话程度上的表现有三种：沉默、寡言和赘语。其中，尤以沉默最为突出。沉默表现为患者拒绝回答心理治疗者提出的问题，或长时间停顿。寡语也是患者对心理治疗阻抗的一种表现。它通常以短语、简语及口头禅（如哦、啊）等形式加以表现，寡语常见于那些被迫来进行心理治疗或对心理治疗有偏见的患者。赘语表现为患者在心理治疗中滔滔不绝地讲话。它多是无意识的，患者在积极回答心理治疗者提问的表象后面可能隐藏了某种潜在动机，如回避某些核心问题、转移心理治疗者的注意等。例如，害怕训练的战士前来进行心理治疗，可能大谈训练的艰苦、紧张，避而不谈自己在训练时的表现和对训练的消极影响，其中可能隐藏着自己不喜欢参加军事训练的真实动机。

2)讲话内容上的阻抗。在心理治疗中，患者经常通过对会谈内容的某种直接、间接控制，来表现他对心理治疗的阻抗。常见的表现形式有理论交谈、情绪发泄、谈论小事和假提问题等。理论交谈是指患者竭力用心理学或医学术语与治疗者交谈，表面上，它似乎增进了两者语言和思想上的交流，但实际上是患者对心理治疗者企图加以控制的欲望。情绪发泄是指患者对某些心理治疗强烈的情绪反应，如大哭大闹、流泪不止或不自然的大笑，它是患者意在避开使他感到焦虑和精神痛苦的回忆。谈论小事是指患者对心理治疗会谈中无关紧要的小事谈论不休，目的在于回避谈论核心问题，并转移心理治疗者的注意力。假提问题是指患者通过向心理治疗者提出表面适宜但实际上毫无意义的问题来回避谈论某一议题或加深某一印象。

3)讲话方式上的阻抗。讲话方式上的阻抗常见的有心理外归因、健忘、顺从、控制话题和最终暴露等。心理外归因是指患者将其存在某种心理问题产生的原因完全归结于外界作用的结果，而回避从自身的角度加以正确认识。健忘时指患者在谈论感到焦虑和精神痛苦的议题时所表现出来的健忘现象。它是患者对于某钟痛苦经历长期压抑的结果，具有很大的任意性。有关研究结果显示，二战中，纳粹集中营的幸存者往往不愿意提起在集中营的往事，即便谈论，也常对一些细节表现出无意识的遗忘。顺从是指患者对心理治疗者讲的每一句话都表示绝对赞同和服从，使后者无法深入了解其内心世界。因此，它同样使心理治疗者感到无所适从。控制话题是指患者在会谈中一味要求心理治疗者讲自己感兴趣的话题，而回避自己不愿谈论的话题。这样做也是为了减轻其因谈论不愿谈论的问题而产生的焦虑。

4)对心理治疗者关系上的阻抗。对心理治疗者关系上的阻抗最为突出的表现是患者有不认真履行心理治疗者的安排、诱惑心理治疗者以及请客送礼等。不认真履行心理治疗的安排包括不按时赴约，借故迟到、早退，不认真完成心理治疗者安排的作业等。其中，迟到是反映阻抗最为可靠的指标，由于迟到，患者往往要解释迟到的原因、要道歉，同时他还要观察心理治疗者对这件事情的态度和反应，这样十多分钟就过去了，造成了不必要的时间浪费。有的患者中途取消预约，有的在预定时间不来进行心理治疗且事先不通知心理治疗者，这通常是极为严重的阻抗。不赴约的动机包括患者对心理治疗的恐惧和怨恨。如果在心理治疗中期，患者减少求助次数，往往表明患者此时已经处于困境之中，或对心理治疗产生失望情绪。诱惑心理治疗者是指患者通过引起心理治疗者注意其言行、装扮等来影响心理治疗进程，并加强自己在心理治疗中的地位。

(3)应对心理治疗中阻抗的策略。

1)协调帮求关系，解除戒备心理。阻抗出现在心理治疗中，原因之一就是未能形成真诚、信赖的帮求关系，患者对心理治疗者没有产生充分的信任，或对心理治疗缺乏信心。因此，在心理治疗中，特别是心理治疗之初，要向患者讲清心理治疗的工作原则，重点强调保密原则，以消除患者的顾虑。营造温暖、真诚、和谐、关怀的心理治疗氛围，使患者能真诚谈论自己的问题。

2)正确判断，准确分析。这样做有助于减少阻抗，增强患者对心理治疗者工作能力的信任。在初次会谈中，患者所谈的可能仅仅是表层问题，心理治疗者若能利用自己的经验及早把握其深层次问题，将有助于心理治疗的顺利进行。有时心理治疗者要利用所学心理学知识透过现象看本质，及时抓住患者心理特质，以便针对其个性心理特征进行有效的心理治疗。例如，有些患者攻击性强、脾气暴躁或心理防御很强、心理退缩，患者这些心理特征不但表现在平时的人际关系中，而且，也会反映在心理治疗的会谈中。此时心理治疗者应凭借专业知识和技巧，对患者的人格特质进行明确的认识与分析，并采取有效措施加以疏导和治疗。

3)以诚恳帮助对方的态度对待阻抗。心理治疗者一旦确认患者对心理治疗存在阻抗，可以把这种信息及时反馈给求助者，但一定要从帮助求助者的角度出发，并以诚恳的、与对方共同探讨问题的态度向对方提出。心理治疗者可以这样提问："我发现这两次活动你都没有参加，而且，你说根本不想参加。而当我们讨论应该参加什么活动时，你都表示愿意参加，这是怎么回事？你对这个问题是怎么想的？"心理治疗者进行信息反馈时要注意：①告诉求助者可能存在的阻抗问题；②积极争取得到对方对阻抗问题的一致认同；③深入了解阻抗产生的原因，以解释阻抗。这样有助于减轻求助者的紧张、焦虑情绪，使之以合作的态度共同探讨阻抗问题。切忌以气愤、责备的口吻抱怨求助者。例如，"你总是回避这个问题，这背后一定还有更大的问题？快说出来！"

二、行为主义心理治疗基本理论与方法

1. 行为主义基本情况简介

行为主义既是西方心理学的一个理论或流派，又是西方心理学的一种方法论。作为一种理论或流派，它指的是美国著名心理学家华生所创立的一种心理治疗理论。行为主义产生于20世纪初的美国，代表人物主要有华生(J. Watson)和斯金纳(B. Skinner)。巴甫洛夫(Pavlov)的经典条件反射实验和华生等人的儿童强迫性恐惧症实验为行为主义心理治疗奠定了最初的实验基础。1954年，金斯纳首先提出了"行为治疗"概念。南非精神病学家沃尔普(J. Wolpe)提出了系统脱敏疗法，使行为疗法得到了进一步的发展。20世纪60年代，生物反馈治疗法开始使用，行为疗法超越精神分析疗法逐渐占据主导地位。

2. 行为主义心理治疗的基本理论

华生曾经做过一个模拟恐怖实验。他在原来很喜欢动物的幼儿伸手去玩可爱的小白鼠时，在幼儿的背后击锣发出巨响，幼儿就表现出恐惧、哭闹、不安。他在实验中进一步发现，儿童的这种不良行为还发生了泛化，只要一接近白色的有毛动物都会变得恐惧。据此华生认为，人类习得的任何东西包括心理疾病，都可以通过学习而形成，也可以通过学习而设法消除。

斯纳金是当代用学习与行为理论来解释行为异常的心理学家。他认为，心理异常只不过是一种特殊的学习获得性行为。因此，对于心理疾病的诊断，无非是对特定的行为反应的分类。人的一切行动，除了直接由生理因素决定的行为外，都是通过学习和训练而获得的，不良行为完全可以通过学习和训练予以消除。

3. 行为主义心理治疗的方法

行为主义心理治疗方法主要包括系统脱敏疗法、冲击疗法、厌恶疗法和生物反馈疗法。

(1)系统脱敏疗法。系统脱敏疗法也称交互抑制法或缓慢暴露法，是由南非精神病学家沃尔甫于20世纪40年代末创立的。它主要运用交互抑制原理，在系统程序下，从轻而重地逐渐消除在某一特定情景下产生的超出一般焦虑或恐怖状态的心理与行为。该法主要用于治疗恐怖症，除此之外，也适用于其他以焦虑为主导症状的行为障碍，如口吃、性功能障碍、强迫症等。

系统脱敏疗法包括三个程序。

1)放松训练。让患者坐在舒适的椅子上，深呼吸后闭眼，并想象令人轻松的情境，如躺在海边听轻松的音乐等，而后让患者依次练习放松身体的其他部位。

2)建立焦虑(或恐怖)等级表。首先要根据患者病史及会谈资料找出所有使患者感到焦虑(或恐怖)的事件。将这些事件进行相互比较，根据致病作用的大小分成若干等级。通常可将刺激因素按其可引发患者主观焦虑程度，分为五等或采用百分制(0～100)，而后将这些不同的刺激因素按其等级依次排列成表，即为焦虑(恐怖)等级表。

3)实施系统脱敏。首先让患者在放松的情况下进行脱敏学习，而后按照设计的焦虑(或恐怖)等级表由小到大、由轻至重依次逐级脱敏。

(2)冲击疗法。冲击疗法又称满灌疗法，它主要是用来治疗恐惧症的，在基层部队可用来治疗对动物、训练器械、武器装备、核生化威胁的恐惧心理与行为。其治疗的基本原则与系统脱敏法相反，不再是让患者按轻重程度逐渐面对所惧怕的情况，而是一开始就将患者置于能引起其极大恐惧的刺激情境中，加深患者焦虑恐惧程度，意图物极必反，从而达到消除恐怖情绪的目的。冲击疗法可分为现实冲击疗法和想象冲击疗法。前者是让患者到现实的情境中体验强烈的恐惧情绪，后者是患者依据心理治疗者口头指导，想象可怕情境，体验恐惧情绪。

冲击疗法的心理治疗程序可分为四步。

1)向患者详细介绍有关情况，签署治疗协议。

2)进行身体及精神检查。对患者进行严格、详细的体检和精神科检查，确保求助者没有严重的心血管疾病、中枢神经系统疾病、严重的呼吸系统疾病、内分泌疾病(如甲状腺功能亢进)和各种精神病性障碍。

3)进行治疗场地及其他条件的准备。

4)实施冲击。

(3)厌恶疗法。厌恶疗法是当不良行为发生时，提供令人不愉快的或惩罚性的刺激，使患者产生厌恶心理或生理反应，使不良行为与厌恶反应建立条件反射，从而达到消除不良行为的一种治疗方法。这种疗法主要用来治疗人的不良行为，如抽烟、酗酒等。厌恶疗法的治疗程序有以下步骤。

1)确认靶症状。先确定消除的行为是什么，如不止一个不良行为，则需要选择最主要、最迫切的行为。

2)选用厌恶刺激。厌恶刺激是强烈的、能使患者产生厌恶感的刺激，但同时厌恶刺激又是无害、安全的。如针对酗酒过度者，当其想饮酒时，立即将其送入厕所之中，使其产生厌恶心理。厕所的臭味就是较为合适的厌恶刺激。

3)把握施加厌恶刺激的时机。施加厌恶刺激与发生不良行为是同步的，这样做才能很快建立起新的条件反射，从而达到消除不良行为的目的。

(4)生物反馈疗法。生物反馈法是借助现代电子仪器将患者体内生理状态予以描述，并将其转化为声、光、电等反馈信号显示在电子屏幕上，使患者根据这些反馈信号有意识地学习调控自己生理状态的技能，从而达到治疗心身疾病的目的。这种疗法主要用来治疗恐惧症、焦虑症、过度紧张情绪、神经衰弱、高血压等疾病。常用的生物反馈设备有肌电反馈仪、脑电反馈仪、皮肤温度反馈仪、皮电反馈仪、血压和脉搏反馈仪。生物反馈疗法的运用一般包括两方面内容。

1)让患者学习放松训练，以便能减轻过度紧张，使身体达到一定程度的放松状态。

2)通过生物反馈仪，使患者了解并掌握自己身体内生理功能改变的信息，进一步加强放松训练的学习，直到形成操作性条件反射为止。

三、人本主义心理治疗基本理论与方法

1.基本情况介绍

人本主义心理治疗理论是20世纪中叶在美国产生和发展起来的，它既反对精神分析本能的生物决定论，又反对行为主义机械的环境决定论，强调心理治疗应当研究人性、潜能、尊严和价值，研究对人类进步富有意义的现实问题。人本主义心理治疗理论成为继精神分析和行为主义之后西方心理学中的“第三势力”。其理论代表人物主要有马斯洛(A. Maslow)、罗杰斯(C. Rogers)等心理学家。

2.人本主义心理治疗的基本理论

人本主义心理学家认为，一个人没有神经症和精神病，并不能证明这个人就是心理健康者，而只能说他(她)具备了心理健康的最低要求。从整个人类看，严重的心理疾病患者和真正心理健康者都是极少的，大部分人都处于平均的心理健康水平。这些人对日常生活的各部分都感到满足，情感相对稳定，行为比较正常，但仍避免不了遭受厌烦、孤独、呆板、失望的折磨。他们好像永远也体验不到巨大的快乐、高度的热情以及强烈的感情，生活远未达到最理想的完美程度。之所以如此，是因为他们的行为没有发挥出应有的水平，他们的潜能没有得到充分的开发和利用。大多数人只用了他们潜能的一小部分，因而大多数人都还达不到真正的心理健康。人本主义心理治疗的任务是要帮助人实现这些潜能，以达到心理健康的目的。其具体目标如下。

(1)鼓励求助者大胆说出自己过去的经历，抛掉自己的假面具，面对真实的现实，不加歪曲地对待自己的自我世界。

(2)培养求助者信任自己、相信自己的能力。

(3)树立求助者内在评价标准。

(4)使求助者自愿把自己看做是一个发展的过程。所以，人本主义心理治疗的目标最重要的是帮助求助者调整不正确的自我观念，改变对待自己的方式。

3.人本主义心理治疗的基本方法

人本主义心理治疗的基本方法主要包括求助者中心疗法和交朋友小组疗法。

(1)求助者中心疗法。求助者中心疗法是美国人本主义心理学家罗杰斯于20世纪40年代提出来的,也被称为求助者中心疗法。求助者中心疗法的目的是要帮助求助者发现他或她的潜能,以及在这世界上的位置,并且通过自我探索的方式完成自我实现。在求助者中心疗法中,心理治疗者的要务是给求助者自我修复、自我成长的最佳环境,而不是像精神分析疗法那样去促使患者发现被压抑的痛苦记忆或者无意识冲突。为了达到这一治疗目的,心理治疗者需要具备以下几种素质。

1)真诚一致。治疗者与求助者都是真诚的,求助者要意识到内心的情感和态度并毫无保留地表达出来;心理治疗者也要真诚倾听求助者的倾诉,并真诚表达自己的思想观点。

2)无条件地积极关注。无论对求助者的感受是好还是不好,心理治疗者都应把求助者作为一个有价值的人去尊敬,这种尊重不受条件、社会地位等因素的影响。对于求助者所表达的情感与感受均不加评判,而是一概地加以尊重。

3)换位理解。心理治疗者换位站在求助者角度去体验他们的思想、情感和行为,并把体验到的这种情感、价值传达给求助者,使求助者意识到他的情感、思想和行为受到心理治疗者的积极关注。只有如此,心理治疗者才能站在求助者立场完全接受他们的情感和思想,求助者才能自由无约束地讲述自己的内心世界。

求助者中心疗法的治疗过程可分为以下步骤:

第一步:求助者主动求助。如果求助者没有改变自我的迫切需要,治疗则很难成功。

第二步:治疗者向求助者说明情况。治疗者向求助者介绍心理治疗过程,突出强调求助者的主体作用,治疗者的作用只是创造有利于求助者成长的环境。

第三步:鼓励求助者自由表达情感和思想。治疗者不管求助者表达什么样的情感,均应以诚恳、友好的态度相待。

第四步:治疗者认识、接受并澄清求助者的消极情感。治疗者不只是被动接受对方提供的信息,而应深入对方内心深处,注意发现对方影射或暗含的情感和思想。这是心理治疗很困难且很微妙的一步。

第五步:促进求助者成长。一旦求助者将消极情感自由表达、暴露出来后,模糊的、试探性的、积极的情感就会不断萌生出来。

第六步:接受求助者的积极情感。治疗者只需不加评价地接受对方的积极情感,促使对方自然达到领悟与自我了解的地步。

第七步:治疗者开始接受真实自我。由于治疗者对求助者采取了接受和理解的态度,求助者便有机会重新认识自我,并接受真实自我。这为求助者在新的水平上达到自我整合奠定了基础。

第八步:帮助求助者采取决定。新的整合意味着新决定与新行为的产生,治疗者应协助对方澄清可能做出的选择。

第九步:疗效的产生。求助者通过自我领悟,达到了对问题的新的认识,某种积极、尝试性的行动便应运而生。

第十步:扩大疗效。在已有尝试的基础上,治疗者应帮助对方发展更深层的领悟,并扩大领悟范围。

第十一步:求助者的全面成长。求助者克服了对选择的恐惧,这是勇于探索自我发展的新行动。

此时,双方关系达到顶点,求助者会主动提出问题与治疗者讨论,心理治疗就告一段落。

(2)交朋友小组疗法。交朋友小组疗法是罗杰斯创立的集体心理治疗方法。该疗法主要利用集体形式和气氛来帮助求助者改变其适应不良行为或解决心理问题的一种途径。交朋友小组的目标是说服求助者降低社会交往障碍,不受防御机制的阻碍来揭示自己核心的情感。治疗小组需主持人一名,主持人要积极鼓励其他人表达自己真实情感,敢于表达出那些从未表露的思想和认识。这样做的好处在于小组中每个成员都被其他成员所重视,并从他们那里得到关于自己的实际情况的肯定以及否定的反馈,以便真正地认识自己。具体治疗过程可参见第五章的有关内容。

交朋友小组疗法主要用于治疗社交恐惧、自我认知扭曲、人际关系不健康、抑郁症、焦虑症、神经衰弱(由人际关系紧张引起的)等心理疾病,比较适合基层部队使用。

除了以上三种主要的心理治疗基本理论与方法外,还有认知心理治疗、森田疗法、我国心理治疗家钟友彬创立的认知领悟疗法等多种心理治疗方法。由于篇幅有限,难以赘述,如需要,可参考相关专业资料。

第五节　基层部队常见心理疾病的治疗方法

对于基层部队,一些常见的心理疾病也有一些特殊的治疗方法。下面简要介绍几种常见的心理疾病及其心理疗法。

一、对神经衰弱的心理治疗方法

心理治疗是神经衰弱治疗的基本方法,常用的方法有以下 4 种。

1. 小组心理治疗法

该疗法是以 10～20 名患者为一组,由心理治疗师向患者系统讲解有关神经衰弱的医学知识,包括病因、发病机理、临床表现、病程、诊断和治疗。让患者对本病有充分了解,从而能分析自己起病的原因,并寻求对策,消除不利因素的影响。同时有利于消除疑病心理,减轻焦虑和烦恼,打破恶性循环。详细讲解治疗方法,可使患者主动配合,充分发挥治疗的作用。

2. 个别心理治疗法

该疗法是在集体讲解和小组讨论的基础上,再针对个别患者的具体情况进行心理辅导,启发和帮助患者寻求解决疑难,摆脱困境的途径和方法。

3. 体育运动疗法

体育锻炼和适当的体力劳动对改善患者的躯体状况有良好影响。气功、太极拳、瑜伽等民间健身术,有利于解除焦虑等症状。头昏、紧张性疼痛等症状可进行理疗对症处理。

4. 良好生活习惯养成

应使患者养成起居有定时、工作学习有计划,劳逸结合,有张有弛的生活习惯。保持正常的紧张,对提高学习和工作效率是必要的。长期消极休息,缺乏明确的生活目标,无所事事,都容易产生神经衰弱症对,健康的恢复不利。

二、对强迫症的心理治疗方法

1. 支持性心理治疗

该疗法是通过对强迫症患者进行耐心细致地解释,使患者了解其疾病的性质,指导患者把注意力从强迫症状转移到日常生活、学习和工作中去，有助于减轻患者的焦虑情绪。

2.行为疗法

该疗法主要采用暴露疗法和反应防止法。暴露疗法的目的在于减轻强迫症状中伴随的焦虑情绪；而反应防止法的目的则在于减少仪式动作和强迫思维出现的频度。一些研究结果表明：行为疗法与药物疗法合并使用，往往可以取得较佳效果。

3.精神分析疗法

精神分析疗法对部分强迫患者有效。心理治疗师要分析患者的人格和病因，包括童年有无与产生强迫症状有联系的心理创伤。一旦找出病因，应使患者明了强迫症状与病因的关系，解除他们的焦虑、苦恼情绪，给患者以鼓励和支持，并指导患者进行意念的松弛训练。

三、对疑病症的心理治疗方法

对疑病症要以心理治疗为主，辅以药物治疗。当进行心理治疗时，要以支持性心理治疗为主，在耐心倾听患者陈述与仔细检查之后，以事实说明所疑疾病缺乏根据，切忌潦草检查与简单解释。

在心理治疗过程中，治疗者要耐心细致地听取患者的叙述，让他们出示各种检查结果，持同情、关心的态度，尽量不要挑动患者的症状或要他们承认疑病是不可信的，这样往往适得其反，弄巧成拙，应尽量回避讨论症状，与患者建立良好的关系。可取得患者单位的协助，在患者信赖心理治疗者的基础上，引导患者认识该疾病的本质，它不是什么躯体疾病，而是一种心理障碍，这种心理障碍需要用心理治疗的办法去治疗。如果患者的暗示性很高，可以运用暗示疗法获得戏剧性效果。但如果这种疗法失败就会增加治疗难度。另外，环境转移、改变患者生活方式、转移患者注意力、引导患者做另一种有趣的事情也可发挥治疗作用。

四、对癔症的心理治疗方法

癔症是由明显的社会心理因素引发的，如重大生活事件、内心冲突、暗示或自我暗示等都会引起这种心理障碍。癔症主要表现为感觉或运动障碍，或意识范围缩小，选择性遗忘、情感爆发等症状；无相应的器质性损害作为其病理基础。临床上可将癔症分为分离性障碍和转换性障碍。癔症在基层部队作训工作中较为常见。

1.解释性心理治疗

心理治疗者要让患者知道，癔症是一种功能性疾病，是完全可以治愈的。消除患者的种种疑虑，稳定患者情绪，使患者及其家属对癔症有正确认识，并积极配合医生进行治疗。心理医生也要引导患者认识病因及病因与治疗的关系，应给予患者尽情疏泄的机会，给予适当安慰或鼓励。患者本身也应加强自我锻炼，用理智的态度处理所面临的一切，而不要感情用事，要用积极主动的姿态去克服自身性格方面的缺陷。

2.暗示治疗

这是消除癔症症状、尤其是癔症性躯体障碍的有效方法。在进行暗示治疗时，应注意以下问题。

(1)治疗环境要安静，以消除环境对患者的各种不良影响。在治疗过程中，一切无关人员均要离开治疗现场，避免由于家属或周围人的惊慌态度或过分关注而使患者症状加重，给治疗带来困难。

(2)治疗者在认真详细地询问病史以后,在接触病人并做全面检查的过程中,态度应热情、沉着、自信,要对治疗充满信心,建立良好的医患关系,使患者信任医生。实践证明,患者对医生信赖的程度往往是决定暗示治疗成败的关键。心理医生在进行言语暗示的同时,应针对症状采取相应的措施,如吸入氧气、针刺、给予注射用水或维生素C针剂肌肉注射、静脉推注钙剂及电兴奋治疗等。

五、恐惧症的心理治疗方法

1.冲击疗法

针对恐惧症患者恐惧的对象,心理治疗师可以进行精心设计,运用冲击疗法,把患者放在令其恐惧的环境中,产生物极必反的效果。如果患者具有昆虫恐惧症,则可以在取得同意的情况下将患者带入有昆虫标本的房间,使其逐步接近昆虫标本,最终达到治疗的目的。使用这种方法时要循序渐进,要征得患者同意与配合,当患者产生晕厥时应立刻中止治疗。

2.情景治疗

情景治疗是让患者在一个假想的空间里,不断地模拟发生恐惧症的场景,不断重复发生症状的情节,心理治疗师通过不断地鼓励患者面对这种场面,让患者从假想中逐步适应这种产生焦虑紧张的环境。

3.系统脱敏疗法

系统脱敏疗法是由交互抑制发展起来的一种心理治疗法,所以又称交互抑制法。当患者出现焦虑和恐惧反应时,人为地给其施加与焦虑和恐惧相对应的刺激,按照刺激强度由弱到强,从而使患者逐渐消除焦虑与恐惧,不再对有害的刺激发生敏感而产生病理性反应。

4.认知疗法

认知疗法是充分运用合理情绪疗法的有关理论和方法。心理治疗师通过不断地告诉患者这种恐惧的不合理性的,让患者在思想认识上逐步确立恐惧心理的不合理性,从而达到逐渐克服恐惧症的目的。

5.恐惧症的自我调节方法

克服恐惧症的主体是患者自己,通过心理健康教育与恐惧症知识的宣传引导,使患者具备相关方面的基本知识,掌握恐惧症自我调节的基本方法,从而进行自我心理疏导与调节。

六、对轻度抑郁症的心理治疗方法

1.使患者保持心态平和

治疗轻度抑郁症首先要从心态上做好调整。快乐的心态能使人神经系统的兴奋水平处于最佳状态,促进体内分泌出一些有益的激素、酶类和酰胆碱,把血液的流量、神经细胞的兴奋调节到最佳状态,提高机体的抗病能力。

2.音乐疗法

临床心理学上有一种音乐疗法,心理治疗师治疗轻度抑郁症患者时应考虑使用这种方法。可鼓励求助者在结束一天的紧张训练后,不妨利用短暂的休息时间,听听自己喜欢的音乐,好好地奖赏自己一番,陶醉在优美的音乐旋律中,不仅能减轻疲劳,也能放松精神,使心态平和起来。

3. 运动疗法

户外天地广阔，空气新鲜，阳光温暖。感觉被烦恼包围的时候，不妨鼓励患者到户外踏踏青，散散步，或者进行一些力所能及的运动项目，如快走、慢跑、散步、踢毽、体操等，每天坚持1～2 h，就可以排解阴霾的心情。

4. 饮食疗法

从营养学的角度来看，要治疗轻度抑郁症就是要让患者多吃营养美食。深海鱼、香蕉、葡萄、柚子、菠菜、樱桃、南瓜、全麦面包等食品能够振奋患者精神，减轻患者焦虑和抑郁情绪，提升患者的自信心。

第六节　基层部队心理治疗的过程与疗效评估

一、基层部队实施心理治疗的过程

1. 最初的接触

心理治疗者要与患者尽快建立良好医患关系。患者是否对治疗者产生基本信任感、形成基本的好感，是本阶段是否成功的标志。本阶段具体操作过程包括以下 3 个重要环节。

(1)心理治疗者要主动和患者打招呼，相互问候。

(2)介绍心理治疗的情况、治疗者个人情况、心理治疗的性质、通过治疗能解决的问题等。

(3)初步询问、了解患者求助的原因，要向患者讲清心理治疗的性质、程序、时间安排、保密原则以及要求患者作出努力等问题，如患者同意，就和他约好下一次会面的时间和地点。

2. 评估与诊断

这个阶段主要包括对患者进行诊断的会谈，以了解患者的现在和过去。在分析信息时，要注意患者存在心理疾病症状之间的联系，还要分清心理疾病症状的主次。具体应注意以下三个方面的问题。

(1)弄清患者存在的主要心理疾病。心理治疗者首先要搞清楚患者最关心、最困扰、最痛苦、最需要改善的问题。通常只有经过多次会面，患者逐渐对治疗者产生了足够信任之后，他们才有可能逐渐暴露核心问题。

(2)要注意问题之间在时间上的联系。心理治疗者对通过倾听、主动询问以及从患者周围朋友、亲人、领导、同事、战友等方面了解的情况与心理测试评估结果进行综合整理，逐渐把患者的过去、现在、将来的信息综合起来考虑，形成对患者准确的整体印象。

(3)注意心理过程之间的内在联系。心理治疗者要深入了解患者的认知和情绪是什么关系，认知和行为又是什么关系，以找出患者产生心理疾病的内在原因。

3. 心理治疗目标的确定

当心理治疗者对患者的评估资料确定之后，治疗者就要和患者共同协商心理治疗的目标问题。

(1)双方必须明确以下问题：处理心理疾病的方法、整个治疗过程、治疗时间的安排，以及治疗期间，治疗者和患者各自应该承担的责任和义务。

(2)制定具体目标时，心理治疗目标应具体、切实可行，有轻重缓急之分。

4.治疗的具体实施

具体的心理治疗措施可根据心理治疗者选用的心理治疗理论与方法来实施。例如,选用精神分析心理治疗的心理治疗师,要弄清精神分析心理治疗法的适用范围、注意事项、患者心理疾病类型和程度。在弄清这些基本问题后方可实施具体方法。

5.心理治疗的结束、评估和回访

当治疗者确信患者已经能够独立解决自己的问题,预期的治疗目标已经达到时,就应该着手讨论结束心理治疗的问题。结束心理治疗是一个循序渐进的过程。

(1)治疗者要向患者指出他在治疗中取得的成绩和进步,并向他讲清还有哪些问题应该注意。

(2)治疗者帮助患者重新回顾整个治疗过程,检查治疗目标实现的情况,进一步巩固治疗所取得的成果。

(3)在征得患者同意的前提下,确定随访的时间和具体安排。

二、对心理治疗效果的评估

对心理治疗效果的评估主要包括以下四个方面的内容。

(1)对治疗初期效果的评估。主要指标是患者的症状是否减轻,如焦虑、抑郁、恐惧、紧张、愤怒、疼痛、不适感等心理或生理症状的缓解。

(2)对治疗中期效果的评估。主要指标是患者的行为表现是否明显改善,如对学习、训练的态度是否改变,对人际交往是否产生兴趣等。

(3)对治疗后期效果的评估。主要指标是患者的人格品质是否改进、心理上是否变得成熟起来、是否能够比较有效地处理和应对挫折和困难等。一般而言,患者症状改善最易获得,行为改变次之,而人格改变则比较困难。

(4)治疗结束后的总结。心理治疗全部结束后,治疗者还要对整个治疗过程进行回顾性的客观评估,总结经验,吸取教训,以便不断提高心理治疗水平。

第七章 基层部队心理危机干预工作

心理危机是基层官兵在生活、工作、作战中常常遇到的挑战，如果官兵缺乏正确应对心理危机的知识和策略，他们就会产生心理问题，甚至引发心理疾病，从而严重影响基层官兵的健康成长和部队发展建设。官兵的心理危机也需要基层部队组织力量进行心理危机干预，如干预得当，官兵就能够迅速度过心理危机期，如干预不当或不加干预顺其发展，官兵心理危机就会演变为更为严重的问题。四总部颁布的《关于加强新形势下军队心理服务工作的意见》明确指出："要组织专业力量，根据官兵心理应激反应状况，运用社会情感支持、个体认知干预、教授心理应对方法等，帮助官兵消除心理困惑，防止产生心理创伤。对有自杀或伤害他人等极端行为倾向的官兵，要及时采取应对措施，指定专人负责，加大干预力度，避免酿成严重后果。"针对这一文件精神，基层部队官兵应认真学习心理危机干预的相关知识，掌握心理危机干预的相关技术，积极参与到心理危机干预工作中来。基层部队也要组织专人负责，制定心理危机干预预案，为实施心理危机干预做好各种准备工作。但要做好这项工作，相关人员需要学习心理危机干预的理论知识，为此，本章主要结合基层部队实际，介绍有关心理危机干预的相关理论知识，以供相关人员参考。

第一节 基层部队心理危机概述

一、心理危机的内涵与特征

1. 危机的内涵

危机有两个含义：一是指难以意料的突发事件，如地震、水灾、空难、疾病爆发、恐怖袭击、战争等；二是指人所处的紧急状态，当个体遭遇重大问题或变化发生，个体感到难以解决、难以把握时，人的正常生活受到干扰，内心的紧张不断积蓄，继而出现无所适从甚至思维和行为的紊乱，进入一种失衡状态，这就是危机状态。

简而言之，危机是指某些强大的、包括生理性和心理性的刺激作用于军人，超过了军人所能容忍与承受的程度，使他们无法用惯常解决问题的方法来解决，从而使军人出现心理失衡的状态。从应激心理学的角度看，危机是指军人运用通常应对应激的方式或机制仍不能处理当前所遇到的外界或内部挑战时表现出的一种身心反应。这些危机容易破坏心理平衡状态，进而产生心理问题或心理疾病。

危机是由危机事件引起的。世界上的危机事件是多种多样的，既有天灾也有人祸，既有自然灾害、经济、政治、文化、科技、军事、宗教、社会、意识形态产生的危机，也有恐怖主义造成的突如其来的各种危机，如 2001 年的"9.11 事件"。危机造成的危害是十分严重的，据国际红十字会和红新月会的统计，1967 年—1991 年，全世界共报告了 7 766 起较大灾难，导致约 700 万人死亡，直接经济损失达 3 兆亿美元。2003 年春，我国爆发了"非典型性肺炎"，在社会上产生一定危机:出现抢购板蓝根、白醋、大米的现象,一些地区出现学生停课、工厂停工、商店停业,经济社会秩序受到严重干扰。2008 年 5 月 12 日,我国汶川地区发生了里氏 8.0 级大地震,不仅受灾地区的民众遭遇前所未有的危机,整个中国都遇到了空前挑战。2011 年 3 月,日本发生地震,引发海啸,日本福岛核电站受到严重破坏,其引发的危机不仅波及日本,而且还影响到包括中国、韩国、美国在内的多个国家,产生了全球性危机。

2. 军人心理危机的内涵

危机不仅能引起一个社会的政治、经济、文化、社会管理的变化,而且还会对生活在这个社会中的每个人的心理产生重要影响,打破了人们原有的心理平衡,促使当事人产生心理危机。这对军人而言尤为如此,因为,当社会面临巨大危机时,军人总是出现在危机的最前沿,承受着危机所带来的巨大心理压力,产生强烈的心理应激反应。

所谓军人心理危机是指军人受到来自个人、家庭、社会、自然界、执行任务过程等的特定突发事件的影响,遭受超强度的心理应激时的心理反应。心理应激最早是一个医学概念。20 世纪初,美国著名生理学家坎农(W. Cannon)通过对动物在疼痛、饥饿、恐惧等危机状态下身体发生的变化进行了大量开拓性研究,将危机与疾病紧密联系在一起。20 世纪 30 年代,加拿大生理学家汉斯·塞里(H. Selye)提出了生理学的应激理论。1968 年,美国著名应激问题研究学者拉扎勒斯(R. Lazarus)提出了“应激令人联想到在人和动物身上造成的过分要求——造成生理、社会和心理系统紊乱的要求”的理论观点,从此,应激与心理学紧密联系起来,成为压力、紧张的代名词,心理应激成为应激的重要研究领域。

当前,学者对应激的界定并不统一。现在大约有 300 多个有关应激的定义,综合起来,较为一致的认识是应激亦称压力。个体在遇到出乎意料的紧张情况时所做出的适应性反应。因此,心理危机是军人遭遇应激(压力)时的一种心理反应。

3. 心理危机的基本特征

心理危机主要具有以下四个方面的特征。

(1)心理失衡性。心理危机是一种复杂的心理失衡状态,通过心理危机干预手段可以有效解除心理危机,恢复心理平衡。因此,心理危机不等于一般的心理疾病。

(2)危与机并存性。心理危机是一种危险与机遇同时并存的状态。“危机”,简而言之,就是危险与机遇并存的,一方面危机是危险的、具有挑战性的,可能导致当事人的心理崩溃,出现暴力攻击倾向,产生自杀行为,出现心理疾病症状;另一方面,心理危机也是一种重塑人生的机会,它能够给当事人带来巨大心理压力,迫使其挖掘潜能、寻求帮助,从而使当事人得到成长发展与自我实现。

(3)普遍性与特殊性。心理危机具有普遍性与特殊性。对每个人而言,心理危机是普遍存在的,在人的一生中,生老病死、喜怒哀乐,每个人都概莫能外。每个人在人生中的某个时期都可能遇到危机事件,从而引发心理危机。但每个人遭受的心理危机又具有特殊性,危机事件各不相同,每个人由于在心理素质、应对策略、心理危机干预资源等方面的不同,心理危机造成的影响也是因人而异的。

(4)可干预性。心理危机是可以实施干预的,但解决方法不是万能的。当某人处在心理危机状态之中时,外在的心理危机干预往往可以使当事人迅速摆脱危机。帮助处于心理危机之中的人的方法是多种多样的,突发的心理危机可以在心理危机发生的第一阶段实施快速干预。例如,对突然丧失亲人的人实施快速干预,往往可以减轻他们的痛苦和悲伤,使他们尽快从心理危机中走出来。但对于那些长期处于心理危机状态之中的人，很难找到快速解决之道，此时，应寻求心理服务专业人员的帮助。

二、基层部队官兵心理危机的类型

按照危机事件的来源，基层部队官兵面临的心理危机大致可以分为两大类：成长性心理危机和境遇性心理危机。

1. 成长性心理危机

成长性心理危机也称为内源性心理危机、内部心理危机、常规心理危机等。从发展心理学的角度看，人生是由一系列连续的发展阶段组成的，每个阶段都有人生发展的主题与矛盾，人在每个人生发展阶段都会遇到这一类心理危机。

美国著名发展心理学家埃里克森(E. Erikson)提出了自我发展理论。他认为，人生按照发展面临的心理危机类型可以分为八个重要阶段。

第一阶段——信任对不信任(0～1.5 岁)。此时婴儿面对的是母亲是否爱抚和精心照料。如果母亲对婴儿很爱抚，照料也很精心，婴儿将逐渐对母亲和周围环境产生信任感，否则将产生不信任感，出现心理危机，从而严重影响人格的健康发展。

第二阶段——自主性对羞怯和疑虑(1.5～3 岁)。处于这个阶段的婴幼儿面临着父母训练的考验。如果父母训练强度得当，婴幼儿获得独立行走与行动的能力，他们就会渡过危机，产生自主感、自信感。如果父母训练过于严格，婴幼儿就会产生挫折感，从而产生心理危机，出现羞怯和疑虑心理。

第三阶段——主动性对罪疚感(3～6 岁)。处于这个阶段的幼儿面临着什么是允许的、什么是不允许的危机和挑战。如果父母鼓励幼儿主动探索获得经验，孩子将获得主动性与独立探索的精神。如果父母挖苦、讥讽孩子，他们在探索世界的过程中就会产生强烈的愧疚感，出现心理危机。

第四阶段——勤奋对自卑(6～12 岁)。处于这个阶段的儿童需要掌握成为一名合格社会成员所必需的各种技能。如果儿童产生勤奋感，他们就会获得丰富知识与较高社会尊重。如果儿童缺乏勤奋感，他们的学业成绩就会不理想，产生自卑感，形成心理危机。

第五阶段——同一性对角色混淆(12～18 岁)。青春期的少年主要任务是建立新的自我同一性，其发展危机是同一性对角色混淆。所谓自我同一性是指个体把自己对自我现状、生理自我、社会期待、过去与现实经验统一成完整和谐的结构，形成一种人格发展中趋于社会成熟与自我肯定的状态。具有自我同一性的人就具有成熟、完善、和谐、自我认识清晰等良好特性。缺乏自我同一性的人就会对自己产生模糊认识，自我角色混淆，从而使心理处于危机状态之中。

第六阶段——亲密对孤独(18～24 岁)。如果青年人能够与异性形成有爱的亲密感，他(她)就会成功渡过危机，形成爱的良好品质。如果没有与异性形成亲密感，就会处在心理危机之中，产生孤独疏离感。

第七阶段——繁殖对停滞(25～65 岁)。处于这个阶段的人，如果能够通过生活、工作获得有价值的生活、有创造性的成就，就能够产生关心、温暖和爱，否则就会产生自私品质，陷入心理危机之中而难以自拔。

第八阶段——自我整合对失望(65 岁～死亡)。当一个人在前面七个阶段都能顺利度过危机，生活幸福，对社会有所贡献，他们老年时就会产生完善和充实感，从而不惧怕死亡。否则就会产生缺憾、失望、甚至绝望感，不愿匆匆离开人世间。

从埃里克森的自我发展理论可以看出，人生的每个发展阶段都有发展主题，都存在危机，如果能够度过危机，人就能获得健康成长，否则，就会陷入心理危机之中，人的成长就会停滞甚至倒退。

在基层部队中，青年官兵正处在人生发展的关键阶段，很多人面临艰难的抉择，心理处于危机状态中，出现各种成长中的烦恼，产生各种心理问题、心理疾病。但这种危机是成长过程之中的危机，如能正确应对、合理干预，青年官兵将会迅速摆脱心理危机的困扰，迎来成长发展的良好机遇，心理问题、心理疾病也会烟消云散，官兵心理会重归健康。因此，青年官兵的心理危机、心理问题、心理疾病并不可怕，真正可怕的是青年官兵和单位不能科学应对。青年官兵在人生的关键期应努力学习、刻苦训练、承担多种任务，获得成功感、成就感，找到自我位置与价值，这样就能够极大减小心理危机造成的冲击和损害，为部队建设做出自己的贡献。

2. 境遇性心理危机

境遇性心理危机也称为外源性心理危机、环境性心理危机、适应性心理危机，是指由外部危机事件引起的心理危机。这种心理危机也是基层部队官兵经常可能遭遇到的危机。根据国外心理学家博格斯(Bergurs)等人的研究，境遇性心理危机可以分为三大类。

(1)个人经历了不可预料的生活事件，如生病、亲人亡故、出现事故等。

(2)灾难性危机，是指个人突然被卷入不知所措的危险情境之中，例如战争、骚乱、自然灾害等。

(3)个人生命中预期发生的事件，例如转业退伍、结婚、考学、死亡等。

基层部队官兵在日常训练和执行各种任务过程中，都不可避免地会遇到这些境遇性危机，这些境遇性危机都具有以下共同特点。

(1)当事人都会产生异常的心理与行为反应，并伴有生活习惯的改变，产生不适感、紧张感、焦虑情绪，并希望尽快结束这种不良状态。但这不是心理疾病或精神病，存在的各种心理行为症状都可能是暂时的。

(2)有明确的生活危机事件作为外在诱因。

(3)面对新的危机和挑战，当事人过去的经验都将是无效的，必须学习新的应对策略。

(4)危机事件持续时间较短，一般是几天至几个月，平均为4～6周。

(5)只要正确应对、合理干预，当事人都能成功度过心理危机，获得新的成长发展机会。

三、基层部队官兵心理危机产生的主要原因

引发基层部队官兵产生心理危机的因素是多方面的，概括起来主要有以下6个方面的因素。

1. 对军营环境的不适易引发心理危机

青年官兵初入军营，其兴奋、喜悦之情溢于言表，但紧接着就会面临严峻的适应问题。新兵面临着要适应军营的学习、生活、工作节奏、不断加大的训练强度与严格的日常管理。此外，对于基层部队官兵而言，偏僻、封闭、孤独、寂寞的军营驻地也会引发心理危机。

2. 军事任务转化易引发心理危机

基层部队官兵经常会面对不同的任务，对于他们而言，大转换常有，小变化不断，这些任务

的变换都会使基层官兵产生心理适应问题，从而引发心理危机。

3.严酷的战场环境易引发心理危机

对于军人而言，只有两种生存状态：另一种状态是准备打仗状态；一种状态是打仗状态。在现代信息化战争中，战场环境空前恶化，从和平时期走来的基层部队官兵将不可避免地面临严酷战场环境的适应问题，由此容易引发各种心理危机。

4.基层部队官兵成长进步中产生的心理危机

基层部队官兵正处在人生发展的关键时期——青年期，此时，他们将面对事业、爱情、家庭、人际交往等多方面的压力，容易引发心理危机。

(1)基层官兵掌握军事技能过程中引发的心理危机。基层官兵要在部队建功立业，就必须勤学苦练，扎实掌握多种军事、政治技能。掌握这些技能的过程绝不是一帆风顺的，绝大多数基层官兵会遇到这样、那样的困难，产生挫折感，失落感、沮丧郁闷感，心态容易失衡，从而引发心理危机。

(2)绝大多数基层官兵正处在青春期，生理发育的基本成熟与心理发展相对滞后的矛盾易引发心理危机。随着独生子女与大学生战士进入军营，他们面临着一系列矛盾：独立性与依赖性的矛盾、性成熟性意识发展与心理上道德上准备不足的矛盾、强烈求知欲与有限认识水平的矛盾、闭锁性与强烈要交往要求矛盾、理想与现实的矛盾、自主性与被动性的矛盾等。这些矛盾困惑着青年官兵，容易使他们陷入心理危机之中。

(3)性成熟、性意识、性冲动等易引发心理危机。青年官兵进入青年期后，随着性生理的不断成熟、性意识不断增强，他们渴望得到异性的友谊和爱情的愿望越来越强烈。但由于基层部队要求严格、任务重、压力大、环境特殊，青年官兵渴望与异性交往的愿望难以得到满足，他们在心理上容易产生紧张、焦虑、抑郁、挫折、压抑等不良情绪，久而久之容易引发心理危机。

5.人际交往易引发心理危机

基层部队官兵大多来自五湖四海，各自的生活方式、行为习惯、地域观念、兴趣爱好、性格气质等都各不相同、千差万别。但基层部队又是个大集体，青年官兵必须生活在这个大集体中，大家必须团结友爱、步调一致，这样才能完成各种军政任务。这就需要青年官兵处理好人际关系，不断协调人际交往之中出现的磕磕碰碰。但在现实中，一些官兵由于个性、人际交往技巧缺乏等原因，往往处理不好上下级关系、同级关系，产生人际矛盾、人际冲突，从而引发心理危机。此外，当基层官兵的亲人、家属、朋友等人际环境出现变故时，如亲人亡故、家庭破裂、朋友离去等都会在他们心理上产生阴影，引发心理危机。

6.部队发展与突发事件易引发心理危机

当前，基层部队正处在跨越式发展过程中，基层部队建设日新月异，部队对人才的要求越来越高，官兵之间的竞争也越来越激烈。基层部队这种快速发展会给官兵心理带来很大心理压力，如自愿兵转士官、战士提干、青年干部晋升、调级、调动、复员转业等事件都会引发官兵心理波动，甚至产生心理危机。

此外，基层部队官兵不仅要以饱满的精神状态完成日常训练，还要以高度的责任感、使命感、荣誉感时刻准备完成各种非战争军事行动，如抗洪抢险、抗震救灾、抗击非典、抗击雨雪冰冻灾害、反恐维稳等突发性军事行动。这些对官兵都是一种无形的压力，容易诱发心理危机。

四、基层部队官兵面对心理危机时的身心主要反应

当基层部队官兵面对心理危机时，一般都会产生一系列应激身心反应。心理危机的身心

反应一般将维持6～8周。心理危机的身心反应主要表现在生理、情绪、认知和行为方面。

1. 生理反应

当心理危机强度过大或持续时间过长，官兵身体就会产生一系列不良反应：如心率加快、血压升高、头晕、心悸、心慌；食欲不振、消化不良，肠胃失调；四肢乏力、容易疲劳；经常头痛，特别是偏头痛；肌肉紧张、疼痛；睡眠质量差、失眠、多梦等。这种状况如持续下去将会损坏基层官兵身体的免疫能力，诱发各种身体疾病，如消化性溃疡、结肠炎、偏头痛、神经性皮炎等。

2. 情绪反应

情绪反应主要包括焦虑、恐惧、抑郁等情绪，其中以焦虑情绪为主。适度焦虑有助于提高基层官兵心理警觉性和工作效率，但过度焦虑，则会引起运动性不安和植物性神经系统紊乱，导致动作失调、四肢发抖、口干、出虚汗、呼吸急促、尿急尿频、大小便失禁等不良反应，它对基层官兵武器操作和作战技能的发挥带来严重干扰。美军事心理学家阿雷尔曾对美军在历次战斗中的表现进行总结时发现：面对作战时的强大心理压力，80%～90%的美军官兵有明显的焦虑反应。其中，25%的军人产生呕吐，1%～20%的军人大小便失禁，只有40%的军人能正常使用武器。抑郁情绪是一组以情绪低落、悲观、失望、无助、冷漠、绝望为内容的复杂情绪，它也是当基层官兵面对持续较大心理压力时产生的一种负性情绪。严重的抑郁情绪将产生严重后果，导致官兵自信心降低、饮食和睡眠出现障碍、运动水平下降、行为退缩，回避他人、思乡厌训、产生自卑感等。在海湾战争中，美军因心理压力过大产生较强的抑郁情绪，使部分官兵出现思乡厌战与自杀行为，对美军管理和作战产生较大影响。美军战后将这种不良心理反应形象地称为“海湾战争综合症”。

处在心理危机中的人还经常出现害怕、恐惧、怀疑、不信任、沮丧、忧郁、悲伤、易怒，绝望、无助、麻木、否认、孤独、紧张、不安，愤怒、烦躁、自责、过分敏感或警觉、无法放松、持续担忧、担心家人健康、害怕染病、害怕死去等不良情绪反应。

3. 认知反应

当基层官兵面对过大心理压力时，其认知功能也会产生一系列消极变化：心理警觉性降低，注意力涣散，感知功能弱化，视听触觉钝化，记忆力减退，想象力枯竭，思维迟钝，心理活动视野狭窄，心理反应速度降低，武器操作失误率增高。这种心理状态对指挥军官而言将直接导致指挥决策失误；对于普通战士而言，将导致信息化武器装备操作失当，可能产生极其严重的后果。

4. 行为反应

面对持续过大的心理压力，基层部队官兵行为也会产生一系列不良变化，主要表现在面部表情、目光、语音语调、肢体动作等方面。心理压力过大时，官兵身体协调性、灵活性和柔韧性降低，肌肉僵硬，四肢出现颤抖与痉挛，动作刻板化，产生运动性不安或活动减少，严重者甚至出现激越行为，呈现木僵状态，产生过激动作和攻击行为，回避社交，出现过度吸烟、酗酒、自伤、自残等不良行为，有个别人甚至会产生离队、自杀、破坏武器装备等极端行为。

五、基层官兵心理危机的演变过程

心理学研究表明，当事人心理对危机的反应通常经历四个不同的阶段。

1. 冲击期

冲击期指危机事件发生后当时或不久，当事人会感到震惊、恐慌、不知所措。例如，当突然听到亲人去世、被医生诊断为不治之症、遭遇失恋等挫折时，大多数当事人会表现出极度恐惧和焦虑，不知所措，不相信事实，产生无效行为。

2. 防御期

防御期一般是在危机经历过一段时间后才会发生的，主要表现是，当事人主观上想恢复心理平衡、想控制焦虑和情绪紊乱，恢复受到损害的认识功能。但又不知如何做，他们会出现否认、合理化等自我防御表现。此时是心理危机干预介入的最佳时机。

3. 解决期

处在解决期阶段的当事人会积极采取各种方法接受现实，充分利用各种资源寻求摆脱心理危机的途径和解决问题的有效方法。当事人焦虑减轻，自信心增加，社会功能恢复。

4. 成长期

成长期指当事人成功度过危机后将会变得更成熟，并获得了应对危机的有效技巧。但也有人没有度过危机，从而产生消极应对，出现各种心理问题、心理疾病，其人生发展进程受阻。

六、心理危机的预后

心理危机是一种正常的生活经历，并非心理疾病或病理过程，每个人在人生的不同阶段都会经历形式不同的各种心理危机。由于处理心理危机的方法不同，心理危机产生的后果也不同。一般而言，心理危机会产生四种结果。

1. 顺利度过危机

对于大部分当事人来说，危机反应无论在程度上或者是时间方面，都不会带来生活上永久或者是极端的影响。他们需要的只是用时间去恢复对现状和生活的信心，加上亲友间的体谅和支持，他们能逐步恢复。在基层部队，青年官兵依靠自己过硬的心理素质与娴熟的自我心理调节技巧度过心理危机后，他们学会了处理心理危机的方法策略，提高了自我心理健康水平，身心发展进入了一个新的境界。

2. 度过了危机，但留下心理创伤

虽然当事人度过危机，但却付出了代价，留下了心理阴影与创伤，这无疑会影响当事人今后的社会适应能力。

3. 没有度过危机，出现身心损害

如果心理危机过强，持续时间过长，则会降低人体的免疫力，出现非常时期的非理性行为。对个人而言，轻则危害个人健康，增加患病的可能，重则出现攻击性和精神损害；对社会而言，会引发更大范围的社会秩序混乱，冲击和妨碍正常的社会生活，其结果不仅增加了有效防御和控制灾害的困难，还在无形之中给自己和别人制造新的危机源。

4. 未能度过危机，出现严重心理疾病

当事人未能度过危机，并产生各种心理疾病，甚至引发精神病，导致身心崩溃。

第二节　基层部队心理危机干预

当基层部队官兵面对心理危机时，能够帮助他们摆脱心理危机困扰、重归心理平衡的有效策略就是心理危机干预。

一、心理危机干预概述

1. 心理危机干预的内涵

心理危机干预指对处在心理危机状态下的当事人采取明确有效的干预措施，使之最终战胜危机，重新适应生活。它是对处于危机或经历危机的人给予精神上的支持和心理上的救护，对其精神与躯体症状给予必要的解释，并对当事人如何处理危机给予一些建设性建议，帮助当事人从心理上解决迫在眉睫的危机，使其身心症状得到缓解或立即消失，使其身心功能恢复到危机前的水平，获得新的应对技能的过程。

心理危机干预的理论与实践源于 20 世纪 40 年代的美国心理学家对处于灾难之中的人群的观察与救助。美国心理学家林德曼(Lindermann)通过对幸存者的分组对比研究发现：那些经过心理危机干预的当事人比那些未经心理危机干预的当事人较少发生不良的心理社会事件。由此，心理学家、社会学家提出了应对心理危机的有效策略就是对当事人实施心理危机干预。

2. 心理危机干预的目的

心理危机干预主要有两个目的：①避免当事人自伤或伤及他人；②使当事人恢复心理平衡与动力。有效的心理危机干预就是帮助人们获得生理、心理上的安全感，缓解乃至稳定由危机引发的强烈恐惧、震惊或悲伤的情绪，恢复心理的平衡状态，使当事人对自己近期的生活有所调整，并学习到应对危机的有效策略与健康的行为，增进其心理健康。

3. 心理危机干预的条件

为了进行有效的心理危机干预，必须首先了解当事人在危机状态下有哪些心理需要。如在汶川地震期间，人们会更关心个人基本的生存问题，如环境是否安全、健康是否有保障等，会担心自己及所关心的人(如父母、亲戚、子女、朋友、老师等)的安全，会表现惊慌、无助、逃避、退化、恐惧等恐慌行为，想吐露自己对突发事件的内心感受，渴望生活能够尽快安定、尽快恢复到正常状态，希望得到他人情感的理解与支持等。这些心理需要均为心理危机干预提供了可靠依据。

二、心理危机干预的基本理论

当前，有关心理危机干预有四种基本理论：基本危机理论、扩展危机理论、应用危机理论和生态系统理论。

1. 基本危机理论

林德曼是最早对心理危机进行研究的学者。他认为，所有人都会在人生的某个阶段、某个时刻产生心理创伤，但这种心理创伤并不都构成心理危机。只有主观上认为创伤性事件威胁到需要的满足、安全和有意义的存在时，人才会进入危机状态。伴随着危机，既有暂时的不平衡，也有成长的契机，危机的解决可能会导致积极的和建设性的结果，如自强的应付能力，减少消极的、自我否定性的和功能失调的行为。他反对把处于心理危机之中的当事人当做心理变态者进行治疗，主张对遭受心理危机的人进行干预，目的在于除去促使其产生心理创伤的认知、情绪和行为问题。

2. 扩展危机理论

扩展危机理论的提出与发展是因为基本危机理论没有适当考虑使一个事件成为危机的社

会、环境和境遇因素。随着危机理论与危机干预的扩展，将当事人个人素质因素作为主要的或唯一的因素是不够的。在社会、心理、环境和境遇的综合作用影响下，任何人都可能出现暂时的病理状态。

3.应用危机理论

学者布拉默(Blumer)提出了应用危机理论。他认为，每个人和每一次危机都是不同的。因此，危机干预者必须将每一个人和造成危机的每一个事件都看做是独特的。应用危机理论包括三个方面。

(1)发展性危机。它主要指人在正常成长和发展过程中，急剧的变化或转变导致的异常反应。如结婚、参加工作、外出执行任务、退役等变化的事件都可能导致发展性危机。发展性危机是正常的，但每个人的发展性危机又都是独特的，因此，必须以独特的方式进行危机评估和干预。

(2)境遇性危机。它是指人在出现罕见或超常事件，且个人无法预测和控制时出现的危机，如意外事故、受伤、突然生病、丢失贵重物品等都有可能导致境遇性危机。

(3)存在性危机。它是指伴随着重要的人生问题，如面对人生的意义、价值、责任、选择等基本问题时出现的内在焦虑和冲突。例如，一个60岁的人觉得自己的生活是毫无意义和价值的，从而产生空虚无聊感，此时的危机就是存在性危机。

4.生态系统理论

生态系统理论是目前正在发展和完善的心理危机理论。该理论认为，危机是产生在整个生态系统之中的，而灾难性事件能够影响和改变整个生态结构。因此，仅处理当事人的心理创伤是不够的，相反，因为灾难性事件会造成整个生态系统的持久性损害，损害的生态系统依然会对当事人的心理造成危机，此时需要大量有经验的各种人类服务和环境科学专家组成快速反应分队，以恢复稳定和环境之间的平衡。在生态系统理论中，有两个因素发挥了重要作用：①电子媒介的作用。它使许多灾难性和创伤性事件进入我们的生活空间，使我们觉得灾难和恐怖就在身边。②环境系统相互依赖因素的影响。人生活的生态系统是由自然界和社会共同组成的，其中一个微小的组成部分的变化也会波及整个系统，引起连锁反应。因此，一些社会负面影响会对生活在这个社会之中的每个人带来危机感。

三、实施心理危机干预的基本模式

国外学者针对心理危机提出了四种基本的干预模式：平衡干预模式、认知干预模式、心理社会转变干预模式和折中的心理危机干预模式。

1.平衡干预模式

平衡干预模式也被国内学者称为平衡/失衡模式。该理论认为，处于危机之中的人通常处于心理失衡状态。在这种状态下，原有的应对策略和解决方法已不能满足现实要求。平衡模式的目的在于帮助人们重新获得危机前的平衡状态。

实践证明，平衡干预模式最适合于心理危机早期干预。处于心理危机初期的当事人心理失衡，已经失去了对自我的控制，分不清解决问题的正确方向，难以作出正确的应对策略。此时，当事人如果获得额外支持，他们的心理会重新获得稳定。一般而言，平衡干预模式运用得越早效果越好。

2. 认知干预模式

心理危机的认知干预模式的代表人物是美国著名心理学家艾利斯(A. Ellis)和贝克(A. Beck)。该模式主张,心理危机产生于对危机事件的错误认识。该模式的基本干预思路是通过改变当事人对危机的思维方式,尤其是寻找、摒弃认知中的非理性和自我否定成分,从而获得科学、理性的思维方式,改变对危机事件及其后果的认知,最终实现当事人对危机的掌控感。

在现实生活中,人们通常在意识或潜意识层面都存在一些非理性的认知思维方式。这些非理性的认知思维方式对人的行为方式产生负面影响,致使人产生一些无效的、甚至是有害的应对行为。特别是在当事人面对心理危机时,这种非理性的认知思维方式更加突出,对当事人行为的负面影响更大。因此,心理危机干预的关键工作就是打破当事人固有的错误认知思维方式,重建新的、科学有效的认知思维方式,以便有效应对危机。认知干预模式最适合于危机已经稳定下来并回归到危机前心理状态的当事人。

3. 心理社会转变干预模式

心理社会转变干预模式的代表人物是奥地利著名心理学家阿德勒(A. Adler)。该干预模式认为,人受遗传与社会环境的影响很大,心理危机不是一种单纯的个人内部状态,它是个人心理、社会、环境诸因素综合作用的产物。其中,朋友、家庭、职业、单位领导都可能是心理危机产生的重要诱发因素。心理危机干预的目的在于与当事人合作,帮助他们分析他们面临的内外困难,逐渐教会他们新的、更为有效的理解与利用环境资源应对危机的策略,达到对自我内部与外部在社会环境的控制,从而摆脱心理危机的困扰。该干预模式与认知干预模式一样,适合运用处于危机后期、心态逐渐稳定的当事人。

4. 折中的心理危机干预模式

折中的心理危机干预模式是指从现在所有危机干预的模式中,有意识的、系统的选择与整合各种干预策略以更好地帮助当事人。因为,每一种干预模式都适用一定范围,也都存在优势与不足,在实践中要综合考虑具体情况,灵活选择合理的干预模式。这是心理危机干预的权变模式,具体而言,就是在心理危机干预实践中,将平衡干预模式、认知干预模式和心理社会干预模式都放入心理危机干预策略库中,以便在合适情况下选择合理的干预模式。这意味着心理危机干预不局限于任何教条的理论方法,而应根据当事人的具体情况,将各种干预模式融合起来。表面上看,折中的心理危机干预模式只是三种基本干预模式的综合,没有什么创新。其实,该模式的运用也需要大量艰苦的工作。例如,分析当事人的具体情况,如何选择合适的心理危机干预模式与策略等都需要创造性的工作。

四、基层部队实施心理危机干预的一般程序

基层部队当实施心理危机干预时,可按以下六个基本工作程序展开干预工作。

1. 确定心理危机问题

从当事人的角度确定和理解当事人所认识的问题。在整个心理危机干预过程中,工作人员应该围绕所确定的问题来把握倾听和应用有关技术。为了帮助当事人确定心理危机问题,工作人员当进行心理危机干预开始时,应该使用倾听、同情、理解、真诚、接纳以及尊重当事人的心理咨询技术。

2. 保证当事人的安全

在心理危机干预过程中. 危机干预工作人员必须将保证当事人的安全作为首要目标。当

事人的安全主要包括当事人的人身安全、心理安全和相关信息安全。简单来说，就是对当事人的生理、心理和个人信息暴露的危险性降低到最小。

3. 给予当事人以心理支持

心理危机干预的第三步是强调与当事人的沟通与交流，使当事人知道工作人员是能够给予其关心帮助的人。工作人员不要去评价当事人的经历与感受是否值得称赞，或是否是心甘情愿的，而是应该提供这样一种机会，让当事人相信"这里有一个人确实很关心我！"

4. 提出并验证可变通的应对方式

这一步侧重于当事人与工作人员常会忽略的一个问题——有许多适当的方法或途径可供当事人选择。因为，在多数心理危机情况下，当事人思维处于不灵活的状态，不能恰当地判断什么是最佳选择，有些处于心理危机的当事人甚至认为自己已无路可走了。在这一阶段工作中，心理危机干预工作者有效的工作是帮助当事人认识到，有许多可变通的应对方式可供他们选择，其中，有些选择比别的选择更为适宜。工作人员要帮助当事人从多种不同途径思考应对策略：

(1)环境支持。这是提供心理援助的最佳资源，当事人知道哪些人现在或过去能关心自己。

(2)应付机制。即当事人可以用来战胜目前危机的行动、行为或环境资源。

(3)积极的、建设性的思维方式。它可用来改变自己对问题的看法，并减轻应激与焦虑水平。如果能从这三方面客观地评价各种可变通的应对策略，心理危机干预工作者就能够给感到绝望和陷入困境的当事人以极大的心理支持。

虽然心理危机干预工作者可以考虑有许多可变通的方式来应对当事人的危机，但只需与当事人讨论其中的一两种。因为，处于危机之中的当事人不需要太多的选择，他们需要的是解决问题的实用策略。

5. 与当事人共同制订计划

心理危机干预的第五步是制订计划，这是从第四步直接发展而来的。心理危机干预工作者要与当事人共同制订行动步骤来矫正其不良情绪状态。制订计划时应考虑以下问题。

(1)确定有另外的个人、组织团体和有关机构能够提供及时支持；

(2)提供应付机制。提供求助者现在能够采用的、积极的应付机制，确定当事人能够理解和把握的行动步骤。根据当事人的应对能力，心理危机干预计划应切实可行，能系统地帮助当事人解决实际问题，计划中还应包括当事人与心理危机干预工作者的合作——如何使用心理与行为放松技术等。

工作人员制订计划时应该与当事人进行合作，让其感到这是他自己的计划，这一点很重要。制订计划的关键在于让当事人感到没有剥夺他们的权力、独立性和自尊。有些当事人可能并不会反对帮助者决定他们应该做什么，但此时这些当事人往往过分地关注自己的危机而忽略自己的能力，他们甚至会认为将计划强加给他们是应该的。因此，在计划制订过程中的主要问题是当事人的控制性和自主性，让当事人将计划付诸实施的目的，是恢复他们的自理能力和保证他们不依赖于心理危机干预工作者。

6. 得到当事人的承诺

第六步得到当事人的承诺是紧接在第五步之后的，让当事人复述共同制订的计划："现在我们已经商讨了你计划要做什么，下一步将看你如何向他或她表达自己的愤怒情绪。请跟我讲一下你将采取哪些行动，以保证你不会大发脾气，避免危机的进一步升级。”在这一步中，心理危机干预工作者要明确，当实施计划时当事人与工作人员是否达成同意合作的协议。

在第六步中，心理危机干预工作者不要忘记其他帮助的步骤，诸如评估、保证安全和给予支持的技术。在结束心理危机干预前，心理危机干预工作者应该从当事人那里得到守信、直接和适当的承诺。然后，在检查、核实当事人信息的过程中，用理解、同情和支持的方式来进行询问。

五、基层部队实施心理危机干预的基本方式

基层部队实施心理危机干预的方式主要有电话热线心理危机干预、网上心理危机干预和面谈心理危机干预三种基本方式。

1.电话热线心理危机干预

电话热线心理危机干预比较方便、及时、经济，且个人私密信息的保密性强。但直接沟通交流难度较大，因为互不见面，声音成为获得信息、施行心理危机干预的唯一途径。心理危机干预者的任务应迅速从音调、语气及简洁应答中判断当事人求助时的心理状态，基本干预策略是先稳住对方的情绪，诱导其倾诉，然后动之以情，晓之以理。

2.网上心理危机干预

网上心理危机干预主要是基于营区军网、局域网的技术系统之上建立的一种网上心理危机干预平台。该平台可以设置多个子平台，如军网博客、QQ聊天室、个人微博、网上在线心理危机对话平台等，通过方便、快捷的网络系统，及时、迅速了解、掌握心理危机人员的基本情况，为进一步实施心理危机干预奠定良好基础。网上心理危机干预的优点是迅捷、方便、经济、避免面对面的尴尬，对那些性格内向、对危机心存顾虑的官兵尤为适合。但该干预方式需要基层部队具备良好的信息技术平台，设置良好的心理危机干预软件系统，且官兵上网较为方便，否则便难以实施。

3.面谈心理危机干预

面谈心理危机干预的基本方法包括调整当事人认知、改善应对技巧、进行松弛训练、充实生活内容、扩大交往范围，建立社会支持系统。面谈心理危机干预的具体内容包括在营、连单位成立各种自助帮助组织，及时了解、识别心理危机高危人员，如抑郁悲观者、受伤人员及天灾人祸后的当事人等，平时注重普及心理危机干预的相关预防知识，在营区宣传心理卫生与心理危机干预常识，不断提高官兵心理自助互帮意识，尽可能消除心理危机干预引发的不良后果。

六、基层部队实施心理危机干预的要求

基层部队在实施心理危机干预时应遵循以下6项基本要求。

1.明确当事人的危机问题

心理危机干预人员实施心理危机干预时，首先要迅速确定当事人的心理危机问题，是丧失亲人、遭受挫折、还是学习训练中遇到困难，明确当事人存在问题的性质，确定该问题是否属于心理危机干预工作范畴。确定心理危机问题后，应以当事人当前存在的问题为主，并立即采取相应措施加以干预。

2.充分利用当事人社会干预资源

心理社会转变干预模式告诉我们，基层官兵产生危机的原因是多方面的，既有自我心理因

素的影响，又有社会环境的因素影响，干预时既要充分利用当事人自身心理资源，也要合理挖掘当事人现存的社会环境资源，如必要时邀请当事人的家人、战友、朋友参加心理危机干预，全方位动用当事人拥有的各种资源，这样实施的心理危机干预效果就会比较显著。

3. 对当事人要鼓励与关心

处于心理危机之中的当事人一般会对自己失去信心。此时，他们需要得到精神上的慰藉、关心、支持、鼓励和温暖，切忌对当事人的行为、认识横加指责，避免使当事人陷入更大的心理危机之中。但同时也不要让当事人对心理危机干预者产生过度依赖心理，心理危机干预的目的不是让心理危机干预者包办处理当事人的所有问题，而是要帮助、鼓励当事人，使他们树立自信心，最终依靠自我的力量摆脱心理危机，恢复心理平衡，获得成长机会。

4. 正确对待心理危机

心理危机是每个人在人生的某个阶段、某个时期都必然遇到的问题，是非常正常的现象，它既不是心理疾病，也不是生理疾病。因此，心理危机干预者实施心理危机干预时不要把心理危机当做生理问题、心理疾病处理，而是要用平常心去对待当事人及其存在的心理危机问题。

5. 处置要迅速和专业

实践证明，心理危机干预的最佳时机就是当事人危机产生的第一时间。所以，心理危机干预必须及时、迅速，否则就会错过介入的最佳时机。心理危机干预是一项专业性较强的工作，要充分做好这项工作，就必须由专业人员来实施完成。在基层部队中，应该由获得了国家心理咨询师（员）的人员来完成，特殊情况下，也可由经受过心理危机干预业务培训的相关人员来实施。

6. 要有预案和组织机构

基层部队实施心理危机干预前要有经过充分论证的各种预案，如反恐维稳、预防犯罪、抗洪救灾、抗震抢险、预防自杀等预案。此外，心理危机干预是保证基层部队安全稳定的重要工作，需要有效的组织领导和多个部门的密切配合，需要制定相关工作制度、设立相关领导机构、配备专业人员，这些都是有效实施心理危机干预的重要保障。

第三节　基层部队实施心理危机干预的基本技术

心理危机干预的基本目标是在心理上帮助当事人解决危机，使其身心功能恢复到危机前的水平。最终目标是帮助当事人提出应对危机的方法策略，以增强他们的心理素质，提高他们的心理健康水平与成熟度。为达到这两大目标，必须对当事人实施及时有效的心理干预。当前，心理危机干预的技术虽然较多，但干预的基本技术主要有两种：紧急事件应激晤谈技术和支持性心理干预技术。

一、基层部队心理危机干预的基本技术

1. 紧急事件应激晤谈技术

（1）紧急事件应激晤谈技术的内涵。紧急事件应激晤谈技术（CISD）是一种最基本的心理危机干预技术，已有近 60 年的发展历史。紧急事件应激晤谈技术首先应用于缓解经常参与危机事件救援或经常处于危机事件中的消防队员、警察、医务人员、军人等人员的心理危机。后来该技术被推广应用于直接暴露于创伤事件中的各种当事人。通常该技术在紧急事件发生后

的 2～10 d 内进行，每次心理干预持续 3～4 h。

(2)紧急事件应激晤谈技术的目标。紧急事件应激晤谈技术的目标有以下方面。

1)公开讨论当事人的内心感受，对当事人进行心理支持与安慰。

2)充分挖掘当事人周围的社会资源，并加以充分利用，为实施心理危机干预提供条件。帮助当事人在认知和情感方面不断直面创伤性体验。

3)紧急事件应激晤谈技术的任务。紧急事件应激晤谈技术的任务是最大限度帮助当事人减轻危机事件所带来的创伤，尽量使当事人恢复心理平衡状态。

4)紧急事件应激晤谈技术的时限。实践证明，灾难发生后 24～48 h 是理想的干预时间，干预进入太早或太晚效果都不理想。灾难发生后 6 周再实施心理危机干预的效果微乎其微。该技术应由具有一定资质和经验的心理服务专业人员具体实施，参与者应该都参加过相关专业培训。

5)紧急事件应激晤谈技术的操作步骤。

紧急事件应激晤谈技术的具体操作一般分为以下 6 个步骤。

第一步：导入与介绍。干预者实施干预时应首先进行自我介绍，向当事人介绍该心理危机干预技术的目的、原则、程序和保密规定，与当事人建立互信关系，回答当事人提出的相关问题。

第二步：当事人进行事实叙述。干预者鼓励当事人从自我角度出发，描述事实发生时的所见所闻所为，目的在于了解事实真相。干预者在这个阶段要注意，采取各种方式打消当事人顾虑，激励当事人说出事实。如果当事人实在不想讲话，干预者也不要勉强，允许当事人保持沉默，等待时机到来后再让当事人陈述事实。

第三步：当事人表达体验感受。干预者鼓励当事人表达对危机事件的认识与看法，尽量让当事人表达对有关事件的最初和最痛苦的想法，充分挖掘当事人在危机事件中最痛苦的经历，让当事人表达自己在危机中有什么地方做得不足，对不利后果应负什么责任等问题。在这个过程中，干预者应让当事人充分宣泄不良情绪，即使当事人出现号啕大哭、捶胸顿足等过激行为时也不要加以制止，以免干扰当事人进行心理宣泄。

第四步：当事人对身心症状的陈述与理性思考。干预者让当事人从心理（认知、情感、行为）和生理两个方面按照时间顺序进行陈述，向干预者表达自己在危机事件中的痛苦症状与心理体验。目的在于帮助当事人识别自己的不良反应，开始将当事人逐渐从情感领域引向理性的认知领域，以便当事人对危机事件进行合理的理性思考。

第五步：实施心理干预。向当事人介绍危机事件作用下人产生的一般心理应激反应，强调人的巨大潜能，与当事人讨论积极的应对方式。干预者要让当事人认识到，他们的经历是面对紧急情况下的正常反应，是可以理解的行为，而不是心理疾病或精神病，从而减轻当事人的心理负担，从而激发当事人的自信心，努力调动当事人的社会资源和心理康复潜能，与当事人一起进行积极心理重建。同时向当事人传授必要的、建设性的心理危机应对策略和技巧。

第六步：当事人的恢复。在晤谈即将结束前，危机干预者应总结晤谈的主要内容和过程，回答当事人的问题，讨论下一步的行动计划，并对当事人未来处境进行评估，鼓励当事人使用干预者教给他们的应对策略和方法，并创造机会使当事人充分宣泄不良情绪，避免产生强迫性思维与其他消极的心理防卫措施。对那些通过晤谈仍不能恢复的当事人应转介到其他专业机构进行心理疏导与治疗。

2.支持性心理干预技术

(1)支持性心理干预技术的内涵。支持性心理干预技术是指通过干预者对当事人的心理支持和社会支持等方式帮助他们度过心理危机、克服消极情绪、调整认知、减轻身心压力的一种心理危机干预方法。它是所有心理危机干预技术的基础性技术,对那些经历了严重心理创伤的当事人较为有效,如灾后获救、家庭破裂、亲人亡故、战后康复中的心理危机者。

(2)支持性心理干预技术的基本原则。

1)干预者支持要适度,绝不能包办代替。干预者应根据当事人的性格、成熟度、危机事件的强度等情况提供合适的心理支持,不要过分迁就当事人的不合理要求,不要代替当事人解决他们的问题。支持包含积极的鼓励,帮助当事人挖掘内心潜能,协助当事人自我成长。

2)帮助当事人转变对灾难和挫折的认识。当事人的各种消极心态与他们对危机事件的不正确认识有密切关系,不正确的人生观、生死观、金钱观、爱情观、事业观、疾病观、成功观、价值观等,都会使当事人对危机事件产生不正确的认知,从而引发其身心产生各种不良反应。干预者的重要任务就是帮助当事人实现认知方式的转变。

3)启发当事人充分利用社会支持资源。当事人遭受心理打击时,很容易产生无能感、无助感和绝望感,干预者此时要注意启发当事人充分利用自己当前的各种社会支持系统,如家庭、朋友、战友、领导、单位、同事的帮助支持,凝聚力量以应对当前危机。

4)鼓励当事人积极采取行动改变目前的不利局面。当事人对危机的认知方式需要较长时间的改变。此时,心理危机干预者不能坐等当事人认知改变后才采取行动,而应该鼓励当事人现在采取一些小的行为改变。通过帮助当事人逐步采取积极行动以获得信心,继而采取更大行动,最终以成功的行动促使当事人认知方式的更大改变。

(3)对支持性心理干预技术语言表达的要求。干预者的语言使用在支持性心理危机干预中的作用十分重要,不适当的语言表达可能产生负面作用,因此,干预者的语言表达应规范、合理。

1)干预者的话语要自然大方、真诚朴实、科学准确、通俗易懂、深入浅出,切忌使用专业术语。

2)干预者的话语要文明优美,热情而不轻佻,严肃而不教条,用语简洁,措辞得当,举例贴切。

3)好的话语还要辅之以必要、适当的心理陪护,这样支持性心理危机干预技术才能发挥事半功倍的效果。

二、基层部队官兵心理危机干预的重点对象

针对基层官兵的具体情况,基层部队对处于以下情况的人员要重点关注,制定心理危机干预预案,在需要时提供紧急干预。

1.遭遇突发事件的官兵

那些当家庭发生重大变故、人生发展出现危机、遇到自然灾害或社会意外等危机事件时,遭遇危机的官兵大多心理都会处于极端不平衡状态中,容易产生心理与行为问题。如不能及时对这类官兵提供心理危机干预,这类人员可能会产生更大的心理危机问题。

2.存在严重心理疾病的官兵

在基层部队中,对患有抑郁症、恐怖症、强迫症、癔症、焦虑症等心理疾病的官兵,应及时开

展心理测试评估工作，进行确诊。对那些确诊为存在严重心理疾病的人员，应尽快采取有效措施进行干预，以便稳定其异常情绪与行为，以便进行更进一步的干预；对那些基层部队难以独立处理的人员，应尽快后送到相关的精神治疗机构实施专业治疗。

3. 有自杀心理与行为的官兵

在现代社会中，自杀是人类十大死因之一，它现已成为15～34岁人群的重要死因。自杀行为可以分为四种类型：意念自杀、自杀未遂、准自杀和自杀死亡。以下几类人员是自杀的高危人群。

1)遭遇负性生活事件。如离婚、失恋、事业受挫、发展受限等；

2)有精神疾病的人，特别是抑郁症的人(90%的自杀者患有抑郁症)；

3)有自杀未遂史或有自杀家族史的人；

4)性格过于孤僻内向的人；

5)生存与生活压力过大的人。

针对以上这些情况，要细致准确地了解并掌握所属官兵的基本情况，如出现异常情况应采取及时果断的干预措施。

4. 身患重病的官兵

对于长期卧床不起、身患重病的人员，要高度重视。这类人员大多处于心理危机之中，如身患乙肝、癌症、甲亢、糖尿病等疑难杂症的人员，他们很容易产生悲观失望、绝望极端情绪，容易做出异常极端行为。因此，基层部队对这类人员要尽力实施帮助，单位领导要经常看望他们，要关心、照顾他们的生活。心理服务人员要及时对他们提供心理危机干预与心理救助，并将干预效果及时向单位领导汇报，以便采取更为有效的措施。

5. 学习训练压力过大的官兵

学习训练是基层部队官兵重要的日常活动。随着部队建设正规化，基层官兵间的竞争日益激烈，官兵靠能力素质立足的理念越来越深入人心，学习训练成绩成为官兵进一步发展进步的重要前提条件。但由于种种原因，部分官兵存在学习训练方法不科学、学习训练效果不好等问题，这些问题都会给他们带来了巨大的心理压力，他们的心理更容易处于危机之中。一般而言，新兵和刚刚进入基层部队工作的干部最容易产生这种心理压力，他们也是心理危机干预的重点人员。

6. 个人感情受挫的官兵

在婚恋纠纷、夫妻冲突、家庭暴力、婚外恋、离婚、家庭成员关系紧张、丧偶、婆媳矛盾、亲子关系淡漠等个人感情遭受挫折后，当事人容易处于心理危机之中，更需要得到心理援助。

7. 人际关系紧张的官兵

战友、同事、上下级之间的人际矛盾与冲突容易使涉及双方都处于心理危机之中。这类人员也是基层部队心理危机干预的重点人群。由于这类人员情况易发现、易掌握，很容易识别，但关键还是单位领导要在思想上高度重视，心理干预人员也要积极把握干预时机。

8. 性格内向的官兵

有研究表明，95.2%的自杀者属于性格内向或较为内向，52.4%的自杀者属于性格过于孤僻。因为过于内向、孤僻的人更容易陷入焦虑和绝望之中，情绪更易多变。在基层部队中，这类人员也容易识别，他们也属于心理危机干预的重点对象，干预者要主动靠上去开展干预工作，切忌消极等待。

9.不适应军营环境的官兵

那些长期不适应或难以适应军营环境的官兵也是基层部队心理危机干预的重点人群，如少数新兵。因为，这类人群不适应军营环境，容易产生各种不良情绪与行为，心理更易处于危机之中，从而产生极端行为，如逃跑、不请假外出、违纪、酗酒等，对部队安全管理和正规化建设产生消极影响。

10.周围战友出现心理危机而受到影响的官兵

在基层部队，当周围战友出现心理危机、产生消极情绪时，他们往往也深受负面情绪影响，产生恐慌、担心、焦虑、困扰等消极情绪，其心理陷入危机之中，也需要心理危机干预的帮助。

11.执行重大任务中的官兵

执行重大任务的官兵一般都承受了巨大的心理压力，他们面临着要适应新的环境、新的人际关系、新的任务、新的要求，此时，心理也更容易产生危机，也更需要心理危机干预实施的援助。特别是执行抗震救灾、抗洪抢险、反恐维稳等非战争军事行动的官兵，由于经历或目睹血腥场面，当事人都会产生心理创伤，感到巨大痛苦，常引起当事人产生极度恐惧、害怕、无助感的危机感受。这类人员是基层部队实施心理危机干预的重点人群。基层部队开展心理危机干预时，不仅要在执行任务前进行，在执行任务过程中和执行任务后也要开展心理危机干预。

三、基层部队常用的心理危机干预基本技术

1.对受灾当事人的心理危机干预技术

(1)对刚刚遭受灾难的当事人的心理危机干预策略。首先，干预者应该在第一时间出现在当事人的身边，给当事人以心理安慰与安全感。除了通过身体接触的方式让当事人感到身边有人在陪伴，还可以给恐慌者一些柔软的物体怀抱，如抱枕等。其次，在灾难结束后，必须告诉当事人是因为刚才的事情引起了恐慌，其实现在非常安全。最后，如果当事人经常有这种恐慌情形出现，则建议当事人寻求专业心理治疗的帮助。

(2)当事人遭遇危机后的心理危机干预策略。当事人遭遇危机后，干预者不要劝阻他(她)哭泣，陪在他(她)的身边，让他(她)尽情地哭泣，还可以适时地递上面巾纸让他(她)擦泪以示关心。如果他(她)跟干预者诉说遇难亲人的事情，工作人员应该静静的倾听他(她)讲述，不要劝阻。此外，谈论灾难中的事情会让当事人产生害怕、挫折、悲伤等消极情绪，但是不要试图回避这些事情，应诚实地回答他(她)提出来的每个问题。有时，他(她)会不止一次地重复问同样的问题，干预者应该不厌其烦地给予认真回答，不要敷衍他(她)。有些当事人认为，自己的不幸是由于他(她)自己造成的，干预者应耐心引导他(她)充分认识灾难不是由于他(她)的原因造成的，帮助他(她)从深深的自责中摆脱出来。当灾难结束后，但当事人还不停地问灾难还会不会发生时，干预工作者不能跟他(她)说不会再有了，但是可以教给他(她)一些简单的预防措施。如果有可能，可以跟他(她)一起进行预防的模拟演练，以便让他(她)清楚不是每次灾难都具有那么强的危害性。

此外，灾难发生后的前期，干预者尽量不要让当事人接触与创伤经验有关的刺激。如迫不得已，则要让当事人做好充分心理准备，可以问当事人这个刺激让他(她)想起了什么，允许他(她)进行充分的言语表达和情绪宣泄。虽然直面与创伤经验有关的刺激有时也会有干预效用，但是一定要审慎运用，要注意这些刺激可能会对当事人造成心理与行为的二次伤害。

如在灾难发生后，当事人失眠、经常做噩梦，干预者可以在他(她)入睡前陪伴他(她)一会

儿，跟他（她）讲讲话，或放点轻松音乐。如果他（她）中途做噩梦惊醒，要陪伴在他（她）身边，帮助他（她）再度入睡。早晨醒来后，要告诉他（她）做噩梦是正常的，不要过分担心。如果他（她）持续 6～8 周做噩梦，建议当事人寻求专业心理治疗人员的帮助。

在灾难发生后，当事人经常向干预者诉说灾难的过程时，要不要制止他（她）呢？很多人认为，在灾难后要尽量回避谈论那次灾难的过程，其实这种想法是不科学的。应该允许当事人说出那次灾难的过程，而且可以说得具体、详细些，心理危机干预者要认真、耐心地倾听他（她）。而不要限制他（她）的倾诉。时间长了，他（她）可能逐渐会停止谈论这件事情。

2. 对创伤后应激障碍的干预技术

(1)创伤后应激障碍的内涵和主要症状。创伤后应激障碍(Post Traumatic Stress Disorder，简称 PTSD)是指突发性、威胁性或灾难性生活事件导致个体延迟出现和长期持续存在的精神障碍，它是一种十分重要的心理危机类型。其临床表现以再度体验创伤为特征，并伴有情绪的易激惹和回避行为。简而言之，创伤后应激障碍是一种创伤后心理失衡状态，是一种比较典型、比较严重的心理危机，如战争、严重事故、目睹暴力造成的死亡或他人惨死、身受酷刑、恐怖行为等异常事件都会使当事人产生创伤后应激障碍。创伤性事件是创伤后应激障碍诊断的必要条件，但不是创伤后应激障碍发生的充分条件，虽然大多数人在经历创伤性事件后都会程度不等的出现症状，但相关研究表明，只有部分人最终成为创伤后应激障碍的受害者。创伤后应激障碍的诊断要依据其主要症状。

创伤后应激障碍的核心症状有三种：重新体验症状、回避症状和警觉性增高症状。

1)重新体验症状。最具特征性的表现是在重大创伤性事件发生后，当事人有各种形式的反复发生的闯入性创伤性体验重现（病理性重现）。当事人常以非常清晰的、极端痛苦的方式进行着这种“重复体验”，包括反复出现以错觉、幻觉（幻想）构成的创伤性事件的重新体验（症状闪回，闯入性症状）。此时，当事人仿佛又完全身临创伤性事件发生时的情景，重新表现出事件发生时所伴发的各种情感。当事人面临、接触与创伤性事件有关联或类似的事件、情景或其他线索时，常出现强烈的心理痛苦和生理反应。患者在创伤性事件后，频频出现内容非常清晰的、与创伤性事件明确关联的梦境（梦魇）。在梦境中，患者也会反复出现与创伤性事件密切相关的场景，并产生与当时相似的情感体验。患者常常从梦境中惊醒，并在醒后继续主动“延续”被“中断”的场景，并产生强烈的情感体验。

2)回避症状。在创伤性事件后，当事人对与创伤有关的事物采取持续回避的态度。回避的内容不仅包括具体的场景，还包括有关的想法、感受和话题。当事人不愿提及有关事件，避免相关交谈，甚至出现相关的“选择性失忆”。在遭遇创伤性事件后，许多患者存在着“情感麻痹”的现象。从外观上看，当事人给人以木然、淡漠的感觉，与人疏远、不亲切、害怕、罪恶感或不愿意和别人有情感的交流。当事人自己也感觉到似乎难以对任何事物产生兴趣，过去热衷的活动也无法激起当事人的情绪，当事人感到与外界疏远、隔离，甚至格格不入，难以接受或者表达细腻的情感，对未来缺乏思考和规划，听天由命，甚至觉得万念俱灰，生不如死，严重者甚至出现自杀行为。

3)警觉性增高(易激惹)症状。不少当事人出现睡眠障碍（难以入睡、易惊醒）、易激惹或易发怒、容易受惊吓，难以集中注意力等警觉性增高的症状。存在创伤后应激障碍的当事人自杀危险性远远高于普通人群，自杀比例达 19%。这是因为存在创伤后应激障碍的当事人不但具有自身独特的症状学特征，还常常伴有不同程度的焦虑、抑郁情绪，某些当事人焦虑、抑郁情绪的严重程度甚至达到合并诊断情绪障碍的标准:包括抑郁症、焦虑症等。此外,由于存在创伤后应激障碍的当事人警觉水平的提高,使得当事人对自身躯体健康状况的关注加强,并伴发严重的睡眠障碍。同时,长期的精神紧张和失眠也会加重机体的生理负荷,增加了诸如高血压,冠心病,消化性溃疡,肿瘤和其他心身疾病的发病风险。这些躯体因素与心理因素相互作用的结果,往往会进一步降低创伤后应激障碍的当事人对心理创伤和社会生活压力的应对能力,加深他们的主观绝望感、无助感,从而提高了他们的自杀风险。

(2)创伤后应激障碍的主要表现。创伤后应激障碍是由异乎寻常的威胁性或灾难性心理创伤,导致延迟出现和长期持续的精神障碍。遭遇创伤后应激障碍主要会有以下表现:①反复发生闯入性的创伤性体验重现(病理性重现)、梦境,或因面临与刺激相似或有关的境遇,而感到痛苦和不由自主地反复回想。②持续的警觉性增高。③持续的回避。④对创伤性经历的选择性遗忘。⑤对未来失去信心。少数当事人有人格改变或有神经症病史等附加因素,从而降低了对应激源的应对能力。精神障碍延迟发生,在遭受创伤后数日甚至数月后才出现,病程可长达数年。

(3)创伤后应激障碍的临床诊断标准。

1)遭受对每个人来说都是异乎寻常的创伤性事件或处境(如天灾人祸等)。

2)反复重现创伤性体验(病理性重现),并至少有下列 1 项:不由自主地回想遭受危机的经历,反复出现有创伤性内容的噩梦,反复产生错觉、幻觉,反复发生触景生情的痛苦,如目睹死者遗物、旧地重游,或在周年日等情况下,当事人会感到异常痛苦和产生明显的生理反应,如心悸、出汗、面色苍白等。

3)持续的警觉性增高,至少有下列 1 项:入睡困难或睡眠不深;易激惹;难以集中注意;过分地担惊受怕。

4)对与刺激相似或有关情境的回避,至少有下列 2 项:当事人极力不想有关创伤性经历的人与事;避免参加能引起痛苦回忆的活动,或避免到会引起痛苦回忆的地方;不愿与人交往、对亲人变得冷淡;兴趣爱好范围变窄,但对与创伤经历无关的某些活动仍有兴趣;选择性遗忘;对未来失去希望和信心,社会功能受损。

5)病程标准。精神障碍延迟发生(即在遭受创伤后数日至数月后,罕见延迟半年以上才发生),符合症状标准至少已 1 个月(2008 年 6 月修订此条)。

(4)创伤后应激障碍的自我干预策略。

1)了解创伤后应激障碍的相关知识,树立信心,坚信自己不是孤立无援的、脆弱的、或者失常的人,自己的反应是人类对于灾难的正常应激机能。

2)向亲人、朋友、医生讲述自己的感受和症状。

3)与其他曾经经历过创伤后应激障碍的战友建立联系,彼此相互支持。

4)能够较为正确地意识到自己出现创伤后应激障碍的各种症状。

5)利用洗澡、听音乐、深呼吸、沉思、锻炼等方式来达到放松的目的。

6)不能靠喝酒、吸毒、吸烟等消极应对方式来逃避心理创伤,而是应该用运动、聊天、谈心、听音乐等积极方式加以应对。

7)保证充足睡眠与合理饮食。

(5)创伤后应激障碍人员的心理危机干预策略。

1)为当事人提供安静舒适的环境,减少外界不良刺激。由于创伤后应激障碍的当事人存在较高易受暗示性，因此，进行心理危机干预时，不能将症状相同的当事人安排在同一房间，以免增加新的心理危机或强化原有心理危机。

2)应尊重当事人，注意尊重其隐私。

3)注意观察和关心当事人(但不被当事人意识到)。加强不安全因素和危险物品的管理以便早期发现自杀、自伤或冲动行为的先兆，防患于未然。

4)在当事人应激相关障碍发作期间，心理危机干预人员应注意耐心看护。对有躯体化症状的当事人应用暗示性言语引导缓慢进食，或分散注意力，鼓励其进食。

5)对有自理缺陷的当事人应做好晨晚间护理，加强饮食护理，保证其营养的需要。

6)鼓励当事人参加以娱乐性游艺为主的活动，在放松环境中分散他们注意力，避免他们对自己心理危机的过分关注，使他们暂时忘记心身痛苦。

7)处于创伤后应激障碍的当事人可能存在自杀念头，当当事人存有这种念头时，周围战友应看护好当事人，并要及时告诉其家人、朋友、医生、单位领导。有的基层单位现已设立了自杀干预热线，要使用这些资源对当事人实施有效帮助。

3.对有自杀倾向的人员的心理危机干预技术

(1)自杀概述。自杀是一种社会现象，古而有之。据统计，每年全世界有约100万人死于自杀。1988—1992年，我国每年有8.5～10万人死于自杀。随着心理压力不断增大，我国每年死于自杀的人数也在不断增加，1999—2008年，我国每年死于自杀的人数平均在20万人以上。自杀者的年龄以20～24岁的年轻人和60岁以上的老人为主。

(2)对自杀的心理危机干预模式。对自杀问题的处理主要有危机干预模式和持续治疗模式。前者认为自杀只是一个急性的心理危机，持续时间有限，因而该模式主张，对自杀进行积极干预，以减少自杀现象的发生。持续治疗模式则认为，自杀想法和企图自杀行为源于当事人存在严重的心理问题或心理疾病，而不是急性危机。因此，对自杀者的处理不仅要进行心理危机干预，还要进行持续的心理治疗，只有通过心理治疗解决了当事人的心理问题或心理疾病，自杀意图、自杀行为才能化解。对于自杀者的心理危机干预，前一种模式具有一定的理论指导意义。

(3)自杀危机干预的基本技术。自杀危机干预的技术主要包括沟通技术、心理支持技术和问题解决技术。

1)沟通技术。在自杀危机干预中，干预者首先要与当事人建立良好关系，如不能与危机当事人建立良好的沟通合作关系，干预便难以产生良好效果。良好沟通与合作关系有利于当事人恢复自信、减少当事人对生活的绝望感。危机干预者也能从当事人那里获得相关信息，从而确定当事人存在的问题。干预者要实现与当事人有效沟通就应做到:①沟通合作态度要诚恳。如干预者敷衍了事、心口不一，当事人对此很敏感，从而导致更为强烈的绝望感。②干预者要保持必要的自信。面对当事人的问题，干预者要保持镇定，与当事人交谈时预期要坚定，以充分显示干预者对解决当事人的问题成竹在胸。③避免使用专业术语和难懂语言，尽量使用通俗易懂的话语。④多使用开放性、半开放性的谈话技巧，鼓励当事人宣泄内心不良情绪，共同探索、寻找解决问题的社会资源。⑤干预者应给予当事人希望但不要给予他们过多保证，因为干预者能做的是有限的。⑥避免与当事人过多谈论自杀原因，而应找出当事人的心理牵挂，并积极引导当事人寻找社会支持系统，从而使他们看到解决问题的希望。

2)心理支持技术。干预者在实施心理危机干预过程中，应尽量给予当事人以心理支持，使当事人的情绪尽快稳定下来。心理支持技术主要包括干预者的鼓励、倾听、非批判性的态度、积极暗示、情感反应等方法。干预者在危机干预过程中要全神贯注地聆听当事人的叙述，观察他们细微的情绪变化。非批判性态度是指危机干预者在干预过程中不应对当事人的自杀行为进行评论甚至批评，任何评论和批评对自杀者而言都将无济于事，甚至会加剧当事人的心理危机。此时，当事人最需要得到干预者的接纳与关怀，所以非批判性态度是自杀危机干预的基本技术。积极暗示是干预者利用语言和非语言行为引导当事人看到生活中美好、光明的一面，从而给予当事人以生活下去的希望。情感反应是指危机干预者辨认、体验当事人言语与非言语中隐含的情绪、情感，并将分析结果反馈给当事人，使之对自己的处境更为清楚。

3）问题解决技术。问题解决技术是以改变当事人的不正确认知为前提的。问题解决技术一般采用以下 6 种方法。

a. 为当事人提供宣泄机会，宣泄被压抑的不良情绪，鼓励当事人将内心的真实感受表达出来。

b. 解释和指导。向当事人解释危机的发展过程，使当事人更加清楚当前处境。指导当事人树立信心，建立信任干预者的积极态度。

c. 提高当事人信心，给予恢复健康的希望，给予当事人以肯定和支持。

d. 解决问题。针对当前困扰当事人的问题，共同探讨问题解决的方法与途径，从众多方法中选出最切实可行的解决之道。

e. 鼓励当事人实施自助。帮助当事人建立新的社交圈子，鼓励他们积极进行社交。并使他们明白，真正解决问题的主人其实就是当事人自己。

f. 充分利用社会支持系统，让当事人的亲人、朋友、战友、单位领导、同事等参与干预，主动与当事人接触、交流、沟通，不断增强当事人活下去的信心和希望。

4. 战场心理危机干预技术

现代战争具有巨大杀伤力和破坏力，参战人员面临着伤残与死亡的威胁，由此而引起的心理震荡可能会导致严重心理危机，使官兵丧失作战能力。在战场上对当事人实施心理危机干预，就是在作战中，心理干预者运用心理学的原则和方法，通过组织控制、集体影响、自我协调等手段进行心理调节，以恢复当事人斗志，提高部队战斗力的心理危机干预技术。

（1）组织控制。战争形式教育是组织控制的直接手段，通报作战信息是组织控制的有效方法，及时抢救是组织控制的重要内容，严肃战场纪律是组织控制的必要措施。通过以上措施，干预者帮助参战人员消除战场恐惧感，缓解心理压力，减少因战场心理伤痛而出现的非战斗减员。

（2）集体影响。集体影响是依靠多数官兵的一致意见和行为产生集体压力，从而达到对当事人施加心理影响，促使当事人采取与集体相同行动的心理危机干预技术。要合理应用集体影响实施心理危机干预，应做好以下 3 个方面的工作：①充分发挥基层部队集体影响的诱导作用，从而团结一致、群胆群威地夺取战斗的胜利。②发挥集体影响的感染作用，使集体的正面影响深入到每名官兵的内心深处。③发挥集体影响的制约作用，对那些存在心理危机的高危人员要尽早、预前采取干预措施，这样不仅可以防患于未然，而且即使当时出现战场心理危机，也能在一定程度上缓解战场恐惧心理，坚定官兵战斗信心。

（3）自我心理调节。自我心理调节是战场心理危机干预的关键。在战场这一特殊的环境里，无论是组织控制还是集体影响，最终都要通过参战官兵自主的心理调节来实现。善于自我调节的参战人员，往往能在各种紧急情况面前保持良好心态。有关自我心理调节的理论与方法都在有关章节中详细讨论过，此处不再赘述。

四、基层部队心理危机干预人员的资质

从心理危机发展情况看，早期心理危机干预工作主要是由一些志愿者参与进行的。这些志愿者或是以往心理危机的受害者，或是当前心理危机的受害者及其他受到危机影响的人。但人们很快发现，在心理危机干预中存在着非常复杂的问题，是志愿者的美好意愿所不能解决的。因此，心理危机干预越来越需要具有专业知识和技能的专业人员参与。心理咨询师在危机干预的专业人员中是一个最为活跃的群体。后来的事实证明，由于受过专门训练的心理咨询师的参与，心理危机干预的组织才逐渐从盲目走向成熟。

心理咨询师不仅应具备该职业的基本素质，如道德素质、反省能力和诚实品质，而且还应具备特殊的专业素质，如生活经验、灵活性、充沛精力、快速反应能力和换位思考的能力等。当然，除去日常专业训练所养成的各种素质以外，心理咨询师也要掌握有关心理危机干预技术，如关注、倾听、评估、具体的危机干预措施。心理危机干预属广义心理治疗范畴，危机干预借用心理治疗的基本手段，帮助当事人处理迫在眉睫的问题，帮助他们恢复心理平衡，安全度过危机。干预的对象不一定是"患者""病人"，心理危机干预的最低目标应该是保护当事人，预防各种意外事故发生，不断提高当事人应对危机的心理能力。

第八章 基层部队遂行重大任务心理服务工作

2009年的全军心理服务工作座谈会上，总政治部主任李继耐同志发表重要讲话，他明确指出："部队执行重大任务，官兵往往长时间处于高度紧张、极度疲劳状态，容易造成很大心理压力，需要心理服务工作及时跟进、发挥作用。各级要把做好心理服务工作作为促进任务完成的重要保障，与遂行重大任务一并筹划部署，紧贴任务进程一起推进。""既要重视做好完成经常性工作中的心理服务工作，又要重视做好遂行重大任务中的心理服务工作，为圆满完成任务提供强大支柱和心理保证。"随着我军职能使命的拓展，部队在完成多样化军事任务特别是遂行重大任务中发挥着越来越重要的作用。近几年来，我军遂行重大任务明显增多，特别是承担复杂、艰巨、危险的重大灾害事故应急救援任务较多。例如2008年初南方雨雪冰冻灾害救援、2008年汶川地震抢险救灾、2010年玉树地震及泥石流灾害救援等大规模抢险救灾任务。由于遂行重大任务具有复杂性、艰巨性、危险性、应急性，官兵往往突然地或长时间地处在高度紧张、极度疲乏的状态下，面对巨大心理压力，容易产生各种心理问题、心理疾病，如不及时加以解决，很可能影响部队完成重大任务的质量和效果。实践证明，部队在遂行重大任务过程中开展有针对性的心理服务工作，对提高部队官兵士气、增强部队凝聚力和战斗力、提高部队完成重大任务的质量具有重要作用。做好遂行重大任务心理服务工作，已经成为部队一项重要工作。

第一节 基层部队遂行重大任务心理服务筹划准备工作

预有准备是做好所有事情的前提和取得成效的基础。作为军事集团，部队平时的教育训练就是为打仗做准备，要做到如毛泽东同志指出的，不打无准备之仗。根据部队已经担负执行过的重大任务的情况和取得的经验，深入分析遂行重大任务对官兵心理的影响，预测和了解官兵心理活动和变化趋势，研究制定心理服务保障方案，就是做好遂行重大任务心理服务工作的筹划准备。

一、遂行重大任务对官兵心理的影响

遂行重大任务对官兵心理影响主要来自于任务特性、任务执行中情况的急剧变化、任务持续时间等。心理影响会给官兵完成任务带来许多阻碍，进而影响任务完成的质量和效果，还可能造成不必要的人员伤亡和财物损失。做好遂行重大任务中的心理服务工作是官兵顺利完成任务的重要保障。要做好遂行重大任务心理服务工作，就必须认真分析遂行重大任务对官兵心理的影响。

1. 复杂任务易导致官兵心理压力过大

由于部队遂行重大任务会面临种种难以预见的威胁和突发情况，给执行任务官兵带来强

烈、持续的心理压力。当面对复杂、艰巨、繁重任务时，部队官兵都会不同程度地产生心理应激反应，不同程度地出现情绪、生理、认知、行为异常反应等。情绪异常反应表现为悲痛、愤怒、恐惧、忧郁、焦虑不安等变化；生理异常反应表现为疲乏、头痛、头晕、失眠、噩梦、心慌、气喘、肌肉抽搐等症状；认知障碍表现为感知异常、记忆力下降、注意力不易集中、思考与理解困难、反应迟钝，推理和判断能力下降、缺乏自信，无法做决定，健忘，效能降低，不能把思想从危机事件上转移开来，对工作和生活失去兴趣等，严重的甚至导致精神崩溃，出现自伤、自杀等行为异常；在行为方面主要表现为害怕见人，暴饮暴食，容易自责或怪罪他人，不信任他人，以及出现躲避和警觉反应，或者逃避现实，出现强迫行为，操作技能水平降低等。由于心理压力骤然增大，甚至会引发各种心理障碍。有研究显示，与和平时期相比较，对于执行抢险抗灾任务的部队官兵，其创伤后应激障碍(PTSD)的发病率呈显著性增高。如烟台"11.24"海难救援官兵在执行任务后的创伤后应激障碍的发病率高达 17.95%，而官兵平时创伤后应激障碍的发病率仅为 0.485%。

压力在心理学上一般分为单一性生活压力、叠加性压力、破坏性压力。单一性生活压力是生活事件造成的压力；叠加性压力是同一时段两个或两个以上的事件同时或相继发生造成的压力；破坏性压力则是因战争、遭受攻击等极端事件造成的压力。单一性生活压力如果强度过大或持续时间过长，超出个体能够承受的范围，都会造成个体心理压力感。遂行重大任务行动急迫、任务负担重、生命威胁大，面对的场景复杂、血腥、恐怖，会对官兵形成复杂的叠加性压力和巨大的破坏性压力，使官兵产生各种不良心理问题。部分官兵会出现急躁、恐惧、厌倦、抑郁等异常心理反应。据统计，遂行灾害救援等重大任务时，约 2%的官兵会出现较重 PTSD 症状。在抢险救灾中，因心理压力过大很容易引发焦虑、烦躁、厌倦、恐惧等不良情绪，出现情感障碍。过大心理压力还可能使官兵出现躯体不适，如睡眠进食障碍、易疲劳、胃部不适等，同时出现呼吸系统功能紊乱、消化不良、内分泌紊乱等。另外，由于执行抢险救灾等重大任务受情况不明、环境危险、情绪波动等各种因素的影响，官兵往往难以预料可能面临的场景、后果，或即使心理上有所准备却难以接受现场真实场景的强烈冲击，导致官兵出现认知障碍，丧失分析判断能力，处理问题的能力也随之下降，有的官兵甚至可能惊慌失措、手忙脚乱，因而又增加新的心理压力。例如，在感知觉方面，官兵会出现感觉过敏、感觉减退和内感性不适等不良心理现象；有的官兵对客观事物的本质属性或整体能正确感知，但对某些个体如大小、形状、颜色、距离、空间位置等产生错误的感知，出现了感知综合障碍；有时官兵还会出现错觉和幻觉。部队参与执行重大灾害救援任务中的一些场景，因其恐怖、残酷，常会使救援官兵产生幻觉，并且一直饱受煎熬。在思维方面，执行重大任务的官兵因受到强烈刺激后也会产生障碍，出现妄想症、强迫症。他们总是把某一观念或概念，反复在脑海中考虑衡量，自己明知道这种想法是不必要的，甚至是荒谬的，并力图摆脱，但越是想摆脱，越摆脱不了，为此而十分苦恼。在执行重大任务中，长期面临的高强度刺激场面还会使官兵产生注意力不集中、记忆力减退、判断力下降等各种认知心理问题。

2. *强烈刺激易引起官兵情绪波动剧烈*

重大任务往往突然受命，迅即行动，官兵思想和心理调整仓促，易产生焦虑、紧张反应。近年来，部队遂行反恐维稳、抢险救灾等重大任务增多，但就某一支部队而言，遂行重大任务却并不具有经常性。因此，当某一支部队受命遂行重大任务时，往往具有很大的突然性。通常情况下，由于任务的紧迫性，允许部队的准备时间非常短暂，往往是一声令下迅即行动，甚至根本没有时间和机会对官兵进行思想动员，官兵思想和心理调整非常仓促，再加上对任务区情况不熟悉、对任务认识的模糊性和来自各方面信息的不确定性，更易使官兵产生身心异常反应。

由于重大任务区和任务环境复杂，条件恶劣，政治性强，易使官兵情绪紧张，出现恐惧心理。部队遂行重大任务时，往往由于任务的紧迫性等原因，有时被赋予的任务超出其自身完成能力，又由于被赋予的任务政治性非常强，自身能力与巨大困境完全不对等的情况，更易加重官兵情绪紧张，出现急性焦虑发作、神经衰弱和人际冲突等。例如，在“5.12”汶川地震发生后，房屋倒塌、人员伤亡、山体倾覆、江河易道、通信中断、道路阻隔、山高林密、谷深水急，同时又余震频发，并伴有山体滑坡、碎石滚落，受命参加抗震救灾官兵为尽快投入抢险一线，只能徒步深入到重灾地区，艰险恶劣的自然条件虽然没有阻挡住官兵前进的脚步，却给每名急切想投入到一线抗震救灾的官兵留下深深的心理震撼。

心理学研究表明，当人身安全受到威胁，直面生死场景，人往往容易产生负性情绪体验，甚至心理崩溃。部队遂行抢险救灾等具有一定危险性的重大任务时，遇到人民群众生命和财产安全受到重大威胁，面对生死困难也必须冲锋在前。在此种情况下，无疑极大增加了官兵个人人身安全的危险系数。有时，救援官兵参与死亡人员的抬放、整理衣物、掩埋等处理过程，不得不直面战友、群众生死场景，目击血肉模糊、肢体残缺等惨烈景象，特别是当生命逝去或遇难家属的哀痛，会引起官兵对受害者的悲伤、难过与同情以及面对大自然破坏力量无能为力的自责，很容易出现“情感替代反应”，陷入悲痛自责之中。面对强烈自然灾害，特别是救援困难，由于时间拖延、次生灾害频发，官兵虽然尽了最大努力，夜以继日地工作也无法抢救所有受难人员，此时，易产生强烈的无力感、挫败感，导致官兵内心的极大压力和无可奈何，时间长了就转化为自责内疚心理。恨苍天无眼、大地无情，官兵此时情绪波动剧烈，极易产生绝望、内疚、无助、痛苦等负性情绪体验，表现出恐惧、焦虑、疑虑、悲伤、沮丧、忧郁、易怒、绝望、麻木、孤独、紧张、烦躁、自责、过分敏感等各种负性情绪。许多官兵出现吃不下饭、睡不着觉、常做噩梦、被噩梦惊醒等反应，有的出现强烈的心理应激反应，如惊恐、心率加快、呼吸困难、绝望、逃离现场等，严重的会心理崩溃。

3.连续作业加剧官兵心理疲劳

部队遂行重大任务，由于时间紧迫、标准要求高，如重大灾害事故具有突然性、快速性、破坏性和残酷性等特点，其艰巨繁重程度非常规任务可以比拟；遂行重大任务一般都需要连续数天甚至更长时间高强度作业，行动不分昼夜，挑战人的生理极限，官兵将被迫连续处于紧张状态之中，几乎没有休息时间来保证体能的恢复，非常规任务可以比拟；任务区条件差，给执行和完成任务带来很大困难，如玉树地震发生后，当地的自然、气候条件极为恶劣，海拔高、气温低，高寒缺氧，白天有大风沙，夜间有暴雪，抗震救灾工作遭遇的困难也非常规任务可比拟。官兵要面对极度生理挑战，心力、体力消耗过大，休息与睡眠不足，精力不济，易产生心理创伤和心理失衡，最容易出现心理疲劳现象。严重的心理疲劳不仅会明显降低部队官兵大脑的警觉能力，产生反应迟钝、注意力不集中、情绪烦躁、意志消沉、记忆能力和决策能力降低等不良心理反应，而且，还会对部队官兵的正常心态造成不可逆转的严重伤害，甚至使官兵丧失战斗力。从心理学的角度看，心理疲劳是脑力和体力劳动后造成的主观感觉和客观机体工作能力暂时降低的现象。它主要表现为全身乏力、委靡不振、工作中感到吃力、思睡、头昏、头痛、全身酸痛等。一般而言，心理疲劳出现后，会导致人入睡快，睡眠加深和延长。工作负荷过大时，由于情绪高度紧张，使入睡推迟，睡眠变浅和醒得早，多梦，甚至失眠。过度心理疲劳的主要症状有，在早期，常表现为不愿意参与任务、睡眠不佳、食欲减退、头昏、无力、困倦或容易激动。进而上述症状加重，还有失眠、多汗、体重下降、心率加快或减慢、血压升高或降低、腱反射增强或减弱等。再发展下去，即进入疲惫状态，肺活量减少，最大通气量下降，心脏扩大，出现病理杂音和心脏代偿功能不全，血、尿变化，以及由于神经系统功能显著改变而导致注意力涣散。据调查，2008年，在四川汶川大地震时，参与抗震救灾行动的某集团军工兵团的官兵，有88.3%反映当时“有疲惫感”，33.2%的官兵感到“非常疲惫”，疲惫也成为降低官兵抢险救灾效能的重要因素。2010年，参与甘肃舟曲特大泥石流灾害救援任务的官兵，由于长时间连续作业，在任务后期，有的官兵经常会感到全身无力，四肢沉重，心情不好，机体的活动失调性增加，肌肉感知觉模糊，运动表象不清晰，动觉紊乱，常因失眠头晕脑胀、记忆故障、浑身无力，甚至不愿意和别人交谈；中午、晚上特别感到困乏，但又难以入睡；在执行任务中不同程度地出现了思维迟钝、意志力减弱、反应缓慢、认知力下降、注意失调，手脑协调性差，效率低，常出错，容易忘事，什么都懒得去做等现象。

二、基层部队遂行重大任务的心理服务预案和人才准备

1.心理服务预案

凡事“预则立，不预则废”，心理服务工作也是如此。平时准备到位，关键时刻才能过硬。“预”有准备，是为了工作更加主动，以便快速反应、有效应对。要制定遂行重大任务心理服务工作的科学预案，一定要把做好心理服务工作作为促进任务完成的重要保障，与遂行重大任务一并计划部署。要坚持“立足平时、着眼战时”，实现平战结合的原则，面向任务，贯彻预防为主、防治结合、防训结合的方针，科学预见在遂行重大任务中官兵可能出现的心理异常问题和心理危机，有针对性地做好应对方案，形成科学的遂行重大任务中官兵心理服务工作预案。制订预案要坚持研究官兵的心理特点和规律，以心理科学理论为指导，优先选择科学的心理干预技术，采用科学的心理健康量表，确保心理健康维护工作的科学性、先进性。

遂行重大任务官兵心理服务工作预案应包括以下内容：针对本单位担负的任务，明确心理服务工作的指导思想、基本原则，并进行必要的需求分析；明确与心理服务工作有关的基本情况，包括官兵心理健康档案、心理健康维护与心理疏导人才储备情况、心理健康维护硬软件，以及在未来工作中可能发挥的作用等，全面预见遂行重大任务中官兵可能出现的心理问题及处置方案。执行汶川地震救援任务启示我们，实际的情况往往远远超出预计和设想，各级应立足更高层次和更复杂的情况，充实完善心理应急支援机制。进一步明确职责分工，清楚界定各级、各部队以及各有关机关部门在非战争军事行动中开展心理工作的职责，分清落实责任，防止多头布置任务。进一步明确分级响应程序，区分不同类型任务和应急事件的严重程度，对心理应急支援方案进行分级想定，逐级建立应急支援机制，明确不同级别的响应办法和具体响应内容，做到上下级预案良好对接，预警报告、指挥决策、动用兵力、情况反馈等各环节有效贯通，把心理应急预案建成一个由若干子系统组成的一体化联动的大系统。进一步明确心理支援梯队，建立各级心理工作人才库，综合考虑性别、年龄和驻地远近等因素，把心理教育专家、心理咨询专家、心理治疗专家和部队心理骨干混编成相对稳定的心理分队，明确人员编组、梯队安排、任务分工和集结要求，做到紧急状态下快速收拢、有序出动，避免临时动议。进一步明确物资保障，集中购置心理工作常用设备器材，实行专地存放、专人管理、统一调配、定期更换，确保随时处于待用状态。要进一步明确演练方法，适时组织特情演练，确保组织机制运行正常，确

保平战衔接顺畅。遂行重大任务心理服务内容应包括：①针对军人个体和群体的危机干预技术；②沟通交流技术；③支持性心理治疗技术；④心理健康教育和咨询技术；⑤有效迅速识别严重心理障碍和建议转诊、会诊技术；⑥常用精神科药物的使用技术；⑦现场控制技术；⑧一级应急处理队伍心理健康管理技术。以上技术均应编辑成相应手册。

2.心理服务人才准备

要着眼遂行重大任务心理服务工作需要做好人才准备。汶川的抗震救灾行动是我军首次大规模将心理服务应用于非战争军事行动，在开展心理服务工作过程中也暴露出人员临时拼凑、素质良莠不齐的问题。受专业背景、工作阅历等因素的影响，有的心理专家对部队官兵的心理特点把握不准，提供的心理服务针对性不强；有的心理专家缺乏团结部队心理骨干和政工干部一起做工作的意识，心理服务效率不高；既懂心理学理论又了解部队情况的复合型心理专家还相对匮乏。部队心理骨干独立完成任务的能力也还不强，只能配合心理专家做些辅助性工作。如果执行任务中出现官兵伤亡，引发大量心理问题，目前心理服务工作力量不适应特定任务需要的问题将更加明显。

遂行重大任务过程中，官兵及时获得专业的心理帮助是有效化解他们执行任务过程中出现的心理危机、心理健康问题的关键，必须预先建立一支结构合理、专业素质过硬、心理服务有效的人才队伍。着眼于遂行重大任务心理服务工作实际，需要培养几个方面的人才：①心理危机干预人才。主要是指经过专门训练的心理学家、部队院校的心理咨询专家教授、精神科医生、心理咨询师等专业人才，以应对官兵和被救人员的心理危机和心理应激的各种不良反应。②心理咨询师和心理健康辅导员队伍，每个团级单位至少有1名国家二级心理咨询师，3～5名国家三级心理咨询员，每个连队要有3名心理服务骨干，逐步形成“军师级单位有心理顾问、旅团级单位有专职心理咨询师、营连单位有专职心理服务专业人员和兼职心理服务骨干”的心理服务人才结构。③专业心理医生。部队应尽快培养一支专业的心理医生队伍，以应对官兵在执行任务中可能出现的心理问题，或需要治疗的心理疾病。④建设专兼职相结合的人才队伍。要按照群专结合的思路，逐步建立起一支专兼结合、梯次配备、素质过硬的心理服务人才队伍。

三、基层部队遂行重大任务前的集体心理准备和演练

1.遂行重大任务前的集体心理准备

(1)培养官兵良好集体心理品质。遂行重大任务需要官兵具备良好的心理素质，更需要平时工作、学习中形成的团结一心、共同奋斗的良好集体心理品质。要达到这一目标，就需要加强集体心理塑造，着力提高各级指挥员掌握调控部队心理状态的能力，以良好的心理素质和精神状态稳定部属，感染部队。不可忽视的是，军营良好的人文环境与氛围也对官兵心理素质提升、集体心理优化具有潜移默化的重要作用。良好的学习、训练、生活、人际、政治环境，可塑造人的行为、改造人的思想、净化人的心灵，为执行重大任务打下良好的心理基础。

(2)建设团结和谐的人际环境。平时官兵相互尊重、相互理解、相互关爱，同志间、战友间互帮互助、互敬互爱、互谅互让的融洽关系，是执行重大任务时共同奋斗的心理基础。在这方面，干部更要积极主动，应承担更多更大的责任和义务，要真正做到知兵情、识兵心、解兵难，主动关心战士的心理健康和成长进步，加强对战士的正面、积极引导。在日常生活中，要像家人、兄长、朋友一样关心战士，在学习训练中循循善诱、谆谆教导，真正形成充满人文关怀的军营。

各级领导要尊重官兵的主体地位和民主权利，畅通民主渠道，健全民主生活，提升官兵的主人翁意识，真正牢固树立“以兵为本”的观念，并在行动中充分体现出来。在官兵畅所欲言的过程中，通过集思广益，激发官兵主人翁责任感和自豪感，让广大官兵确实感受到自己是部队建设、遂行重大任务的主人，是执行重大任务的主力军，不断激发和增强官兵练好各种本领，听从祖国和人民召唤，接受党和人民的委派，圆满完成各项任务的信心和决心。

(3)营造良好工作生活环境。团结紧张、严肃活泼的工作生活环境有利于提高官兵完成任务的信心与决心。要做到这一点，一方面要坚持依法从严治军，贯彻落实条令、条例，严格管理；另一方面，更要坚持以情带兵、科学带兵、文明带兵，营造温馨宜人的学习训练环境。在长期的努力中，使官兵养成工作训练时严肃认真、细致准确、一丝不苟的作风，集体生活交往中互相关心、互相爱护、相互促进的良好风气，形成团结友爱、齐心协力完成各项任务的良好氛围。

(4)建设健康向上的先进军营文化。通过开展各类健康积极的文化活动，大力弘扬主旋律，高唱正气歌，突出先进军事文化、战斗精神文化、群众文化建设，满足官兵的精神文化需求，陶冶官兵高尚情操，提升官兵的精神品质和文化品位，激发官兵的战斗精神，为官兵执行重大任务提供坚实的理性认知基础、高尚品德行为追求和理想实现的精神动力。

2.遂行重大任务的心理演练

部队要加强针对性的心理训练，为执行重大任务做好预先准备和演练。要拓展心理教育训练内容，在重视心理学基本知识普及和日常心理调适的基础上，对战时和抢险救灾、反恐维稳等非战争军事行动中官兵可能出现的心理问题、心理疾病进行充分预想，精心设置相关训练科目，并将其纳入部队各类培训集训中，融入日常心理教育训练中，做到进教材、进课堂、进训练场。还要帮助官兵掌握积极心理暗示、系统脱敏训练、合理情绪宣泄、适当想象放松和音乐治疗等几种常用的自我心理调节方法，帮助官兵实现心理自助。那么，可以从哪些方面开展遂行重大任务心理训练呢？

(1)提高官兵心理承受力训练。心理承受力是指人持续承受外界一定强度刺激的能力。它贯穿于认识、情感和意志的全过程，主要包括认知事物的思辨能力，抵御各种刺激的能力，以及战胜自我的控制能力。要提高官兵心理承受能力，就必须开展心理承受力训练。所谓心理承受力训练，就是运用科学方法，模拟遂行重大任务过程中的各种可能情况，对官兵心理实施“冲击”，以提高官兵心理抗压能力。具体做法是：让官兵面临众多不确定情况，并要求他们进行快速处置，以培养官兵心理容纳力，从而使官兵心理承受力得到全面提高。

(2)提高官兵心理适应力训练。心理适应力是指官兵心理活动适应遂行重大任务的心理能力。遂行重大任务的特点要求官兵必须快速适应任务区域内的各种恶劣条件，快速适应重大任务要求，具备在各种条件下完成重大任务的心理能力。通过提高心理适应能力的相关训练，使官兵不断理解遂行各种不同重大任务的特点和要求，通过模拟训练，建立起适应遂行各种不同重大任务的心理应对策略；通过体验和处理重大任务可能出现的各种情况，不断提高官兵迅速调节和调整不适应新情况的心理活动和心理状态，建立起迅速适应新情况的心理活动和心理状态的能力。

(3)提高官兵心理耐力和韧性训练。心理耐力是能够经受持久强烈刺激的心理能力，心理韧性是指经受巨大而持久的刺激时，心理活动虽受到影响，但却不易损伤的心理机能。心理耐力与韧性都是衡量人心理活动质量的重要指标。进行提高官兵心理耐力和韧性的训练，就是要让官兵在睡眠、饮食得不到顺利保障的情况下，在高山、荒原、高温、严寒的环境中连续完成各种预定训练科目，以让他们持续接受各种不同情况的刺激或达到极限的条件，并逐渐加大刺激的持续时间和强度，以锻炼提高官兵的心理耐力。

(4)提高官兵心理恢复能力训练。心理恢复能力是指迅速解除心理疲劳、消除心理障碍和尽快平复心理创伤的心理能力。心理恢复能力具有弹性、自调性、自疗性等性质。官兵心理恢复能力训练，就是模拟遂行各种不同重大任务中一些可能导致官兵心理疲劳、心理障碍、心理损伤的影响因素，运用科学方法，让官兵多了解和多体验，从而增强官兵在正常心理活动受外界刺激干扰而产生疲劳后，一旦刺激消除或减弱就能迅速恢复到正常水平的心理弹性；当心理活动因外界刺激出现心理障碍时，能通过自我调节扫除心理障碍的自调能力；当心理活动遭受损伤，出现记忆受损、思维停滞、精神失常、动作失控等心理病态时，能主要依靠自己的力量平复心理创伤的心理自疗能力。

(5)激发官兵心理活动能量训练。官兵心理活动能量是指官兵心理活动时的积极性、主动性、创造性。激发官兵心理活动能量的训练主要包括三个方面的内容：①通过官兵心理活动能量的训练，挖掘官兵在遂行重大任务中的心理活动潜能，使官兵的心理潜能得以充分调动和开发。②研究官兵在遂行重大任务中的最佳心理紧张度，把官兵的心理活动能量激发到最佳水平，使紧张起到激活心理活动的作用。③研究遂行重大任务和心理活动的关系，使官兵形成积极的遂行重大任务的条件反射，能在特定刺激下，使心理活动水平得到超常发挥。

(6)提高心理保障水平训练。要着眼执行重大任务官兵的心理防护，根据任务环境条件引发官兵应激反应的因素及其与行为应对的内在联系，按照战场官兵心理恢复三级工作机制，开展心理保障服务演练。训练各级配合重大任务进程科学部署心理服务工作；训练心理服务工作人员实施心理问题评估、情绪与行为监控、压力测量与应对策略等；训练心理服务骨干应激状态评估、负性情绪宣泄、心理潜能释放等心理危机干预技能，以及运用投射沙盘、心理放松、情绪调节、脑电反馈等专业设施和仪器，有效开展心理问题诊断、晤谈技巧、心理暗示、系统脱敏等心理咨询疏导方法的技能。同时，也对部队官兵自我心理调适方法和技能掌握情况进行检验与强化训练，使官兵具备在无保障的情况下实施自我心理保障服务，确保官兵在任何情况下保质保量完成重大任务。

第二节　基层部队遂行重大任务中的心理服务工作

心理服务工作是激发官兵战斗精神、提高部队战斗力的重要手段，心理服务也出战斗力，部队要把维护官兵积极心理状态作为重要工作贯穿遂行重大任务的全过程。部队近年来参加的抢险救灾、反恐维稳、联合军演等重大任务使人们深切感受到，做好心理服务工作，维护官兵积极心理状态，对保持和提高部队战斗力发挥着不可替代的重要作用。根据遂行重大任务官兵心理活动复杂易变的特点，心理服务工作也要有意识、有目的、有组织、有步骤地系统进行，使官兵始终保持积极、健康、向上的心理状态，部队始终保持高度统一的集体心理状态，圆满完成重大任务的各项要求。对于基层部队而言，如何做好官兵遂行重大任务中的心理服务工作呢？概括起来可以从以下几个方面进行。

一、努力营造遂行任务的积极心理氛围

军营环境是官兵社会支持的主要来源，这种社会支持包括战友感情、团队凝聚力、上级的

关心、思想政治工作的正确引导等，这些都是官兵能够积极应对危机的重要心理支持力量。遂行重大任务时，在官兵领受任务后，部队领导要及时搞好思想动员，讲清上级指示、行动决心、任务要求，强化心理准备，增强心理凝聚力；对心理骨干提出工作要求，根据任务需要组建心理服务队伍。在执行任务过程中，各级领导要做好宣传鼓动工作，强化官兵积极心理；心理骨干要及时发现官兵心理问题，做好心理咨询疏导和心理调适减压工作；心理专家要结合任务特点培训心理骨干，传授心理调节知识技能；心理医生要按时进行心理巡诊，对存在心理疾病的官兵实施及时治疗或提出后送建议。

心理服务是遂行重大任务广大官兵的心灵加油站。在历次抢险救灾中，我军始终坚决听从党中央、中央军委指挥，舍生忘死、冲锋陷阵、勇往直前，发挥了中流砥柱的主力军作用。我军官兵以钢铁意志和血肉之躯筑起了一道道保护生命的长城，以实际行动展现了我军应对多种安全威胁、完成多样化军事任务的强大能力。在执行抢险救灾任务中，心理专家可以深入基层部队，或进行团体辅导，或开展个别谈心交流，帮助官兵排忧解难，为他们鼓劲加油，激励士气，昂扬斗志。心理服务还可以有针对性地帮助官兵解除思想心理负担，为部队始终保持持续旺盛的战斗力发挥重要作用。

做好遂行重大任务中的心理服务工作，首先要掌握官兵心理状况、特点及其变化，可以通过定期、不定期地对官兵心理状态、心理倾向和心理变化进行评估和预测来把握，以便及时采取针对性强的各项措施，始终把握心理调控的主动权。所有措施都不如群体即存的"心理场势"能够发挥出更大更强的预备心理效应。社会心理学研究表明，在有组织的群体中，存在着一种"心理场势"。这种"心理场势"对群体成员的心理行为走向具有规范和趋同作用，同时在复杂环境下又显现出易变急变的特征。营造遂行任务的积极心理氛围就是强化群体的"心理场势"，使群体"心理场势"稳定地朝着积极正面的方向发展。营造积极心理氛围的方式、途径多种多样，要继承我军优良传统、发挥我军特有优势，把思想政治工作与心理服务工作有机结合起来，充分发挥我军思想教育的优势。

我军在长期发展过程中形成了重视思想政治工作的优良传统，还把政治工作看做我军一切工作的生命线，思想政治工作对我军的成长壮大与建设发展发挥了重要作用。我军发展历史和心理学的相关研究表明，人的思想认识、看法对人的心理会产生重要影响。正面积极的思想教育会引起心理的积极变化，正确良好的政治工作也会对人的心理产生积极的影响，尤其是通过思想政治工作所营造的集体心理氛围，会对官兵心理产生积极影响和正面激励，为官兵遂行重大任务努力营造积极心理氛围。要做好这些工作，可以从以下方面入手。

1. 开展形势任务教育，增强官兵高度的任务认同感

基层部队要坚持用上级的指示、命令统一官兵思想，不间断地搞好思想发动。要结合重大任务确定教育主题，激发官兵的使命感、责任感和荣誉感。在接受任务后，在赶赴任务地域的过程中和到达的第一时间，及时通报相关信息，以对官兵进行心理预警，帮助官兵在心理和生理上做好应急准备工作，使之产生积极的心理应激反应，如集中注意力，积极调整思维与动机，正确认识和评价各种信息，抉择正确的应对策略，充分调动身心潜能等。在灾难救援中，要利用短暂的休息时间，比如10～30 min，适时开展放松训练和心理支持工作。同时系统对官兵开展心理服务工作，比如识别抑郁障碍，预防创伤后应激障碍，控制睡眠障碍等，并对重点人员进行重点的跟进干预，做到人员轮流接受休息和心理服务，然后轮番上阵，使心理服务贯穿任务过程中，实现连续性服务。在完成抗震救灾、抗击雨雪冰冻灾害等重大任务中，基层部队要

深入开展以“学人民、为人民、爱人民”为主题的人民军队宗旨教育活动，以人民利益为战斗号令，以人民需要为行动准则，把挽救人民生命作为当务之急、重中之重，争分夺秒搜救被困群众、全力救治受伤人员、想方设法安排好受灾群众生活。

2.运用各方面力量和方法，坚定官兵夺取胜利的信心

基层部队要积极发扬军事民主，造成群策群力的集体心理优势，鼓励官兵献计献策，以积极参与保护每一位官兵的热情，激发每一位官兵的智能，鼓舞每一位官兵的斗志。要充分利用和发挥装备优势，降低官兵工作强度和风险，以坚决贯彻“以人为本”、科学组织和实施赢得官兵对组织的信任和为任务完成贡献力量的热情。把对官兵的关怀落到实处，组织官兵学习如何避险、如何自我保护、如何防疫防病等知识，一方面，使官兵感受和体会到团队温暖，增强对团队的依赖和依恋；另一方面，努力降低非战斗减员，最大限度地保证团队作战力量。此外，基层部队还要注意及时传达胜利消息，增强官兵战胜困难、夺取胜利的信心。

3.各级指挥员做好表率，激励官兵服从命令听从指挥

基层部队的各级指挥员是部队团结奋斗的核心，也是贯彻上级指令的骨干，必须挺身而出做先锋、身先士卒做模范、靠前指挥举旗帜，以自己的表率作用激励官兵以昂扬的精神状态和顽强的斗志投入到重大任务的完成中。近些年来，我军执行多次非战争军事行动重大任务的事实表明，领导干部发挥好先锋模范作用，对于部队形成完成任务的健康心理，使官兵保持良好心理应激状态、有效缓解官兵心理紧张与压力、克服任务对官兵心理的强烈冲击具有重要作用。可以说，各级指挥员既是一面战斗的旗帜，也是一面心理的旗帜，起着镇定部队军心、凝聚官兵心力、提升官兵战斗精神的重要作用。

4.用官兵真挚的战友爱，营造良好的心理氛围

我军一贯坚持官兵一致，向来倡导文明带兵、以情带兵，更提倡战友间互相关心、互相帮助，真正体现新型人民军队的性质。在执行重大任务期间，基层部队不仅要继续发扬平时的好作风、好传统，真诚传递真挚的官兵情战友爱，更要用心创造战地情感。在执行抗震救灾任务中，有的部队就以开展“打一个招呼、送一个微笑、拉一次家常、给一个拥抱”等活动方式，向战友送上关心、送上安慰，为战友放松紧张情绪、缓解心理压力，在战友间、官兵间传递力量、鼓舞斗志。这样的方式把心理服务工作渗透于看似平常的活动中，具有潜移默化营造心理氛围的特殊效用，因而具有耳濡目染振奋精神的作用，团结协作完成任务的作用。

5.改善物质文化生活，满足官兵基本需要

我军现代化已取得了长足进步，战时生活保障装备在不断改进，要注重优良保障装备在执行重大任务中的运用，使其不仅满足官兵生活需要，而且更要发挥其心理服务效应，通过丰富官兵文化生活，不断满足官兵的心理需求。执行重大任务的环境条件一般都比较艰苦，但后勤保障要尽量做到让官兵住进帐篷、看上电视、听上广播、吃上热饭、洗上热水澡，通过这些实实在在的物质保障给官兵以心理上的满足感，这是一般性心理服务工作难以达到的。部队部署安排遂行重大任务时就要坚决克服临时思想，要通盘考虑、科学谋划，如尽可能让部队带足、带好装备，尽可能安排好伴随任务的慰问、后勤服务等保障工作，真正保持和发扬我军优良传统和好的做法，真正发挥思想政治工作、心理服务工作和后勤生活保障工作的各自优势，取长补短、相互融通、形成合力，确实丰富官兵物质文化生活，满足官兵身心基本需要，使官兵心理得到慰藉。

6.强化社会支持,实现部队心理向积极方向发展

部队遂行重大任务多属非战争军事行动,一般是在开放透明、军民协作、军地一体的社会环境下组织实施的。在开放透明的情况下,社会期望、社会评价、社会反应、社会行为对部队官兵心理影响很大。社会和人民群众对部队遂行重大任务的评价越正面,官兵遂行重大任务的态度就越积极,官兵在自我意识中对自己的评价就会越高,士气就能得到更好的激励;反之,如果社会对部队遂行重大任务不能给予正面评价,官兵对自己流血牺牲的价值就会产生怀疑,部队士气就会受到很大削弱。因此,有关部门一方面要大力进行正面宣传教育,及时向社会公众发布官兵完成任务的情况,使人民群众对官兵的良好表现进行积极评价,不断强化官兵完成任务的积极性、激发官兵的角色责任意识。在汶川抗震救灾中,各部队注重及时传达党中央、中央军委和胡主席的决策命令与指示要求,通报受灾地区灾情动态,并现场体验被困群众的呼唤与期盼,产生了巨大的心理震撼与激励作用。同时,还要注重协调军地一体的协作行动,强化集体与集体间的互动激励效应。军民协作、军地一体、同舟共济有利于弥补官兵的心理反差,增强官兵完成任务的信心与心理认同感,不断促进军民情感融合。在抗震救灾中,救灾部队与地方政府间坚持灾情信息联通、抢险救援联动、宣传疏导联做、卫生防疫联抓、恢复生产联助、灾后家园联建、社会治安联防,不仅形成了军政警民团结救灾的强大合力,而且对部队官兵心理产生积极影响。在这方面,媒体的作用不可小视,要积极借助地方媒体广泛实施宣传教育,并把媒体的宣传报道及时传达给广大官兵,促进官兵角色、动机、态度和行为的积极转换。地方新闻媒体报道力量强、传递信息快、影响范围广、社会反应大,从一定意义上体现了社会对军人行为价值的评价与认同,积极的新闻报道往往使官兵在心理上产生一种满足感和愉悦感,进一步促进官兵角色行为方式与角色价值标准的不断升华,有效减少各种心理问题、心理疾病的发生概率。

二、及时解决遂行任务官兵的各种心理问题

1.一般性心理服务

(1)心理服务工作要发挥增强部队遂行重大任务战斗力的作用,提升官兵的心理综合素质,发挥和增强官兵的理性认知能力、情感表达能力和意志心理品质,增强部队战斗力。

1)扎实有效的心理服务工作能够使官兵保持积极的心理状态。主要是及时改变官兵在执行非战争军事任务时的心理异常反应强度、心理状态性质。通过有目的的心理危机干预,控制官兵负性情绪的相互感染和扩散,使官兵始终保持思维敏捷、情绪稳定、情感积极、意志坚定、行为协调的较强心理稳定性和良好心理适应性。

2)扎实有效的心理服务工作能够保证部队战斗力充分发挥。遂行重大任务中影响部队战斗力发挥的心理因素主要有①意志耐久性程度降低、情感反应无常变化、战斗士气逐渐低落、认知活动出现偏差、工作兴趣发生转移、倦怠情绪不断增加等。要通过适时的心理调节和科学的心理训练,保持官兵心理平衡和稳定,增强官兵的心理素质,提升官兵的心理品质,激发官兵执行非战争军事任务的积极性和主动性,有效防止动作和行为失调,让官兵发挥出正常的甚至超常的技战术。

3)扎实有效的心理服务能够最大限度地减少心因性非战斗减员。心因性非战斗减员是指由于各种心理原因导致的战斗减员现象。实践证明,通过不断调整官兵的认知,激发官兵的战斗情感,对官兵心理异常反应进行及时有效的干预和治疗,能够消除官兵的心理障碍,治疗官

兵的心理疾病，迅速恢复官兵的作战能力。

心理服务，能够增强官兵理性。抢险救灾中，官兵长时间高强度参与各类救灾任务，容易产生懈怠、疲倦、厌烦等不良心理反应，有针对性地采取改变认知偏差、对事物进行客观分析和评价等方式，可以把每个官兵的心理预期、精力引导到抢险救灾任务、人民军队的宗旨要求和部队集体心理的共同指向上来。

心理服务，能够激发官兵情感。在抢险救灾中，面对灾区群众，官兵会产生强烈的责任感、使命感、光荣感，官兵之间也会自然而然地产生患难与共、生死相依的兄弟之情。国内有关研究表明，经历了“5.12”汶川地震救援工作后，97.9%的官兵的战友情和亲情加深了，98.4%的官兵的军人使命感和责任感提高了，98.4%的官兵战斗意志增强了，96.8%的官兵感觉自己更成熟了，62.1%的官兵对尸体和死亡的恐惧感下降了。通过积极情感的正向激发，能够有效增强官兵自信心。

心理服务，能够坚强官兵意志。面对巨大险情灾情，官兵意志的强弱往往是制胜的关键。由于官兵个体的性格、气质、习惯和爱好各有不同，因此，每名官兵面对困难挫折时所表现出来的意志品质也存在很大不同。通过特殊氛围实施正向心理激励、开展团体心理游戏、优化集体心理环境等心理服务形式，可以有效培养官兵个体自我信任、自我努力和自我激励的意志，不断增强战胜困难的勇气和排除万难的韧性。

心理服务，能够增强官兵创造力量。基层部队要通过有针对性地帮助官兵解除思想心理负担，保证广大官兵的身心健康，使他们精神饱满地投入战斗，不断获得心理力量，从而能以良好的身心状态投入到重大任务的完成中。

(2)开展群众性心理自助互助活动。

1)执行重大任务时，官兵心理自助最为关键和有效。针对实际情况，心理服务人员主要要教会官兵正确积极地自我认知和自我情绪调控。①停止负面思考法。部队遂行重大任务过程中，当遇到困难时，不要急于先向别人求助，也不要急于否定自己的能力，不要被眼前的困难吓倒，而是要从积极的一面把眼前的困难当做完善人生的一个小片断，努力让自己冷静下来，想想自己肩负的责任和使命，想想战胜困难后的快乐，相信集体，相信战友，明白自己并不是孤军奋战，要以积极的心态寻找正确的解决方法。同时，也要刻意使自己融入到集体之中，融入到周围环境和困难之中，努力克服各种困难，相信自己和战友一起，没有不能战胜的困难。②积极的自我暗示法。暗示是在无对抗条件下，通过语言、行动、表情等，对他人的心理和行为发生影响，使其接受暗示者的某一观点、意见，或按暗示的一定方式活动。在多数情况下，暗示是一种含蓄的“诱导”方法。暗示有积极意义，也有消极意义。有些心理异常者或心理脆弱者，当遇到困难时，经常给自己一些反面的心理暗示，例如：“我是个失败者”“我的能力不行”“困难太大了”“我受不了”“我很倒霉”等等。这样的心理暗示只会产生负面效果。同理，适当地给自己一些正面、积极的心理暗示，会收到激励自我的效应，使自己保持良好的心理状态。③理性情绪法。情绪决定着集体士气的高低，支配着集体行为效能，影响着集体斗志持续程度。理性情绪法认为，人之所以有情绪上的困扰，大都是因为自己有不合逻辑的思维方式。例如，在完成重大任务过程中，由于某些工作并没有达到领导要求而受到批评时，受批评人员的情绪就可能产生困扰，他们常常会认为：“当领导的只动嘴不动手，怎么不自己试试？”“任务这么重，没有功劳也有苦劳嘛！”“工作没完成好，领导会认为我没有能力，在战友面前我是个失败者”，等等。当官兵在遂行重大任务过程中有类似如此不合逻辑的思维时，可以想象，他一定会承受很大的压力并产生额外的情绪困扰，进而影响到任务完成。理性情绪法就是要使官兵正确对待压力，端正态度，从而克服情绪困扰，发挥正常水平。④要学会合理宣泄。合理的心理宣泄可以消除不良情绪，使精神得到一定的解脱。合理的情绪宣泄是用轻松愉快的方式来扭转官兵的不良心态，是通过转换官兵心理活动指向、转移官兵注意力，从而释放官兵心理压力、缓解官兵心理紧张的一种自我心理调控方法。当官兵面对困难和挫折的时候，一般心情都比较紧张，这时就可以通过合理的情绪宣泄来进行自我调节。比如可以大声地唱自己喜欢的歌，让自身的感情得到一定的释放；可以闭上眼睛深呼吸，放松全身肌肉，不思考任何问题，使自身完全处于放松状态，并保持 1 min 以上，这样可以使紧张的心情得到缓解，有效减轻过大心理压力。

2)执行重大任务时，官兵心理互助也很重要。基层官兵执行同一任务、亲历同一事件、感受同一场景，往往具有相同的心理反应，采用群众性的心理互助活动既便于在人员相对集中的基层部队展开，又能很好缓解心理工作者力量和数量不足的现实矛盾。按照班排组织为主、自愿选择为辅的原则，根据每个官兵的性格、气质、习惯、爱好等实际，合理安排心理素质相对较强的官兵与相对较弱的官兵结成互助对子，以心理素质较强官兵的正向强化和带动，帮助心理素质较弱官兵，在关爱中，不断受到尊重、理解、肯定、关怀和鼓励，积极缓解心理压力。通过心理互助，引导心理素质较弱官兵增强对心理问题自我发现、校正和修复的能力，使心理问题能在经常沟通中被及时发现和疏导，尽快得到调节和恢复。情景激发、精神激励、人际沟通、文化活动、节奏调整、政策鼓励都是很好的互助方式。

2. 实施心理危机干预

重大任务往往是应对突发事件，虽非战争行动，但带给执行任务的官兵以强烈的心理冲击，它产生的心理震撼丝毫不逊色于战争行动。

遂行重大任务具有以下特点：

(1)具有明显的危险性与艰巨性，如反恐怖袭击、平息社会动乱、执行特种任务等。

(2)具有不可预知性和不确定性，如大规模传染性疾病、核泄漏、洪水、金融危机等对全体社会成员造成心理影响的突发事件。

(3)具有紧迫性和震撼性，如飞机失事、海啸、矿难、地震、重大交通事故等灾难性事件的援助性工作。第一受害者虽非军人，但作为救助者，心理受到的冲击和伤害却极类似于受害者。无论哪一种突发事件，都会诱发军人异常心理应激反应，对军人个体心理和群体心理产生负面影响，特别是强烈的情境刺激、险恶的环境影响、持续的精神压力都容易给官兵带来恐惧、紧张、焦虑、忧郁等心理问题，甚至会导致严重的心理障碍。调查统计显示，在“5.12”汶川地震救援期间，48.4％的官兵担心地震厄运会落在自己和亲友头上，64.2％的官兵对自己没能够更有效地救人感到内疚自责，54.2％的官兵控制不住地回想那些最悲惨的场面(闪回症状)。在新疆“7.5 事件”后，2009 年 9 月，武警部队对 3 600 名维稳官兵进行了心理问卷调查。统计结果显示：约 10.90％的官兵出现中度心理障碍症状，0.40％的官兵出现重度心理障碍症状。心理障碍症状主要表现是，主观评定、睡眠障碍、警觉性增高、回避症状、社会功能受损、重现体验等六个方面。其中，主观评定感到“情绪受到不同程度的影响”占 22.58％；感到有重现体验的占 18.28％；具有回避症状的有 13.32％；感到警觉性增高的有 18.16％；感到社会功能下降的有 9.83％。针对遂行重大任务官兵容易产生各种心理问题的严重情况，如不及时开展心理服务工作，实施心理危机干预，往往会引发更为严重的群体性心理危机。

抗震救灾的实践表明，心理服务专家组穿梭于灾民和官兵之中，在对官兵心理健康水平进行评估和开展有针对性的心理危机干预等方面，发挥了极其重要的作用。但毕竟心理专家数量十分有限，无论是平时还是在执行重大任务中，开展心理服务工作不能吃“大锅饭”。因此，心理服务专业力量也需要重点运用，要优先为官兵中的心理危机高危人员提供心理服务，其中包括新战士、单亲家庭的官兵、正处于心理危机之中的官兵、任务强度大又身处恶劣条件中的官兵、自我心理防护能力较弱的官兵等。

基层部队卫生队心理医生、心理服务干部和基层心理骨干直接面对广大基层一线官兵，是开展心理服务、进行心理危机干预的“细胞”。基层心理服务人员要具备良好专业素养，要掌握心理学的基本知识，要能够准确判断心理疾病与一般心理问题的特征界定，要在实践中不断砺练本领，不断提高心理服务工作水平，不断增强工作的主动性、积极性，要做到对官兵心理问题、心理疾病早发现、早疏导、早干预、早诊断、早治疗，积极运用心理危机疏导、心理调适、心理干预等方法，密切配合心理医生完成心理服务工作。

三、做好任务区群众的心理服务工作

基层部队执行重大任务、特别是执行抢险救灾等灾害性突发事件救援工作时，心理服务工作不仅要面对部队官兵，还要为灾区群众做好心理服务，帮助群众平稳度过心理危机期。地震、水灾、骚乱等严重自然灾害和社会事件不仅使人民群众的生命财产受到严重损失，而且还使他们的心灵受到严重摧残，甚至留下严重心理创伤：亲人离去的悲伤、家园被毁的痛苦、恢复生活的艰难等，都会给他们带来沉重的心理负担和心理压力，迫切需要心理服务人员及时开展心理教育、心理疏导、心理干预、心理咨询、心理治疗等心理危机救助活动。实施心理救助与心理重建，及时帮助人民群众尽快摆脱心理危机，减轻心理痛苦，重建心灵家园，这是部队遂行重大任务特别是灾难救援任务的重要内容，是人民军队的神圣职责，既关系到社会稳定和军政军民团结的大局，更直接关系到任务完成的质量和效果。

1.做好心理救援，保证群众思想稳定

(1)部队心理服务力量要做灾区广大群众的心理救援队。突发灾害不仅在当时使一些人产生害怕、悲观、无助、易怒、失望等情绪，并且出现身体症状，包括疲倦、失眠、做噩梦、心神不宁、记忆力减退等，而且灾害造成的各种心理阴影会伴随受害者很长一段时间甚至终生。如果不能及时抚平他们的心理创伤，将给经历灾难的人造成永久的心理伤害，留下挥之不去的后遗症。家园重建，不仅是物理上的重建，也是心理的重建。部队为灾区群众开展心理服务工作，也是遂行重大任务的重要内容之一。四总部颁布的《关于加强新形势下军队心理服务工作的意见》提出：“根据要求做好任务驻地群众的心理服务工作。”通过了解、评估受灾群众的思想和心理状况，开展有针对性的心理服务工作抚慰群众的心理创伤，帮助群众重建心理家园。部队心理服务力量要做党的声音和国家意志的宣传队，在抢险救灾任务中，心理服务队伍应充分发挥自身所特有的亲和力和凝聚力优势，在为灾区人民提供心理服务的同时，把党中央、国务院对灾区群众的关怀与全国人民的深情厚谊传送到每一户灾民，使他们深切感受到党和政府的温暖，感受到全国人民的手足之情。在进入灾区的第一时间及时对灾区群众进行心理疏导，帮助他们克服紧张、恐惧、焦虑、忧郁等不良情绪，为他们树立抗灾自救、重建家园的信心提供有力的心理支持。当然最重要的就是关注心理救援，温暖受创心灵，以精湛过硬的业务能力帮助群众重建心灵家园。

(2)部队心理服务力量要做广大灾区群众的思想稳定剂。思想稳定源自心灵安宁，这种心

灵安宁首先来自人民群众对子弟兵的高度信赖。每次灾情来临，反应最快、冲在最前面的总是人民军队。心灵安宁还来自灾后的心理危机干预。部队心理服务力量积极做好灾区群众的心理抚慰和干预工作是确保灾区群众思想稳定的必要之举，也是部队心理服务人员的重要职责。突发灾难事件不仅对人的身体和财产造成伤害和损失，也给人带来了巨大的心理压力与创伤，使人产生恐惧、绝望、无助、悲伤、内疚等情绪，卷入灾难事件的所有人都会不同程度地留下心理阴影。因此，在抢险救灾中稳定灾民思想、抚慰受灾群众心理创伤成为我军遂行重大任务思想政治工作的重要内容。心理服务工作人员和各级心理骨干要运用心理学的专业知识和技术，对灾区群众存在的心理失衡、心理障碍、心理疾病予以疏导与治疗，为他们的思想稳定奠定良好的心理基础。心理服务人员还可以发挥心理疏导的调节功能，引导灾区群众进行自我心理调适，不断提高他们的心理承受和心理调节能力；不断发挥心理疏导的激励功能，调动灾区群众的积极性、主动性，增强他们战胜困难、重建家园的决心、信心和勇气；发挥心理疏导的预防功能，宣传普及心理学知识，掌握心理调控的主动权。心理服务人员在抢险救灾的艰难时刻可以起到温暖民心的作用，心理服务是确保灾区群众思想稳定的催化剂。

2.应对心理危机，维护群众心理健康

(1)要正确认识突发事件引发的心理危机演变过程。国外学者依照时间顺序将心理危机划分为四个不同阶段。

第一阶段——冲击期或休克期，指突发事件发生后的数小时之内，当事人会感到震惊、恐慌、不知所措、不相信事实，产生无效行为等。

第二阶段——防御退缩期或危机期，这一时期一般是在心理危机经历过一段时间后才会发生的，主要表现是当事人主观上想恢复心理平衡、想控制焦虑和紊乱情绪，恢复受到损害的心理功能，但又不知如何做。由于当事人没有能力解决当前面对的困境，表现为退缩、否认、合理化、不适当投射。此时是心理危机干预介入的最佳时机。

第三阶段——解决期或适应期，此时当事人已经能够正视现实、接受现实、能用积极方法成功解决当前问题，焦虑减轻，自我评价上升，社会功能恢复。

第四阶段——成长期。多数当事人成功渡过危机后心理和行为上变得较为成熟，获得了积极应付危机的一定技巧，但也有少数当事人出现人格改变，表现出敌意、抑郁，或滥用酒精、药物，甚至出现神经症、精神病和慢性躯体不适。

从心理学角度看，心理危机也属于心理应激范畴，因此，可依时间先后将心理危机反应分为急性心因性反应、延迟心因性反应、持久心因性反应三个阶段。

急性心因性反应主要表现为当事人出现意识障碍，还伴有强烈的情绪波动，可在遭受刺激后数分钟或数小时内出现，且情绪情感变化迅速。创伤后遗忘是急性心因性反应的表现之一，当事人常常回忆不起灾难发生后一段时间内所经历的事情，这种心理现象又称为逆行性或阶段性遗忘。

延迟心因性反应指当事人从遭受创伤到出现精神症状的一个潜伏期，一般为几周至几个月，主要表现有：反复重现创伤性体验，即反复发生“触景生情”式的精神痛苦；反复重现创伤性内容的噩梦，控制不住回想受打击的经历，反复发生错觉和幻觉；持续的警觉性增高，难以入睡或易惊醒，过分的惊跳反应。遇到与创伤事件有关的场合和事件时，会出现心跳、出汗、脸色苍白等生理反应。与人疏远、兴趣爱好范围变窄；不能回忆创伤经历的某一重要方面；对未来失去信心，对前途无望；常伴发焦虑和抑郁，少数人会产生消极念头，有自杀企图。病情呈波动性，少数可长达多年，或有人格改变。

持久心因性反应表现出以与创伤有关的妄想和妄想观念为主。海啸幸存者眼看着大批亲友相继死去，认为自己活着是一种“罪过”，这是一种创伤所致的罪恶妄想观念。

(2)通过情绪异常观察突发事件引发的心理危机。一般而言，遭遇灾害后当事人最容易产生的不良情绪反应主要有以下几类。

1)恐惧情绪。这是突发事件最易诱发的一种情绪。恐惧伴有交感神经兴奋，肾上腺素分泌增加，机体机能充分动员，但当事人没有信心和能力战胜突发事件中的危险。

2)焦虑情绪。焦虑是一种内心紧张不安、预感到似乎将要发生某种不利情况而又难以应付的不愉快情绪；焦虑发生在危险与不利情况来临之前、当事人难以把握前途和命运的情况下。焦虑是指向未来的、对突发事件产生紧张的内心体验，具有焦虑情绪的当事人往往容易出现回避、烦躁等不良反应，呈高度警觉状态。突发灾难性事件发生后，当事人的焦虑情绪很容易泛化，出现所谓“一朝被蛇咬，三年怕井绳”的泛化反应。当事人心理上的持续警觉状态难以迅速回归正常状态。

3)抑郁情绪。主要表现是出现悲哀、寂寞、丧失感和厌世感等消极情绪，并伴有失眠、食欲减退等生理反应。灾难事件的发生增加了一些具有抑郁性人格的当事人发生抑郁情绪的危险性，这种人格类型的当事人更容易出现持久的情绪低落、忧郁、失去愉快感，不愿与外界接触或不愿与人打交道，常伴有失眠、注意力不集中等躯体症状。

4)盲从行为。在突发事件面前，当事人心理的自主性下降，更容易相信各种小道消息和流言，并以此左右自己的行为。盲从是一种思维与意志的游离状态，是一种比较严重的社会群体不良心理行为反应。

5)迷信心理。常发生于突发事件过后而侥幸生还的人，当事人坚信冥冥之中有神灵保佑，否则自己绝不可能大难不死。对身边的任何事情不再用科学和理智去分析，因而强化了宿命观念，丧失斗志和自信的勇气。迷信心理使当事人心理创伤转换为心理满足，这种心理应付机制能够暂时缓解当事人心理应激反应，但对于再次遭遇类似突发事件时潜能的激发，这种心理并无多大益处。

6)强迫、疑病心理。突发灾难事件最容易产生这类不良心理行为。例如，2003 年 SARS 流行时，一些人反复测量体温、洗手，一天多次打扫卫生，这就是强迫心理的表现；无端地感觉胸闷、头疼，一声正常的咳嗽或喷嚏就成为染上疾病的根据，并出现四处求医、四处问药，不相信医务人员的无病诊断，这都是疑病心理的具体表现。

(3)明确对灾区群众进行心理危机干预的目的和任务。对灾区群众进行心理危机干预主要有三个方面的目的：①避免当事人因情绪波动而造成自伤或伤及他人的严重后果；②使当事人的心理恢复平衡、顺利回归现实；③使当事人学到应对未来突发事件的正确策略与手段。

对灾区群众进行心理危机干预主要任务包括以下内容。

1)提供社会情感支持。社会支持网络一般由家人、亲属、战友、同事、同学、朋友构成，为当事人提供亲情、物质和信息上的支持，分担当事人的痛苦、与当事人共渡难关。当突发事件出现后，每个人都与整个社会息息相关，当事人依赖的人际支持系统已经不足以抵御灾害，因此，来自组织和外界的救助就显得非常重要。要实施情感支持，首先要认同心理危机当事人的情绪变化，面对各种突发事件或意外打击，多数当事人在心理上出现各种非理性情绪和非理智思维，心理危机干预人员应视此种心理反应为正常，及时给予当事人以安慰、同情、支持和开导。

此种处置策略可极大缓解当事人心理压力,使其产生被理解感和被支持的心理感受。

2)提供准确信息。在突发事件来临之际,当事人出于自我保护和了解事情原委的本能,十分渴望得到充足信息。对某种信息或某种事物的不确定状态是会让人感到非常焦虑和恐惧的。信息的高度透明可减低当事人的焦虑、恐慌程度。实践证明,面对突发事件,政府的权威信息传播得越早、越多、越准确,就越有利于维护社会稳定和缓解当事人的不良情绪。一般而言,当事人只要获得全部信息就可以做出正确判断,但由于存在个人对信息解读和承受力的差异,因此,部队执行任务过程中对全部真实信息的公布,对当事人的心理会产生巨大冲击,同时也会造成集体心理感染。因此,作为心理危机应对措施而提供信息应遵循科学原则:尽可能提供全部信息;提供滤过信息;以适当方式提供信息;以恰当传媒传递信息。只有遵循这些原则才能有效防止当事人因信息传递不当而遭遇二次伤害。

3)做出适当保证。应激性突发事件会使当事人产生紧张、焦虑、恐惧、抑郁等强烈负性情绪,为消除当事人的疑虑和错误认知,给其以心理支持和适当保证是非常有益的,但这种保证必须建立在全面了解突发事件的基础上,提出的保证要有足够依据,并能使当事人深信不疑,这种信任感是心理危机干预取得成功的前提。

4)药物治疗。多数情况下当事人并不需要药物治疗,对焦虑、心烦不安者可短时间内选用镇静催眠和抗焦虑药物。三环抗抑郁剂和单胺氧化酶抑制剂效果较好。当采取药物干预时,要同时辅以心理辅导和心理治疗。

5)为当事人提供有益的应对方法。鼓励当事人积极参与各种体育活动、读书学习等,参加文体活动可以有效转移当事人注意力;鼓励当事人进行合理心理宣泄,教育当事人不要压抑自己的不良情绪,要将不良情绪适当宣泄。要鼓励当事人以健康方法缓解悲伤等不良情绪,使当事人认识到回避、借酒浇愁、暴力、自杀等都是无效行为,它们不利于问题的有效解决。此外,学习一些自我心理放松的方法也是应对心理危机的有效途径。必要时,强制休息、强制娱乐,可强行打断情感与事件的联系,有益当事人心理康复。

(4)要明确对灾区群众进行心理危机干预的注意事项。部队心理服务人员在对灾区群众实施心理危机干预时要注意以下事项。

1)要帮助当事人正确认识、面对、接受现实和表达各种复杂情感,这是成功干预的第一步,做不到这一点,当事人就无法真正把握自己的感受并消除不良心理应激反应。

2)不加评价地倾听有利于群众表达出各种想法,包括那些被群众自认为不可接受或能引起内疚的想法和情感。不应依据心理服务工作者自身的价值观念,而必须从受灾群众的立场出发来认识问题,这是心理危机干预的前提。在进行心理危机干预过程中,心理服务人员要随时提醒自己,灾区群众当前最大的问题是什么,他们首先想要解决的问题是什么,然后针对这些问题尽己所能实施干预。要设身处地地体察当事人的内心感受,分担其痛苦与悲哀,但同时又要保持适当的心理距离,不使当事人滋生绝望或产生过分依赖心理。

3)对心理危机干预的效果持现实态度。心理服务工作者必须正视当事人面临的困境和问题,合理看待心理服务工作,心理服务并非万能,它只是对受灾群众的一种心理安慰与支持,但它不能解决当事人所有问题。切忌大包大揽,随意许诺。

四、基层部队遂行重大任务后的心理服务工作

执行重大任务部队归建前后,心理服务工作人员要有重点地跟踪掌握执行任务官兵基本

情况，搞好心理知识教育、心理咨询疏导、心理诊断治疗、心理危机干预工作等，帮助官兵迅速恢复正常心理，防止发生慢性心理应激反应和创伤后心理应激障碍。

以重大灾难救援为例，官兵面临多重心理压力。尽管官兵并没有直接经历地震灾难，但在救援的过程当中，由于官兵目睹了大量房屋垮塌、人体血肉模糊、肢体残缺不全等残酷景象，听到了许多令人难过的故事，在对灾民提供心理支持的同时，执行任务官兵也将灾民的痛苦转移给自己而承担了"替代心理创伤"的角色。一些从小生活在大城市、平原的战士，年纪尚轻，还没有丰富的人生阅历，也没有经历过山区野战的经验。当他们首次到山区参加救援工作时，急需一个自我心理适应的过程。同时，灾区救援工作面临缺水、缺电、缺食物，交通不畅，信息不畅，还时常有余震、泥石流发生的威胁，灾区的防病防疫对救援人员而言也是严峻的考验。再加上持续救援工作导致极度疲倦，常常几天几夜无睡眠，往往短暂的休息过后，很快投入新的战斗当中，体力和精力损耗都较大。

抢险救灾官兵心理应激反应一般要经历以下四个基本阶段。

第一阶段是兴奋期。执行任务官兵因为以前没有见过如此刺激的场面，萌生一种潜在的好奇心理，同时，他们为自己能够参加这么规模宏大、意义重大的救援工作而感到荣幸，萌生一种强烈的荣誉感。由于官兵的救援工作得到广泛关注和支持，前线部队多、场面大、领导级别高等都令救援人员大开眼界。但这种好奇与兴奋很快就会被惨烈的场景驱散，迅速进入心理应激的第二阶段。

第二阶段是质疑否认期。救援官兵不敢相信或者不愿相信现实会如此残酷，认为一切都是假的，是模型，不是现实的东西，是只有电影里面才可能看到的灾难场面。

第三阶段是持续恐惧期。执行任务官兵由于连续承受灾区强烈刺激，心理产生的强烈恐惧感、紧张感持续存在。一些官兵通过加倍救援、加倍工作来缓解这种恐惧心理；还有一些官兵产生各种心理问题，这些心理问题开始影响官兵的救援工作，出现思亲想家等心理。

第四阶段是心理迟钝麻木期。由于执行任务官兵长期处于紧张、恐惧的灾区情境之中，而客观上官兵又不能离开灾区，在这种情况下，官兵容易产生一系列不良心理行为反应：情感变得迟钝麻木、行为回避，不愿意与人交往，不愿意谈及与灾难有关的任何信息，有的官兵经常出神发呆、心不在焉，睡觉时经常做噩梦等。而这种心理迟钝、麻木、行为回避等恰恰是官兵心理创伤得以持续的重要原因之一。

面对遂行重大任务官兵心理应激反应问题，心理服务人员要对官兵积极实施心理咨询疏导。根据官兵中存在的主要心理问题确定心理咨询疏导任务，通过多种途径、多种形式开展心理服务工作。对于经常存在重现体验、有恐惧心理的官兵，主要采用心理宣泄法、心理倾诉法、转变认知法、注意转移法、呼吸放松法、肌肉松弛法、社会支持法等进行心理疏导；对于具有自责、内疚、悲观情绪等回避症状的官兵，主要采取合理宣泄法、转变认知法、互动游戏法、情感激励法、音乐治疗法等开展心理疏导；对于那些自述兴趣降低、记忆力下降、工作生活受严重影响的官兵，通常采用情感激励法、积极暗示法、适量运动法、互动游戏法、社会支持法等开展心理疏导工作；对于那些警觉性过高，易出现紧张过敏、情绪烦躁、睡眠障碍的官兵，多采用认知疏导法、社会支持法、积极暗示法、呼吸放松法和肌肉松弛法等进行心理疏导；对于团队成员间关系比较松散、缺乏向心力和凝聚力的集体，主要采取共同倾诉法、转变认知法、重建团队法、情感激励法、扔掉包袱法、重塑自信法、积极暗示法等进行心理疏导。如果部队官兵在灾难中心理受到强烈的刺激和伤害，还可运用催眠治疗、脑波治疗等多种心理治疗的方法和手段开展工作。

要开展个别心理咨询。根据官兵心理测量的结果和官兵不同的咨询目标，选择使用共情、冥想、合理认知、系统脱敏、暴露疗法、厌恶疗法、音乐疗法、运动疗法、情感激励、榜样模仿、社会支持、放松训练、催眠治疗等多种方法。在心理干预活动中，根据人员素质和受伤害程度，及时调整工作重点。对没有任何症状和只有轻度症状者两类人员，将其视为健康或基本健康，只需要通过授课或团体疏导，使其更多地了解一些有效进行心理自我保健的知识，鼓励其调动自我防御机制，积极地进行自我心理调适；对具有轻度症状的人群，主要通过团体心理疏导的方法，帮助其在集体的影响和感召下，建立合理的认知结构，构筑健康的防御方式，学习有效的调适方法；对创伤后应激障碍中度和创伤后应激障碍重度的官兵，在集体授课、团体疏导的基础上，再施行个别访谈，进行一对一的心理咨询和疏导。

第九章　基层部队心理防护工作

随着作战样式的不断变化，现代信息化战争对作战人员的心理影响越来越大，尤其是大量威力巨大的信息化武器装备的广泛使用，作战人员的心理压力越来越大，产生战场心理问题、心理疾病、甚至精神病的概率越来越高，作战人员心理出现漏洞、缺口的可能性越来越高，这就给对方攻心战提供了良好机遇。如何提高己方人员的心理抗打击能力、筑牢心理防线、增强反心战能力是当前及今后军事斗争准备工作的重要内容之一，古往今来的战争实践证明，只有“先为不可胜，以待敌之可胜。”才能有机会战胜对手、夺取最后胜利。

心理防护工作也不例外，它是防护工作的重要内容之一，只有坚持不懈地加强马克思主义战争观、爱国主义、革命英雄主义和战场政治纪律教育，积极开展反渗透、反心战、反策反、反窃密斗争，筑牢官兵心理防护的思想政治基础；分析预测国际舆论和社会信息对部队的负面心理影响，帮助官兵了解敌对势力心战方法和手段，提高识别和抵御敌对势力心理恐吓、舆论欺骗、法律攻击的能力；加强心理调控和阻断敌方信息传播等研究演练，缓解和防止战场环境和军事行动可能对官兵造成心理压力和心理创伤。才能不断巩固我军官兵心理防线，才能从容应对国内外各种敌对势力分化瓦解我军的险恶企图，才能在未来信息化战争中立于不败之地。心理防护工作是一项复杂的系统工作，与部队思想政治教育、安全管理、军政训练都有密切关系，基层部队在这一方面可以做的工作很多，可以拓展的空间也很大。

第一节　心理防护概述

现代信息化战争对作战人员的心理影响很大。由于信息化武器装备的广泛使用，其杀伤强度、烈度、精度和毁伤效能不断增强，战场环境空前恶化，特别是现代心理战的全方位介入，作战人员的身心面临着前所未有的挑战与威胁，作战人员出现心理危机、心理问题、战场心理疾病的概率大大增加。据统计，美军在海湾战争中阵亡 389 人，伤 467 人，而出现战场心理疾病的人数竟然高达 541 人，心理战伤的数量超过了身体伤。众所周知，海湾战争中，美军是以至强击至弱的，结果尚且如此。对于弱势方的伊拉克，心理伤的损害尤大。据统计，海湾战争中，伊军被俘人员看过美军等多国部队传单的占 98％，相信传单的占 80％。伊军投降的人中受传单影响的占 70％，听过美英联军广播的占伊军人数的 58％，其中，46％相信广播内容，投降的人中受过广播影响的占 34％。听过美英联军高音喇叭的人占伊军人数的 34％，其中，18％的人相信喊话内容，投降的人中受过高音喇叭影响的占 10％。美军预测，在未来信息化战争中，在遭遇大规模破坏性武器袭击时，作战人员的心理伤所造成的减员将占点减员的 10％～25％。由此可见，心理防护在信息化战争中具有重要地位与作用。

一、信息化战争对作战人员心理的影响

现代信息化战争对作战人员心理的影响是多方面的，主要包括以下几个方面的影响。

1. 信息化战争的作战样式对作战人员心理的影响

(1)非线性作战加剧了作战人员的心理应激反应。由于信息化武器装备的广泛使用,如隐形战机、夜战、精确制导武器等,信息化战争中的兵器远战、突防能力大大提高,传统意义上的线性作战模式已经被彻底改变:作战不再有前沿与后方之分,也不再有白天和黑夜之分,战争进入真正意义上的非线性全天候作战模式。非线性作战模式一个主要特点是在作战中出现了一些新的突防武器和突防方式,如隐形战机、电子干扰压制突防和夜间突防。实战证明,使用隐形战机与电子干扰突防,可使战机突防效率提高20%左右。各种夜视设备的迅速发展,许多许多武器装备具备了很强的夜战能力,从而实现了白天黑夜作战的无差别化。

这种非线性作战样式突破了传统线性作战的时空限制,使战争的突然性较之过去大大增强。作战人员在这种突如其来的危险条件下,很容易产生心理应激状态。心理学研究表明,应激是人在面临紧张危险或出乎意料的变化时本能地产生的紧张情绪状态。应激状态使人心理、生理潜能得到充分发挥,以适应紧急情况。但应激也使人的生理功能、知觉、记忆、思维、言语和行为均受到负面影响,产生出汗、失眠、记忆减退、动作失调、情绪波动,严重影响作战人员的作战行为与对信息化武器装备的操作,导致严重后果。

(2)连续作战加重了作战人员的心理负荷。由于大量夜视器材投入战场,夜战成为昼战的自然延续,不间断的连续作战在信息化战争中是相当普遍的。海湾战争中,美英联军总共用了不到一个月时间就完成了整个进攻任务,因此,高效是信息化战争的突出特点。但同时这种高效、高强度作战使作战人员的身心压力达到极限,产生了各种身心疾病,留下难以磨灭的后遗症。海湾战争后,美军参战官兵产生了一种"怪病":疲劳、失眠、神经衰弱、肌肉和关节疼痛、心脏病和胃肠不适、记忆力衰退等。据统计,参加过海湾战争的美军人员回国后纷纷去"登记所"登记所患疾病,每周高达100人,约有5万多名退伍官兵称他们患有这一疾病。军事心理学家通过对这些人员的访谈得知,他们曾经遭受大炮和飞毛腿导弹的攻击,并从事高强度、不分昼夜的连续作战,身心都受到了严重损害。军事心理学家将这种"怪病"形象地称为"海湾战争综合症""疲劳综合症"。这种身心疾病的致病的重要原因之一就是高强度的连续作战,从而导致作战人员身心的极度疲劳,这是一种严重心理伤,它不仅影响作战人员的作战行为,即使战争结束后也会给参战人员留下难以治愈的身心后遗症。

(3)远距离精确打击强化了作战人员的恐惧情绪。强大的信息化武器装备不仅可以大量杀伤作战人员肉体,而且还可以强烈威慑作战人员的心理。美军《步兵》杂志曾撰文指出:不同杀伤作用的常规武器引起作战人员的恐惧心理是不一样的。美军通过调查发现,1942年,美军远征非洲的700名军人有:48%的军人对88 mm加农炮感到恐惧,20%的作战人员对俯冲轰炸机感到恐惧,10%的作战人员对迫击炮感到恐惧,12%的作战人员对普通轰炸机感到恐惧,5%的作战人员对强烈扫射感到恐惧,对其他作战武器感到恐惧的作战人员占4%,对一般扫射感到恐惧的作战人员为零。

在现代信息化战争中,信息化武器装备不仅作战距离远、杀伤威力大,而且命中精度很高。在这种作战中,作战人员时刻处于被对方发现、锁定、攻击、杀伤的危险之中,生命时刻受到严重威胁,这将极大增强作战人员的恐惧情绪,并引发出怯战、避战、逃战的趋向,产生强烈的自我保全心理。恐惧情绪是人面对危险而产生的一种自我保护的身心反应,它具有十分重要的生物学意义,是人面对威胁的一种正常反应。但作为军人,如果这种情绪反应强度过大、持续时间过长,容易引发各种不良反应,轻则使人失去正常思维、表达、自控等能力,重则将使作战人员心理崩溃、行为失常、无法继续作战。在海湾战争中，美英联军部分作战人员就因产生战斗恐惧症，错把己方当敌方、错把战友当对手，产生严重的误击误伤事件，造成大量人员伤亡与武器装备严重受损。

(4)全方位信息战增加了作战人员认知的难度。随着信息技术的快速发展，战争进入了信息化作战样式，各种信息化武器装备将作战部队的通信、指挥、火控、制导以至单兵作战紧密联系起来，构成了复杂的信息网络。作战人员在战场空间同时能够获得大量互相矛盾的信息，这将使作战人员处于心理负载状况下。心理学研究表明，当大量信息同时涌入大脑时，易造成当事人注意力分散，判断力下降，进而产生错觉和失误。而且，信息传播的过程越复杂，人对事物本来面目的分析和确定就会变得越困难。在信息化作战条件下，信息内容空前超载，各种真假混杂的信息蜂拥而至，作战人员的正常心理状态受到极大干扰，正确认知的难度明显加大，而己方信息化武器装备的操作使作战人员获取和掌握信息的要求更高、程序更加复杂。这些无疑都会加大作战人员的心理压力，扭曲他们正常的认知判断力，产生各种认知障碍。

(5)高强度心理战挑战作战人员的心理防线。信息化战争中，心理战具有独特的地位与作用。心理战是作战双方为摧毁对方作战意志而进行的特殊作战样式，是与武力战有着明显区别的作战样式，有人形象地将它称之为陆战、海战、空战之外的“第四种战争”，它对作战人员具有极大地“软杀伤”作用。心理战已经成为信息化战争中的主要作战样式，这一点在2003年的伊拉克战争和2011年的利比亚战争中表现得尤为明显。作为无形的打击力量，信息化心理战能从心理上摧毁作战人员的思想、情感和意志，使其丧失战斗力。实战证明，在高强度信息化心理战的作用下，作战人员极易产生紧张、恐惧、惊慌、疏忽大意、犹豫不决、厌战、避战、逃战等不良心理与行为，虽然武器在手，但心已经为对方的心理战所屈服，成为敌方精神和心理的俘虏。

2.信息化战争的战场环境对军人心理的影响

信息化战争与其他战争样式相比，其战场环境更紧张、更危险、更残酷，对作战人员的心理影响更大。

(1)恶劣的作战条件考验着参战人员的作战意志。信息化战争比传统的机械化战争更为恶劣、更严酷，对作战人员意志的影响也更为突出。以睡眠为例，信息化战争将不分昼夜、不分天候地连续进行，作战人员的睡眠需要被剥夺，睡眠的剥夺将产生严重后果。英军通过实验证明：在演习中，每晚睡3 h的步兵排只产生少量的病号减员，部队可以较好保持战斗力。每晚睡1.5 h的步兵排在演习的前4 d中逐渐丧失精力、个人主动性、集体观念和组织性，导演系的第5 d，减员比例达50%。完全不睡觉的步兵排在连续战斗72 h后已基本丧失战斗力，到第5 d，全排人员因无法承受睡眠剥夺而被迫退出演习。这一实验表明，72 h连续剥夺睡眠是军人作战意志的极限！身心极度疲劳不仅使作战人员在生理上难以承受，而且还会引起各种不良心理反应：心理反应迟钝、记忆速度下降、思考问题能力降低、注意力难以集中、情绪烦躁而不稳定、意志消沉、反应被动等。

此外，信息化战争总是在作战人员感到陌生的地域作战，远师劳征、环境恶劣、陌生地形、惨烈打击等给参战人员带来超常的生理和心理负担。实战证明，面对恶劣的作战条件，作战人员的心理压力增大，反应迟钝，思维和记忆力下降，情绪很不稳定，作战意志消沉等，严重影响其作战效能的充分发挥。

(2)战场恐怖氛围强烈刺激着作战人员的情感。信息化战争的打击精准、杀伤威力巨大，发现—锁定—摧毁已成为现实，信息化战场不存在绝对安全的地方，每名参战人员都可能成为打击目标，打击后的再生存的概率基本为零。加之信息化战争的战场空前惨烈，这些不良刺激都会引发作战人员产生强烈的恐惧情绪。军事心理学研究表明，恐惧的情感是导致战场心理疾病的最主要原因。在恐惧情绪中，作战人员的认知、情感情绪、意志等心理过程都将受到严重损毁破坏，进而降低他们的完成战斗任务的能力和水平，甚至完全丧失战斗力，退出战斗。

(3)复杂的战场情况严重冲击着作战人员的认知与行为。信息化战争的战场境况较之以往战争要复杂得多，不仅战区无前方后方、白天黑夜、远近高低之分，而且往往信息难以把握，战机难以捕捉，态势难以料定。这必然会引起作战人员的担心和忧虑，使其正常的心理认知能力受到严重干扰。当战争中出现了战场变化，会使作战人员产生焦虑不安心理，甚至出现绝望感、无助感和孤独感。在作战任务急剧转换的情况下，作战人员常会因心理准备不足而难以适应。此外，信息化战争的战局瞬息万变，失败与胜利常常发生转化，这种剧变会对作战人员的认知与行为产生极大影响：作战失利则易使部队情绪沮丧、士气低落，造成上下之间相互埋怨、离心离德的不利局面；而作战胜利则易使部队产生骄傲自满情绪，造成麻痹大意、草率轻敌等。

二、心理防护的内涵与主要特点

实践表明，信息化战争对作战人员心理多方面的消极影响是可以减小的，减小的有效方式就是进行战时心理防护。

1.心理防护的内涵

所谓心理防护是指运用教育、训练、调节、治疗等方法，缓解战场复杂环境造成的心理压力，对抗敌心理战攻击，巩固己方心理防线的方式方法。在现代信息化战争中，当战场刺激过于强烈而持久，超过作战人员身心承受限度时，作战人员的心理就会受到严重损害，从而产生各种战场心理疾病。心理防护的目标就是使作战人员尽快适应战场环境，保持积极心态，从而使作战人员发挥最大潜能，赢得作战胜利。心理防护的内容主要包括平时心理防护工作和战时心理防护工作。具体而言，平时心理防护工作主要包括平时心理防护教育与测评、平时心理防护训练、平时心理调适训练、平时心理危机干预、平时心理疾病治疗；战时心理防护工作主要包括战时心理教育与测评、战时心理训练、战场心理调适、战场心理危机干预和战时心理疾病治疗。按防护类型划分，可以将战时心理防护分为武力战心理防护和"三战"心理防护两大类。从时间角度分类，心理防护可以分为战前心理防护、战时心理防护和战后心理防护。从战争的作战层次分类，心理防护又可以分为战略层面心理防护工作、战役层面心理防护工作和战术层面心理防护工作。

2.信息化条件下心理防护的特点

从广义上讲，任何战争形态都需要参战人员开展形式多样的心理防护工作。早在冷兵器时代的春秋时期，我国著名军事家孙子就明确指出："故三军可夺气，将军可夺心"的论断，孙子从进攻角度阐述了心理打击的可能性与现实性。从心理防护角度看，即使在冷兵器时代，心理防护对战争结局的影响也很大。

在信息化战争中，心理防护已经成为提高作战部队战斗力的重要内容。进攻和防御是古往今来战争中普遍存在的两种作战的基本状态，攻防存在很强的辩证统一性。孙子说："昔之善战者，先为不可胜，以待敌之可胜。不可胜在己，可胜在敌。故善战者，能为不可胜，不能使敌必可胜。"因此，良好严密的防护工作是夺取胜利的前提和基础，只有良好的防护才能有机会寻找敌人的弱点，并对其实施有效进攻，最终取得胜利。良好防护的主动权总在自己手中，胜利的根本原因只有两点：一是防护坚实严密；二是敌人出现错误。信息化战争也不例外，心理防护做得好将为最终胜利奠定良好基础。信息化战争的心理防护具有以下特点。

(1)全时空性。攻击对方心理、打击对方士气、瓦解对方军心成为现代信息化战争的主要目标和任务。从21世纪发生的几场信息化局部战争的情况看，心理打击范围趋向全方位、大纵深、多层次。在空间上，心理打击不再仅仅是局限于某一方向、某一地区，而且，突破了前方后方的界限，前方作战人员、参战人员、勤务人员、国内民众、国际盟友都成了心理打击的重点对象，具有全空间的特点。为达成战争目的，信息化战争中的心理打击往往先于战争进行，并贯穿于整个作战进程中，而且将在战争结束后持续进行。由于信息化战争的信息传播无时不在、无处不有、无孔不入，凭借信息实施的心理打击已超越了平时和战时的界限，它不仅广泛用于战时，而且渗透于和平时期。这就决定了心理防护必然是一个长期持久的过程，具有全时空性的特点。

(2)高强度性。信息化战争中的心理打击往往从宣传、谋略、诱惑、欺骗、武力等多个方面同时实施，大大增强了心理打击的立体效果。信息化战争心理打击手段增多，作战人员受到的心理攻击是全方位、全天候、高强度的。卫星侦察、精确制导、电子对抗，加上各种武器系统的杀伤距离不断增大，武力打击的威胁越来越强，传统意义上的安全地带可能变得更加危险。同时与武力打击相对应的心理战打击也在逐步加强，信息化战争中的心理战作战样式、手段日趋多样，作战强度不断增大，作战人员的心理防护强度、面临的挑战也在不断增多。在兵战与心战的双重打击下，作战人员的神经始终处于极度紧张状态中，没有调整、放松的时间和空间，官兵身心极易疲劳，容易产生各种战场心理疾病，丧失战斗力，造成非战斗减员。因此，信息化战争的心理防护强度、难度都将越来越大。

(3)高难度性。信息技术的发展推动了战争的发展，同时也极大促进了心理打击手段的发展。随着信息技术的不断进步，心理打击的技术手段也不断信息化：高速准确的信息收集能力、快速印刷能力、高度机动和多样化抛撒能力，在极短的时间内，就可造成心理宣传的强大攻势，使参战人员的心理淹没在信息宣传之中，在这种信息爆炸的环境之中，作战人员的态度、思想、认知、情感等心理要素很容易发生重大改变。当前，世界各国都高度重视心理打击力量的专业化建设，美、俄、英、德、法、意、以色列等国组建了心理战专业部队。与其他国家相比，美军心理战部队不仅组建早，而且规模大。目前，美军海、陆、空军都有自己的心理战部队，共计6.7万人，其中陆军心理战部队实力较强，它编有3个心理作战群，其中的第四心理作战大队闻名海内外。美军还专门颁布了《心理作战条令》，使心理攻击力量更规范、更加专业。2010年1月7日，美军又颁布了《联合心理战条令》，该条令进一步强调了心理战在各种作战样式中的作用。美军心理战攻击的专业力量还专门配备了攻击武器，如空军配备了EC—130系列广播电视飞机，海军配有10^5 kW的无线电发射机，陆军配有单兵便携移动广播站、车载广播站、全息投影设备、快速印刷机、各种宣传单发射装置等信息化武器装备，心理攻击力量的专业化程度很高，心理攻击能力较强。此外，美军最新发展了一批所谓新概念武器装备，如电子啸叫器(投放到对方阵地，定时啸叫，影响对方休息，制造恐慌)、噪声炸弹(该弹物理毁伤效能不大，但爆炸时能发出巨大声响，足以令对方人员心惊胆战。)、脑控武器等，这些所谓新概念武器装备都能够达到深入攻击对方心理的目的，心理防护的难度将不断增大。

(4)全员参与性。信息化战争中，心理攻击针对的对象不仅包括直接作战的军人，还包括作战人员家属、交战国民众和同盟国的盟友，总之，只要能够对战局产生影响的所有人群都是敌方心理攻击的重要目标。因此，在信息化战争中，心理防护的主体不仅应该包括前线作战的广大官兵，也要广泛包括敌实施心理攻击的一切潜在对象和目标，做到心理防护对象的全覆盖、全动员、全防护。

三、信息化战争中心理防护的基本途径

心理防护是对己方部队和参战人员采取各种防护措施，用以抵御敌心理进攻的防护活动。在信息化战争中，部队既要加强对敌心理进攻，瓦解敌军士气，同时也要重视心理防护，做到"先为不可胜，以待敌之可胜。"采取多种有效措施使我方官兵保持良好心态。为达到这一目的，基层部队可以通过以下途径做好官兵的心理防护工作。

1. 做好官兵心理选拔工作

心理防护工作的基础就是基层部队广大官兵的良好心理素质。心理素质在官兵心理防护结构中具有基础作用，它是一切心理防护的基石。早在春秋时期，著名军事家孙子就对指挥军官的心理素质提出了要求："将者，智、信、仁、勇、严也。""智、信、仁、勇、严"是指挥军官必备的五种心理素质，这五种心理素质是否过硬将成为影响战争胜负的重要因素之一。如果指挥官的心理素质有漏洞，他们就会成为对方心理攻击的重点对象，心理防护工作将出现大缺口。孙子在这一方面有一段精彩论述："将有五危：必死，可杀也；必生，可虏也；忿速，可侮也；廉洁，可辱也；爱民，可烦也。凡此五者，将之过也，用兵之灾也。覆军杀将，必以五危，不可不察也。"德国著名军事家克劳塞维茨认为："战争是充满危险的领域，因此勇气是军人应该具备的首要品质。"他还明确提出了军人应该具备的其他心理素质：敏锐的智力、果断、坚强、顽强、刚强和坚定。由此可见，良好心理素质在古今中外军事家眼中都是十分重要的军人素养，它对良好的心理防护和战争的结局都具有重要影响。信息化战争更是如此，心理素质不高的官兵，即使拥有再先进的武器装备，也不可能具有良好的心理防护能力，打败仗只是迟早的事情。

基层官兵良好心理素质受遗传和家庭因素影响较大。因此，把好新兵入伍关，通过心理测试评估技术，选拔身心健康、心理素质过硬的新兵进入军营，是今后基层部队做好心理防护工作的第一关。在这方面，我军已经有了良好开端。2005 年冬，总参运用心理测评系统选拔新兵，2006 年夏，我军运用心理检测系统选拔军校学员，2011 年秋，总参与总政联合运用指挥军官心理测评系统选拔大学生士兵中的提干人员，这些富有建设性、创新性的做法为提高基层部队官兵整体心理素质、增强官兵心理防护能力具有重要意义。

2. 着力提高官兵综合素质

信息化战争中的心理攻击是通过我方官兵的既有思想和心理基础而发挥作用的。如果我方官兵具有了良好心理素质，官兵就会从思想与心理上武装起来，增强心理免疫力和抵御力，筑牢心理防护堤坝，从而使敌方心理攻击难以得逞。因此，不断提高基层部队官兵综合素质是做好心理防护的治本之举，也是最为有效的途径之一。

在信息化战争中，敌方攻心策反最狠的一招就是千方百计地从基层部队官兵思想上打开缺口，利用广播、报纸、电视、传真等多种传播媒介，或是极力渲染、夸大新式武器装备的作用和信息化战争的恐怖，企图从心理上威吓官兵；或是无中生有、造谣污蔑、混淆是非；或是歪曲战争性质，企图扰乱官兵思想，引起内讧；或是以金钱、女色为诱饵，进行腐蚀、拉拢、策动、收买我方人员叛逃。面对敌方形形色色的攻"心"之术，最根本的一条是组织基层部队官兵认真学习

马克思列宁主义和党的创新理论，牢固树立马克思主义的战争观、人生观、价值观、荣辱观，打牢思想政治基础，从根本上提高官兵拒腐防变能力，不断增强官兵进行意识形态领域斗争的能力素质，自觉做到在任何时候、任何情况下都忠诚于党、热爱人民、报效国家、献身使命、崇尚荣誉，在基层官兵中大力弘扬爱国主义、国际主义和革命英雄主义精神，坚定必胜的信念，使基层官兵始终保持坚贞不屈的革命气节和旺盛斗志。此外，还要要注意及时掌握基层部队官兵心态，有针对性地开展心理服务工作，引导官兵通过形式多样的心理服务工作消解心理问题、心理障碍，不断优化心理素质，使基层部队官兵始终保持良好心态和高昂战斗精神。

3. 主动消除外在不良诱因

制造流言、谣言，通过多种途径实施宣传，是敌方实施心理攻击的重要手段，目的在于扰乱人心、军心，分散注意力，瓦解斗志和士气。流言传播有一定规律：与人们切身利益联系的流言传播范围广；与事实越接近的流言容易传播；信息源权威性越高的流言容易传播；与人们心理定势相关的流言容易传播。因此，接受流言的过程也是有规律的。一般而言，当基层部队官兵的思想情绪比较稳定，需要了解的各种信息都能够通过正常渠道得以满足时，他们对流言的抵制力就强，反之就弱。如果基层部队官兵心理恐慌不安，正规的信息渠道又不通畅，基层官兵就会出现心理失衡现象，为了维持内心的平衡，排除不安情绪，部分基层官兵就有可能接受流言，以解一时信息真空之渴。经过一段时间后，他们才有可能作进一步的理性分析，辨别真伪，并作出自己的判断。因此，在信息化战争中，基层部队要把及时消除流言作为心理防护的重要途径和内容来抓。一是要堵塞流言传播渠道，加强信息控制；同时应及时向部队传达上级作战意图，介绍战况，充分利用正式渠道的信息传播功能，拓宽正式渠道信息传播容量，努力使基层部队官兵通过正式渠道满足对战争信息的需求。二是对已经传播的流言要及时辟谣，正本清源，制止流言继续扩散；为了加强辟谣力度，要注意增强部队领导机关和各级指挥官的权威性，揭露流言、谣言和骗局。在制止流言传播过程中，还要注意防止人为造成流言传播速度加快和传播范围扩大的倾向，使消极影响降到最低。

4. 优化官兵集体心理环境

基层官兵的心理防线形成与提高，既与每名官兵的心理素质和心态有密切关系，也与他们所在军营集体的心理环境有关。一个富有正气、奋发向上、有很强吸引力和凝聚力的军营集体心理环境，可以使官兵产生强烈归属感和安全感，从而坚定抵制与部队集体目标和要求相悖的各种消极影响，有效地排斥各种负面干扰。因此，开展心理防护工作，必须在营造和优化军营集体心理环境上下工夫，通过加强先进军事文化建设、纯洁基层党组织、密切官兵人际关系、完善内部反心战机制等途径，使官兵集体成为坚强的战斗堡垒。

积极优化军营集体心理环境，最关键的是增强官兵凝聚力。因为，官兵凝聚力是军营集体对其成员产生的吸引力和集体内成员间的亲和力的合力。是官兵集体心理素质和集体心理稳定性的重要标志。当前，世界各国军队都十分重视军队内部凝聚力的建设，如美军把如何加强军队凝聚力作为战斗精神研究的重要内容，美陆军把战斗精神归结为四种精神，其中的第四种精神就是“绝不舍弃一个战友的精神”。《拯救大兵瑞恩》绝不是偶然现象，它已经成为美军的一种纪律和习惯做法，这一点值得我们借鉴和学习。

5. 健全完善相关法规制度

心理防护工作涉及面很广，它融于基层部队管理、训练、教育、作战工作的方方面面。健全完善的规章制度是基层官兵行动的准则，能够规范官兵的日常行为，不给敌方实施心理攻击留下任何缺口。要做好这项工作，就要教育基层官兵牢固树立制度、纪律意识，严格遵守上级有关防渗透、反策反工作的相关制度和要求，认真遵守政治纪律的“十不准”、防范网络泄密的“十条禁令”、军人使用国际互联网的“六条禁令”和手机保密的“七不得”，认真学习《预防犯罪工作条例》《预防职务犯罪工作若干规定》《保密守则》《隐蔽斗争工作规定》和《核心涉密人员防间保密教育规定》。基层部队还要结合本单位实际，进行自查自纠，做好教育引导工作，组织官兵认真收看《长鸣的警钟》《警惕坠入网上陷阱》《“颜色革命”启示录》等教育警示片，结合国际国内形势，做好时事政策教育工作。提高基层官兵的防护能力。要针对基层部队关键时间点，如老兵退伍、新兵入营、干部转业、年终总结、评功评奖等，做好安全教育，对重点人员加强管控和疏导。在信息接收渠道方面，通过严格的规章制度和科学管理，促使官兵做到不收听收看敌台、外台广播电视，不看、不传、不藏反动传单和心战物品，不私自与国外、境外和不明身份的人员交往。战时发现敌飞机或空飘气球播撒传单，立即将其打掉或击毁，并及时迅速收缴传单，有组织地集中进行销毁，严禁流传。发现政治谣言要坚决制止，及时上报并进行批驳和追查，坚决粉碎敌人心战策反的阴谋，保持部队的高度稳定。实践证明只有充分发挥相关规章制度的约束作用，做到令行禁止，才能有效地堵塞各种心理防护漏洞，使敌方心理攻击与策反阴谋无法得逞。

6.及时医治官兵心理创伤

心理创伤是作战人员在战争中的一种常见心理疾病，自古有之。但对它的认识，特别是把它当做一种疾病加以治疗，则经历了一个较长的过程。第一次世界大战期间，英军官兵曾发生过战争神经官能症，尤其是在遭到德军猛烈炮击和毒剂攻击之后，发病率增高，但并未及时医治。第二次世界大战中，美军约有100万人患战斗紧张症，其中45万人因战场精神病而退伍，占美军病退军人的40%。美陆军的心理伤员占伤员总数的11%，步兵、装甲兵等直接作战的军兵种人员心理伤员占16%。1982年，在以色列入侵黎巴嫩的战斗中，心理失常的人员比例达到23%，战斗最激烈的地区这一比例高达48%。在英阿马岛之争中，英军心理创伤比例实际达到5%～10%以上。实战表明，各种心理创伤现已成为部队减员的重要因素，及时医治官兵心理创伤成为增强官兵心理防护能力、提高部队战斗力的有效途径。在现代信息化战争中，医治心理创伤应坚持三个基本原则。

(1)及时原则，做到及时发现，及时干预和治疗。

(2)就地原则，做到能就地进行治疗的就绝不后送。

(3)安抚原则，做到对存在心理创伤的人员进行精神安抚、心理慰藉，使他们感到集体的关怀和温暖。同时必须引起我们注意的是，战场心理创伤不是思想政治问题，也不是道德品质问题。当心理创伤者在战场上出现一些消极、异常行为时，如怯战、恐惧、乱放枪、逃跑等，政工人员应具体问题具体分析，及时对这类人员进行心理检测，确定当事人存在心理创伤后，其行为不能被当做思想政治问题处理，而应采取紧急干预与治疗措施，避免产生更为严重的后果。

7.开展心理素质教育训练

基层官兵心理防护能力与心理素质有着十分密切的关系，官兵心理素质好，其心理防护能力就强，官兵心理素质弱，其心理防护能力就差。而基层官兵心理素质的提高，不仅需要良好的遗传禀赋、社会环境，更需要官兵自我努力和基层部队开展有针对性的心理素质教育训练工作。心理素质教育训练的一般途径包括教育引导、环境磨炼、集体影响、自我养成和科学训练。

(1)教育引导。基层官兵心理素质受政治思想教育的影响很大，思想素质是培养官兵良好心理素质的先决条件。针对官兵实际,结合基层部队的主题教育工作,深入进行爱国奉献、革命人生观、"三爱"、高原火箭兵精神、当代革命军人核心价值观教育等,不断提高基层官兵道德水平和辨别是非的能力,从思想政治、道德品质层面不断增强官兵的心理防护能力。

(2)环境磨炼。基层官兵良好心理素质总是在一定环境中磨炼出来的,有目的地进行心理素质锻炼,是培养基层官兵良好心理素质的有效途径。通过严格的日常管理,不断提高基层官兵的自制力、服从性、规范性等心理品质。通过实装操作、野外演练、驻训、实弹发射、联合军演等涉险训练,不断提高基层官兵勇敢、大胆、合理冒险、自主性、灵活性的心理品质;通过各种体能训练,不断提高基层官兵抗疲劳、耐压力的心理素质;通过日常军事训练有意识锻炼官兵的忍耐性、纪律性、自制力、坚持性等心理品质。

(3)集体影响。基层官兵良好心理素质总是受集体影响的。军营集体的作风、舆论,对基层官兵良好心理品质的形成发挥着重要作用。良好的军营集体作风具体包括积极向上的集体心态、官兵团结互助的精神、严格周密的日常管理(组织严密、纪律性强等)、自我约束力、弘扬正气等方面内容。在富有正气的军营集体中,每名官兵的性格都会得到改造。实践证明,一个环境好的军营集体,可以改变官兵不良性格品质,塑造出良好性格品质。若在一个风气不正的集体中,则可以使人沾染上坏习气,养成坏习惯,使心理防护工作存有薄弱点和缺口。此外,基层部队主官是充分发挥集体影响的重要影响因素。如果基层单位主官不断加强自身修养,完善自我个性,发挥积极的榜样作用,不断加强科学管理,充分体现人文关怀,做好心理服务工作,军营集体的积极影响作用就能够发挥得更好,官兵的心理防护能力就能够极大增强。

(4)自我养成。在基层官兵良好心理素质的培养过程中,外界的帮助、教育和影响固然很重要,但内在因素最终起决定作用。要引导基层官兵有意识加强自身良好心理品质的锻炼和培养,使他们正确认识自己的心理特点,充分了解自身心理素质的不足,分析不良心理品质形成的原因,发现提高自身心理素质的方法与途径,并在实践中努力加以改进,唯有如此,基层官兵的心理素质才能得到真正的实质性提高。

(5)科学训练。基层官兵的良好心理素质的培养也必须通过科学的心理训练。当前,部分基层部队已经建立了心理行为训练场,开展了各种心理行为训练,如挑战极限心理训练、涉险心理训练、信任背摔心理训练等科目,对提高基层官兵的个体与集体心理素质具有很大的促进作用,今后应高度重视这项工作的开展,严格按照《军事训练与考核大纲》有关心理训练的内容与要求施训,并不断针对信息化战争的要求,积极开拓新的心理训练方法,研制新的心理训练器材。事实上,外军非常重视心理训练工作,据统计,美军心理训练占其军政训练的14%,英军占13%,俄军占12.8%,法军占9%,日军占7.8%。从心理训练的结果看,心理训练对提高军人心理素质、增强军人的心理防护能力具有重要作用。外军从心理训练中尝到了甜头,各国军队正逐步加强心理训练建设,以美军为例,他们迅速颁布了《心理训练条令》,并在全国各地建立了多处心理训练基地,每年都要对25万人进行心理训练轮训,以提高部队心理素质。

第二节　基层部队实施心理防护的主要方法

基层部队心理防护涉及方方面面的工作,它渗透在基层政治工作与军事训练工作之中。从时间与空间跨度看,心理防护工作不仅充分表现在平时细致的工作中,也表现基层官兵执行多样化军事任务的行动之中,充分表现在未来信息化战争中,可以说,心理防护工作具有全时空性、全任务性、全员参与性等特点。基层部队要做好心理防护工作，应针对官兵当前的使命任务与本单位心理防护资源，采取灵活多样的方法开展工作。

一、基层部队平时心理防护工作

信息化条件下，各种敌对势力从来都没有停止对我基层部队官兵进行分化瓦解的行动，因此，基层部队在日常管理、教育、训练中必须高度重视心理防护工作，要把基层部队日常军政训练和管理教育与心理防护工作紧密结合起来，使军政训练和管理教育中包含有心理防护的教育训练。

1.运用心理测试评估，做好心理选拔工作

心理测试评估主要包括人格、智力、态度、价值观、职业倾向性、心理健康状况等方面的测试，目的在于运用心理测量手段对当事人的心理状况进行了解认识。心理测试评估技术很早就被运用到军队人才选拔工作中。在第一次世界大战期间，美国心理学家就用智力量表进行兵员的选拔、淘汰和安置工作。第二次世界大战中，美军运用心理选拔方法把适合人员选入到相关军事部门。经过一百余年的探索与实践，心理测试评估技术现已经比较成熟，科学化程度较高，可以用来进行军人的选拔工作。当前，我军在征兵、送学、提干、军校学员选拔、飞行员与航天员的选拔等工作中都运用了心理测试评估技术，对存在心理疾病、精神病的人员进行淘汰，选拔心理健康的人员进入部队与相关部门，这对提高部队心理防护能力具有很大的帮助作用。今后，部队还要进一步加强这方面工作的力度，在地方青年入伍前，要设置心理健康、人格、智力等测试评估程序，对入伍候选人员进行心理综合素质测试，不断提高心理选拔门槛，严格心理选拔程序和制度。通过这一程序，不仅要把那些存在心理疾病、精神病的人员淘汰了，而且还要把那些人格存在问题、心理防护存在漏洞的人员甄别出来，使那些心理综合素质较高的人员进入部队。此外，基层部队也要从新兵入营开始就为每名战士建立心理档案，定期为基层官兵进行心理检测，对那些存在心理问题的人员开展心理服务工作。

2.结合思想政治教育，筑牢官兵心理防线

思想是基层官兵行动的先导，官兵的思想支配着他们心理活动的方向和内容。基层部队通过加强思想政治教育，不断增强官兵心理免疫力。政治工作是我军的生命线，也是我军的优良传统，在革命战争年代，我军正是在细致入微的思想政治工作，不断瓦解敌军，提高部队官兵士气的，最终以劣势装备打败了各种强敌，夺取了全国政权，建立了社会主义制度、进行了社会主义建设与改革开放。对此，毛泽东同志在总结抗美援朝战争胜利的时候说：美国人钢多气少，我们钢少气多，美国人不行。从心理防护角度看，我军“气多”其实就是我军心理防护能力很强，这种很强的心理防护能力来源于深入细致的思想政治工作。在新的历史时期，面对隐蔽战线和意识形态领域日趋激烈的斗争，思想政治工作不仅不能弱化，而且要逐步加强，这对提高基层官兵的思想觉悟、坚定政治立场、增强心理防护能力具有重要作用。

基层部队要结合思想政治教育筑牢官兵心理防线，应做好以下3方面的工作：

(1)在基层官兵中要不断强化我军历史使命和根本职能任务的教育。要引导基层官兵从国家核心利益的高度来观察、认识、分析问题，提高官兵对国际斗争尖锐、复杂形势的认识，不断克服和平麻痹心理，做好随时打仗的心理准备。

(2)要在官兵中不断强化爱国主义教育。引导官兵深入学习当代革命军人核心价值观，引导官兵深刻认识革命军人的个人命运与国家前途的紧密关系，教育官兵把报效国家作为自己

的价值追求,通过多种途径、方法不断激发官兵爱国奉献的热情,做好随时听从祖国召唤、时刻准备为国捐躯的心理准备。

(3)要强化革命英雄主义教育。通过形式多样的教育,引导官兵消除唯武器论的恐“高”心理的片面认识,树立敢打必胜的坚定信心,培育新一代官兵一不怕苦、二不怕死的顽强作风,在思想上、作风上筑牢官兵心理防线,不断提升官兵平时心理防护能力。此外,基层部队还要开展马克思主义战争观教育,揭露敌对势力政治上的反动本质,使广大官兵明确我国当前的国家战略——积极防御战略,明确我军未来进行的战争是保家卫国、维护国家领土完整与国家主权的战争,是正义的战争,正义战争代表了历史发展方向,代表了国家核心利益,也代表了人民的根本利益。

3. 学习信息化战争的相关知识,提高官兵自我心理调适能力

心理学研究发现,知识是提高心理素质的重要途径,只有官兵掌握相关的丰富知识,在面对复杂环境和危机时,当事人才可以更主动、更自觉、更积极地进行应对。面对未来信息化战争,这一心理学规律仍然有效。信息化战场瞬息万变,情况异常险恶,参战官兵将承受极大心理压力。这就要求基层部队在平时教育中,注重加强官兵对信息化战争相关知识的学习,学习掌握信息化战争、新军事变革的知识,掌握部队新型武器装备。了解信息化战争中的新战法、新武器、新装备、新训法,使广大官兵认清信息化战争的新要求、新任务、新考验、新对策,熟悉信息化战争战场情景,把握信息化战争特点和规律,做到心中有数。只有这样,才能使每名官兵对未来信息化战争有较为充分的心理准备,才能使官兵逐步克服恐“高”“恐”“新”心理障碍,不断提高官兵自信心,增强官兵的自我心理调适能力,一旦战争来临,官兵也能沉着应对,不至于产生恐慌、胆怯的消极心理。即便少数官兵产生了不良心理,他们也可以通过良好的自我心理调适能力加以调节,以最快速度进入良好作战状态。

4.普及心理服务知识,增强官兵心理防护能力

在日常政治教育中,基层部队要适当安排心理服务知识的教育活动,对官兵进行心理学、心理健康、作战心理、心理战、心理防护基本知识的教育。教育活动可以采取多种形式,如集中授课、播放相关视频、运用橱窗等平台开展宣传、或一对一答疑解惑等方式进行。目的在于使官兵了解心理防护方面的相关知识,增强心理防护意识,提高心理防护能力。一些基层部队的心理防护实践证明,通过形式多样的教育,官兵的心理防护知识增加了,心理健康水平提高了,应对突发事件的能力增强了。教育过程就如同人在未生病前先打预防针一样,它对增强人的免疫能力具有重要作用。因此,在平时、特别是在官兵执行任务前,应让执行任务人员充分了解到他们将来可能出现的一些关于战时心理应激反应的症状和特征,并教会参加人员在应对这些情况的方法与策略,必要时可进行有针对性的演练,使官兵心中有数。

5.提高军政训练强度,增强官兵自信心

外军的一贯做法是在平时训练中不断提高官兵心理防护能力。如美军各军兵种每年要进行各类军事演习近千次,其中大部分都是实兵实弹演习,其强度甚至比实战还要高,正是通过这种近实战的艰苦训练,才磨炼了美军较强的心理防护素质。信息化战争实战经验表明,只有拥有比对手更强的作战经验,才能坚定战而胜之的自信心。因此,在基层部队日常教育训练中,一方面要加强对未来信息化战争可能的作战对手的研究,探寻克敌制胜之法,做到成竹在胸;另一方面,要在近似实战的训练中磨砺摔打部队,不断增强基层官兵适应信息化战场环境的心理素质。军事心理学相关研究表明,经过2～3次近实战的训练后,96%的官兵可以减少

初战时的不良身心反应,可以不同程度的提高官兵心理承受力。军内学者的相关研究成果也表明,平时有针对性的心理防护训练对提高官兵心理健康水平、抵御心理疾病的能力具有积极作用。

因此,只有平时多进行高强度的军政训练,不断增强官兵对信息化战争的心理适应能力,才会在未来真正战场上减少战场心理问题、心理疾病的发生概率,才能从根本上增强官兵战时心理防护能力。

二、基层部队在非战争军事行动中的心理防护工作

当前,部队除了要进行军事斗争准备工作之外,还要时刻准备执行各种非战争军事行动,如抗洪抢险、抗击冰雪灾害、反恐维稳、参与维和等重大任务,这些非战争军事行动关注度高、影响大、任务重、时间紧、面临的挑战与考验多,执行任务的官兵容易出现各种心理问题与心理疾病,需要进行心理防护工作。

1.针对非战争军事行动特点,做好执行任务前的心理防护工作

针对非战争军事行动的特点,应在官兵执行任务前做好以下心理防护工作。

(1)提高执行任务人员的思想政治素质。平时要围绕政治立场、党性观念、思想道德、作风纪律等内容,不断加强官兵的教育学习,不断提高执行任务人员的思想政治素质。

(2)提高执行任务人员的军事技能素质。主要包括执行任务人员的身体素质、专业技术素质和组织指挥能力,不断增强官兵完成任务的信心和决心。

(3)提高执行任务人员的心理素质。要通过日常表现、心理测试评估、艰苦环境的心理训练,不断提高执行任务人员的心理适应能力和心理承受能力,并根据非战争军事行动的岗位对相关人员进行心理选拔,以达到人与工作岗位的最佳匹配。

(4)不断提高执行任务人员的作风纪律素质。平时要加强基层官兵的遵章守纪、执行命令、自我约束、自我养成等方面的教育工作。执行任务前,基层部队主官要积极动员,明确提出纪律要求。

基层部队还要根据非战争军事行动的任务需求,有针对性地制订训练计划,有针对性地搞好官兵教育训练工作,使官兵对任务、相关规定、安全问题、执行任务地区的情况(地情、社情、民情等)进行必要了解和掌握,做到心中有数、成竹在胸。

2.依据执行任务中的心理问题,做好心理服务工作

依据官兵在执行非战争军事行动任务中容易产生的心理问题,可有针对性地开展心理服务工作。

(1)增强执行任务官兵的心理认同感。当官兵遇到挫折、困难而感到困惑时,如果此时能够效仿他人的成功经验和方法,当事人会在主观上增强成功应对困难的信心。针对官兵这一特点,基层部队在执行任务过程中,要以班为单位,以班长、思想骨干为核心,做好所属人员的心理支持工作,使每名同志都能够互相帮助、互相交流,在心理上产生强烈的认同感,不断增强心理防护能力。

(2)用幽默化解紧张气氛。在执行非战争军事行动任务的过程中,部分官兵会产生紧张感,此时,思想骨干、班长、排长、指导员、心理服务工作人员应采取幽默方式,如讲笑话等方式化解紧张气氛,维护官兵心理平衡。

(3)应用活动调节法转移官兵注意力。在执行任务过程中,基层部队通过开展各种活动,

如娱乐休闲、运动、听音乐、唱歌、跳舞等,以达到调节官兵情绪、减轻或消除心理压力的目的。

(4)学会身心放松法。在执行非战争军事任务中,官兵容易产生紧张、焦虑、烦闷、恐惧等不良情绪,进而引发官兵产生头疼、失眠等身心问题。此时,可以教给官兵身心自我放松的方法,以缓解和消除这些不良症状的有效方法。这些身心自我放松的方法主要包括一般放松法、冥想、精神放松练习法、渐进性肌肉放松法、催眠放松法、深呼吸放松法等,使基层官兵有效利用休息间隙适度放松紧张、焦虑情绪。

3.实施心理测试与诊断,及时进行心理治疗

部分基层官兵在执行非战争军事行动中有时产生心理疾病,如果他们的心理疾病难以发现和治疗,则容易对执行任务的其他官兵产生传染性影响。因此,实施心理测试与诊断、及时进行心理治疗对提高相关人员的心理防护能力具有重大意义。在这一方面,基层部队在执行任务中要合理配备和使用心理服务专业人员,对官兵在情感、认知和行为方式上存在的心理问题要及时进行矫正与治疗。矫正与治疗的具体方法主要包括认知行为疗法和行为疗法。认知行为疗法是指通过改变官兵的不良认知方式来纠正他们的不良行为和情绪的方法。针对官兵存在在执行任务重出现的抑郁、焦虑、紧张、恐惧、强迫等心理问题,心理治疗人员通过与之交谈发现其不合理认知,指出并纠正其中不合理的认知来促使其重建科学认知系统,从而达到治疗其心理疾病的目的。行为疗法是指官兵通过学习训练来调整和改变异常行为、恢复正常心理的治疗方法,它主要包括系统脱敏法、冲击疗法、厌恶疗法等,主要治疗官兵的恐惧症、强迫症等。同时,在官兵执行非战争军事任务归来后,心理服务人员还要保持对官兵心理健康水平的高度关注,定期进行心理测评,并结合出发前的心理测试加以综合分析,对其中存在心理问题的官兵要开展心理康复服务,确保所有完成任务人员的心理安全与稳定。

三、基层部队在信息化战争中的心理防护工作

1.加大心理选拔力度,实现心理素质择优化

在信息化战争中,决定战争胜败的关键因素仍然是人,军人素质特别是心理素质影响着战争结局。因此,在信息化战争中,必须高度重视心理选拔工作。虽然2006年以来,我军在征兵中开始实施心理检测工作,但目前的选拔方法只是将心理素质达不到最低服役要求人员淘汰出去,而难以保证将心理素质优秀的人员选进部队里来。为更好适应未来信息化战争需要,有必要充分发挥心理选拔的择优作用:挑选那些心理素质高、心理承受力强、能更好适应战争新要求的人员入伍。这对提高基层官兵心理健康水平、增强心理防护能力发挥积极作用。此外,基层部队在未来信息化战争中扮演着十分重要的角色,部队对基层官兵心理防护能力的要求很高,但当前基层部队在征兵过程中还没有建立符合作战要求的心理选拔系统,因此,在今后建立健全心理选拔系统的过程中,应加快建设具有军兵种特色的心理选拔系统,制定符合军兵种要求的心理选拔标准、常模。例如,建立二炮基层部队指挥军官心理选拔系统、导弹操作号手心理选拔系统、二炮技术军官心理选拔系统等,使心理选拔成为选拔、任用、调配干部战士的重要参考依据,把心理素质优秀人员选入部队,为部队做好心理防护能力奠定坚实基础。

2.加强心理防护训练,优化官兵心理品质

基层部队官兵良好心理防护能力是通过系统科学的心理防护训练而不断提高的。心理防护训练是基层部队有意识、有计划、有目的、有步骤地采用一定方法和手段,培养官兵作战所必需的优良心理品质,不断提高官兵心理防护技能,不断增强官兵心理防护能力的专项训练。通

过系统的心理防护训练，基层官兵逐渐形成很强的适应能力、良好的心理稳定性和顽强的意志品质，能准确识别敌心战信息并采取积极有效的心理防护措施，及时调适官兵不良心理，使他们迅速达到良好作战心态。要做好心理防护训练，应做好以下几个方面的工作。

(1)科学确定训练任务。心理防护训练应按照预定目标分阶段进行，每一阶段都要有相对明确的目标任务。心理防护训练的目标制定应体现从严从难与循序渐进相统一的原则，注重训练目标的层次性，由简到繁，由易到难。例如，训练内容应逐步增加情况的复杂程度和任务难度，分阶段增加受训人员身心负荷，逐步提高其心理防护能力。在训练过程中，可按照先理论后操作、先技术后战术、先基础后应用、先分练后合练、由易到难、由浅入深的原则安排训练，整个训练按基础、专业、合成、实战的程序进行。心理防护基础训练还可结合体能训练共同实施，心理防护专业训练应突出信息化条件下心理战的防护方法与操作程序，心理防护合成训练应将信息化战争中可能出现的各种心理打击作为训练的背景，由作战分队，如以发射营、发射连、发射班排为单位组织进行，可开展信息化条件下心理战防护、复杂电磁环境下的心理防护训练、战局僵持情况下的心理防护训练、战局不利情况下的心理防护训练等。在心理防护训练实战训练中，应将其纳入联合作战训练体系中，并作为其中的一个子训练科目，引入实战因素进行训练，主要演练战时各种情况的心理防护对策、反心战训练等。其目的在于培养基层官兵心理应变能力，提高他们在信息化战争中心理防护的操作技能。

(2)分层实施训练内容。根据目前基层部队情况，心理防护训练内容的设置总体上可分为军官和士兵心理防护训练。

1)军官心理防护训练要重点突出作战判断与决策的心理训练，着重培养指挥军官自信心、沉着冷静、多谋善断、果断自制的良好心理品质。根据指挥层次的差异，应突出不同重点：①部队指挥员作战心理防护训练，主要包括：作战指挥心理知识训练(包括军事心理学基本知识、指挥谋略训练)和指挥综合心理训练(包括判断心理训练、决策心理训练、协同心理训练、处置特情心理训练等)。②分队指挥军官作战心理训练，是指作战指挥心理知识训练、处置复杂情况的心理训练等，其内容主要包括在单独带队执行任务、遭遇强敌突袭、被围受困、供给断绝、与上级中断联系、分队建制被打乱、人员伤亡过大等异常情况下如何实施正确指挥的心理训练；实施战场心理调适与士气激励的心理训练，主要要求指挥军官学会运用心理学方法战时对分队进行心理调节和激励士气的程序与策略。③参谋军官作战心理训练。参谋、干事除了要掌握作战指挥常识和谋略外，应重点突出机关作业中的心理训练。其中应包括在战场环境下的作业训练，战场语言文字表达能力等训练。

2)士兵心理训练主要内容包括：①士兵心理素质训练。进行士兵战时智能训练(观察力、注意力、记忆力、想象力、思维力和创造力的训练)，保证士兵能在剧烈震动、强大声响、酷热、严寒、疲劳等极端条件下正常进行感知觉活动。通过注意力训练，发展士兵良好注意品质，使他们能够在在危险复杂情况下保持注意力的高度集中和稳定，能够根据战斗需要，及时、准确分配和转移注意力。通过想象力训练，使他们形成反映现代战斗的多方面表象，不断丰富士兵战斗表象储备，使他们能够在作战条件下正确理解语言、图形、符号和战斗的意义，提高再造想象，发展创造想象。通过记忆力训练，提高士兵在极端条件下的记忆品质，提高他们记忆的敏捷性、巩固性和正确性，准确无误熟记敌情、我情、社情、民情、地形、任务和各种有用参数，能迅速、准确回忆和应用已有知识。②士兵情绪和意志的稳定性训练。培养士兵在流血牺牲面前不恐惧、不惊慌，在失败和挫折面前不气馁、不悲观，在胜利面前不骄傲。具有在任何情况下都不感情用事的良好的自我控制能力。

(3)不断改进训练方法。心理防护训练是一项科学性非常强的系统工程,它具有独特的方法体系,须结合基层部队作战实际,着眼提高官兵心理防护技能,适度借鉴外军心理防护训练的有效方法,大胆创新,创造出一套具有基层部队特色的心理防护训练方法。目前,基层部队已经结合未来作战特点,创造出了一些新的训练方法,如仿真模拟训练法。在未来信息化战争中,由于战场上大量使用信息化武器装备,其带来的声、光、形、味等与敌方心战攻击相结合,易使参战官兵产生心烦意乱、恐惧不安、紧张焦虑等不良情绪体验。仿真模拟训练要着力解决官兵对信息化战场氛围的恐惧心理,通过有目的、有针对性地设置近似未来信息化作战环境和条件,模拟实战情境,使官兵情绪体验达到一定的紧张强度,从而提高信息化战场情境的心理适应能力、心理承受能力和心理调控能力。在建立战场环境模拟训练场时,应尽可能真实模拟新信息化战争的战场情境:①模拟战场上各种强烈刺激,通过模拟震耳欲聋的战机轰鸣、导弹、炮弹爆炸、子弹呼啸、呛人硝烟、坦克轰鸣、耀眼闪光、剧烈大火以及断壁残墙和战场上的伤、亡、残等恐怖情景,使官兵感受到战场上可能出现的各种强烈刺激。②模拟敌军常用兵器和部分高技术兵器杀伤破坏的情境,如精确制导武器系统、集束炸弹、武装直升机的突袭与核、生、化武器的使用等,使官兵体验未来信息化战争可能遭受的各种兵器杀伤破坏的危险情境,可通过攀登云梯、突破火障、过悬浮钢索等情景,不断提高官兵胆量,培养官兵勇敢、大胆、坚定、顽强、冷静的良好心理品质。③进行实战式心理防护训练。实战式心理防护训练是在设置一定危险场景的条件下,让官兵独立做出判断和采取行动,而后进行评估和改进的心理防护训练方法。例如,设置各种恶劣自然条件,把官兵置于森林、孤岛、荒漠、雪山之中,在断粮断水、通信中断等无后勤保障情况下进行野外生存训练。设置在敌人重兵包围之中独立作战的情况,使官兵在遇到多种选择和多种可能性的情况下,做出正确判断和决策。进行实战式心理防护训练,要符合官兵身心特点和个性差异,要注意引导官兵学会如何分析和处置复杂情况。每次实施冒险训练后,还要及时进行总结和讲评,不断总结经验教训。④结合式心理防护训练。即把心理防护训练内容与其他教育训练活动相互融合,全面改善官兵心理状态,增强训练效果的训练方法。要做好这项工作就必须搞好三个结合:①心理防护训练要同战术训练相结合。符合实战要求的战术训练和战术演习是进行心理防护训练最常用的方式,目的是在战术训练中不断增强官兵的心理对抗意识。②心理防护训练要同技术训练相结合。技术训练是官兵掌握各种战斗技能的训练,训练本身就包含着多种心理因素的参与。要注意培养官兵敏捷、灵活、准确、协调等心理素质,使二者融为一体。③心理防护训练要与日常管理相结合。官兵生活作风、行为习惯的养成与心理素质息息相关,良好的军政素质又是开展心理防护的重要保证。④发展虚拟现实技术。运用虚拟现实技术开展心理防护训练是当前基层部队开展心理防护训练的较为先进的方法,它具有传统理论教育、心理疏导、实装模拟、实兵演习等心理防护训练模式所不具有的独特优势,它能使参训者在视、听、触觉等人体全部感觉的参与下,身临其境地全身心投入到高度逼真的虚拟战场中,使官兵更真实地感受到战争的残酷性,感受到恐吓、欺骗、诱导等强烈的心理负荷,体验到战场环境的刺激和战时应激心理状态,从而使官兵经受心理考验,逐渐学会进行自我心理调适的方法,不断增强自我心理适应能力。利用虚拟现实技术,不仅可以进行单兵心理训练,还可以开展战术对抗心理演练。这样做不仅可以降低装备损耗和环境污染,减少人员伤亡,而且还能够循序渐进地开展训练与进行反复训练,从而在一定程度上达到以虚拟手段代替实兵、实装、实弹、实地、实战演练的效果,以较少的训练损耗获得较大的训练效益。

3.运用结合渗透训练法,提高官兵心理防护技能

结合渗透训练法是指心理防护训练与日常训练、演习紧密结合的训练方法。这一训练法要求基层部队做好以下工作。

(1)心理防护训练要与日常训练相结合。基层部队进行日常战术训练时,要尽可能安排心理防护训练。进行心理防护训练时要注意选择复杂地形和困难条件,尽量贴近未来信息化作战条件,不断增大官兵心理负荷。注意选择难度较大的心理防护训练科目,增大官兵对战斗情况及克服困难的心理体验。注意选择较强的假想敌,不断增强官兵敌情观念和心理对抗意识。在心理防护技术训练中,要注意把晓之以理、导之以行的行为紧密结合起来,在帮助官兵掌握基本道理的基础上,进一步引导他们把理性认识转化为实际行动,进而转化为良好行为习惯。

(2)基层部队主官在心理防护训练中要发挥榜样作用。社会心理学中的认知平衡理论认为,教育、管理者在被管理者心中的形象和威信会直接影响被教育者、被管理者对他(她)的信任度,并进而影响被教育、被管理者对他(她)的接受程度。教育心理学的相关研究成果也表明,受教育者对教育者的信任度主要取决于教育者情感亲和力、理论说服力、人格感染力。表9.1所示是研究者对某单位基层部队官兵的心理问卷调查统计结果。

表9.1 心理问卷调查统计结果

答案选项	选择人数/人	百分比/(%)
1、关心人、理解人、尊重人	219	36.0
2、理论水平	165	27.1
3、实干精神	105	17.2
4、言行一致	81	13.3
5、工作艺术	34	5.6
6、其他	3	0.5
合 计	607	100

统计结果显示,基层部队主官要获得官兵真诚的仰慕和信赖,至少应当在以下四个方面加强修养:①基层部队主官要树立关心人、理解人、尊重人的态度。基层部队主官要有官兵平等的观念,在各种教育活动中有信任部下、依靠部下、尊重部下的正确态度。要真诚关心、爱护所属官兵,使他们时时处处感受到组织的关爱之情。②基层部队主官要不断提高理论素养,做到以理服人。基层官兵在工作、学习、立身做人等方面常常会遇到这样那样的困惑,迫切需要有人为他们答疑解惑,指点迷津。作为基层部队主官,要真懂思想政治教育学、心理学、军事学理论,努力打牢理论根基,使自己成为明白人。基层部队主官还要真信党的创新理论,即所讲道理应当是自己真正相信的,并能经得起实践检验的。③要具备思想政治工作、心理服务工作能力与工作艺术。基层部队思想政治工作与心理服务工作不仅是一门技术,也是一门艺术,基层部队主官对官兵司空见惯、习以为常的事实和现象要善于析事明理,帮助官兵升华认识。对官兵普遍感到困惑的问题,要勇于攻克难关,从理论与实践的结合出发讲清道理。基层主官只有具备扎实的理论功底与教育管理艺术,才能感染部下,才能在战时做好思想政治工作与心理防

护工作。④基层部队主官要增强人格魅力。基层部队主官要在道德修养和道德行为上言行一致，以身作则，充分发挥榜样作用。军事心理学研究表明，基层部队主官在教育管理中同时扮演着四种不同角色：领导角色、教育角色、兄长角色和榜样角色。其中榜样角色是基层部队主官必须扮演好的重要角色，基层部队主官要扮演好榜样角色，就必须做到以身作则：凡是要求部下做到的，自己首先要做到；凡是要求部下不做的，自己首先坚决不做；凡是向部下作出的承诺，就必须忠实守信，就要千方百计保证兑现，所谓言必信。行必果，基层部队主官的思想政治工作只有真正做到感染人、打动人，他们才能充分发挥稳定军心的重要作用，基层部队的心理防护工作才能真正落到实处。

(3)在运用结合渗透训练法中，要有针对性地开展心理健康教育，特别是针对战时战场的环境特点，提出可靠、简便易行的心理健康教育和训练方案、方法，这对提高基层官兵对战场心理问题、心理障碍的预防能力、降低战时心理疾病发生率具有重要意义。还要进一步将反心战教育融入部队演习训练的思想政治教育和战斗精神培育活动之中。基层主官要组织官兵学习了解敌心战手段、信息、形式、途径等相关知识，使大家充分认识到敌心理战信息渗透的隐蔽性特点，及时揭露敌对势力心理攻击的欺骗性，不断培育官兵的“心理抗体”，提高官兵的心理“免疫力”。

4.构建心理打击预警体系，实现心理风险有效防范

基层部队要及时准确把握国内外心理攻击的相关信息，有效构建信息化条件下的心理打击的多级预警体系，迅速发现敌心理攻势的企图和官兵心理的不稳定因素，构筑全方位心理防护体系，做好心理防护威胁的预警工作。

(1)基层部队要加强预测分析和前瞻研究，针对敌对势力可能对我实施的心理攻击，分别制定预防措施和应急预案，建立心理威胁监控、心理打击预测、心理打击防范功能于一体的心理预警机制。

(2)充分发挥基层部队心理防护骨干队伍在心理防护威胁、监测、评估中的主要作用，全方位监控敌心战信息对部队的渗透情况、官兵心理状态演化态势、战场心理压力变化状况，及时报告官兵心理异常反应，避免不良情绪的迅速蔓延，造成不必要的非战斗减员。

5.加强战友间相互联系，发挥社会支持系统作用

从心理学角度看，社会支持系统是指个人在自己的社会关系网络中所能够获得的、来自他人的物质和精神上的帮助。在军人群体中，社会支持系统就是战友之间的紧密联系。战友间相互信赖、团结合作、互帮互助的良好关系，上下级、同级之间关系融洽和谐，这些都有利于官兵在战时从心理上形成强烈的认同感、归属感和安全感，并能够产生强大的动力与凝聚力，有利于充分发挥集体的强大力量，有效消除官兵战时各种不良心理。充分发挥社会支持系统强大支持作用，还可以增强官兵个体心理抗击能力，提高官兵个体信念和意志的力量，加强官兵个体心理承受能力。在这一方面，官兵一致、军民一致、瓦解敌军是我军三大政治原则，它具有很大的政治优势，互帮互助、团结一致是我军官兵的一贯做法，我军这些优良传统在未来信息化战争的心理防护工作中依然具有十分重要的作用，基层部队要充分发挥这些优良传统和作风，不断增强部队凝聚力、亲和力和吸引力，为心理防护提供坚强政治保证。

6.堵塞信息传播渗透渠道，不断增强官兵防护水平

信息化战争的重要作战要素使信息、心理防护工作也不例外，只要能够及时堵塞阻断信息传播渗透渠道，官兵心理受到的消极影响将大大减小。要做好这项工作，应从以下五个方面

着手。

(1)提高信息网络的安全指数,建立起有效的信息保护屏障。对指挥控制系统的各个信息单元,如武器控制系统和监视系统实时更换内置密码,以防敌识别并利用诱导控制信号操纵己方网络。

(2)严格战场管理。对官兵手中的收音机、录音机、手机、电脑等进行统一管理和使用。对敌投掷的心战宣传品要及时收缴和销毁,迅速肃清其流余毒。

(3)要及时辟清谣言。对小道消息和敌广播不听、不信、不传,对于已经散播的谣言,基层部队要做出有针对性的揭示,戳穿敌欺骗阴谋。

(4)要丰富阵地文化生活,不断改善战场环境。基层部队要不失时机地利用战斗间隙,因地制宜组织好生动活泼、形式多样的阵地文化活动,活跃阵地生活,激发部队士气,调节和稳定官兵的作战情绪。

(5)重视正确的宣传导向。通过各种传播媒体,加大正面宣传力度,加强对我方战争正义性、政治立场、政策、价值观的宣传工作,凝聚军心士气,强化官兵反心战意识,增强官兵心理免疫力,提高官兵心理防护水平。

7.建立战场心理救治机制,提高官兵心理救助效率

现代信息化战争的实践证明,建立健全战场心理救治快速反应机制,是做好战时心理防护的重要内容。针对未来作战任务和战场心理致伤的发生情况,基层部队要做好以下工作。

(1)合理组建战场心理救治机构,及时抢救心理伤员。在未来信息化战争中,基层部队将是敌兵战、心战的焦点。基层部队官兵的心理将受到严峻考验,战时心理应激反应也将成为部队心理防护的重点。这就要求基层部队充分考虑战时官兵心理特点和心理救治需要,合理设置心理救治机构和编配心理救治的专业力量。

(2)加强一线心理救治专业力量。战场心理疾病主要发生在战斗一线,并且大部分存在战场心理问题的官兵可通过自我心理调适与基层部队心理服务工作迅速恢复较好状态,但为以防万一,应在基层发射单位建立心理救治机构,为官兵提供心理救治服务。战时心理救治机构应遵循就近、及时原则,一个发射单元内的心理救治力量要精干、高效,具有较强的机动能力,能够遂行部队完成作战任务。因此,必要时可配备心理服务工作车、心理服务简易帐篷等装备,与医疗力量一道编入后勤保障分队中,由后勤部门统一指挥。

(3)建设战时心理防护机动力量。由于信息化战争瞬息万变,基层部队心理救治力量又较为薄弱,因此,有必要在战区内实现心理救治分队巡诊机制,使有限的心理救治力量尽最大限度发挥作用,这就需要心理救治分队具备较强的机动能力,能够在短距离内为多个发射单位的官兵提供心理救治服务。

(4)基层部队要加强心理防护装备器材研制工作。要立足基层部队实际,借鉴国外现有成果,研发操作简单、方便易行、服务效果良好的心理检测、心理治疗装备。

8.做好战后心理服务工作,减少官兵心理疾病后遗症

心理防护不能随着战斗任务的结束而终止,要进行长期的跟踪观察与治疗。创伤后应激障碍(PTSD)是战后军人面对的主要心理疾病,它甚至可以持续终生。据美国的统计资料显示,个人遭遇创伤后终生患创伤后应激障碍的危险性高达3%～58%。这种心理疾病还具有反复发作的特点,因此,患病官兵康复后,有关心理服务专家的热线还要保持与他们的密切联系,随时为他们提供心理咨询疏导和心理诊断治疗服务,防止他们在再次遭遇心理危机时,因

没有得到及时救助而导致该疾患的复发。相关研究显示，对战后退伍军人的创伤后应激障碍的诊断越早，治疗效果就越好。另外，有些官兵的心理疾患可能在战后的几个月或几年内才开始显现出来。针对这种情况，心理服务工作更应该充分发挥心理专家和基层部队心理骨干的作用，密切跟踪掌握官兵心理状态变化特点，及时做好他们的心理康复指导工作。在这项工作中，基层部队要重点加强创伤后应激障碍人员的筛查与治疗工作，为减少战争遗留问题对战后军人和社会产生的危害提供有效帮助。

随着心理战致伤效能的日趋增强，心理防护能力的强弱已成为衡量军队战斗力的重要标志。基层部队要着眼提升部队整体作战能力，紧贴未来作战需要和部队实际，通过多种途径与方法不断加强心理防护工作，构筑战前有选拔、有教育、有训练，战时有预警、有救治，战后有跟踪、有心理危机干预和治疗的全方位、多领域的心理防护体系，为减少心理致伤、提高部队战斗力、有效抵御敌兵战心战攻击发挥重要作用。

第十章　中外心理服务思想与实践

心理学是研究人心理现象及其活动规律的科学。心理学作为一门科学，最早诞生于德国。1879 年，德国著名心理学家威廉·冯特（W. Wundt）在莱比锡大学创立了第一个心理学实验室，用实验的方法研究人的心理现象，从此心理学家开始使用与研究物理世界一样的方法——实验法——来研究人的心理。由于有了正确的研究方法，心理学获得迅速发展，并在多个领域被广泛运用。心理学与军事的关系密不可分，它为军人提供了各种服务，在部队教育、管理、军事人才选拔、作战效能提高、心理战、心理防护、战场心理救护等方面发挥了重要作用，成为促进部队战斗力的重要学科之一。世界上一些国家的军队开始探索如何应用心理学更好地为部队服务，他们做了很多有益探索，积累了丰富资料，其中一些做法被实战检验是有效的。基于此，我们对一些有代表性的外军开展心理服务工作的做法进行梳理探讨，以便为我军新时期心理服务工作提供有益借鉴。此外，我国古代军事思想中也蕴藏丰富的心理服务思想，通过深入挖掘，可以将其中有价值的思想加以梳理，为我军基层部队的心理服务提供有益参考。

第一节　《孙子兵法》中的心理服务思想

我国历史悠久，文化灿烂，中华五千年文明为后人留下了汗牛充栋、浩如烟海的文化典籍，中国古代兵学典籍是中华传统文化的重要组成部分。先秦兵学是中国古代兵学的源头，也是中国古代兵学思想发展的最高峰。其中的《孙子兵法》是中国古代兵学的代表之作，战国末期的著名思想家韩非子指出："臧孙、吴之书者家有之。"可见在战国时期，孙子的影响已经十分广泛了。司马迁也说："世俗所称师旅，皆道《孙子》十三篇……"这说明，后人对《孙子兵法》是推崇备至的。孙子在全世界范围内也有巨大影响。远的不说，英国现代著名战略家利德尔·哈特（L. Hart）在其著作《战略论》的扉页中大量引用《孙子兵法》的原文。美国总统尼克松用孙子的名言驳斥了美国的核威慑理论，他在 1980 年出版的《真正的战争》一书中说："两千多年前，中国古代的战略家孙子提出这一原则：以正合，以奇胜。他的真知灼见是'奇正相生'，奇正并用乃是取胜之道。"美国现代战略家布热津斯基（K. Brzezinski）在其 1986 年出版的《运筹帷幄》一书中也大量引用《孙子兵法》的原文。美国陆军军事学院于 1921 年将《孙子兵法》作为授课内容。1982 年 8 月 20 日，美陆军颁布了新版的《作战纲要》，其中第二章论"作战思想"中直接引用了《孙子兵法》的原文"攻其不备，出其不意""兵贵胜，不贵久"等。美军的空地一体战的思想来源之一就是《孙子兵法》的战术思想。由此可见，孙子在古今中外的深远影响，它是中国古代兵学思想发展的最高成就。因此，我们就以《孙子兵法》为例，研究探讨其中所蕴含的心理服务思想。

《孙子兵法》是博大精深的明珠，其中蕴涵了丰富的军事思想，通过深入研究，我们发现了《孙子兵法》中蕴含丰富、深刻的心理服务思想。通过仔细梳理、概括与总结，我们发现《孙子兵法》中蕴含以下心理服务思想。下面以 2009 年 10 月，四总部向全军颁布的《关于加强新形势下军队心理服务工作的意见》中关于心理服务工作的主要内容为依据，用心理服务的视角审视《孙子兵法》。

一、《孙子兵法》的将帅心理素质选拔思想

1.心理素质是选拔将帅的重要条件

孙子提出“道”“天”“地”“将”和“法”五个因素影响战争的胜负。孙子特别重视“将”的因素，“将”素质的高低、能力的强弱对战争的胜负、对百姓的生死、对国家的安危具有决定性的影响，他说：“夫将者，国之辅也。辅周则国必强；辅隙则国必弱。”“故知兵之将，民之司命，国家安危之主也。”“将” 的素质、特别是心理素质是衡量其能力高低强弱的重要因素，对“将”的影响很大。孙子明确指出：“将者，智、信、仁、勇、严也。”孙子认为，带兵打仗的高级将帅必须具备才智、诚信、仁爱、勇敢和严格五种心理品质，否则将难以胜任将帅这一重要角色，甚至造成兵败将死的严重后果。因此，将帅应按照这五种最基本的心理素质标准进行选拔。

2.智力是将帅心理素质的核心

在这五种“将”必须具备的心理素质中，孙子尤其重视“将”的智力素质，在孙子眼中，智将是“将”追求的理想境界。在古语中“智”通“知”，“知”是“智”的具体表现。据统计，孙子一共在文中反复使用“智”“知”达 69 次之多，占《孙子兵法》全文字数(5 900 余字)的 1%以上。其中“知”出现次数最多的文章分别是《地形篇》(14 次)、《谋攻篇》(12 次)和《虚实篇》(12 次)。“知”在这三篇文章中出现的次数占“知”出现频率总数的 50%以上。从现代军事学范畴看，孙子的这三篇分别论述的是战略、战役和战术三个不同层面的问题。由此可见，“知”的素养是“将”在战略、战役和战术三个不同层面都需要心理素质。其他与“智”“知”有密切关系的、能够描述认识能力的相关字还有“算”(7 次)、“察”(6 次)、“计”(5 次)、“谋”(3 次)。由此可见，“智”“知”及其相关字不仅是《孙子兵法》的关键字，也是孙子眼中“将”所必备的核心素质。与之相比，对于其他四种心理素质，孙子虽有论述，但并不多，也不够集中。

3.性格是将帅心理素质的关键点

从现代心理学的角度看，孙子提出的将帅必备的五种心理素质其实就是将帅的个性素质。现代心理学认为，人性是由个性倾向性和个性心理特征构成，其中个性心理特征主要包括能力、气质和性格。人最基本的能力就是智力，气质就是人的脾气和秉性，是人的情绪特征。性格是个人表现在对待现实的稳固态度和与之相适应的习惯了的行为方式，它是个性的核心。将帅的个性对其作战指挥行为产生重要影响，对于将帅应具备的智力素质、情绪特征和性格品质，孙子均作了论述。他特别对将帅应具备的性格品质进行了细致的讨论：“故将有五危：必死，可杀也；必生，可虏也；忿速，可侮也；廉洁，可辱也；爱民，可烦也。凡此五者，将之过也，用兵之灾也。覆军杀将，必以五危，不可不察也。”必死、必生、忿速、廉洁和爱民均属性格心理的范畴，它们都是人性的重要方面，本身并没有好坏对错之分，但对于将帅而言，这五种性格品质如不加以节制，却可以作为对手实施心理攻击的突破口。优秀将帅虽也有生、死、忿速、廉洁和爱民的特点，但心理行为表现能够保持在适度健康的范围以内，不走极端、不过度暴露，否则就会给对手以可乘之机。因此，选拔性格品质良好的将帅是一项非常重要的工作。

虽然孙子没有明确提出对“将”实施心理选拔的具体措施，但他明确提出了“将”必备的五种基本心理素质，为国家、君主在选将用人中提供了很强的理论依据和参考标准，这无疑蕴含着深刻而丰富的心理选拔与训练思想。

二、《孙子兵法》的心理攻防思想

1.《孙子兵法》的心理攻击思想

孙子的心理防护思想是在他提出的心理攻击思想基础上提出来的，要想弄清孙子的心理防护思想，必须先搞清楚孙子的心理攻击思想。孙子提出了一个十分重要的命题“三军可夺气，将军可夺心。”攻心夺气成为孙子极力倡导的重要战法，他是第一位从战略高度明确提出心理攻击思想的军事家，是心理战思想的开创者、鼻祖。在国家战略层，心理战成为打击对手的首选，他说：“是故百战百胜，非善之善者也；不战而屈人之兵，善之善者也。故上兵伐谋，其次伐交，其次伐兵，其下攻城。攻城之法，为不得已。”他提出了三种心理攻击手段：谋略攻心战、外交攻心战、武力威慑攻心战，其中谋略攻心战是最高境界。在具体策略上，他又提出了所谓“十二诡道”，通过这十二种具体的攻心方法，在战前使对手处于心理劣势的不利境地，造成利于己不利于敌的作战态势，从而达到不战而屈人之兵或伺机歼敌的目的。在战役战术层面，孙子主张利用对手好利逐利的人性弱点，通过示形造势，攻心夺气，从而扰乱对手心理，达到出其不意、攻其不备作战效果。

2.《孙子兵法》的心理防护思想

基于心理攻击思想，立足战略战役防御角度，孙子高度重视心理防护的重要作用，概括起来，他的心理防护思想主要表现在以下四个方面。

（1）军民同心团结的心理防护思想。孙子把“道”作为决定战争胜负的第一因素，他说：“道者，令民与上同意也，故可以与之生，可以与之死，而不畏危。”正所谓得道多助，失道寡助，民心向背往往是一个国家心理防护能力强弱的重要体现，它是一个国家实力的重要体现，对战争结局产生直接影响。

（2）以守为本的心理防护思想。攻与防是战争中一对永恒的矛盾，是任何战争都无法回避的重要问题，心理防护属于“防”的重要内容。在战争中究竟如何正确处理攻与防的问题呢？孙子认为，军队只有善于防守、防护，才能最终赢得胜利。对于这个问题，他首先从攻防的战略战术高度进行论述：“昔之善战者，先为不可胜，以待敌之可胜。不可胜在己，可胜在敌。故善战者，能为不可胜，不能使敌之必可胜。”防守、防护工作是作战获取胜利的基础和根本，它是保障己方生存问题的大事，只有做到防护严密，才能保护好自己，才能使自己不可战胜。只有保护好自己，使自己不可战胜，才能有机会寻找、抓住对方弱点，并一举战而胜之。因此，作战中首先要做好防护工作，使自己不可战胜，这样才能为战胜对手创造有利条件。因为防护是战胜对手的前提。对手之所以被战胜，是因为他有弱点、防护中存在漏洞与缺陷。所以做好防护工作不但可以巩固己方阵线，还可以通过坚固防护示形威慑、打击对手，降低战争爆发的可能性、增强作战的胜算概率，孙子说：“故用兵之法，无恃其不来，恃吾有以待；无恃其不攻，恃吾有所不可攻也。”如何做好防护工作呢？针对这个问题，孙子提出了“先为”的思想，他主张防护工作要紧前筹划，要预先调查判断，要主动作为，灵活机动，要坚决保守行动秘密：“不可胜者，守也；可胜者，攻也。守则不足，攻则有余。善守者，藏于九地之下；善攻者，动于九天之上，故能自保而全胜。”心理防护工作要富有创造性、寻找对手的认识盲点，做到“攻而必取者，攻其所不守也；守而必固者，守其所不攻也。故善攻者，敌不知其所守；善守者，敌不知其所攻。”

（3）将帅心理防护思想。将帅是国家安危之主、是安国全军的关键，但他们是对手实施心理攻击的重点对象，其心理素质如何是决定心理防护质量的关键。在将帅心理防护中，孙子专门论述了将帅性格的心理防护问题，他认为，将帅性格如存在缺陷，心理防护就会产生缺口，就会成为对方实施心理攻击的突破口。他说："故将有五危：必死，可杀也；必生，可虏也；忿速，可侮也；廉洁，可辱也；爱民，可烦也。凡此五者，将之过也，用兵之灾也。覆军杀将，必以五危，不可不察也。"从现代心理战的角度看，将帅性格弱点，将使他的心理防护能力大为降低，成为对方攻击的首要目标，甚至产生主将被杀、部队覆灭的严重后果。因此，选拔将帅时要高度重视性格品质，将帅作战时也要注意改变、克服不良性格品质，做好心理防护工作。

(4)士兵心理防护思想。士兵的作战士气也是心理防护重点，所谓："三军可夺气，将军可夺心。"士兵的作战士气又有其自身的演变规律，"是故朝气锐，昼气惰，暮气归。"掌握士兵士气的变化规律，才能做好士气的心理防护工作，才能寻找弱点，打击对手。"故善用兵者，避其锐气，击其惰归。"指挥官要把以情带兵和依法带兵结合起来，做到"故令之以文，齐之以武，是谓必取。"孙子提出的这一系列防护思想同样也适用于心理防护，它对今天的心理防护工作依然具有很高的指导价值。

三、《孙子兵法》的心理调节与疏导思想

1.《孙子兵法》的以情带兵思想

作为部队管理者，将帅如何带好兵既是一个管理问题，也是一个心理服务问题。在孙子眼里，带好兵是有一定难度的："卒未亲附而罚之，则不服，不服则难用也；卒已亲附而罚不行，则不可用也。"因此，官与兵的情感因素在带兵中具有重要作用。孙子主张，将要有"仁"的特点，对普通士兵要有仁爱之情，要善于激发调动士兵的情感，在带兵中做到法中有情、情中有法，"故令之以文，齐之以武，是谓必取。"在作战中，士兵面对死亡必然产生恐惧感，如何尽可能减少士兵的恐惧心理、不断增强他们的胆量呢？孙子认为："视卒如婴儿，故可以与之赴深溪；视卒如爱子，故可以与之俱死。"孙子主张，要像爱自己的孩子一样爱护士兵，能够消除士兵的恐惧心理，将帅爱兵的情感会对恐惧感起到心理疏导与调节的作用，这种以情胜情的心理疏导方法无疑对解决战场心理问题具有十分积极的作用。但孙子在强调这种带兵方法的同时也提醒将帅把握好爱的分寸感，要做到爱严相济，否则就会起到相反作用，他说："厚而不能使，爱而不能令，乱而不能治，譬若骄子，不可用也。"如何掌握好这一分寸，这是带兵的艺术问题，它会因人、因时、因地等因素而异，难以用统一标准进行规范，属将帅自我把握的范畴。

2.《孙子兵法》的将帅心理调节与疏导思想

孙子同时也特别强调将帅自我不良情绪的调节疏导问题。他说："主不可以怒而兴军，将不可以愠而致战。"将帅的不良情绪影响自己的智力活动，进而影响自己对战局的判断和作战行动的决策，"大吏怒而不服，遇敌怼而自战，将不知其能，曰崩；将弱不严，教道不明，吏卒无常，陈兵纵横，曰乱。"而这种严重情况往往"非天之灾也，将之过也。"因此，对将帅而言，保持和调节良好心态显得尤为重要。将帅的理性分析能力对不良情感具有调节和控制的作用："合于力而动，不合于利而止。"做到"非利不动，非得不用，非危不战。"如何权衡利与害，需要的是将帅的理性思考和精确计算："是故智者之虑，必杂于利害。"战场的角逐不仅是双反力量的较量，更是双方将帅智力的比拼。因此，孙子把"智"力作为将帅应该具备的首要素质，将帅的最高境界就是成为一名智将："是故智将务食于敌"将帅怎样才能做到调节自我情绪、调动智力呢？概括起来不外乎有两种途径：①将帅要淡泊名利，勇于承担责任。他说："故进不求名，退不避罪，唯人是保，而利合于主，国之宝也。"将帅不能在乎自己的利害得失，而应把国家利益作为判断

是非对错、是战是和是退的决策依据，这样才能够做到理性判断与冷静决策。②将帅要控制、调节自己的不良情绪，如恐惧、愤怒等，做到理性治军、理性指挥，“将军之事，静以幽，正以治。”否则就会产生极其严重的后果：“将不胜其愤而蚁附之，杀士三分之一而城不拔者，此攻城之灾也。”因为战争的后果是不可逆转的，而“怒可以复喜，愠可以复悦，王国不可以复存，死者不可以复生。故明君慎之，良将警之，此安国全军之道也。”战争是理性的算计、理性的运筹、理性的决策、理性的争斗，国家最高决策者和将帅必须调节控制自己的各种情绪，保持积极心态，充分发挥理性对不良情绪的调节疏导作用，从而是理性战胜感性，最终战胜敌人。否则就会产生“夫唯无虑而易敌者，必擒于人。”甚至被杀的严重后果。对于普通士兵，孙子认为，将帅要善于调节、激发他们有利于作战的情绪——仇视敌人“怒”的情绪，调动他们对物质利益的强烈欲望与追求，他说：“故杀敌者，怒也；取敌之利者，货也。故车战，得车十乘以上，赏其先得者而更其旌旗。”将帅通过不断调节自我心态、调动激发部属的情绪，从而战而胜之。

四、先秦其他兵学中的心理服务思想

1.心理训练思想

我国古代军事学家特别重视对部属进行心理训练。其心理训练思想包括两个方面：

(1)士兵服从命令的训练。战国时期的著名军事家吴起认为，如果士卒不养成服从命令的心理品质，部队平时就要发生混乱，战时就要打败仗。他提出“夫人常死其所不能，败其所不便。故用兵之法，教戒为先。”

(2)要训练士兵具备舍生忘死的勇敢精神。尉缭子说：“兵有五致，为将忘家，逾垠忘亲，指敌忘身，必死则生，急胜为下。百人被刃，陷行乱陈(阵)。千人被刃，擒敌杀将。万人被刃，横行天下。”吴起则强调“凡兵战之场，立尸之地。必死则生，必生则死。”他认为只有平时训练，士卒不避刀刃，不怕牺牲，战时才能奋勇杀敌，才具有过硬的心理素质，也只有这样勇敢的将士才能最终赢得战争的胜利。

2.心理防护思想

保持情绪稳定是心理防护的重要内容。尉缭子说：“兵以静固，以专胜。”激发调动部队士气则是心理防护的核心问题，先秦兵家有许多激发调动士气的论述。尉缭子认为，人心、士气对战争具有十分重要的作用：“夫将之所战者，民也。民之所以战者，令也。气实则斗，气夺则走。”打仗靠民心，战斗则凭借士气，士气旺盛就可以和敌人战斗，士气丧失就必须回避作战。孙膑则将士气激励分为“激气”(战前总动员)；“利气”(部队出发后的整顿)；“厉气”(临敌前的鼓动)；“断气”(战斗过程中的士气保持)；“延气”(一个战斗胜利后，再次作战时要进行宣传鼓动)。“激气”“利气”“厉气”“断气”“延气”都是作战过程中激发调动士气的重要方法，这也是心理防护的具体方法。此外，赏罚严明也可以增强军队的心理防护能力。吴起说：“若法令不明，赏罚不信，金之不止，鼓之不进，虽有百万，何益于用!”

3.将帅心理素质思想

将帅在作战中具有重要作用，将帅的心理素质直接影响战争结局。将帅应具备什么心理素质呢？概括总结先秦兵学，勇敢的心理品质是将帅应该具备的心理素质。吴起认为：“其善将者，如坐漏船之中，伏烧屋之下，使智者不及谋，勇者不及怒，受敌可也。”果断决策的心理品质也是将帅应具备的心理素质，他说：“故曰：用兵之害，犹豫最大；三军之灾，生于狐疑。”将帅还应该具备独立的人格品质，尉缭子说：“将者，上不制于天，下不制于地，中不制于人。”将帅保持良好心态也是十分重要的,尉缭子认为:“宽不可激而怒,清不可事以财。夫心狂、目盲、耳聋,以三悖率人者,难亦。”此外,将帅还应控制自己的不良情绪,一切作战行动都应在理性的指导下完成,“兵起,非可以忿也,见胜则兴,见不胜则止。”

第二节　我军心理服务工作

一、我军心理服务工作概况

1.新中国成立前的心理服务思想

我国心理服务思想孕育于军事心理学思想中,学术源远流长,内容丰富多样,但由于历史局限和客观条件限制,始终没能系统化、理论化、科学化,未能够成为一门真正独立的学科。1879年,科学心理学独立以后,心理科学很快就传入中国。随着科学心理学的发展,军事心理学思想也日益丰富。特别是在毛泽东军事思想体系中,军事心理学思想占据重要地位。毛泽东同志是伟大的马克思主义者,是伟大的无产阶级革命家、战略家、军事家,是中国人民解放军和中华人民共和国的缔造者和领导者。毛泽东军事思想是毛泽东思想的重要组成部分,它是对我军长期革命战争实践的高度概括和总结,代表着老一辈无产阶级军事家的军事智慧和最高成就。在毛泽东军事思想中也蕴涵了丰富的心理防护思想。

(1)教育为先,筑牢防线。毛泽东作为人民军队的主要创立者,早在建军之初就把筑牢官兵心理防线、巩固官兵精神支柱作为政治工作的重要内容,并采用一切方法筑牢官兵的心理防线。

1)把军营办成一所大学校,他明确要求;广大官兵一边作战,一边学习,不断提高官兵科学文化水平和思想政治觉悟。1944年10月30日,毛泽东在陕甘宁边区文教工作者会议上发表了题为《文化工作中的统一战线》的讲演,强调了文化的重要性,他说:“我们的工作首先是战争,其次是生产、其次是文化。没有文化的军队是愚蠢的军队,而愚蠢的军队是不能战胜敌人的。”中国革命的发展实践证明,拥有先进军事文化的军队在敌人各种心理攻势面前,都能够始终保持坚定的政治立场、旺盛的革命斗志和钢铁一般的革命纪律。

2)坚持政治思想领先的原则。毛泽东认为,只有用正确的理论武装官兵的头脑,不断提高他们思想觉悟和认识能力,官兵才能够在各种攻击面前采取正确行动。

3)开展强有力的思想政治工作。毛泽东把政治工作的地位比喻成“生命线”,他明确指出:“军队的基础在士兵,没有进步的政治精神关注于军队之中,没有进步的政治工作去执行这种关注,就不能达到真正的官长和士兵的一致,就不能激发官兵最大限度的抗战热忱。”

(2)政治动员,一致对敌。毛泽东军事思想的基础是人民战争理论,动员全体军民认清侵略者的反动本质,形成全体军民同仇敌忾的战斗局面,是毛泽东倡导的斗争方式。因为,只有通过广泛的政治动员,揭露敌人的邪恶本质和所犯滔天罪行,不断向军民讲清楚战争的前途与他们个人命运的密切关系,才能激起全体军民普遍的仇恨,进而产生同仇敌忾、同赴国难的战斗激情。在抗战时期,面对民族危局,毛泽东明确指出:“如此伟大的民族革命斗争,没有普遍和深入的政治动员,是不能胜利的。”他还说:“动员了全国的老百姓,就造成了陷敌于灭顶之灾的汪洋大海,造成了弥补武器等等缺陷的不利条件,造成了克服一切战争困难的前提。”对于如何开展政治动员,毛泽东的见解是十分精辟的:“什么是政治动员呢?首先是把战争的政治目的告诉军队和人民。必须使每个士兵每个人民都明白为什么要打仗,打仗和他们有什么关系。……必须把这个目的告诉一切军民人等,方能造成抗日的热潮,使几万万人齐心一致,贡献一切给战争。”同时他还强调政治动员要经常进行,要紧密联系广大军民实际,“不是一次动员就够了,抗日战争的政治动员是经常的。不是将政治纲领背诵给老百姓听,这样的背诵是没有人听的;要联系战争发展的情况,联系士兵和老百姓的生活,把战争的政治动员,变成经常的运动。”

(3)坚持原则,积聚人心。毛泽东在建军实践中创造性地提出了我军政治工作的三大原则,其中官兵一致、军民一致就是不断巩固我军官兵心理防线的两大重要原则。官兵一致就是在军队中肃清封建主义,废除打骂主义,建立自觉纪律,实现同甘共苦的生活、民主平等的目标。军民一致的原则是使军队和民众团结起来:军队要一边战斗一边关心老百姓的生活,人民群众在维持生计的同时也要支持军队作战,只有这样,人民军队才能瓦解敌人发动的各种攻势。

(4)宣传鼓动,激励士气。毛泽东对宣传工作极为重视,在他的大力倡导下,宣传鼓动工作成为我军政治工作的重要内容,是政治机关和政治干部必须掌握的政治手段。他曾明确指出,我们要善于用宣传鼓动来提高战士的觉悟,把道理讲清楚,任务讲明,战士们就会排除万难,勇往直前。专靠指派命令,不做宣传鼓动,就是执行了命令,也不会有更大成绩。在毛泽东这一思想的正确指导下,全军部队积极探索和实践,创造性地实践了许多战地宣传鼓动的有效形式,如举行战地宣誓、呼喊战斗口号、传唱战斗歌曲、传播胜利消息、开展战地联欢、进行火线入党活动、创办战地快报、深入战斗一线慰问等,这些宣传鼓动的好做法、好经验已经成为我军政治工作的优良传统,在鼓舞军民士气、凝聚官兵军心、巩固军民心理防线方面都发挥了巨大作用,为我军今后在信息化条件下开展心理服务工作、特别是做好心理防护工作提供了宝贵启示。

2.新中国成立至改革开放后的军队心理服务工作

新中国成立后,我军在学习借鉴苏联军事心理学研究成果的基础上,开始进行独立的科学研究。但由于“文化大革命”的破坏,起步不久的军事心理学研究被迫陷于停顿,尽管仍有部分心理学者在异常困难的情况下坚持进行军事心理学研究,但研究难以深入、研究成果很少。

十一届三中全会后,随着我军革命化、现代化、正规化建设的飞速发展,军事心理学研究也开始进入快速发展的轨道。

(1)全军院校陆续开设了思想政治工作心理学和军人心理学原理课程,开始向军校学员普及心理学知识。通过教学实践,逐步培养和造就了一批心理学教学和研究人才。

(2)我军先后出版了一批军事心理学著作和教材,如《战士心理学》《带兵心理学》《军人心理学》等,并翻译出版了苏联和美国的部分军事心理学方面的著作。

(3)在军事心理应用方面也取得了长足进步。例如,有些部队从20世纪80年代初开始就组织政工干部学习心理学,总结出自觉运用心理学原理做好思想政治工作的宝贵经验,进而发展到运用心理学原理做好军事训练、管理教育工作。例如,空军不少疗养院结合飞行员定期疗养,他们对疗养人员进行心理卫生检测和心理健康教育;空军还专门成立机构,运用心理品质测量的方法进行飞行员的招收和选拔工作,大大降低了飞行人员的淘汰率,为提高部队训练效率、节省经费做出了贡献。沈阳军区、南京军区、广州军区等也分别有计划、有步骤地在试点单位普及军人心理学知识和开展心理训练工作。一些军队医院精神病科也纷纷办起了精神病预防研究室，向部队官兵开展心理咨询活动，进行军事医学心理学的研究工作。有的部队医院还联合起来，借鉴国外经验，先后修订了一批军人心理测试量表和常模，并在全军范围开展较大规模的心理测试，使心理服务工作的研究与实践跨上了一个新台阶。同时，心理服务的相关工作已经逐步被纳入到部队政治工作中，作为部队思想政治工作的有益补充，并在部队思想教育中发挥着越来越重要的作用。

2008 年 5 月 12 日，四川汶川地区发生里氏 8.0 级地震，造成重大人员伤亡。中央军委迅速派遣部队奔赴一线抢险救灾，与抢险救灾部队一道执行任务的还有心理专家骨干队伍：总政、总后派出 292 名心理专家，各大单位也派出 50 多支心理服务分队、350 多名专家骨干奔赴救灾现场开展心理救援工作。这是我军首次把心理专家骨干作为作战力量投入重大军事行动的成功实践，也是心理服务工作的一次重大创新，有力地促进了部队多样化军事任务的完成。此外，总政组织专家编写了《心理科学知识读本》《士兵心理指南》等教材，全军政工网开通了心理咨询频道。总后组织对 47 个不同类型建制师旅团部队 14 万青年官兵进行的心理与精神障碍专题调研，获取了大量第一手资料。各基层单位也从实际出发，对心理服务工作进行创造性探索。例如，有的部队开展富有特色的心理训练工作；有的部队对特殊人员进行心理测查，并根据测查资料建立了官兵心理档案；有的部队组织“阳光天使”心理服务工作队，开办“知心大姐”心理热线；有的部队在实践摸索中逐渐探索出符合本单位特点的心理咨询模式，用面对面、线对线、键对键的方式把官兵个体自助、骨干帮带、专家援助结合起来，多渠道、多途径地开展心理服务工作。从我军开展十余年来的心理服务工作效果看，它无疑为部队现代化建设、官兵心理健康、部队战斗力提高作出了显著贡献。

3. 第二炮兵部队的心理服务工作

在全军高度重视心理服务工作的大氛围下，1999 年，第二炮兵（以下简称二炮）部队心理服务工作正式起步，一些基层部队开始设立心理咨询室、心理训练场，开展心理战的研究与实践。二炮从地方大学引进了一批心理学专业的大学生，充实了部队心理服务的专业力量。2000 年 9 月，二炮院校也为生长干部学员设立了军人心理学课程，向广大军校学员普及心理学知识，开展心理测评工作，对存在心理问题的学员提供了心理咨询与疏导。门诊部也为学员开设了心理门诊服务。

2001 年 9 月，二炮卫生部组织召开了心理卫生服务工作现场观摩与经验交流会，极大地促进了部队心理教育、心理疏导、心理治疗工作的开展。经过几年的建设与发展，二炮部队现已建成了一批心理咨询室（站），培养了一批兼职心理医生，基本覆盖了所有建制旅、团以上部队，初步形成了总医院—基地医院—旅（团）卫生队三级心理服务体系。同时，二炮部队还积极开展了一系列心理服务活动。例如，在执行实弹发射任务中，为执行任务官兵配备随军心理医生，随时开展心理服务相关工作。在 2003 年的“非典”时期，二炮各单位均开设了心理咨询服务热线，组织兼职心理医生到基层部队巡回服务，对维护官兵身心健康，保持部队心理稳定，发挥了非常重要的作用。2008 年，汶川地震期间，二炮部队及时组织了心理服务专家随抗震救灾部队进入灾区，为受灾群众、救灾官兵提供了心理服务，并取得良好效果。2009 年，二炮机关又为国庆阅兵方队配备了心理服务专家，专门为阅兵官兵提供心理服务。二炮部队的心理测评工作也逐步制度化。2006 年，二炮院校首次把心理测评系统用于生长干部学员的面试工作中，同时，心理服务的相关工作也被列入部队的法规制度中，在《军事训练与考核大纲》中，心理训练被列入其中。在 2007 年颁布的《预防犯罪工作条例》中，心理疏导、心理教育、心理危机干预等工作作为部队预防犯罪的重要手段。2009年，在新颁布的《政治工作条例》中，心理疏导已作为基层政工人员必备的“四功”之一。2009年10月，四总部颁布了《关于加强新形势下军队心理服务工作的意见》(简称《意见》)，《意见》明确提出“开展心理服务工作，是促进官兵身心健康和全面发展的重要保证，是提高部队凝聚力、战斗力的重要环节，是增强思想政治工作建设科学性的重要体现，是推动部队建设科学发展的重要基础性工作。”并提出了心理服务工作的基本原则、主要任务与内容、运行机制和组织领导，对心理服务人才队伍建设提出了明确规划。《意见》是今后进一步开展心理服务工作的指导性文件，它对部队信息化建设、加快转变部队战斗力生成模式、实现科学发展都具有十分重要的政策指导意义。

二、基层部队心理服务工作开展情况调查统计分析

从现代信息化战争与当前世界各国军队心理服务工作的发展情况看，当前基层部队心理服务工作还有亟待改进的地方，心理服务发展过程中还存在一些问题。为及时了解、掌握基层部队开展心理服务工作的情况，2011年7月，笔者自行设计调查问卷，对二炮基地的部分基层部队、578名官兵进行了问卷调查，回收有效问卷566份。以下是本次调查的统计分析结果。

1.基层部队心理服务硬件建设

表10.1是受访基层部队心理服务场地建设情况调查统计表。

表10.1　基层部队心理服务场地建设情况统计表

项目名称	建立了/(%)	还没有建立/(%)	准备建立/(%)	不知道/(%)
心理咨询室	52.29	19.27	24.77	3.67
心理宣泄室	26.61	55.96	13.76	3.67
心理行为训练场	52.29	20.18	25.69	1.84

从表10.1中不难看出，在接受问卷调查的官兵中，仅有一半受访官兵认为，本单位已经建立了心理咨询室和心理行为训练场；超过一半的受访官兵认为，本单位还没有建立心理宣泄室。由此可以得出一个初步结论：二炮基层部队的心理服务场地建设虽有进步和起色，但还有待于进一步加强与完善，今后要不断提高基层部队心理服务的硬件建设。

2.基层部队心理服务开展情况

表10.2是受访官兵对心理服务工作开展情况的统计表(上半年)。

表10.2　基层部队心理服务工作开展情况统计表

项目名称	无/(%)	1次/(%)	2次/(%)	3次/(%)	3次以上/(%)
心理教育	5.50	23.85	7.34	4.59	58.72
心理训练	12.84	1.84	11.00	44.04	30.28

表10.2中显示，63.31%的受访官兵上半年接受过3次以上(含3次)的心理教育；63.31%的受访官兵上半年接受过3次以上(含3次)的心理训练。心理教育、心理训练活动开展情况良好。但也有5.5%、12.84%的官兵上半年没有接受1次心理教育、心理训练。这在一定程度上说明：当前，二炮基层部队的心理服务工作还未能达到全面开展、全员覆盖的目标。

一些基层单位存在心理服务的盲区，另一些基层单位的心理服务工作还不到位，心理服务工作的涉及面也比较窄。

3. 基层部队心理服务工作效果

表10.3所示受访基层部队官兵对本单位心理服务工作的实施效果的评价统计表。

表10.3　基层部队心理服务工作实施效果评价统计表

项目名称	很有用/(%)	较有用/(%)	无作用/(%)	不知道/(%)
心理知识普及教育	53.21	46.79	0.00	0.00
心理训练	55.96	44.04	0.00	0.00
心理测试评估	26.61	67.89	3.66	1.84

从表10.3中统计显示，90%以上的受访官兵都认为：心理知识普及教育、心理训练和心理测试评估都是很有用或较有用的。由此看来，二炮部队心理服务工作开展十余年来，基层部队官兵对心理服务工作效果的认可度很高，这说明心理服务工作确实很有效果，这对进一步加强和改进基层部队心理服务工作奠定了良好的群众基础。

4. 基层部队心理服务人员编配表

表10.4是二炮受访基层部队的心理服务人员标配情况调查统计表。

表10.4　基层部队心理服务人员标配情况统计表

项目名称	1名/(%)	2名/(%)	3名/(%)	无/(%)
心理咨询师(员)	33.94	11.93	16.51	37.62

从表10.4统计显示，62.38%的受访官兵认为本单位至少有1名以上的正式心理咨询师(员)，但也有37.62%的受访官兵表示，本单位没有正式心理咨询师(员)。这说明一些基层单位还缺少心理服务专业人员。基层部队心理服务的人才建设工作亟待高度重视，需要进一步加强。目前这种专业人才短缺状况对今后基层部队全面开展心理服务工作是很不利的。

5. 基层部队官兵心理服务需求

表10.5是当前基层部队官兵对心理服务工作的心理需求情况统计表。

表10.5　基层部队官兵对心理服务工作的心理需求情况统计表

项目名称	很需要/(%)	需要/(%)	不需要/(%)	说不清/(%)
心理服务	18.35	55.05	23.85	2.75

从表10.5中统计可以看出，近73.40%的基层部队官兵需要心理服务工作，其中，18.35%的基层官兵很需要心理服务工作，55.05%的基层官兵需要心理服务工作，只有23.85%的基层官兵暂时还不需要心理服务工作。这说明，当前，大多数基层部队官兵是需要心理服务工作的。

6. 基层部队官兵有心理压力时的心理服务需求

表10.6是基层部队官兵面临心理压力时对，心理服务需求情况的统计表。

表 10.6　基层部队官兵面临心理压力时，对心理服务需求情况的统计表

心理教育/(%)	心理训练/(%)	心理咨询/(%)	心理疏导/(%)
11.00	10.09	12.84	66.07

从表 10.6 中可以看出，当基层部队官兵面临较大心理压力时，近 70%的官兵需要心理疏导来缓解释放过重心理压力。这说明，基层官兵应对心理压力的方式、方法较为一致，他们对心理服务的需求较为同步，此时开展心理疏导工作将更为有效。

7.基层部队官兵心理困惑时的心理服务需求

表 10.7 是基层部队官兵面对心理困惑时，对心理服务需求情况的统计表。

表 10.7　基层部队官兵面临心理困惑时，对心理服务需求情况的统计表

心理教育/(%)	心理训练/(%)	心理咨询/(%)	心理疏导/(%)
8.26	2.75	39.45	49.54

从表 10.7 中统计显示，当基层部队官兵出现心理困惑时，近九成的受访者需要心理咨询或心理疏导服务。这说明，基层部队官兵在面对心理问题时的对策选择是正确的，也是较为一致的。因此，当基层官兵出现心理困惑时，开展心理咨询与疏导工作将是最为有效的。

8.基层部队官兵对心理服务工作的评价

表 10.8 是基层部队官兵对本单位心理服务工作满意评价情况统计表。

表 10.8　基层部队官兵对心理服务满意度评价情况的统计表

项目名称	很满意/(%)	较满意/(%)	一般/(%)	说不清/(%)
心理服务	22.94	37.61	30.28	9.17

从表 10.8 中统计显示，当前，只有 60.55%的受访官兵对基层部队心理服务工作感到满意，近四成的受访官兵对基层心理服务工作感到不满意。这说明，基层心理服务工作与官兵的需求存在不小差距，基层部队心理服务工作质量提升空间还很大，还需要针对官兵心理需求进行进一步改进和完善。

9.基层部队官兵对心理服务建设的建议

表 10.9 是基层部队官兵对本单位心理服务工作建议的情况统计表。

表 10.9　基层部队官兵对心理服务工作建议的情况的统计表

建设项目	专业人员	领导重视	场地建设	其他项目	说不清
所占比例/(%)	37.53	26.08	20.08	10.09	6.22

从表 10.9 中可以看出，当前，受访官兵认为基层部队心理服务应加强建设的项目(按照比例高低排列)分别是专业人员、领导重视、场地建设和其他项目。这说明，当前基层部队心理服务建设工作较为缺乏的方面是缺少专业人员、领导重视程度不够、场地建设还不到位。这与笔者所做的研究结论是基本一致的。这说明，基层部队官兵对心理服务工作还是很关注的，他们所提建议符合基层部队实际情况，具有很强的针对性和可操作性，他们所提建议应引起机关的

高度重视。

三、基层部队心理服务工作存在的主要问题

通过对一些基层部队官兵的调查、走访，发现基层部队的心理服务工作主要存在以下3个方面问题。

1. 思想不够重视

从调查统计情况看，当前，部分旅(团)机关、基层部队主官都还没有充分认识到心理服务工作的重大意义，还没有深刻理解基层心理服务工作是基层政治工作的重要方式和内容。少数基层主官甚至认为，心理服务工作没有用，解决不了什么问题，思想上不够重视，行动上不采取有效举措，带兵管理仍然沿用老一套，缺乏与时俱进的创新思维，凭经验带兵的干部还不少，对官兵心理健康问题的认识仍停留在解决、处理思想问题的层面上。因此，一些基层部队开展心理知识普及教育、心理测试评估、心理训练、心理咨询与疏导、心理危机干预、心理防护工作的积极性不高，主动性不强，创新举措不多，心理服务工作的进展缓慢。有些基层单位甚至根本不开展心理服务工作，官兵心理问题基本处于自生自解的状态之中。这种状况对深入开展好这项工作是极为不利的。

2. 队伍不够专业

通过调查发现，当前，78.69%的受访基层单位没有设专职的心理服务专业人员，60%以上的基层心理服务人员不具备专业资质，没有取得国家心理咨询师(员)，甚至没有参加过心理咨询师(员)的相关业务培训。一些基层单位由于工作忙、任务紧，当接到心理咨询师培训任务时，往往敷衍了事、随意应付，业务培训十分缺乏。基层部队中从事心理服务工作的人员大多都是其他专业改行的，理论基础不够扎实，技术能力较弱。虽然他们为工作付出了很大努力，但由于业务能力不强，工作成效不够显著。这样无形中就增加了各级领导和基层官兵对心理服务工作的负面认识。这项工作也就难以深入开展。

3. 机制不够完善

这一问题主要表现在以下五个方面。

(1)基层心理服务人员的编制体制不完善。当前总部机关还没有明确基层部队的心理服务人员编制，从事心理服务工作的人员多为兼职，这就难以保证心理服务工作的专业性、稳定性、深入性。

(2)心理服务工作保障机制不完善。心理服务工作需要有教材、场地、设施装备和经费支持。当前，基层部队缺乏心理知识普及教育的相关教材，缺少心理训练场地器材，缺乏心理测评工具，没有心理服务的专项经费支持，基层部队心理服务工作的物质基础不够牢固，这种状况严重影响了这项工作的深入开展。

(3)考核机制不够健全。各级领导、机关还没有把基层心理服务工作纳入到年终工作考评体系之中，基层心理服务工作基本属于基层主官的自觉自发行为。上级机关没有工作计划、基层部队没有实施方案、年终考评时缺少考核标准和细则，上级机关缺少对基层心理服务工作先进典型的评比、宣传和表彰，基层心理服务工作的积极性、主动性、创造性受到一定影响。

(4)管理机制不够顺畅。基层心理服务工作需要得到旅(团)机关的直接管理，涉及司、政、后、装多个部门、多个方面的组织领导和密切配合。但当前基层心理服务工作中的条块分割现象比较严重，司、政、后、装四大部门各管一块：司令部主要分管心理训练、新兵心理测评等工

作；政治部门分管心理知识普及教育、心理危机干预、心理防护等工作；后勤部门主要通过门诊部、卫生队来开展心理咨询疏导、心理诊断治疗等工作；装备部门主要配发相关心理服务仪器设备。尽管各项工作都有分管机关，但缺乏主管部门和统一部署与协调机制，因此，基层心理服务工作处于都管、又都不管的尴尬状态。

(5)培训机制不够完善。当前，基层部队心理服务的人才培养主要依靠个人努力和组织引进等方式进行，上级机关、军队院校都还没有建立相应的基层心理服务人员培养与培训机制，这严重制约了基层心理服务专业人员的成长进步，也影响了基层心理服务工作开展的效果。

四、基层部队完善心理服务工作的策略

针对当前基层部队心理服务工作存在的主要问题，我们提出以下解决策略。

1.各级领导要高度重视心理服务工作

2009年8月31日，中央军委徐才厚副主席在全军心理服务工作座谈会上发表重要讲话。徐才厚副主席明确提出，加强心理服务工作，是新形势下部队建设面临的一个重大现实课题，是贯彻以人为本重要建军治军理念的内在要求，是增强部队凝聚力战斗力的重要举措。“各级一定要把心理服务工作作为保持和提高部队战斗力的重要环节，作为巩固和发展团结友爱和谐纯洁内部关系的重要途径，采取有力措施狠抓落实，在促进部队建设中更好地发挥作用。”基于徐才厚副主席重要讲话精神，各级领导要把心理服务工作与部队教育管理、军政训练、安全稳定、军事斗争准备、非战争军事任务等工作密切结合起来，把基层心理服务工作作为部队的基础性、日常性工作加以高度重视，并将其作为提高部队凝聚力、战斗力的重要方式，将心理服务工作纳入部队军事教育训练工作中，进行顶层规划，狠抓基层心理服务工作的具体落实。各级机关要在编制、保障上予以政策性倾斜，使基层心理服务工作能够得到上级机关的大力支持，使自发、自觉的心理服务工作成为基层部队一项日常性工作。

《关于加强新形势下军队心理服务工作的意见》明确提出：“各级党委要把心理服务工作，作为深入贯彻落实科学发展观的重要内容，作为加强部队建设的经常性基础性工作，作为服务部队、服务基层、服务官兵的实际举措，加强组织领导，狠抓工作落实，推动部队心理服务工作有力有序有效开展。”在组织领导措施上，“党委要加强心理服务工作的统一领导。把抓好心理服务工作作为领导部队建设的重要职责，摆上党委重要议事日程，正副书记切实负起领导职责，党委成员都要有抓心理服务工作的自觉意识。把心理服务工作纳入部队全面建设和各项工作之中，搞好筹划部署，定期分析形势，研究解决矛盾问题。”从四总部下发的文件精神看，心理服务工作是各级党委的重要工作，各级党委的正副书记是这项工作的责任人。在实施的具体程序方面，“按照职能分工，司令机关负责抓心理训练，纳入部队训练和管理；政治机关负责抓心理教育、犯罪心理预防、战时心理防护；后勤机关负责抓心理健康维护、心理疾病防治、经费物资保障；装备机关负责抓心理服务有关装备保障。各机关要通力协作，共同抓好心理测试评估、人才队伍建设、重大任务心理服务等工作。”在领导的具体分工上，要“坚持党委统一领导，军事、政治、后勤、装备机关各司其职，政治机关牵头协调。各单位分工1名领导主抓，机关有关部门各指定1名干部具体负责。”应该说，四总部下发的文件对心理服务工作的组织筹划、领导分工、职能职责都是十分明确的，各部门只要按照总部文件精神严格抓落实、抓执行力度，这项工作就能够按照总部的思路有力、有序、有效地开展起来。

2.不断拓宽心理服务专业人员培养渠道

专业人才是开展心理服务工作的关键之一。“心理服务专业人才和基层心理服务骨干，是部队心理服务的主要力量。”但据统计，二炮兼职心理医生学历均为大专以上，真正具有心理学专业背景的仅占9.2%，具备“四会”能力的心理医生还不多，基层心理服务人员大多不是心理学专业的科班出身，专业功底不够扎实，操作能力不够强，严重影响了基层心理服务工作的有效性。针对这种状况，当务之急，要加快培养专业人才。四总部的人才建设目标是“力争经过5年努力，全军有一批实践经验丰富、理论造诣较深、在军内外有一定影响的心理专家。医院、疗养院和机关、院校门诊部有一定数量的专职心理医生；旅团级部队至少有1名专职心理医生；连级分队有3名以上心理骨干；团以上政治机关有1名经过院校专业系统培训、能组织开展和指导心理服务工作的干部。”

但心理服务工作专业性、技术性都很强，对人才队伍素质要求很高。由于营、连、排三级心理服务骨干的职责不同，对心理服务能力水平的要求也有所不同。一般而言，营、连级心理咨询员(师)需要有专业技能，需要经过院校进修或培训，具有心理学专业背景的人员从事会更好。而班、排心理服务骨干则主要依托营、连心理服务骨干的帮带和旅(团)的业务培训提高工作能力。基层部队各级心理服务骨干可以通过以下渠道进行培养。

(1)依托院校培养营、连级心理服务骨干，从根本上提高心理服务的中坚力量。军队院校要不断适应基层部队心理服务的需求，在课程建设上要增设心理服务相关内容，从本科阶段就要培养生长干部学员的心理服务工作能力，激发他们的心理服务工作意识，学习心理服务专业知识，打牢心理服务的基本功。在此基础上，还要利用院校教育教学的有利条件，通过开设短训班的形式，对基层心理服务骨干进行专项培训，使其掌握心理服务理论、心理测评技术、心理咨询疏导方法、心理危机干预和心理治疗技能。同时，还要充分利用军队院校的心理教育资源，对目前在部队从事心理服务工作的医生、政工干部进行深入、系统培训，不断提高他们的心理服务工作技能。

(2)组织开展经常性专题培训，在探讨学习中提高心理服务能力。对于班、排一级心理骨干，能够到院校进修的机会很少，需要旅(团)一级、或者更高一级的单位组织进行相关培训，搭建沟通交流平台，在互相学习中共同提高。开展培训时要针对基层心理骨干能力素质要求的特点，进行基础性的理论学习与实践性的能力培养，增强他们学习心理科学的积极性、运用心理科学为官兵服务的主动性、激发他们开展基层心理服务工作的创造性。要紧贴青年官兵的心理特点，针对容易发生在他们身上的心理问题进行专题探讨。例如，青年官兵由于婚恋问题，易出现心理偏激、心理失落、报复心理等，他们对待感情的态度有其特定特点，需要对症下药，才能药到病除。要结合新形势、新任务，尤其是在官兵执行急难险重的任务中易出现的突发性、群体性心理问题进行讲解辅导。近年来，部队执行非战争军事行动的机会日益增多。面对突如其来的洪灾、震灾、火灾、反恐、维稳等紧急任务，执行任务的官兵在心理上必然会出现应激反应。如何快速调整官兵心态，保持最佳的战斗状态，心理服务骨干、尤其是身在班排的心理服务骨干的作用发挥至关重要。因此，培训要通过讲解辅导，提高基层部队心理服务骨干的工作能力，帮助骨干迅速进入情况，同时还要充分发挥“种子”“酵母”的作用，用自己的实际行动感染大家，实现心理服务效果的最大化。

(3)充分利用社会资源，拓展心理服务队伍向深层次发展。当营、连两级引进地方心理专业人才的条件不具备时，旅(团)可通过就近邀请地方院校、医院的实践经验丰富、理论基础深厚的心理专家、学者和知名心理咨询师来部队授课讲学，不断拓展基层部队心理服务工作骨干的视野，提高他们的专业素质。同时也可以借助互联网资源培养心理服务人才，通过军营内部的“军营网吧”开展互联网远程教育，对基层心理服务工作人员进行远程培训，通过网上交流和学习，使他们及时掌握心理科学的最新研究动态，增长见识，开阔视野，创新工作思路与方法。

此外，本单位也可以组织心理服务骨干“走出去”，走进高校、走进医院、走进兄弟单位，通过参观见学、现场请教和实践体验等方式，重点学习心理服务方法，并在各级政工网上积极开展交流互动，谈体会，谈认识，谈经验，实现学习内容的消化吸收，并进行不断创新，开展具有本单位特色的心理服务工作，切实提高班排心理服务骨干的能力与专业素养。

(4)增加招收心理学专业毕业生中的合格人员，吸纳更多地方大学优秀心理学专业人才到基层部队担任心理服务骨干，并不断完善心理服务专业人才引进、激励和保留机制，对同等条件下从事心理服务工作的专业人员，在立功受奖、晋升专业技术职务等方面给予政策倾斜，大力营造拴心留人的良好氛围。

3.建立健全基层部队心理服务体系

基层部队应设立三级心理服务体系。

(1)营设心理咨询师。作为营一级单位，要配备一名专业心理咨询师，至少要取得国家三级心理咨询师(心理咨询员)资格，能够从事开展心理咨询、心理疏导、心理危机干预、心理训练等工作。营部心理咨询师主要履行以下职责。

1)接受营主官的领导，根据部队执行各种任务的需要，适时开展心理训练，提高官兵心理素质。

2)领导连、排、班的心理服务骨干开展工作，及时了解营连官兵的集体心理状态，掌握个别人存在的心理健康问题，建立全营官兵心理健康档案，形成官兵心理信息管理系统，并根据情况变化及时进行更新。

3)制定营心理服务工作计划与方案，组织全营心理服务骨干定期对本单位官兵心理状况进行汇总分析，并对心理骨干进行专业帮带，提高他们的心理服务质量。

4)向上级对口部门汇报本单位心理服务工作开展情况，协调解决本单位心理服务工作开展中遇到的困难，及时传达、落实上级关于心理服务工作方面的指示精神。

(2)连配心理辅导员。在连队中，设副政治指导员编制的单位可由副政治指导员担任连心理辅导员，没有副政治指导员编制的单位可由指导员或副连长兼任。对于连心理辅导员，其心理服务工作履行的职责主要包括。

1)要及时传达、落实上级关于心理服务工作的指示精神，抓好连队心理服务工作落实质量。

2)要掌握心理服务专业知识，全面了解全连人员的心理状况与个性特征，以及本单位存在心理健康问题人员的基本情况，开展经常性心理服务工作。连心理辅导员主要解决连队官兵存在的一般心理问题，不断增强连队凝聚力、亲和力和战斗力。对于较为严重的心理疾病，连心理辅导员经诊断后要及时上报营心理咨询师，寻求技术支援或及时转诊。

3)开展心理知识普及教育、心理训练、心理测试评估、心理防护等工作，教育引导官兵不断调整自我心理，疏导不良情绪，营造官兵良好心态。

4)制定连队心理服务工作计划、方案，听取班排心理服务骨干的情况汇报，深入掌握全连官兵的心理动态，及时做好心理疏导或心理危机干预工作。

5)利用各种机会,组织骨干学习交流,帮助班排心理服务骨干不断提高业务能力。

(3)班排有心理服务骨干。基层连队的排一般有20～30人,有3～4个班,每班可设立一名心理服务骨干,一般应由班思想骨干兼任,排心理服务骨干应由各班心理服务骨干轮流担任。班排心理服务骨干要进行心理服务业务培训,考试合格后方可上岗。他们还应有一定群众基础,喜爱心理服务工作,乐于助人。班排的心理服务骨干主要通过对本班排官兵日常行为观察、沟通交流和特点分析判断,及时了解掌握班排成员的心理状况。因心理健康问题涉及个人隐私,所以心理服务骨干一定要有保密意识,即使向上级汇报,也要控制范围。

4.进一步完善基层心理服务工作机制

心理服务队伍建设重在体制机制的建立与完善。基层心理服务骨干队伍建设,要立足于现实,注重基础性与长远性建设,打牢发展基础,挖掘培养潜力,实现队伍科学发展。

(1)建立和完善组织管理机制。基层部队的上级机关要坚持党委统一领导,军事、政治、后勤、装备机关各司其职,由政治机关负责牵头协调,旅(团)级单位应由政治主官主抓这项工作,并由政治部门具体负责。对于营连基层单位,要坚持从实际出发,加强对心理服务工作骨干的统一组织和管理。坚持党委(支部)统一领导,按照分工由政治主官主抓,全面负责心理服务工作的组织协调和筹划部署。要根据上级指示精神和旅(团)部署安排,结合本单位实际,针对年度重大军事活动,统一思想认识,统筹心理教育训练的时间、内容和重大活动等。要坚持组织开展经常性岗位练兵活动,组织心理服务骨干就官兵常见心理问题进行案例剖析、难题会诊,提高他们解决问题的能力。坚持每月定期交流汇报制度、形势分析制度、开展预想预防活动,分析研究本单位心理服务工作形势,交流经验,研究对策,制定措施,实现心理服务工作经常化、制度化、规范化。

(2)建立和完善考评激励制度。加强督促检查和业务考核,形成奖优罚劣的鲜明导向。结合军事训练半年和年终考核,由旅(团)政治部、后勤部联合对营连心理服务工作进行考评。坚持把心理服务骨干工作成效与“双争”评比、评功评奖、干部调整和士官选改等工作挂起钩来,每年组织一次心理服务先进单位和个人评比,激发各级骨干干好工作的动力。要完善科学的考评标准。对心理服务骨干的考评,最终都要体现在心理服务工作对部队全面建设的服务保障作用发挥如何上来。要把部队战斗力是否提高作为考评的基本标准,把部队精神风貌是否积极高昂,作为考评的具体标准,科学制定考评指标体系,切实把心理服务队伍的真实水平考核出来,促进人才队伍素质不断提高,实现心理服务工作长足发展。

(3)建立和完善培养保障机制。有投入才会有产出,基层心理服务工作也不例外。要建立心理咨询室、心理宣泄室、心理测评室、心理治疗室(若条件不具备,也可依托上级医疗机构)等场所,在局域网开设健康网站,设置“心理学堂”“案例分析”“在线咨询”和“心理训练”“心理防护”等栏目,为心理服务骨干提供实践平台,让他们轮流上岗,丰富他们的实践工作经验。要鼓励个人继续深造。对那些对心理服务有兴趣、愿意从事心理服务工作的个人,要在报考心理咨询师、外出学习等项目上给予经费保障。营连要积极添置心理学专业书籍,满足更多干部、战士的学习需求,形成人人学心理学知识、人人参与心理服务的良好氛围。

第三节　美军心理服务工作

总政治部主任李继耐在全军心理服务工作座谈会上说:“要大胆学习借鉴地方和外军开展

心理服务的有益做法，及时总结部队新鲜经验，努力探索形成具有我军特色的心理服务工作路子。"我军开展心理服务工作理论研究与实践探索不过 20 年时间，理论研究不够深入，实践探索也还不够成熟、规范，需要学习地方、外军心理服务的经验，不断充实、完善我军心理服务工作。

1879 年，德国著名心理学家威廉·冯特在莱比锡大学创立了世界上第一个实验室，心理学从此成为一门标准意义上的科学，德国也因此成为心理学的圣地，世界各国有志于心理学的青年才俊汇集于此，师从冯特学习心理学。20 世纪初，随着以实用主义为哲学基础的行为主义心理学的兴起，美国成为继德国之后引领世界心理学发展潮流的国家。与德国相比，实用主义是美国的官方哲学，"有用即为真理"在美国早已深入人心，心理学在美国实用主义思想的影响很大，因此，美国心理学界更加注重心理学的应用价值。这一点在美军心理服务领域中体现得尤为明显。

一、一战中的美军心理服务工作

1. 一战中的美军心理服务研究工作

一战（第一次世界大战，简称一战）中，美军高度重视心理服务工作，他们建立了心理服务研究机构和学校。1917 年，美国就成立了 17 个战争心理问题研究委员会，并将其置于国家研究委员会的管理之下。1918 年，美国又在佐治亚州建立了军事心理学学校。一战结束后不久，美国又将军人心理学列为军事院校教育训练的正式课程。同时美国心理学家也开始积极为军队提供心理服务。1917 年 4 月，美国著名心理学家叶克斯（Yerks）召集了一批美国当时顶级的心理学家，其中包括心理测评创始人卡特尔（J. Cattell）、青年心理学的创始人、美国心理学会主席霍尔、教育心理学创始人桑代克（E. Thorndike）和行为主义心理学的代表人物华生（J. Watson），他们积极倡导在美国设立军事心理学分会，主张军事心理学专门为美军作战提供服务。该分会成立后，其工作宗旨就是"心理学志愿者应该被赋予明确的工作，从而使他们的服务能够对国家做出最大的贡献。"一些心理学家随即被纳入现役，1917 年 8 月，美国著名心理学家叶克斯被美军授予陆军少校军衔。截至 1918 年 1 月，共有 132 名心理学家被任命在美军普通外科办公室的心理学分部开展心理服务工作。

2. 一战中的美军心理测评选拔工作

美军大规模广泛应用心理学是从军事人才选拔的心理测评工作开始的。第一次世界大战期间，比奈-西蒙智力量表传到美国，美国著名心理学家推孟（L. Terman）将其进行修订，形成了斯坦福-比奈智力量表。与比奈-西蒙智力量表相比，斯坦福-比奈量表更为实用，可操作性更强。推孟创造性地提出了比率智商的计算方法。该智力测验很快就被美军用于军事人才的选拔工作中，至一战结束前，在推孟的研究生奥蒂斯（Otis）的倡导下，美军在斯坦福-比奈智力量表基础上编制了陆军甲、乙两种能力倾向测验，共对 17 26 966 名各类军事人员进行心理选拔与分类，取得了良好的军事应用效益。叶克斯提出了一套用来测评和选拔合适人员担任指挥官并承担特殊岗位职责的程序，这是比较早的指挥军官心理选拔测评的实践探索活动。

3. 一战中的美军战场心理救治工作

一战期间，美军战场心理疾病问题较为突出，出现了所谓"战斗衰竭""战壕休克""战斗休克""战斗疲劳""战争神经症"等战斗应激反应，战斗应激反应的伤员平均占伤员总数的 20%。美军对战斗应激反应的心理干预也就此开始。在作战中，美军对存在战斗应激的人员实施心理危机干预，提出了所谓认知重构技术，并把心理治疗引入干预程序中，提出了就近、立即和期待三大干预原则，即PIE原则，成立了战斗应急救治分队(Combat Stress Control，CSC)开展了战场心理救治工作。经过心理服务工作者的不懈努力，他们成功使40%～80%的炮弹休克者重返战场继续作战，同时美军也在大多数医院开展了心理康复服务，但由于战后缺乏足够的需求而不得不关闭。对于一战中美国心理学家在美军心理服务工作中的巨大作用，1919年，美国著名心理学家霍尔(G. Hall)是这样评价的："只有最大限度地、全面地记录美国心理学的历史，我们才能真正认识到这项工作的极端重要性。"

二、二战中的美军心理服务工作

1. 二战中的美军心理服务研究工作

二战(第二次世界大战，简称二战)中，美军对心理学家的需求极为迫切。战争爆发后，美国将军事心理学研究委员会改为实用心理学部，动员所有大学心理学实验室和其他研究机构进行军人心理的研究工作。在此期间，美国心理学家完成了约500多个不同内容的军人心理的研究项目。一些心理学志愿者几乎在军队的所有部门工作，如国家研究委员会、心理战部门、退伍军人管理部门等，并完成了一些有价值的研究项目。与此同时，美军还动员了2 000多名心理学专业工作者、精神病医生和随军牧师一起投入军队心理问题的防治工作中。

2. 二战中的美军心理测评选拔工作

一战中发展起来的军事人才心理选拔测评技术不断成熟。1940年，美国心理学家设计出了《陆军普通分类测验》(简称AGCT)，用以测量新兵、选拔特殊岗位的工作人员。1948年，美军在《义务兵役法案》中将心理测评技术正式授权。在此基础上，美军心理学家于1950年开发出了《军事人员资格测验》(简称AFQT)。人格心理测试工作也悄然展开。1943年，明尼苏达多相人格量表(简称MMPI)诞生，美陆军于同年就开始尝试性地使用该量表进行军事人员的选拔工作，开使用人格心理测评技术选拔军事人才的先河。据不完全统计，仅1942—1946年初，美军中接受过军队心理测试评估的人员高达700万人次。

3. 二战中的美军心理宣传工作

一战结束后，美军在态度测评、态度改变等领域研究很深入。在这一方面，美军进行了很多实用价值很高的研究工作，例如，对单方面宣传和双方面宣传在战时不同作用的研究。1935年，美国著名传播学家拉斯韦尔(H. Lasswell)、卡塞(Kacey)、史密斯(Smith)完成了《宣传与心理动员》一书，标志着基于态度改变理论的宣传工作已经成为美军心理战的核心工作。1936年，美国著名社会心理学家霍夫兰德(C. Hovland)被美国防部聘任为顾问，主要研究军民态度改变问题。二战后期，霍夫兰德等人主要研究了单方面宣传和双方面宣传的不同作用，结果发现，两种宣传方式的效果没有绝对的高低优劣之分，只有在考虑了其他有关因素的前提下，才能明确区分两者之间不同的宣传效果。具体情况是，士兵受教育程度是影响宣传效果的重要因素。单方面宣传易使受教育程度较低的士兵受宣传影响更大；双面宣传易使受教育程度较高的士兵受宣传影响较大。而且，士兵原有态度也是一个重要因素：当士兵原有态度与宣传信息较为一致时，单方面宣传效果显著；当士兵原有态度与宣传信息矛盾时，双面宣传更为有效。这对于心理战中的宣传与心理防护工作具有很强的指导意义。二战初期，德国著名犹太籍心理学库尔特·勒温(K. Lewin)受纳粹迫害而离开德国前往美国，并定居于美国。二战期间，勒温主要对宣传者的特征对宣传效果的影响进行了深入研究。他通过大量的心理学实验研究发现:科学家、家庭主妇、营养专家、主流媒体等“权威”对改变民众饮食习惯具有巨大的影响作用,实验研究表明,由于受科学家、家庭主妇、营养专家、主流媒体的示范效应的影响,美国民众一改不喜欢吃牛内脏的饮食习惯,从而为前线官兵节省了大量牛肉,为美军最终取得胜利也贡献了自己的力量。

4.二战中的美军战场心理救治工作

在二战中,美军战场心理救治工作也进入了一个新的发展阶段。与一战相比,由于二战期间广泛使用机械化武器装备,作战人员出现心理疾病的概率大大增加。美军通过调查发现,心理障碍减员占减员总数的38%,美军二战中战场心理疾病减员比一战增加了3~4倍。美军事心理学家阿雷尔在总结美军战斗表现时发现,80%~90%的参战者有明显的恐惧表现。其中,25%的人表现为呕吐,10%~20%的人表现为大小便失禁。这些作战中的不良身心反应对美军作战效能产生很大的负面影响。据统计,二战期间,美军约有100万人患有战斗紧张症,其中,45万人因病情恶化为精神病而退伍,占美军因伤退伍人员的40%。美军还建立了一大批脑康复中心,并首次聘请心理学家来医院、康复中心开展心理救治工作。同时心理学家为退伍老兵提供团体或个人心理危机干预服务,1946年,美军针对二战退伍老兵的心理创伤问题,开始实施心理实习计划,并安排了200名心理实习医生为退伍老兵提供心理咨询与疏导服务工作。

此外,二战期间,美军心理服务的理论研究也取得很大进展,由美国著名心理学家编写的、集30多个大学和有关机构理论研究大成的《军人心理学》一书出版,受到各国军事心理学界的高度重视。同时心理学在指导美军训练、作战和管理中的作用也得到了充分发挥。由于心理学家在军队服务工作中的突出作用,他们已经不再仅仅是理论研究者或心理测试评估专家,而是军队不可缺少的心理服务工作者,这些心理服务工作者都是现役军人,他们在作战中发挥了独特作用。二战结束后,这些人员复员退出现役。1947年,美军又开始把军队心理服务人员纳入长期现役,心理服务工作成为军队一项常规性工作。1949年,美军的临床心理学实习计划正式开始,华盛顿的沃尔特·里德总医院成为重要的实习地点。该医院在一个时期专门为美军培养心理治疗的专业人员。对于心理服务工作在二战中的重要地位与巨大作用,美国防委员会的史密斯(L. Smith)曾作过这样的高度评价:“科学心理学方法的应用,是美国在第二次世界大战中获胜的一个重要因素。”

三、朝鲜战争和越南战争中的美军心理服务工作

1.朝鲜战争中的美军心理服务工作

由于朝鲜战争突然爆发,所以在作战初期,美军的后勤保障准备严重不足,战斗应激反应的救治难以得到严格落实,结果25%的作战人员遭受心理创伤,出现大量心理减员,这一点引起了美国相关部门的高度重视。在朝鲜战争后期,美军战场心理救治措施和原则得以严格落实,80%~90%的战斗应激人员得到及时救治,并重返战场。朝鲜战争中,美军的心理测评工作并没有被削弱,美陆军和空军进一步明确了心理学家在军队中的岗位角色,用于军队特殊人员选拔的心理测评工具也得到进一步发展。朝鲜战争结束后,美军开始投入大量人力、物力,进行军事人才选拔、人体工效学、士气、心理战等相关研究工作,并取得了多方面的研究成果。例如,在军事人才选拔中,1968年,美军制订了《军队职业能力性向成套测验》(简称ASVAB),该测验被实践证明是极其有用的心理测评工具,主要用于新兵入伍选拔和能力测评。

2.越南战争中的美军心理服务工作

在美军现代作战中，越南战争是一场特殊的战争，作战中官兵普遍出现了创伤后应激障碍（简称 PTSD）。1975 年，越南战争结束后，美军中仍然有很多老兵依然深受这种战场心理创伤的折磨。对此，美军认识到，这一类型的战场心理疾病对部队战斗力的发挥影响很大，为及时、有效地减小该心理疾病的负面作用，1978 年，美军在朴茨茅斯海军医院精神科把心理学家、精神病专家、牧师、护士和部队卫生员组织起来，形成了一个特殊心理疾病快速干预小组，对美军中出现的应急后心理障碍问题进行紧急处置。同时，美国对创伤相关精神、行为障碍的退伍军人进行大量细致研究。1980 年，美国心理学家将与创伤相关的精神、行为障碍正式命名为“创伤后应激障碍”（PTSD），并制定了相应的诊断标准。美军相关研究发现，存在创伤后应激障碍的退伍老兵一生都会受到这种心理疾病的折磨，特别是进入老年后，一旦健康状况恶化，工作不顺利，家庭出现纠纷等，就会引发当事人回忆起战场上的可怕场面，从而进一步引发“创伤后心理应激综合症”，产生抑郁、孤独情绪，出现酗酒、吸毒等恶习，还易出现心血管、消化系统、关节方面的疾病，甚至导致当事人产生犯罪行为。最为典型的例子是 20 世纪 80 年代美国拍摄的影片《第一滴血》中的主人公兰博，他就存在较为典型的创伤后应激障碍。该影片中的问题也是 20 世纪 70 年代美国退伍士兵存在的一个普遍问题。基于此，美军开始高度重视军人战后心理康复问题。

四、海湾战争中的美军心理服务工作

1.海湾战争的特点

在海湾战争中，以美国为首的多国部队进行的战争是一场典型的高技术战争，与传统的机械化战争相比，海湾战争具有以下特点。

(1)战争的综合毁伤效能增大；

(2)战场的信息化程度不断提高；

(3)战争是在核生化威慑下进行的；

(4)战场环境进一步恶化；

(5)作战的时效性不断提高；

(6)战场向海陆空天电磁的多维化、立体式方向发展。这种作战样式对作战双方人员的心理影响都很大。

2.海湾战争中的美军战场心理救治工作

海湾战争中，美军的心理服务工作主要体现在对海湾战争综合症的救治工作中。虽然美军在军事上占有绝对优势，但官兵在作战时还是得了一种“怪”病：浑身乏力、情绪低落、记忆力下降、注意力分散、嗜睡思乡、士气涣散、不愿意继续作战。美军事专家将其形象地称为“海湾战争综合症”。据美军战后统计，在参加“沙漠风暴”行动的 70 万美军中，约有 16 万人自称患有该病。但直到十余年后的 2001 年 12 月，美国防部才首次正式承认海湾战争中部分老兵确实患有“海湾战争综合症”。美军相关研究也表明，“海湾战争综合症”是一种由于遭受高强度武力与心理打击而产生的战场心理疾病，该心理疾病具有传染性，如不能得到及时治疗和控制，将对部队战斗力造成严重影响。

其实，海湾战争综合症就是战斗应激反应，面对这种战场身心不良反应，早在一战期间，美军就建立了战斗应激反应救治分队（CSC）进行紧急干预。海湾战争中，美军仍然沿用了这种

战场救治模式，向前线作战部队派遣了一支卫生特遣队，即第528卫生特遣队。它由15名军官和33名应征入伍的技术人员组成，并配有9台车、3个可移动的心理咨询室和20个床位。在其他两支医疗队（第383和第531医疗队）的有力支援下，该卫生特遣队在171 d内共为811名官兵进行了心理咨询，为514名官兵提供了心理诊断，对其中的124人（占24%）进行了心理治疗，另有18人被转送到后方医院进行继续治疗。

3.美军战场心理救治工作的经验

在为一线作战部队提供心理服务的同时，美军卫生特遣队在工作中总结了以下经验。

(1)优秀指挥员在防止战斗应激反应中发挥着关键作用；

(2)心理服务专业人员在战斗应激反应控制中能够发挥很好作用；

(3)心理服务工作应尽早开始；

(4)家庭和战友的支持对当事人的康复非常重要；

(5)战场心理疾病的救治应遵循立即、就近、期望和简单的原则；

(6)休战和调防轮战能够减轻作战人员的心理危机；

(7)运送伤员的交通工具可减轻当事人的心理不良反反应，如直升机运送伤员可增加伤员获救的信心；

(8)严格遵守相关制度以预防战斗应激反应的发生；

(9)心理服务人员应编在基层作战部队中，这样能全面了解所服务的部队的基本情况；

(10)实战训练能有效防止战斗应激反应的发生；

(11)战前心理卫生教育工作也是有效的；

(12)战时的心理咨询治疗工作是必须和有效的。

五、海湾战争后的美军心理服务工作

海湾战争后，美军更加深刻地认识到心理服务工作在高技术战争中的重要作用，开始高度重视心理训练、心理治疗、心理防护等工作。

1.美军心理训练工作

美军通过总结历次战争的经验后认为，加强心理训练可有效提高参战官兵适应战场激烈变化、减少非战斗减员数量、提高部队战斗力、增强官兵心理防护能力、削弱敌方战斗力的重要方式。为此，美军专门颁布了《心理训练条令》，并明确规定了心理训练科目中的战术、技术和程序。为加强官兵心理训练，美军加强场地建设，在全国各地建立了上百处心理训练基地，其中最著名的是雷格堡空军心理训练基地，各心理训练基地每年为部队轮训25万人。为保证心理训练效果，美军在心理训练中引入实战要素，有意增加了核生化、空中和高技术威慑为背景的训练，不断提高心理训练强度。不断加大心理训练强度和难度，提高官兵在信息化条件下完成任务所需要的心理素质。美军心理训练的时间较为充裕，心理训练占其军政训练时间的14%（而英军为12.8%、俄军10%、法军9%、日军7.8%），居世界各军事强国心理训练所占时间之首。美军常见的心理训练方法主要有战场模拟训练法、野战生存训练法、冒险训练法、综合演练发、实战训练法等。

2.美军战时心理治疗工作

海湾战争后，由于美军海外执行各种任务非常频繁，官兵心理问题、心理疾病发生率较高，产生的后果严重。2008年，美国兰德公司调查采访了1 900余名美陆海空三军士兵。调查报告显示：在阿富汗和伊拉克战争中，美军共有超过150万名官兵在前线作战，其中，18.5%的官兵（约30万人）产生了战场心理疾病。当美军官兵第三、四次被派往战场时，官兵中有心理健康问题的比例大幅提高，远超过初上战场的官兵。战场心理疾病造成的后果是非常严重的。据统计，33%的美军回国官兵需要心理医生帮助。严重的战场心理疾病还易引发高自杀率，2003年，美军自杀率为十万分之18.8，2004年为十万分之10.5，2005年为十万分之19.9，高于美国内自杀率（十万分之8.9）。更为严重的是，战场心理疾病已成为动摇美军军心、打击美军士气、造成美军非战斗减员的重要因素之一。2004年，美驻伊部队的心理健康调查显示：17%的官兵出现"创伤后应激障碍"，52%的士兵士气低落，75%的士兵因得不到心理医生和牧师的帮助而滥用抗抑郁药物。

面对这种情况，美军认为，战场上官兵产生的心理疾病，是因为在现代信息化战争中作战人员承受过大身心压力而产生的自然反应。减少战场心理疾病发生概率的最有效突进就是开展心理知识教育和进行及时的心理治疗。美军主要通过以下几种途径开展心理治疗工作的。

(1)医用随军牧师制度开展心理疏导工作。美军的随军牧师制度早在美军建军伊始就已经形成了，并一直作为美军解决官兵信仰问题、心理问题的重要途径。美军按每700名官兵配备1名牧师，随军牧师可以充分利用特殊身份，通过谈心、忏悔、开展宗教活动等方式，对官兵进行心理安慰和思想诱导，协助心理医生做好战场心理问题的人员的心理疏导工作。实践证明，通过随军牧师的心理疏导工作，美军官兵对死亡的恐惧和战场杀人的自责心理得到了有效缓解，对控制和预防战场心理疾病发挥了较好作用。

(2)利用精神病专家和心理医生进行治疗。对于较为严重的心理疾病，美军采取的方式是进行心理治疗。海湾战争后，美军将心理医生正式列编，编配比例为，每团配备1名心理医生，每师配备1名临床心理学家。在陆军师以下单位的医疗救护站都配有行为科学专业军士和精神保健军官，每艘航空母舰配备1名心理学家，为整个航母战斗群的1.2万名官兵提供心理服务工作。他们具体负责对存在心理疾病的人员进行心理治疗。这些专业人员一般能够在24～48 h解决一般性心理疾病。为了保证这项工作规范有序，美军还颁布了《军事临床心理学技术手册》(TM8—84)，用于具体指导部队实施战场心理疾病的救护工作。作战期间，美军还专门为前线部队派遣了精神病专家和心理医生，为那些产生战场心理疾病的官兵提供心理治疗。在伊拉克作战期间，驻伊美军为作战部队配备了8个心理治疗团（简称解压团），心理治疗团的心理医生的主要任务是给求助官兵减压，减压的具体方法非常简单易行，就是"三热一睡"："三热"即为热食物、热被窝和热洗脚水；"一睡" 即为多睡觉放松。据美军解压团统计，每名心理医生每天要接待2～20名求助官兵。针对作战部队高自杀率的问题，美军组织心理医生为官兵开通了免费咨询热线，派遣专业的自杀干预专家实施心理危机干预。2004年，美军调查发现，有13%的驻伊官兵存在严重心理阴影时，就立刻组织名为"战争压力控制小组"的近200名心理专家赴伊，检查作战官兵的心理健康状况，为他们提供心理辅导与心理危机干预。

3. 美军心理防护工作

美军认为，有效的心理防护工作能够增强己方人员的作战能力，削弱敌方的各种打击的效能。为此，美军将心理防护工作作为部队训练的重要内容。美军增强部队心理防护能力的主要方式是开展心理防护教育训练。教育训练的主要内容是，对敌军心理战信息的甄别和抵制能力的训练；对敌军心理战常用手段、战法的研究掌握训练；开展国防观和国家利益观教育；核心价值观教育；心理素质训练等。采用的主要教育训练方式包括灌输、模拟训练、小组辅导与讨论、案例分析、专题研讨等。其中美军对核心价值观的教育抓得最紧。美军认为,核心价值观是军人的精神支柱。核心价值观影响官兵的心理与行为,正如美陆军参谋长辛瑟基说:“我们今天是而且永远是建立在价值观上的队伍……这是我们今天所做的一切的基石和将来成功的基石。”为塑造官兵核心价值观,美军开展了形式多样、内容丰富的宣传教育。

(1)利用各种场合宣扬美国的民主与自由,不断强化官兵民族主义和沙文主义观念。

(2)各军种开展特色价值观宣传教育。美军各军种都有本军种特色的核心价值观,如美陆军核心价值观是,忠诚、职责、尊敬、无私奉献、荣誉、正直、个人勇气。新兵一入伍,美军就利用教育训练、报纸、广播、网站等各种机会和媒体开展各军种核心价值观教育,并贯穿官兵军旅生涯的全过程。内容包括爱国、爱军宣传教育等。

(3)开展武器装备的宣传教育。美军为激发官兵作战信心,他们极力丑化敌对国家及其元首的形象,通过各种媒体极力宣传自己的武力优势,炫耀美军强大的进攻能力。但美军宣传教育也始终存在军队核心价值观与官兵个人价值观的深层次矛盾,它成为诱发美军战场心理疾病的潜在因素之一。

此外,实施优厚福利待遇、解决官兵后顾之忧也是增强心理防护能力的重要举措。为稳定军心,激发官兵打仗的积极性,美军不断提高军人福利待遇:美军薪金要高于地方同级人员的15%～25%,还有各种优厚补贴:战时军人可获得150～300美元/d的津贴,作战满30 d后增加到450～600美元/d。美军还为作战官兵提供免费医疗保险、免费药物、住房补贴和政府提供的25万美元的人身保险。美国会通过法案,专门为美军官兵的家属及子女提供多种福利待遇,为参战官兵及家庭提供大幅减免税优惠政策。开展形式多样的军营文化娱乐活动,也是减小心理压力、增强官兵心理防护能力的重要方式。美军通过鼓励士兵观看录像、上网娱乐、打游戏机、进行各种文体活动分散转移官兵对战争的注意,缓释其心理压力。在营区建设方面,美军从外部绿化到内部装修以及空间布局紧扣官兵心理,避免色彩压抑、布局急促,力求给官兵以宽松安逸之感。同时美军还开设了战区网吧帐篷、军人便利店、电影院和图书馆,缓解官兵紧张心理。对于达到海外服役期限的官兵,可享受度假待遇,度假期间可接受3～7 d的心理咨询治疗服务,听专家讲授心理失调方面的课程,并通过游泳实现身心放松。

六、对美军心理服务工作经验的总结

纵观美军心理服务工作近一百年的发展,可以梳理出以下几条发展思路。

1.美军高度重视心理服务的理论研究工作

从心理学的发展历史看,心理学作为一门独立科学,它经历了四次大的思潮:第一次大的思潮是精神分析心理学思潮,代表人物是奥地利著名心理学家西格蒙德·弗洛伊德。第二次大的思潮是行为主义心理学,代表人物是美国著名心理学家约翰·华生。第三次大的思潮是人本主义心理学,代表人物是美国著名心理学家马斯洛、卡尔·罗杰斯。地四次大的思潮是认知心理学,代表人物是美国著名心理学家西蒙。纵观这四次大的思潮,有三次都产生于美国。由此可见,美国心理学在全球心理学发展的核心领导地位,它引领着世界心理学的发展潮流。这一点也体现在心理服务工作的理论研究与实践中,美国非常重视心理服务的研究工作,一些顶级的心理学家受聘于军方,为官兵提供心理服务。同时,美军还建立了众多学术研究机构。国内学者统计发现,1990—2008年间,美国至少有27个以上军内研究机构、院校以及28个非军事研究机构、院校直接承担美军心理服务基础理论、应用方案与实施研究任务,如美国军事科学院、美国陆军研究所、美国空军科学院、美国海军科学院、国防大学、美国陆军战争学院、哈佛大学等。

美军依据心理服务研究成果，并结合军队作战实际，制定了多项规范心理服务工作的文件：《战斗应激》《指挥员战斗应激调控手册》《卫生服务支持计划》《军事医学精神病教义》《战斗应激调控策略、技术及步骤》《战斗疲劳：正常、常见症状》《战斗疲劳："较严重"症状》《战斗疲劳：连长作用及预防》《心理急救手册——现场操作指南》(第2版)等。美军陆军部下发的《战斗应激》文件包括了以下内容：战斗应激的诊断、预防、应对与控制；基层军官的职责；睡眠的剥夺等。《联合军事行动中战斗应激调控预案》则包含了美陆军在战场上的心理健康和战斗应激调控能力；空军在战场上的心理健康和战斗应激调控能力；海军和海军陆战队在战场上的心理健康与战斗应激调控能力；非战争联合行动的心理调控能力、国内救灾和国内骚乱反应的心理调控等。美军的这些文件不仅从政策层面对部队应对战斗应激的策略、方法、途径和原则实施指导，同时也对基层部队心理服务的具体操作作了规范。例如，战斗应激调控的4C原则：自信心(Confidence)、注意力(Concentration)、坚韧性(Commitment)和调控(Control)。

2. 美军注重建立完善的心理防护体系

目前，美军的心理防护工作做得最为周密细致，他们将心理防护工作融入到4个不同而连续的阶段中：新兵入伍时，美军要进行心理测试评估选拔工作；战前美军要进行心理防护预测和心理防护训练；战时美军要进行战场心理疾病防范、救治工作；战后美军要开展迁延性心理障碍治疗、心理康复工作，及时消解官兵战时心理创伤。为提高参战人员心理素质、充分发挥他们的技战水平、保证顺利完成军事任务，美军重视战前(平时)心理应激不良反应预防措施的制定与实施，通过实施有效的心理防护预案，不仅可大大减少战斗减员，而且使参战人员的判断、行动能力得到整体提高，从而减少战斗应激反应所造成的不良影响。

3. 美军注重进行专业人才队伍建设

美军把心理服务工作作为政治性工作与后勤保证工作的重要内容，并认为，心理服务工作是一项专业性、技术性很强的工作，需要具有执业资质、受过系统训练的专业人员——临床心理学家——来从事这项工作。美国心理学会(APA)对临床心理学家提出了明确的培训要求：临床心理学家必须具备心理学博士学位，要有扎实的心理学理论功底，又要有较丰富的临床经验与技能。这些人首先是科学家，然后才是临床工作者。临床心理学家还需要接受一年临床实习训练，以获得临床实践必备的工作技能，应具有心理诊断、心理治疗和研究的能力。美国心理学会为临床心理学家的培养做出详细规定，只有按规定制订的培训方案才能得到美国心理学会的认可。临床心理学家的培养课程设置主要包括行为的生物基础、行为的认知和情感基础、行为的社会基础、行为的个体差异。此外还包括统计学、研究设计、心理测量、伦理和职业标准、心理学的历史和体系、心理诊断和评估、各种心理治疗理论和技术等课程。临床心理学家的专业实践培训内容包括实践活动、实习和博士之后的培训。申请者需要完成600～1 000 h的实践课程，实践课程通常是在培训门诊、大学的心理咨询中心或其他心理服务机构完成。实习者还要求有一年时间从事全职临床工作，它为学生整合心理学理论和专业技能提供了良好机会，为将来进入临床实践的专业工作做准备。博士之后的培训是为了达到获取州立执照的要求，在美国，独立进行临床工作需要在所在的州参加专门考试，以获得该州的执业执照。博士后培训包括一般技能的高级培训和专项培训，专项培训指的是在某一临床专业领域进行集中培训。当前，美军心理服务人员主要由临床心理学家、医学心理学家、内科医生、牧师，社会学工作者.精神科护士、军士等组成，这些人员都需要按照要求进行严格培训，在获得相应资质后才能从事心理服务的相关工作。

4.美军心理服务人员有正规编制和装备

美军心理服务专业人员具有正规编制。随军牧师被列入“特种参谋军官”序列，属于现役军官，他们配有军衔，并被列入军种正式编制，根据各军种特点，分别将随军牧师配属至师、团或营级单位。心理服务工作专业人员也有正规编制和相应装备，以战斗应激防控分队为例，战斗应激防控分队平时配属至战区、军、师，战时配属至营级单位。1个战斗应激防控分队包括9名军官，14名士兵，1辆2～0.5 t和6辆3～4 t的载重(包括拖车)的卡车。战斗应激防控分队分派任务时应遵循的基本原则是每个师或每2～3个独立旅编配有1个战斗应激调控医疗分队。战斗应激调控分队一般包括3个战斗应激预防队(每队包括1名精神病医生、1名社会工作者和2名行为科学专家)和1个战斗应激修整队(由1名临床心理学家、3名行为科学家、1名职业治疗师、2名职业疗法技师、1名精神科护士、2名精神科技师和1名病人管理专家组成)。

当战争进行的较为激烈、部队准备时间充分时，基层连队要补充配备一个战斗应激防控分队。在沙漠盾牌行动中，美军根据战场需要临时组成了4个战斗应激防控分队。由于沙漠盾牌行动作战激烈程度不高、但持续时间较长，为此美军为每个团或每个战区配备一个医疗连。医疗连包括1个连队指挥部、6个战斗应激预防队(精神病学家.社会工作者、行为科学专家)、4个战斗应激修整队(临床心理学家、职业疗法技师、精神科技师和精神科护士)。配备的主要装备有交通工具(越野车，0.5～2 t厢式卡车)、必要的心理监测、评估、诊断、治疗仪器设备器材。美军重视心理检测仪器的开发研究工作。2002年，美军委托霍普金斯大学承担了心理紧张检测器的研究。该项目研究目的是运用心理检测仪器实时对执行任务的陆、海、空人员进行心理应激反应水平评估，根据评估结果采取相应的心理调控方法加以调控。同时部队将作战人员的心理紧张状况通过无线方式传输至指挥员，指挥员实时掌握一线作战人员的心理状态并做出心理服务工作部署或发出撤离命令。2003年9月，这项研究已经完成，现已配属到部队。

第四节　德军、俄军的心理服务工作

一、德军的心理服务工作

1.德军心理服务工作的早期探索

德国是心理学诞生地，它是世界上较早用心理学服务于军队的国家。第一次世界大战前夕，德军一些专设部门就利用军事心理学理论为帝国主义战争服务，德军军事心理学研究机构和人员开始把心理学研究成果运用于军队管理、军事训练、战时军人心理状态与特点的探索和研究，并出版了一些有价值的研究成果，如《军队的精神教育》《战斗中的士兵》等专著。

2.德军心理服务工作的发展

一战失败后，德军心理服务工作随着法西斯主义加紧战争准备而加速发展。德军在最高指挥部设立了心理学部，建立了军人心理实验室。德军在总参谋部还成立了由研究部、试验部、心理防御部、心理进攻部等部门组成的心理学机构，专门从事军事心理学的研究和应用。

二战后，德国被分为西德和东德两个国家，西德的军人心理学发展很快，对现代战争中作战人员心理活动分析、官兵训练、管理教育中的心理学、核打击下作战人员心理变化、现代心理战等问题研究得较为深入和系统，并已经产生了一批研究成果，出版了一些具有一定影响力的著作，如《训练时心理过程产生的特点》《德国心理战》等。在心理防护方面，德军专门在奥伊斯基尔赫市设有心理防护训练学校，该校的主要工作就是轮训，主要目标就是为心理防御部队培养专业的心理防护军官和预备役军官。

但由于受二战战败的巨大影响，德军战后参与国内外作战的机会很少，缺乏战争实践，它对心理服务工作的探索始终停留在理论层面，缺乏深入透彻的研究与应用，心理服务工作开展得也不够全面。虽然德国是心理科学的发源地，但由于种种原因，德军的心理服务工作及其建设并没有走在世界的前列。

二、俄军的心理服务工作

当前，俄军的心理服务工作指导思想、工作机制、主要做法都是从苏军传承下来的。因此，要研究俄军心理服务工作就必须首先研究苏军的心理服务工作。

1. 苏军的心理服务工作

苏军对军人心理的研究在世界军人心理学研究中占有重要地位。早在沙俄时代，一些著名军事家在其军事生涯中就认识到军事活动与军人心理之间的重要联系。如彼得大帝认为，战争中起决定作用的是人。士兵对战争的心理准备很重要。他懂得运用影响士兵心理的各种方式、手段，激发士兵的爱国主义热情，从而调动他们的积极性、主动性。

十月革命胜利后，苏联的军人心理学在马克思列宁主义指导下，以著名生理学家巴甫洛夫关于高级神经活动的学说为理论依据，积极探索提高军人思想政治觉悟和从事教育训练的有效方式方法，揭示军人在军事活动中的心理活动规律。军人心理学也因此得到了迅速发展。20 世纪 30 年代，苏联各军区、各兵种和一些军事院校相继成立了心理、生理实验室，出版了大量的军人心理学著作。

二战期间，苏联卫国战争中的战场心理疾病问题进行了统计，统计显示，战场神经症中，战场癔症占 45.2%，神经衰弱占 29.5%，反应性神经症占 23.4%，精神衰弱占 1.9%，并积极探索解决战场心理疾病问题的途径和方法。此外，苏联还对一些实战中碰到的心理问题进行心理学的研究。例如，对如何提高军人视力和听力的敏感性、加快眼睛在黑暗中的适应性、提高军人观察力与军事伪装效率、解决因受伤而丧失的机体活动能力的功能恢复问题，以及飞行员、无线报务员的训练方法问题。同时对军事首长的毅力、克服恐惧的方法等问题也进行了专门研究。这些研究都在反法西斯战争中发挥了积极作用。

二战后，苏联对遵循心理活动规律开展军事训练、提高训练效率等问题进行了广泛研究。20 世纪 60 年代，苏联心理学研究领域不断扩大，主要领域涵盖教育训练心理、个性心理训练、航空心理、特种兵心理、管理心理、集体心理等，并取得丰硕的研究成果。如苏联著名心理学家普拉托诺夫、施瓦尔兹经过大量实验和观察，绘制了步枪射击练习曲线，总结出了军人军事动作技能形成的一般规律，为军事训练提供了心理科学的可靠依据。

2. 俄军的心理服务工作

(1)心理服务的指导思想。20 世纪 90 年代，苏联解体后，俄军心理服务工作曾一度受到一定影响，但很快又重新受到重视。

俄军认为,作战的胜利,不仅仅依靠武器的力量,军人的精神心理因素是保证战争胜利的决定性因素。俄军中一批教育工作者和指挥军官,根据俄军现实情况,他们提出,俄军要适应现代战争特点,在军中建立一个精神心理服务保障体系。精神心理服务保障如同战术保障、后勤保障、技术保障一样,是现代战争中必不可少的保障力量。该体系主要包括精神心理保障、社会心理保障和情报心理对抗三个组成部分。

(2)俄军心理服务工作的体制编制。俄军充分发挥心理服务工作在部队建设中的积极作用,不断完善心理服务工作体制。1992 年 9 月,俄联邦武装力量成立后,原苏联国防部军人工作委员会改组为俄联邦国防部军人工作总局,其体制基本照搬苏联武装力量军人工作机构的原有模式,在团、营、连三级分别设心理军官。1993 年,俄军先后颁布《俄联邦武装力量军人工作机关条例》和《俄罗斯联邦武装力量军人工作负责人职责》,首次把精神心理保障作为一种独立的保障形式,与作战保障、后勤保障和专业技术保障一起构成武装力量的保障体系。俄军的基层心理服务工作主要由心理军官具体负责。心理军官属专职教育军官,负责组织实施心理服务工作,保持巩固官兵积极的心理状态,具体组织领导心理援助与康复中心的工作,业务上服从兵团心理军官指挥并指导营心理军官。

1995 年,俄军在总部、军区、军、师四级建立了心理疾病防治中心。俄军中的心理医生和主要调节士兵心理问题的“士兵妈妈”已配属旅团级单位。在编制上,俄军分层次合理配置心理服务工作人员。在具体做法上,俄军主要做了以下方面的工作:

1)由在编心理学专家负责全部心理服务保障工作,重点集中在班排、战斗分队等基层部队中。

2)建立编外心理咨询所、康复所,由经验丰富的军官总结指导,帮助官兵掌握自我心理调适和相互间的心理疏导。

3)组成编外机动小组,由心理学专家、精神病医生、神经科专家组成,对所有官兵提供心理服务。

4)心理军官为每个编入强化心理教育的小组成员制订心理矫正和恢复计划,并布置专门作业和训练科目。

(3)俄军心理服务工作的主要做法。俄军心理服务工作的目的是为部队战斗、值勤、作战训练等任务的顺利完成提供保障,营造良好的道德精神氛围,使官兵身心始终保持健康状态,为未来战争做好心理准备。为达到这一目的,俄军主要从以下四个方面开展心理服务工作。

1)跟踪掌握官兵心理状况。俄军心理军官通过观察、测试、个别交谈和资料分析等方法及时掌握官兵心理活动,使官兵心理状况处于心理军官动态的监管之下。针对不同官兵心理特点,心理军官有针对性地开展心理服务工作。同时,心理军官也重视研究军人集体心理特点,不断加强对官兵心理和行为引导。俄军还建立了书面报告制度,要求各军兵种、军区(舰队)、联邦国防部各总局与军事院校的教育工作机关在规定时间内,向国防部教育工作总局提交年度心理服务工作总结、应征入伍人员社会心理研究报告、自杀事故报告、预防自杀措施及其效果分析报告等,便于详细掌握基层部队心理服务工作开展情况。

2)引入心理测试评估机制。俄军借鉴吸收外军心理服务工作经验,引入心理测试评估机制,把好入伍、新兵分配、干部提升、学员入学等方面的心理素质考核关口。俄军的心理测试评估工作主要分为三个部分。①兵役委员会组织对应征公民进行心理测试评估,分析公民心理状态、入伍动机、职业经验和个人心理素质等,保障兵源具备良好心理素质。②部队对新兵进行心理测试评估，各单位对新兵的心理状况进行全面测评复查，并根据复查结果合理分配工作岗位。对那些从军校和教导大队毕业的预提军官也要进行心理测试，为最终任命提供科学依据。③军校要组织学员进行相关心理测试，分析其是否具有适应军官职业所需要的心理品质，不断提高军校入学深造门槛。

3)建立心理康复机构。俄军在教育机关相继建立编外心理援助与康复中心，在编有心理服务工作者的部队、机关、军校、各联邦兵役委员会内设立心理减负室，在军事卫生勤务部门设立直属心理矫正室，向军人及其家庭成员、文职人员提供心理救助。包括对有心理问题人员、有自杀倾向、酗酒、吸食麻醉品和精神药物依赖的军人实施心理跟踪，及时发现身心异常、心理不稳定、需要心理援助的人员，缓解担负作战值班、执行危险任务的军人及其家庭成员的紧张情绪，为在服役中遇到困难的军人提供心理援助等。心理康复机构还是教学研究机构，在学习借鉴其他部门的心理援助与心理康复工作经验的基础上，提出完善心理援助与心理康复工作的计划，开展心理知识普及教育工作，在部队官兵及其家庭成员、文职人员中普及推广心理疏导、心理矫正、自我心理调节的方式与方法，增强相关人员的心理自救能力。

4)开展自杀心理预防工作。近年来，俄军中自杀和自杀未遂事故屡屡发生，对官兵集体、部队形象造成很大负面影响。俄军在加强法制、军队纪律和采取保障兵役安全措施的同时，加大心理服务工作力度，各级指挥员当制定作战和训练计划时，拟定一整套提高所属人员心理稳定性的措施计划，使其掌握实施心理自救和互助的基本方法。进行军事训练时，应参考卫生勤务部门专家和军队心理工作者建议，全面评估每名官兵的职业、体能、心理素质和健康状况，有针对性地进行心理训练。在处理涉及官兵切身利益和解决训练生活问题时，要遵守公正原则，及时缓解各种矛盾，尊重官兵个人权益，发扬民主，努力形成健康的心理氛围。对心理不稳定、来自不幸家庭、酗酒、吸食麻醉品及受过刑事处罚的人员实施重点监控，有效开展心理跟踪，及时进行心理治疗。

附　　录

附录一　心理自测

一、症状自评量表(SCL—90)

指导语　以下90个题目中列出了你可能有的病痛或问题。请仔细阅读每一条，然后根据自己最近一星期以内下列问题影响你或使你感到苦恼的程度，在方格内选择最适合的一格，画一个钩，如"√"。请不要漏掉问题，所有题目做完后按照后面的要求，计算10个因子的平均分、阳性项目分数、所有项目的总分和每一个得分超过2分(包括2分)的项目个数。

1. 头痛。

□从无　□轻度　□中度　□偏重　□严重

2. 神经过敏，心中不踏实。

□从无　□轻度　□中度　□偏重　□严重

3. 头脑中有不必要的想法或字句盘旋。

□从无　□轻度　□中度　□偏重　□严重

4. 头昏或昏倒。

□从无　□轻度　□中度　□偏重　□严重

5. 对异性的兴趣减退。

□从无　□轻度　□中度　□偏重　□严重

6. 对旁人责备求全。

□从无　□轻度　□中度　□偏重　□严重

7. 感到别人能控制您的思想。

□从无　□轻度　□中度　□偏重　□严重

8. 责怪别人制造麻烦。

□从无　□轻度　□中度　□偏重　□严重

9. 忘性大。

□从无　□轻度　□中度　□偏重　□严重

10. 担心自己的衣饰不整齐及仪态不端正。

□从无　□轻度　□中度　□偏重　□严重

11. 容易烦恼和激动。

□从无　□轻度　□中度　□偏重　□严重

12. 胸痛。

□从无　□轻度　□中度　□偏重　□严重

13.害怕空旷的场所或街道。

□从无　□轻度　□中度　□偏重　□严重

14.感到自己的精力下降,活动减慢。

□从无　□轻度　□中度　□偏重　□严重

15.想结束自己的生命。

□从无　□轻度　□中度　□偏重　□严重

16.听到旁人听不到的声音。

□从无　□轻度　□中度　□偏重　□严重

17.发抖。

□从无　□轻度　□中度　□偏重　□严重

18.感到大多数人都不可信任。

□从无　□轻度　□中度　□偏重　□严重

19.胃口不好。

□从无　□轻度　□中度　□偏重　□严重

20.容易哭泣。

□从无　□轻度　□中度　□偏重　□严重

21.同异性相处时感到害羞不自在。

□从无　□轻度　□中度　□偏重　□严重

22.感到受骗、中了圈套或有人想抓住您。

□从无　□轻度　□中度　□偏重　□严重

23.无缘无故地突然感到害怕。

□从无　□轻度　□中度　□偏重　□严重

24.自己不能控制地大发脾气。

□从无　□轻度　□中度　□偏重　□严重

25.怕单独出门。

□从无　□轻度　□中度　□偏重　□严重

26.经常责怪自己。

□从无　□轻度　□中度　□偏重　□严重

27.腰痛。

□从无　□轻度　□中度　□偏重　□严重

28.感到难以完成任务。

□从无　□轻度　□中度　□偏重　□严重

29.感到孤独。

□从无　□轻度　□中度　□偏重　□严重

30.感到苦闷。

□从无　□轻度　□中度　□偏重　□严重

31.过分担忧。

□从无　□轻度　□中度　□偏重　□严重

32.对事物不感兴趣。

□从无 □轻度 □中度 □偏重 □严重

33.感到害怕。

□从无 □轻度 □中度 □偏重 □严重

34.您的感情容易受到伤害。

□从无 □轻度 □中度 □偏重 □严重

35.旁人能知道您的私下想法。

□从无 □轻度 □中度 □偏重 □严重

36.感到别人不理解您、不同情您。

□从无 □轻度 □中度 □偏重 □严重

37.感到人们对您不友好,不喜欢您。

□从无 □轻度 □中度 □偏重 □严重

38.做事必须做得很慢以保证做得正确。

□从无 □轻度 □中度 □偏重 □严重

39.心跳得很厉害。

□从无 □轻度 □中度 □偏重 □严重

40.恶心或胃部不舒服。

□从无 □轻度 □中度 □偏重 □严重

41.感到比不上他人。

□从无 □轻度 □中度 □偏重 □严重

42.肌肉酸痛。

□从无 □轻度 □中度 □偏重 □严重

43.感到有人在监视您、谈论您。

□从无 □轻度 □中度 □偏重 □严重

44.难以入睡。

□从无 □轻度 □中度 □偏重 □严重

45.做事必须反复检查。

□从无 □轻度 □中度 □偏重 □严重

46.难以作出决定。

□从无 □轻度 □中度 □偏重 □严重

47.怕乘电车、公共汽车、地铁或火车。

□从无 □轻度 □中度 □偏重 □严重

48.呼吸有困难。

□从无 □轻度 □中度 □偏重 □严重

49.一阵阵发冷或发热。

□从无 □轻度 □中度 □偏重 □严重

50.因为感到害怕而避开某些东西、场合或活动。

□从无 □轻度 □中度 □偏重 □严重

51.脑子变空了。

□从无 □轻度 □中度 □偏重 □严重

52. 身体发麻或刺痛。

□从无　□轻度　□中度　□偏重　□严重

53. 喉咙有梗塞感。

□从无　□轻度　□中度　□偏重　□严重

54. 感到前途没有希望。

□从无　□轻度　□中度　□偏重　□严重

55. 不能集中注意。

□从无　□轻度　□中度　□偏重　□严重

56. 感到身体的某一部分软弱无力。

□从无　□轻度　□中度　□偏重　□严重

57. 感到紧张或容易紧张。

□从无　□轻度　□中度　□偏重　□严重

58. 感到手或脚发重

□从无　□轻度　□中度　□偏重　□严重

59. 想到死亡的事。

□从无　□轻度　□中度　□偏重　□严重

60. 吃得太多。

□从无　□轻度　□中度　□偏重　□严重

61. 当别人看着您或谈论您时感到不自在。

□从无　□轻度　□中度　□偏重　□严重

62. 有一些不属于您自己的想法。

□从无　□轻度　□中度　□偏重　□严重

63. 有想打人或伤害他人的冲动。

□从无　□轻度　□中度　□偏重　□严重

64. 醒得太早。

□从无　□轻度　□中度　□偏重　□严重

65. 必须反复洗手、点数目。

□从无　□轻度　□中度　□偏重　□严重

66. 睡得不稳不深。

□从无　□轻度　□中度　□偏重　□严重

67. 有想摔坏或破坏东西的冲动。

□从无　□轻度　□中度　□偏重　□严重

68. 有一些别人没有的想法或念头。

□从无　□轻度　□中度　□偏重　□严重

69. 感到对别人神经过敏。

□从无　□轻度　□中度　□偏重　□严重

70. 在商店或电影院等人多的地方感到不自在。

□从无　□轻度　□中度　□偏重　□严重

71. 感到任何事情都很困难。

□从无　□轻度　□中度　□偏重　□严重

72.一阵阵恐惧或惊恐。

□从无　□轻度　□中度　□偏重　□严重

73.感到在公共场合吃东西很不舒服。

□从无　□轻度　□中度　□偏重　□严重

74.经常与人争论。

□从无　□轻度　□中度　□偏重　□严重

75.单独一人时神经很紧张。

□从无　□轻度　□中度　□偏重　□严重

76.别人对您的成绩没有作出恰当的评价。

□从无　□轻度　□中度　□偏重　□严重

77.即使和别人在一起也感到孤单。

□从无　□轻度　□中度　□偏重　□严重

78.感到坐立不安心神不定。

□从无　□轻度　□中度　□偏重　□严重

79.感到自己没有什么价值。

□从无　□轻度　□中度　□偏重　□严重

80.感到熟悉的东西变得陌生或不像是真的。

□从无　□轻度　□中度　□偏重　□严重

81.大叫或摔东西。

□从无　□轻度　□中度　□偏重　□严重

82.害怕会在公共场合昏倒。

□从无　□轻度　□中度　□偏重　□严重

83.感到别人想占你的便宜。

□从无　□轻度　□中度　□偏重　□严重

84.为一些有关性的想法而很苦恼。

□从无　□轻度　□中度　□偏重　□严重

85.您认为自己应该因为自己的过错而受到惩罚。

□从无　□轻度　□中度　□偏重　□严重

86.感到要很快把事情做完。

□从无　□轻度　□中度　□偏重　□严重

87.感到自己的身体有严重问题。

□从无　□轻度　□中度　□偏重　□严重

88.从未感到和其他人很亲近。

□从无　□轻度　□中度　□偏重　□严重

89.感到自己有罪。

□从无　□轻度　□中度　□偏重　□严重

90.感到自己的脑子有毛病。

□从无　□轻度　□中度　□偏重　□严重

完成所有测试题目后，按照表附录 1.1 所列题目序号，计算项目均分，小数点后保留两位。计算分数时，按照“从无”计 1 分、“轻度” 计 2 分、“中度” 计 3 分、“偏重” 计 4 分、“严重” 计 5 分的计分规则进行计算。

表附录 1.1　症状自评量表答题纸

项　目	题号与分数	均　分
QTH	1,4,12,27,40,42,48,49,52,53,56,58	()/12
Q P	3,9,10,28,38,45,46,51,55,65	()/10
RJM	6,21,34,36,37,41,61,69,73	()/9
Y Y	5,14,15,20,22,26,29,30,31,32,54,71,79	()/13
J L	2,17,23,33,39,57,72,78,80,86	()/10
D D	11,24,63,67,74,81	()/6
K J	13,25,47,50,70,75,82	()/7
P Z	8,18,43,68,76,83	()/6
JSB	7,16,35,62,77,84,85,87,88,90	()/10
Q T	19,44,59,60,64,66,89	()/7

各因子包含的题目、常模和主要项目如表附录 1.2 所示。

表附录 1.2　症状自评量表各因子的细目表

项　目	常　模	主要项目
躯体化	包括 1,4,12,27,40,42,48,49,52,53,56,58 项，共 12 项。 军人常模：1.55 ±0.57	主要指某些个人主观的躯体不适感，包括心血管、胃肠道、呼吸等系统的不适感，以及头疼、背痛、肌肉酸痛和焦虑等其他躯体表现
强迫症状	包括 3,9,10,28,38,45,46,51,55,65 项，共 10 项。 军人常模：1.77±0.60	主要指那种明知没有必要，但又无法摆脱的无意义的念头、冲动、行为等表现；还有一些自我感知障碍，如脑子“变空”了、“记忆力不好”等
人际关系敏感	包括 6,21,34,36,37,41,61,69,73 项，共 9 项。 军人常模：1.78±0.61	主要指某些个人不自在与自卑感，特别是与他人相比较时表现得更加突出
抑郁	包括 5,14,15,20,22,26,29,30,31,32,54,71,79 项，共 13 项。 军人常模：1.64±0.60	反映兴趣减弱、苦闷、失望、悲观、自我评价低、绝望感与自杀等相联系的主观感受
焦虑	包括 2,17,23,33,39,57,72,78,80,86 项，共 10 项。 军人常模：1.52 ±0.52	反映神经过敏、紧张、无缘无故地担惊害怕、无法静息、焦躁不安等心理状态

续表

项 目	常 模	主要项目
敌对	包括11,24,63,67,74,81项,共6项。 军人常模:1.62 ±0.62	从思想、感情及行为三个方面反映敌对的表现,包括厌烦、好争斗、易激惹、行为冲动等
恐怖	包括13,25,47,50,70,75,82项,共7项。 军人常模:1.35 ±0.45	恐怖的对象包括出门旅行、空旷场地、人群、交通工具及社交场合等
偏执	包括8,18,43,68,76,83项,共6项。 军人常模:1.67 ±0.63	本因子是围绕偏执性思维的基本特征而制订。主要指投射性思维,敌对,猜疑,关系观念,妄想,被动体验和夸大等
精神病性	包括7,16,35,62,77,84,85,87,88,90项,共10项。 军人常模:1.51 ±0.50	反映各式各样的急性症状和行为,限定不严的精神病性过程的指征。此外,也可以反映精神病性行为的继发征兆和分裂性生活方式的指征
阳性项目	军人常模:33.12 ±12.31	

二、气质测试

指导语 下面共有60个题目,只要根据自己的实际情况如实回答,就能帮助你确定自己的气质类型,但必须做到:第一,回答时请不要猜测题目答案的正确与否,因为题目答案本身无对错之分;第二,回答要迅速,请在10 min内完成;第三,每一题必须作答,不能空题;第四,答题时,你认为很符合自己情况的,记2分,比较符合自己情况的,记1分,介于符合与不符合之间,记0分,比较不符合自己情况的,记-1分,很不符合自己情况的,记-2分。最后请按要求进行结果分析。

1.做事力求稳妥,一般不做无把握的事。

2.遇到可气的事就怒不可遏,把心里话全说出来才痛快。

3.宁可一个人干事,不愿很多人在一起。

4.到一个新环境很快就能适应。

5.厌恶那些强烈的刺激,如尖叫、噪声、危险镜头等。

6.和别人争吵时,总是先发制人,喜欢挑衅别人。

7.喜欢安静的环境。

8.善于和人交往。

9.羡慕那种善于克制自己感情的人。

10.生活有规律,很少违反作息制度。

11.在大多数情况下情绪是乐观的。

12.碰到陌生人觉得很拘束。

13.遇到令人气愤的事,能很好地自我克制。

14.做事总是有旺盛的精力。
15.遇到问题总是举棋不定、优柔寡断。
16.在人群中从不觉得过分拘束。
17.情绪高昂时,觉得干什么都有趣;情绪低落时,又觉得什么都没有意思。
18.当注意力集中于一事物时,别的事很难使我分心。
19.理解问题总比别人快。
20.碰到危险情景,常有一种极度恐惧感。
21.对学习、工作,怀有很高的热情。
22.能够长时间做枯燥、单调的工作。
23.符合兴趣的事情,干起来劲头十足,否则就不想干。
24.一点小事就能引起情绪波动。
25.讨厌做那些需要耐心、细致的工作。
26.与人交往不卑不亢。
27.喜欢参加热烈的活动。
28.爱看感情细腻、描写人物内心活动的文艺作品。
29.工作学习时间长了,常感到厌倦。
30.不喜欢长时间谈论一个问题,愿意实际动手干。
31.宁愿侃侃而谈,不愿窃窃私语。
32.别人总是说我闷闷不乐。
33.理解问题常比别人慢些。
34.疲倦时只要短暂的休息就能精神抖擞,重新投入工作。
35.心里有话宁愿自己想,不愿说出来。
36.认准一个目标就希望尽快实现,不达目的,誓不罢休。
37.学习、工作同样一段时间后,常比别人更疲倦。
38.做事有些莽撞,常常不考虑后果。
39.老师或他人讲授新知识、技术时,总希望他讲得慢些,多重复几遍。
40.能够很快地忘记那些不愉快的事情。
41.做作业或完成一件工作总比别人花时间多。
42 喜欢运动量大的剧烈体育运动,或者参加各种文艺活动。
43.不能很快地把注意力从一件事情转移到另一件事上去。
44.接受一个任务后,就希望把它迅速解决。
45.认为墨守成规比冒风险强些。
46.能够同时注意几件事情。
47.我烦闷的时候,别人很难使我高兴起来
48.爱看情节起伏跌宕、激动人心的小说。
49.对工作抱认真严谨、始终一贯的态度。
50.和周围人的关系总是相处不好。
51.喜欢复习学过的知识,重复做能熟练做的工作。
52.希望做变化大、花样多的工作。

53. 小时候会背的诗歌，我似乎比别人记得清楚。

54. 别人说我“出语伤人”，可我并不觉得这样。

55. 在体育活动中，常因反应慢而落后。

56. 反应敏捷，头脑机智。

57. 喜欢有条理而不甚麻烦的工作。

58. 兴奋的事常使我失眠。

59. 老师讲新概念，常常听不懂，但是弄懂了以后很难忘记。

60. 假如工作枯燥无味，马上就会情绪低落。

多血质。多血质也称为活泼型，属外向型气质。活泼开朗，热情大方，善于交际，容易适应新环境也容易结交新朋友；言语具有很高的表达力和感染力，表情丰富；兴趣爱好广泛，多才多艺。但是对人不够诚挚，朋友多而不够专一；兴趣广但不够深入。

黏液质。黏液质也称为安静型，属内向型气质。为人踏实稳重，做事有条理，与人交往适度，动作反应慢，适应能力较差，不善交际，容易对人冷淡。

胆汁质。胆汁质也称为兴奋型。属外向型气质，动作敏捷，行动迅速，为人心直口快，态度率直，口无遮拦，容易让人信任，也容易得罪人。不稳重、好挑衅，攻击性强，可塑性差，脾气倔强，容易抬杠和顶牛。

抑郁质。抑郁质也称为抑制型，属内向型气质。为人沉默寡言，整日郁郁寡欢，易自卑，性情孤僻，情感丰富，多愁善感。性情敏感，想象力丰富，有艺术天赋。但反应迟钝，动作缓慢，适应能力差，容易封闭自己。

结果分析

请按下列题号要求合计分数。

1. 胆汁质：2，6，9，14，17，21，27，31，36，38，42，48，50，54，58；

2. 多血质：4，8，11，16，19，23，25，29，34，40，44，46，52，56，60；

3. 黏液质：1，7，10，13，18，22，26，30，33，39，43，45，49，55，57；

4. 抑郁质：3，5，12，15，20，24，28，32，35，37，41，47，51，53，59。

如某一栏得分超过 20 分，并明显高于其他三栏得分（＞4 分），则为典型的这种气质类型；如一栏得分在 10～20 分，并高于其他三栏得分（0 分＜4 分），则为一般的这种气质类型；如两栏得分接近（＜3 分），并明显高于其他两栏得分（＞4 分），则为这两种气质类型的混合型；如一栏得分很低，其他三栏得分接近，则为这三种气质类型的混合型；如四栏得分都不高（＜3 分），则为这四种气质类型的混合型。

三、焦虑自评量表(SAS)

焦虑自评量表(SAS)由美国心理学家张(Zung)于 1971 年编制。本量表由 20 个反映焦虑主观感受的项目构成，每个项目按症状出现的频度分为四级评分，其中 15 个为正向评分，5 个为反向评分。

适用范围　本量表可以评定焦虑症状的轻重程度及其在心理疏导中的变化，用于心理疏导效果的评估，但不能用于诊断，适用于具有焦虑症状的成年人。

指导语　下面有 20 条文字，请仔细阅读每一条，把意思弄明白。然后根据您最近一星期的实际情况在适当的方格里画一个钩，每一条文字后有四个格，分别表示：没有或很少有时间

(1 分);小部分时间(2 分);相当多的时间(3 分);绝大部分或全部时间(4 分)。其中,对第 5,9,13,17,19 题进行反向评分:没有或很少有时间(4 分);小部分时间(3 分);相当多的时间(2 分);绝大部分或全部时间(1 分)。准备好了吗?如果准备好了,现在就开始答题。

1.我觉得比平时更容易紧张和着急。

2.我无缘无故地感到害怕。

3.我心里容易烦乱或觉得惊恐。

4.我觉得我可能将要发疯。

5.我感觉良好,不会发生什么不好的事情。

6.我手脚发抖打战。

7.我因为头疼、头颈痛和背痛而苦恼。

8.我感觉容易衰弱和疲劳。

9.我觉得心平气和,并且容易安静地坐着。

10.我觉得心跳得很快。

11.我因为一阵阵头晕而苦恼。

12.我感到像要晕倒似的。

13.我感到呼吸很顺畅。

14.我感到手脚麻木和刺痛。

15.我因为胃痛和消化不良。

16.我常常有想上厕所的感觉。

17.我的手常常是干燥温暖的。

18.我脸红发热。

19.我容易入睡并一夜睡得很好。

20.我常做噩梦。

结果分析　将 20 个项目的各个得分相加,即得出原始分。标准分等于原始分乘以 1.25 后的整数部分。标准总分为 50 分,其中,50～59 分为轻度焦虑,60～69 分为中度焦虑,69 分以上为重度焦虑。

四、抑郁自评量表(SDS)

抑郁自评量表(SDS)由美国心理学家张(Zung)于 1965 年编制。本量表由 20 个反映抑郁主观感受的项目构成,每个项目按症状出现的频度分为四级评分,其中,10 个为正向评分,10 个为反向评分。

适用范围　本量表可以评定抑郁症状的轻重程度及其在心理疏导中的变化,适用于具有抑郁症状的成年人,主要用于心理疏导效果的评估,但不能用于诊断。

指导语　下面有 20 条文字,请仔细阅读每一条,把意思弄明白。然后根据您最近一星期的实际情况在适当的方格里打一个钩。每一条文字后有四个格,分别表示:没有或很少有时间(1 分);小部分时间(2 分);相当多的时间(3 分);绝大部分或全部时间(4 分)。其中,带“*”进行反向评分:没有或很少有时间(4 分);小部分时间(3 分);相当多的时间(2 分);绝大部分或全部时间(1 分)。

1.我感到情绪沮丧,郁闷。

*2.我感到早晨心情最好。

3.我要哭或想哭。

4.我夜间睡眠不好。

*5.我吃饭像平时一样多。

*6.我的性功能正常。

7.我感到体重减轻。

8.我为便秘烦恼。

9.我的心跳比平时快。

10.我无故感到疲劳。

*11.我的头脑像往常一样清楚。

*12.我做事情像平时一样不感到困难。

13.我坐卧不安,难以保持平静。

*14.我对未来感到有希望。

15.我比平时更容易激怒。

*16.我觉得决定什么事很容易。

*17.我感到自己是有用的和不可缺少的人。

*18.我的生活很有意义。

19.假若我死了别人会过得更好。

*20.我仍旧喜爱自己平时喜爱的车西。

结果分析 将20个项目的各个得分相加,即得出原始分。标准分等于原始分乘以1.25后的整数部分。原始总分的正常上限为41分,标准总分为53分,其中,53～62分为轻度抑郁,63～72分为中度抑郁,72分以上为重度抑郁。

附录二 基层官兵心理咨询疏导、诊断治疗案例

【案例1】

说句心里话——浅析新兵想家综合症

某部战士小黄,男,出生于南方某大城市一高干家庭,独生子,刚满18岁,高考落榜在家待业一段时间后,如愿以偿地参军入伍。刚到部队时,他感到很兴奋,很自豪。因为从出生到入伍前,他一直生活在家庭的管教下,从来没有离开过父母和他生活的城市,心想参军一方面可换个新的环境摆脱父母的严厉管束;另一方面将来在军队好好干,争取考上军校,又可圆自己的大学梦。但是,没有多久,他就开始想家了,因为他所在的部队驻扎在一个偏远的山区。如果偶尔在那里住上一两天,像旅游野营一样倒还挺刺激,可长期住在那儿实在让人难以忍受。许多人同住一个房间也使他很不适应。艰苦的新兵训练跟原来自己中学时的军训相比一点儿都不好玩。部队缺水少电,天冷了洗个澡都很困难,伙食条件跟自己家简直没法比,附近不要说是麦当劳、肯德基,就是小吃店都难找到一间;再说部队纪律规定也不允许私自外出吃饭,钱包里有钱也没地方花;加上部队很少与外界接触,打个电话都要等周末请假跑到几十里外的小镇上,平时再累衣服都要自己洗。这一切使他觉得在部队真是没有意思,越来越想家,整天闷

闷不乐。这种想法后来越来越强烈，以至于发展到吃不好、睡不香。他在写给父母和朋友的信中多次提到，在家里都是父母照顾，自己从来没有离开过家，现在真有点后悔参军，有时真想离队回家。

评析 想家对远离故乡和亲人、初涉军营的新兵来说是较为常见的一种心理现象，特别是当他们到部队不久，参军的兴奋、喜悦和新奇感渐渐消退，而艰苦、严格的新兵训练却日益繁重，初来乍到战友们之间相处还不太长，还没有建立起深厚的友谊，人生地不熟，想家在所难免。如果再碰上因水土不服或自我照料能力差而患病，那想家的心情会更加强烈。这属于心理学上所说的一种心理适应问题。有轻度的想家心理是正常现象，随着时间的推移会自然而然地减弱和消失。但如果有的人因想家而不能认同部队生活，不适应军营环境，引发失眠、心理生理机能异常等身心疾病，则可以称为想家综合症。在上述案例中，新战士小黄主要是因为没有独立生活的经历和心理准备，加上他的家人也没有意识到培养他这方面的习惯，独立生活能力比较差，造成对部队生活适应困难而产生了退避心理，主要表现为想家，因此并发了失眠、抑郁等综合现象。使他产生了典型的想家综合症。

对策 想家主要是由于年轻人缺乏独立生活的经历和能力造成的。为此，对想家的新战士除了要有意识地培养他们的生活自理能力，提高应对各种外界环境变化的心理水平外，帮助他们及时进行自我心理调适也是很重要的方面。

(1)明确自己的问题，树立独立生活意识。要引导他们这样想："经常想家是心理不成熟的表现，是遇到困难问题时的回避心理或倒退心理反应。"可以这样对自己说："连这一点困难都克服不了，将来该怎么办?"从而树立战胜自己、超越自己的勇气。

(2)尽量发现部队好的地方。可以让他列一张表，写出部队有趣的一面，并仔细体验自己喜欢的程度。例如，部队严格的纪律可以磨炼自己的意志，相对艰苦的环境可以锻炼自己克服困难的勇气和能力，可以结交来自五湖四海的战友，学到其他任何地方都学习不到的东西等，而这一切都将为自己未来的人生和事业奠定坚实的基础。

(3)找到新的心理固着，转移心理关注中心。心理异常有一个重要的特征，就是过度的心理固着，即几乎在每天、每时都在思考自己的"问题"，以致不能随着环境信息的变化来改变自己的意识中心。想家的人几乎天天都在思考与"家"有关的事情。要改变这种状况，就要改变心理固着。可以这样做：制定一个有意义的目标，并全力投入进去。如果给自己确立远大的目标，决心珍惜部队这一难得的环境锻炼自己，以自己的目标来克服自己的想家问题，就不难走出想家的阴影。

(4)采用心理生理调节技术，矫正心身机能。如静坐，这对于治疗失眠非常有效，但是要坚持，坚持就是胜利。也可以把自己的心思都放到军事训练和各种学习中去，排除杂念，一有想家的念头就马上打住。

除此之外，作为基层领导还应认真调查研究，除了共性的原因，还应找到每一个战士想家的症结所在，然后有针对性地制定解决问题的方案。除了心理原因，如有生活、训练等方面的具体困难，要帮助他们克服，这样才有利于问题的最终解决。

【案例2】

一起被成功化解的实弹投掷事故——战士投弹紧张情绪的心理疏导

某部二连组织全连进行手榴弹实弹投掷。在全连进行手榴弹实弹投掷之前，连长考虑到安全因素，采取了其他人员远离、个人就近指导、做好实弹投掷前的心理放松和随时抢险的安全措施。

一排战士顺利安全地投出了手榴弹。到了二排，开始还顺利，都能够按照所学动作要领投掷。可是当轮到了战士小单时，只见他手握实弹，微微发颤，头上冒汗，连长顿时提高了警惕。这是他第一次手榴弹实弹投掷，进了投弹掩体他心里就特别紧张，掏手榴弹拉环也不敢使劲，连长看出来小单显然在实弹投掷前出现了紧张心理。因为小单虽然个头大，力量不小，但身体不灵活，平时做事就胆小，还有恐高症，战友经常戏称小单"小胆"。

连长从解除其心理顾虑入手，告诉小单："不要怕，这种手榴弹延迟时间比较长，你只要按平时手榴弹投掷训练动作要领，把手榴弹投到山坡下面就行。"小单心里放松了，可是他一看到高高的山坡，手却不听使唤，刚甩手向后引弹就把手榴弹拉着了，他一紧张，吓得赶紧把手榴弹丢在掩体里了。连长正在指导着小单投弹要领，眼睛余光没看见小单的手臂向前投，心想不好，转头看见手榴弹在掩体里正哧哧地冒烟。他眼疾手快地捡起手榴弹朝山坡下扔去，顺势将小单扑倒在掩体里。与此同时，手榴弹在半空中爆炸了，一起事故被避免了。事后，连长总结了这次事故产生的原因，认为是由于投弹紧张心理造成的，战士们还是缺少面对实战训练环境的心理训练，今后要加强。因为避免了一起事故，组织训练表现突出，团里通报表彰了二连长，并给他记三等功一次。

评析　某部二连这次手榴弹投掷中的事故苗头，正如连长分析，主要是战士小单的心理紧张、手榴弹投掷技术不熟练而造成的。

人的生理机体有一定的稳定性，这种稳定性能使人应付各种复杂的、紧张的环境。但有时会因承受不了特殊环境的压力而出现紧张心理。心理学家认为，紧张情绪是身体对外界环境的一种本能反应，适度紧张能提高工作效率。然而，长期过度紧张的情绪，会使人的心理失去平衡，使人的各种身心机能下降，从而影响工作的顺利完成，有时甚至还会发生危及安全的严重问题。

在部队的军事训练或实战中，紧张心理非常多见。本案例中战士小单由于心理素质不好，承受不了特殊情况产生的心理压力，由紧张到失措，直至失去常态。虽然二连长告诉小单，只要按平时手榴弹投掷训练动作要领，把手榴弹投到山坡下面就行了。但是，这是小单第一次手榴弹实弹投掷，从一进投弹掩体他就很紧张，手也不听使唤，结果吓得把手榴弹丢在掩体里了。经验证明，在训练中，技术问题很容易得到解决，而心理问题却往往容易被忽视。

对策　基层干部如何应对军事训练中出现的紧张心理呢？

(1)指挥员要明白，紧张心理是军人最普遍的心理现象，而在实弹训练或战斗打响之前的等待阶段，军人紧张情绪尤为强烈。此时，消除过分紧张的有效方法就是设法转移他们的注意力，如训练演习或战斗前，下达明确的口令，报数和点名，集体宣誓或齐唱战斗歌曲等。指挥员还可以有意识地组织战士进行一些活动，例如，加固掩体、检查武器装备，既放松了紧张的肌肉，也放松了紧张的心情。此外，指挥员轻松自信的言行也会起到稳定战士情绪的作用。

(2)在部队进行严格的军事训练的同时，可适当地穿插进行心理训练。如为了避免在手榴弹实弹投掷中发生事故,从实弹投掷练习时就要抓好达标,达不到标准不准投实弹。

1)大力宣扬军人一不怕苦二不怕死的大无畏革命精神;

2)对心理素质较差的战士要加大训练难度和强度,技术一定要熟练,做到熟能生巧;

3)在进行实弹投掷时,要挖好掩体,让战士们心里有踏实的感觉,做好事故预防工作。

(3)在心理训练中,要着重训练战士的自我心理疏导的能力。具有高度自制力的军人,在训练场或战场上可以有效地控制自己的不良情绪、行为、动作、语言,使自己的各种战术动作能够有效地发挥出来。自我暗示是自我心理疏导的有效方法之一。在紧张的训练或战斗前,让参训官兵通过自言自语、自我解嘲、自我克制、自我约束,向自己发出指令,从而以自我暗示来控制自己的紧张情绪和行为,消除紧张心理。

【案例3】

为何消得人憔悴?——怎样引导战士走出"心理迷宫"

某团战士小刘,入伍两年后考入军校。本来小刘可以成为一名有为的军官,但他在入校一年以后,由于精神恍惚,学习成绩差,而不得不退学回到了原部队,退学的原因始于一首小诗。小刘在文学上有一定的基础,尤其喜好古代诗词。进入军校以后,闲暇之中也偶尔写写,经常往报纸杂志投稿。终于有一天,西安的一家诗刊,录用了他的一篇作品。此时的小刘喜形于色,有"范进中举"的感觉,在同学之中也赢得一些赞许的目光。从此,小刘更加刻苦地钻研诗词写作。一开始还算正常,但是后来,逢人便说诗,逢人便念诗,还一门心思打听著名诗人的地址,写信要求指导。同时,把自己写好的许多诗赋集中起来,到处找人,找出版社,想出诗集。当时,学员队领导对他进行了引导教育,要他注意处理好写诗和学习功课的关系。但小刘执迷不悟,以至因学习成绩在期末考试中一塌糊涂,被退回部队。

退回部队的小刘,并无悔悟之意,而是一再炫耀自己认识多少诗人,写了多少诗词,要出诗集,等等。并拿着自己的诗让团领导看,要求为其作序。还把有些作品拿给字写得好一点的同志要求用书法书写,其行为已不能为正常人所能接受。其所在营的教导员认为,小刘不单有迷恋诗词的问题,而且心理上已经出现了障碍,如果任其发展下去,无疑会毁了小刘的一生。

其实小刘的大部分诗作,除了想象力稍丰富一点以外,作品的内涵、哲理性、可读性等方面实在不敢恭维。小刘为什么会一门心思出诗集呢?原来,在小刘写的诗中,有相当一部分是写一位名叫小芳的姑娘。小芳是小刘的高中同学,两人有谈恋爱的意思,后来,小芳考上了大学,小刘当兵,刚开始有过通信,但后来便断了。同小刘分手的原因,是小芳嫌他没什么出息,移情别恋了。当时,小刘带着失恋的痛苦,刻苦学习,终于考上了军校。然而,军校生活仍然抹不掉脑海中时常出现的小芳的影子,所思所想便倾诉在他的笔下,形成一首首小诗。偶有一首发表,便认为终于可以在写诗这条路上走下去,重新赢回小芳的心。然而,他有限的生活阅历和知识积累,要想在诗词写作的道路上走下去,谈何容易。自从发表了一首小诗以后,他频频投稿,却不见回音。他不甘心,觉得自己行,依旧痴迷在诗与词的创作之中。昼思夜想,让他深陷其中,不能自拔。

评析　分析小刘产生心理障碍的原因,主要有以下几个方面。

(1)痴迷于不切实际的目标。这是小刘致病的主要心理原因。小刘对作诗的认识有一定的偏差,认为写诗也不是一件什么难事,自以为有写诗的才能,只要多写、多发表就可以成为诗人。因而他把主要精力放在了写诗上。在他的心中,除了写诗能给他带来生活的乐趣,其他什么事都不去想,至于学习根本就没有时间去考虑,乃至沉迷于作诗之中而出现精神恍惚。

(2)虚荣心强而不能自拔。小芳与他分手的深层次原因,他自己最清楚。恋爱失意使他总想找一个机会证明自己的能力,当有了机会以后,便不顾自身的实际情况,一味地为炫耀自己而吟诗作赋,渐渐地产生了虚荣心理。岂知,在这种心理作用下的所作所为,不但没有带来成功,反而误了自己的前途。

(3)性格孤傲。小刘平时心高气傲,不太愿意与别人交流,无形中造成了自我封闭,心里的感受不能找人倾诉,长期积压在心头,导致了行为异常。

对策 针对这类心理障碍问题,一般可以从以下 3 方面入手进行心理疏导和干预。

(1)分散注意力。当时正在搞训练场施工,连里就有意识地多安排小刘干活,让他没有思考的时间。白天干活累了,晚上躺上床就睡觉,对于小刘这样过于沉迷于诗词创作的人来说,就可以分散一些注意力,会起到一些效果。

(2)帮助他正确认识自己。一方面要对他创作的诗词给予肯定,鼓励他的成绩;另一方面可以请对诗词较有研究的干部指出他所作诗词的缺憾,从诗词的意境,诗词的语言到诗词的作用等方面对其"作品"做逐一剖析。这样渐渐地去开导他,使他认识到自己写诗的水平还不高,离出诗集还有一段距离。

(3)创造良好的人际环境。小刘退学回到部队以后,一开始干部战士都不理解,背地里冷嘲热讽,很少有人跟小刘玩到一块、说到一块。为此,连队干部在思想骨干中做了一定的工作,渐渐地大家有意识地多跟小刘接触。小刘喜欢玩乒乓球,只要他出现在俱乐部总会有人邀请他打两局。连队干部在平时也注意小刘细微的思想变化,及时调整他的心态,开导他要摆正喜欢诗歌与其他工作的关系,否则什么工作也干不好。潜移默化之中,小刘的思想逐渐从诗的梦境回到现实之中。

后来,小刘正常退伍回乡,在县里担任通信员工作,工作颇有成绩。

【案例 4】

"独生子女"战士的心理保护——谈心理暗示法的运用

夜色朦胧,星光点点,某连官兵踏着月色行进在拉练途中,步入了一个苹果园。诱人的苹果香吸引着疲惫不堪的战士们。走在队伍最后的新战士小王,作为独子,在家里得宠有加,从未受过这般痛苦。这时,趁人不注意,他偷偷地摘了两个苹果,放在挎包里,悄悄地跑回队伍。他的举动早被细心的指导员看在眼里。第二天连队进行光荣传统教育,指导员从革命军队铁的纪律讲到集体荣誉;从革命军人的理想信念,讲到道德情操,启发战士们要自觉遵守纪律,维护连队的集体荣誉,加强自身修养,做一个正直诚实、堂堂正正的人。听着听着,小王的脸不由得红了起来。教育结束后,他跑到连部,交出了那两个苹果,主动向指导员承认了错误。指导员肯定了他勇于承认自己的错误、敢于做自我批评的做法,同时,指出摘两个苹果虽然是件小事,但反映了一个人的道德修养,有损于部队的整体形象,应以此为戒。最后,指导员鼓励他说承认错误、改正错误就是好同志,相信他一定会成为一名让领导放心、品行端正的好战士,并表示一定为他保守秘密。小王深受感动,从此对自己严格要求,铭心立志,后来当了班长,入了党,成为连队建设的骨干。

评析　当前，部队战士中独生子女的比例大大增加，他们自尊心较强，对评价敏感而又反应强烈。因此，对他们的心理感受应充分理解，教育管理也应采取适当的方法。在处理小王偷苹果这件事上，如果指导员当时把队伍停住，当场喝令小王把苹果拿出来，面对全连对小王的错误进行批评，也是对全连的一种教育方法，但是，其副作用是显而易见的。那必然严重损伤小王的自尊心，可能使小王因此失去做人的信心，甚至可能产生意想不到的后果，而且，事情弄得沸沸扬扬，对连队的影响也不好。正是出于此种考虑，指导员没有直接生硬地揭露矛盾，而是选择了间接委婉的处理方法，收到了很好的教育效果。我们把这种在非对抗条件下，通过语言、行为、表情等方式，间接、含蓄地对受教育者施加影响，以达到教育目的的方法，称为心理暗示法。

心理暗示法在日常生活中有着广泛的应用。心理学认为，人们都有一种心理倾向，即自觉或不自觉地维护"自主"地位，不愿意受别人的干涉或控制，因此，心理暗示的作用往往比直接劝说或者指示命令的作用大。美国心理学家曾做过一个实验，把年龄、智商等情况完全相同的学生分成两个班，一个班在教育之前先对其宣称他们都是才智超群、不同一般的好学生，而另一个班什么也不说，结果前一个班的学习成绩远远超过了另一个班。由此可见，心理暗示的作用是非常微妙而有效的，巧妙地运用心理暗示，是思想教育工作者需要掌握的一个非常重要的方法。

心理暗示法，从不同的角度看可以划分为不同的类型。一般来讲，可归纳为语言暗示和形象暗示两大类。

(1)语言暗示法。语言是人们交流情感，表达意念的媒介，运用语言是一门艺术。语言暗示法就是用含蓄的语言表达教育者的意图，让受教育者自己领悟什么是正确的，什么是错误的，应该怎样做，从中受到教育和启发。这种方法往往比直接的劝告、责怪或批评更易于被人接受。某部战士小杨，性格豪爽，身体健壮，入伍不到两年，就受到连队三次嘉奖，还被评为"连队训练标兵"和"学雷锋积极分子"。有一次，小杨上街买水果，发现老板称重时做手脚，小杨当即指出，不想老板及其家人非但不承认，反而恶语伤人："当兵的，掏不起钱就滚开！"小杨同他们辩理，他们却依仗人多对小杨动手动脚。一气之下，小杨砸了水果摊，失手将老板打成重伤。为此，小杨受到了处分。凑巧，就在小杨受到处分的第三天，他的父亲因出差顺路来连队，小杨感到两年在部队白干了，无脸见父亲，心里很矛盾。连队干部没有歧视小杨，得知他父亲要来，跑前跑后，联系招待所，并将小杨的父亲请到连部，当着小杨的面向他的父亲讲述他这两年的表现，对小杨的成绩给予了很高的评价，对其受处分一事却只字未提。最后，指导员又肯定地说："小杨正直，能吃苦，乐于助人，是个好苗子，在部队好好干是很有前途的。"小杨父亲听了这番话，心里美滋滋的，乐得合不上嘴。小杨也深受感动，暗下决心一定要干出个样子，不辜负连队干部的一片苦心。这以后，小杨又生龙活虎地出现在训练场上，公差勤务争着出，脏活累活抢着干。人犯错误是在所难免的。连干部对小杨父亲的一番谈话，暗示连干部并未因小杨受到了处分而否定小杨两年来的成绩，相反，他们用发展的眼光看待小杨，不仅在小杨父亲面前给小杨圆了场，而且也给小杨鼓足了劲，小杨像一个泄了气的气球又充足了气，重新获得了生机与活力。可见，这种语言暗示的方法显然比直接劝说的方法效果好。

(2)形象暗示法。形象暗示法就是通过某种具体行为、情景等形象，启发受教育者产生联想，从而影响其心理状态的方法。形象暗示法在现实生活中也有着广泛的应用，它可以通过一种手势、一种表情，或者一件物品、一个场景等丰富多彩的方式表达意图，达到教育人、启发人的目的。有这样一个事例:曾有一段时间,某部队三连突然兴起了一阵收集"美人像"的风潮,许多战士都把原来用以集邮或者保存家庭照片的相册腾出来,专门收集古今中外女人的彩色图像。战士小刘便是其中之一,他收集的图片列在全连之首,竟因此一时成为全连战士的"中心人物"。这件事被有心的赵指导员看在眼里,他想:战士们喜欢看这些图片,意味着战士们业余生活中的一种追求,作为一名政治工作者,对于战士们正确的健康的追求应该予以肯定和支持,但对于错误的追求则应该及时给予引导和教育。于是,赵指导员打算召集全连开一个军人大会,颁布不准收集"女人像"的禁令。但又想:独生子女自尊心很强,对外界强制性的行为非常反感,弄不好可能口服心不服,甚至根本不服。他苦苦思考,终于想出了一条妙计:找出黄继光、邱少云等 20 多张英烈图片,精心做成一本"革命英烈图片集",然后把小刘叫到连部:"我也收集了一些图片,整理得不好,想请你这位'行家'指点指点!"小刘看着看着,不由得脸变红了。几天后,小刘找到指导员,送来了他重新收集整理的相册,原来的"美人像"全部变成了雷锋、张海迪等青年榜样的图片,指导员和小刘都会心地笑了。这里,赵指导员运用的就是形象暗示的方法,虽然从头至尾没有说一个"禁"字,却达到了"禁"的效果,而且,还使坏事变成了好事,使战士由原来收集"美人像"变成了收集先进人物像,尤其是对小刘进行了一次深刻的教育。

对策 应该指出,心理暗示法如果运用得好,可能会起到出人意料、事半功倍的效果;运用得不好,可能弄巧成拙,令人失望。因此,运用此法当慎重,主要应注意以下几点:

(1)正面暗示。我们都知道"此地无银三百两"的典故,如此暗示,就起了坏作用。作为思想教育工作者,要善于运用积极的暗示方法正面教育青年战士健康向上、奋发进取,切忌从反面给人以心理刺激,导致发出消极的信号。譬如,有人犯了小错误,你却暗示他没什么了不起;有人出了小问题,你却暗示他无所谓,其结果只能使小错误酿成大错误,小问题变成大问题。

(2)把握分寸。常言道,言语可以治病,也可以致病。有些言语暗示,太深奥人家不懂,太肤浅品之无味,太偏激伤人自尊,太缓和难起效果。因此,在运用心理暗示法时,尤其要注意恰如其分,掌握好"火候",以免此法失效或产生事与愿违的效果。

(3)对症下药。心理暗示法应具体问题具体分析,抓住问题的实质,因人因事而异,因客观情况而异,谨防东拉西扯,含糊其辞,吞吞吐吐,绕来绕去,把一些风马牛不相及的事拼凑在一起,让人摸不到头脑。我们讲暗示,是指针对问题的暗示,而不是毫无意义的比喻。

(4)善用技巧。心理暗示是一种艺术,没有常规和定法,这就要求思想教育工作者要有较高的素质,既要研究青年战士的心理特点,又要具备丰富的知识和阅历,在实践中摸索方法。要善于学习他人的经验,勤于动脑,开拓思路,把握时机,灵活应变,选择和创造各种有效的暗示方法,增强思想政治教育的效果。

【案例 5】

遇事理智而行——谈消极激情的心理疏导

一天晚饭后,某部汽车连的官兵正准备集合去看电影,身体矮小的战士小强冷不防被人撞了一下,身体倾斜又碰到了身材高大强壮的冉某。冉某见状,还没等小强反应过来,就重重地给了小强一拳,嘴里还说:"新兵蛋子,敢跟我斗。"小强正要还手时,被旁边的战士及时制止住了。小强坐在电影场里,想着刚才发生的事,越想越窝火,"当着全连人的面无缘无故地挨了揍,真丢人……"电影散场后,在上宿舍楼时,小强拿出随身携带的小水果刀,对着走在前面冉某的屁股，乘其不备，狠狠捅了一刀，心想："我打不过你，也要让你尝尝我的厉害。"这一刀下去，虽说事后冉某经住院治疗，没对其造成多大身体伤害，而小强却因严重违法，故意伤害他人，被部队作除名处理，提前退出现役。小强回家后，根据当地人武部的规定，不仅被解除了入伍前签订的劳动合同，退回了全部优抚金，他本人被除名一事还上了家乡地区小报。家里人埋怨小强做事不计后果，有理反而变得无理。未婚妻也因他"臭名远扬"而提出"吹灯"。小强是有苦难言，后悔莫及。

评析　由于某种原因，战士有时发生"急眼""发火"的事，这种冲动情绪在心理学上称为激情。心理学上激情的含义，与平时人们常说的"满怀激情""创作激情"不同，它是一种迅速、强烈和短暂的态度体验，具有突发性、强烈性、短促性、外显性和非理智性等特点，常常有狂喜、狂怒、恐惧、绝望、悲痛欲绝和歇斯底里等症状，表现出兴奋、愤怒、暴躁、语无伦次、含混不清，或者沉寂、呆滞、僵直、心神不定，甚至出现昏厥等现象。激情有积极与消极之分。积极的激情能激发出官兵的勇敢精神，如路见不平，拔刀相助，见义勇为，面对侵略者的野蛮行径和父老乡亲及同伴战友的流血牺牲，冲锋陷阵，英勇杀敌。消极的激情则影响官兵的正常思维和行动，具有破坏作用，伤害财物及他人的身体和感情，同时也有损自己的身心健康和自身形象。因此，有的心理学家曾把消极激情比喻为"脱缰的野马"。在部队发生的打架斗殴等违纪、违法案件中，有很多是由于青年官兵不能控制自己的激情造成的。他们往往一不遂愿就大动肝火，一气之下鲁莽行事，甚至丧失理智，不计后果，导致犯罪，铸成无法挽回的大错。因此，必须高度重视青年官兵消极激情的心理疏导工作。

对策　对于有消极激情的官兵，应从以下方面进行疏导。

(1)加强道德修养，提高自控能力。美国心理学家认为，人的情绪与人对客观事物的认知评价是密切联系的，单纯的外界刺激并不能引起人的主观体验，外界刺激只有通过主体的认知结构加以评价，才能产生某种情绪。在现实生活中，常常有这样的例子，同样的外部刺激，有的官兵容易产生激情，而有的官兵则能很理智地处置。这说明青年官兵的激情是伴随认识活动而产生的，并受其思想道德修养水平的支配和控制。所以在平时，要加强对青年官兵思想品德修养的教育，教育他们待人处事要宽容、理解、忍让和克制，懂得"退一步海阔天空，让三分风轻云淡"的哲理，明白"愤怒以愚蠢开始，以后悔告终"。

(2)直言行为后果，促其悬崖勒马。青年官兵血气方刚，遇事易感情用事。尤其是当其消极激情爆发时，越想越生气，越想火越大，往往容易顺着冲动情绪指引的方向，不顾一切，考虑尽快"出气""报仇""解恨"，而不计思想行为的后果，以至常常酿成大祸，才猛醒悔不该当初。因此，要引导青年官兵遇事学会逆向思维，即朝着与冲动情绪相反的方向思考，想到事端可能引发的严重后果，从而理智行事，客观正确处理。必要时用有关的法律、条令、条例，组织的培养、亲人的厚望、战友的情谊、自身的形象等直言利害，促其悬崖勒马，保持冷静，三思而行，遵纪守法，依靠组织妥善解决。

(3)改善环境氛围，引导注意转移。当消极激情达到爆发高潮时，往往理智难以控制情绪。这时，如果意识集中固定在引起激情的人和事物上，就容易做出不计后果的愚蠢举动。因此，要尽可能改变激情状态官兵所处的环境，尽量减少以至消除不良的环境刺激，引导他们参加轻松愉快的文体娱乐活动，或安排能使其开心、快乐的事，使其将注意的中心转移到其他事物上来，从而缓解即将爆发的消极激情。

(4)及时合理宣泄，有效化解矛盾。当一个人受到某种刺激，产生冲动情绪时，常常会以偏激的情绪反应代替理智的行为。如果心中的委屈和怨气无处可诉，发泄不出来就可能向极端方向发展。因此，领导及周围同志要及时伸出热情相助之手，积极靠上去促膝谈心，适时给予安慰、同情和指导，及时妥善化解矛盾，帮助其将心中的积郁倾诉出来，消除愤怒和不满，忘掉烦恼和忧愁，恢复心理平衡。

【案例 6】

阴云密布终有时，拨云见日艳阳天——谈抑郁情绪的心理疏导

某部三连战士杨文卫是全连公认的“怪人”，他虽然学习、工作、训练都与大家一般无二，但是整天沉默寡言，情绪低沉，对集体活动毫无兴趣，业余时间喜欢独自一个人在宿舍里静坐。刚分到连队时，干部、骨干都对小杨的行为感到纳闷，随着时间的推移，大家也就见怪不怪，习以为常了，认为他只不过是“性格内向”罢了。连里召开思想分析和安全分析会很少提起他，在干部、骨干心目中，小杨“没有问题”，也“不会出问题”。

转眼又到了半年工作总结的时候。在支委会上，小杨的排长建议连队给小杨嘉奖奖励，理由是小杨虽然平平淡淡，没有什么突出之处，但入伍以来一直循规蹈矩，没有功劳也有苦劳，给个嘉奖也算是连队对他的认可。此外，小杨也曾向他透露过，他们同年度入伍的老乡有的入了党，有的当了骨干，有的学了技术，有的被评为优秀士兵，唯独自己当了近两年兵，眼看只有半年就要退伍了，什么也没有，就这么回去，不好向家里人交代。这个建议遭到大多数支委的反对。他们认为，小杨虽然是老兵，对连队建设有贡献，但达不到先进的标准。如果连队搞平衡照顾，将会伤害许多战士的进取心和积极性。小杨因未能如愿，便对生活失去了信心。他经常说一些消极的话，还处处与连队干部作对，与战友发生口角。连队干部认为这是他思想上有问题，于是，对其进行了批评教育，但收效甚微。后来，小杨患上了抑郁症，被送进医院治疗。

评析 懂得心理学常识的人都知道，一个人如果性格孤僻、人际关系紧张，就说明这个人存在个性缺陷，需要进行心理疏导，否则极易诱发心理疾病。情绪抑郁者的主要表现是情绪持续低落，郁郁寡欢，悲观厌世，心理功能下降，不愿与人交往，情绪呆板，总以“灰色”的心情看待一切，对什么都不感兴趣，自罪自责，内心体验多是不幸、苦闷、无助，总感到活着没有意思，严重者甚至会发生自伤、自残行为。小杨就是因为心情抑郁，心理疏导、宣泄不及时，才会出现上述的结局。

对策 对有抑郁情绪的官兵，应从以下几个方面进行疏导。

(1)重建认知模式，正视自己。要通过诱导启发，引导他们进行深刻的自我反思、自我审视、自我解剖，客观公正地评价自我，减少负面自我评价，提高正面自我评价，注意发挥他们的特长和优势。一旦帮助他们建立起正确的自我认知模式，抑郁情绪很快就会消除。

(2)树立适宜的目标，鼓舞自己。一些官兵之所以情绪抑郁，挫折感较强，往往是因为自我目标定得过高，超过了主客观条件，因而一旦实现不了就悲观失望。所以，应根据实际情况，引导他们树立比较容易实现的目标，多做一些力所能及、把握性大的事情并努力获得成功。目标实现了，就会有成就感，自然就会树立自信心，就会再次获得成功，长此以往，就会从抑郁的阴影中走出来。

(3)掌握宣泄的方法，释放自己。有抑郁情绪的官兵大多内心愁闷，无处发泄，长期如此，容易抑郁成疾。因此，应当引导他们掌握科学正确的宣泄方法，把不好的情绪宣泄出来。

宣泄的主要方法有以下几种。

1)可以通过体育锻炼宣泄。心理学家认为,那些需要氧气的活动,如走路、慢跑、游泳等都可以激发人们的自信心,改善自我意识;增强活动,还能有助于释放能量,使人感到轻松,帮助人们减少紧张和焦虑。

2)可以通过写日记宣泄。写日记可以把平时不便说的话,以及自己起初的想法写出来,在日记中自我倾诉,排解心中的不快,减轻痛苦。

3)可以通过文艺活动宣泄。放声高歌一曲,能使心中的郁闷减轻不少,阅读催人奋进的书籍,能使人慷慨激昂。

4)可以通过倾吐宣泄,把心中的忧愁、烦恼、痛苦、悲哀等向领导、战友、亲人和朋友们倾诉出来,心中的抑郁情绪就会一扫而光。

(4)多参加集体活动,广交朋友。引导他们多参加集体活动,用集体活动的欢乐冲洗心中的烦恼和苦闷,帮助他们培养对集体生活的兴趣和热情。心理学研究表明,集体活动能有效化解挫折带来的精神创伤,进行心理保护,维护心理健康,使人精神振作,情绪开朗。此外,还应当发动广大官兵,发扬互助精神,使情绪抑郁者处处感受到集体的温暖,并通过人际交往增进对同志的了解,学习别人的长处,获得真诚的帮助,尝到心理开放和与人交往的乐趣。

(5)接受新事物,开阔视野。情绪抑郁与一个人的眼界、接触的范围紧密相关。很难想象,一个眼界开阔、乐于接受新生事物的人会是一个情绪抑郁的人。接触新事物会给人一种新鲜感,让人分散注意力,寻找到新的乐趣。因此,应当大力鼓励情绪抑郁的官兵接触新环境、新事物,学习新知识。

【案例 7】

面对孤独的战友怎么办?

一个战士在日记中写到:“我很孤独,在排里几乎没有朋友,没有人能够理解我,谁也不帮助我,谁也无法帮助我。我整日默默无语,很少与人说话,战友们似乎从未注意过我,甚至根本就意识不到我的存在。我也需要友谊,需要倾吐心中的苦闷,也需要被关心。可我有的,只是深深的孤独,我再也不能忍受这份煎熬了! 我活得太累了!”

评析　也许因为人类早在原始社会就习惯了群居生活,所以现代社会才有了“孤独”这样一种“病”。军营中一些官兵害怕被别人排斥,害怕在不幸的时候孤立无援,害怕自己的思想得不到别人的理解……总之,这是一种内心的恐慌。现实生活中,孤独就像影子一样,时刻出现在青年官兵的世界中:当你心中有烦恼,又难以启齿时,你会产生孤独;当你因误解和性格不合而失去朋友时,你会产生孤独;当你将真心话告诉父母而不被理解时,你会产生孤独……可以说,孤独感不是年轻人独有的,但青年时期更容易产生孤独感。年轻的心常常会因不被社会和成年人理解、认可而感到委屈,于是便产生了莫名的孤独感。再加上有的战士认为生活比较单调,和别人比较时又发现了自己的一些不足之处,孤独感更容易触发。

心理学家认为,孤独感就是自己感到与世隔绝,内心充满孤单寂寞的心理状态。孤独感还可以引发挫折感、寂寞感和狂躁感等。有人由孤独发展到悲观厌世甚至走上轻生的道路,也有人因心理上的自我封闭和孤立,形成了孤僻的性格。这对于一个人自身的完善与发展是十分有害的。青年战士虽然由于心理特点容易滋生孤独感,但同时,又有优于社会其他成员消除孤独的条件。比如战友之间的纯洁友谊,父母、领导的亲切关怀,丰富而健康的物质文化生活等,都为我们战胜孤独提供了可以充分利用的现实条件。在此基础上,掌握一些具体的方法,就可以战胜孤独,重建自信、乐观的人生。

对策　对有孤独感的官兵,就从以下方面进行疏导。

(1)战胜自卑。因为自己觉得跟别人不一样,所以就不敢跟别人接触,这是自卑心理造成的一种孤独状态。这就跟作茧自缚一样,要冲出这层包围着你的黑暗,你必须咬破自卑心理织成的“茧”。其实,大可不必为了自己跟别人不一样而忧心忡忡,人与人原本就是既一样又不一样的。只要你自信这一点,钻出自织的“茧”,就会发现与别人交往并不是一件难事。

(2)与外界交流。独自执行任务的战士,也容易产生孤独感。然而,独自生活并不意味着与世隔绝。一个常年在山上工作的气象战士说,他常常感到有必要把自己的思想告诉他人,可是身边又没有人可以倾诉,所以就用写信来满足自己的这一要求。当你感觉到孤独的时候,翻一翻你的通讯录,也许你可以给某位久未谋面的朋友写封信,或者是给哪一个朋友打个电话,这都有助于消除孤独感。当然,跟朋友的联系,不应该只有你感觉到孤独的时候。要知道,别人也都跟你一样,希望能体会到友谊的温暖。

(3)为别人做点什么。跟人们相处时感到的孤独,有时候会超过一个人独处的十倍。这是因为你跟周围的人格格不入,就跟你突然来到一个语言不通的国度一样,你无法跟周围的人进行交流,而他们之中那种热烈的气氛更衬托出你的冷落。要打破这种不良局面,唯有“忘我”。想一想自己能够为人家做点什么,这很有好处。记住:温暖别人的火,也会温暖你自己。

(4)享受自然。一些习惯了孤独的人,懂得充分享受孤独提供给他的闲暇时光。许多有过痛苦经验的人都说,当他们遭到厄运的袭击,而又不能够对人倾诉时,他们会不由自主地走到户外去,让清爽的风吹着,心情就会渐渐地开朗。有一个感情丰富的女兵说,她有时跑到最热闹的街道上去,她觉得只要置身于不息的人流中,就会忘掉自己的孤独寂寞。

(5)要有正确的人生目标。要想从根本上克服内心的脆弱,最好莫过于给自己确立一些目标和培养某种爱好。一个懂得自己活着是为了什么的人,是不会感到寂寞的。同时,一个活着而有所爱、有所追求的人,也是不会寂寞的。

【案例 8】

不善交往的小王

某部队战士小王性格十分内向,拙于言谈,不擅交际。他到部队都快一年了,同连里的大多数战友还不熟悉,甚至连不少人的名字都叫不上来。有一次,因为生病到驻地的医院看病,因为看病的是个女医生,他害羞得连话都不敢说,原本简单的病情他却用了十几分钟才说清楚。后来,小王考入了军校,在学校里,除了正常的集体活动外,小王总是独来独往,有时一周说的话还不及别人一天说得多,连他自己都感到,虽然每天生活在热闹的集体当中,却无异于在情感的沙漠中独行。学员队的领导和其他同学都认为他生性孤僻。其实他内心并不喜欢目前这种状态,渴望与同学和领导们交往,渴望得到其他人的青睐。

评析　为什么在小王身上会发生这种情况呢?其实原因很简单,就是因为小王不能正确客观地评价自己,其过于强烈的自尊和自卑交织在一起导致了这种心理闭锁。由于小王来自于较偏僻的山区,上进、好学、勤奋,加上聪明,使他在小学和中学阶段学习成绩突出,得到同学的敬重和老师的喜爱。到了部队尤其是到了军校后，他原来的优势就再也不突出了，家庭的经济状况不佳、表达能力不够强、英语水平差、知识面窄、身体素质差等，与其他同学相比有明显的差距。他感到自己过于平庸、渺小，以至被同学和领导忽视。于是总是不由自主地回避与别的同学交谈或共同活动，以免暴露自己的弱点，以此来保护自尊心免受伤害。

小王所面临的情况在心理学中涉及“自我价值感”这个问题。自我价值感是每一个人都要求得到保护的重要心理领域。在人际交往中，人们希望从对方得到对自我价值的肯定与支持，如果不是这样，那么关系将难以维持。在交往当中，如果交往双方都能够清晰地从对方身上观察到对方对自己的关注和肯定，那么双方保护自我价值的需要都得到了满足，就会更进一步地开放自我，加深交往。假如情况不是这样，双方都未能从对方身上观察到关注和肯定，那么必然会产生不满情绪，觉得对方“目中无人”，于是双方会停止开放自我，关系将难以发展下去。

在人际交往的初始阶段，人们特别在意交往的对方是否对自己给予关注与回应，并以此作为调整自己态度与行为的依据。即一方的关注与回应，必然引起另一方的关注与回应；而另一方的漠然与麻木，也必然导致另一方同样的反应。这其中，相互原则在起着重要作用。小王虽然内心渴望与别人交往，建立友谊，但他总是得到一种消极的自我暗示：“别人不会对我有兴趣的，我也用不着讨别人的喜欢”“别人哪能把我放在眼里、把我的话放在心上？我又何必与他们说话或参与到他们当中去？”久而久之，这种害怕自尊心受到伤害而过分矜持的表现，自然会给人一种冷漠感。小王的战友和同学感到他不好接近、孤傲，对他漠然置之也就不难理解了。

对策　如何帮助小王摆脱这种孤独状态呢？

(1)调整自我概念。认识到自己虽然在许多方面不如其他同学，但并非没有实力，自己的缺陷如知识面、英语水平等都是因为当时当地环境和教育水平等许多因素造成的。在这种条件下能参军并考入军校，足以说明自己并非平庸之辈。现在环境变了，需要时间适应是正常的。如果注意方法、加倍用功的话，完全可以赶上并超过其他同学。

(2)进行人际交往的具体练习。小王可以根据自己长久以来很少与别人交谈这一典型表现，把最初的目标选定在如何与别人攀谈上面，即怎样才能开始与一个不熟悉的人做最简单的言语交流。由于与其他同学最容易发生交往的场合是在课堂上，因此，可以针对“上课前后”这一情境为他设计一些语句与动作。比如，在公共教室上课训练，如果自己比邻座的人后到，而且在落座时邻座的同学注意到了自己，应该用目光注视对方，微笑，或点一点头，或说一声“你好！”不要闷声不响、不看对方就自顾自地坐下。再比如说，下课之后，如果发现有与自己走得很近的同学，不妨打个招呼，结伴同行。一起行走的过程中，可以简单地聊一聊，例如，对军营的伙食、卫生、安全、体育与娱乐设施、图书馆等方面谈谈自己的感受与愿望。从这些细小之处开始练起，以便顺利开始进入交际的实际活动之中。交际的内容并不重要。有时为了能与别人开始对话，说一些“今天天气如何如何”之类的话都是有价值的。这类寒暄可以帮助自己放松，并向别人传达自己的交谈愿望，促成双方开始交谈。有时只要对方明白了你的交谈意愿，不用你费心找话说，对方也会主动打开话题。

生活中像小王这样的人还有不少，如果在生活中注意观察那些善于建立和保持良好人际关系的人，就会发现他们无一例外能够非常敏锐并恰到好处地给予交际对方以各种方式的回应。与他们打交道，会始终感觉到处于他们注意的中心，他们在专注地看你、听你讲话，积极地理解你的用意，主动思考并尝试提出自己的见解与你切磋、讨论。你会觉得他们确实喜欢你、尊重你，希望与你建立良好的关系。

【案例9】

怎样对待新战士的闭锁心理

某连分来20多个新兵，一个多月后，连里召开骨干会，让大家谈一谈对这批新兵的印象，看存在什么问题。会上，骨干们就如何带好这批新兵、发现了什么问题、如何解决这些问题谈了自己的看法。大家你一言我一语，气氛十分热烈。但指导员却发现平时开会喜欢打头炮的三班长今天低着头，一言不发。散会后，指导员留下了三班长，在多次询问下，三班长才打开了话匣子：原来三班今年分来了两名新战士，其中一位叫王强，平时对自我要求很严，训练也不含糊，可就是不合群。训练间隙，班长组织大家做游戏，唯独王强一个人坐在一旁不参加，问他是不是哪儿不舒服，他说没有。节假日，大家凑在一起玩扑克，缺一个人，看王强坐在一边，要他参加，他却说自己在看书。三班长晚上找他谈心，海阔天空地讲了半天，王强可好，半眯着眼，要睡着似的。三班长问他听到自己都说了些什么没有，他回答："听到了。班长，你说的我都知道。没意思！"气得三班长要抡拳头，可人家王强也没什么错。三班长接着说，看着他整天阴死阳活的，弄得整个班里干什么都没情绪。

评析 心理学把王强的这种心理现象称为闭锁心理，把由此而产生的一种与世隔离、孤单寂寞的情绪体验称为孤独感。在基层部队中，有些青年战士常常觉得自己是茫茫大海上的一叶孤舟，性格孤僻、害怕交往、莫名其妙地封闭内心，或顾影自怜，或无病呻吟。他们不愿投入火热的军营生活，却又抱怨别人不理解自己，不接纳自己。具有闭锁心理的战士，常常使得基层干部和骨干在工作中无从下手，成为基层思想政治工作的"铁疙瘩""铁锁头"。

青年战士产生闭锁心理的主要原因是什么呢？

(1)独立意识的增长。青年战士处于人的生命发展过程中从不成熟走向成熟的过渡时期，在这个过渡时期，他们的实践范围在逐步扩大，逻辑抽象思维能力也在迅速加强。于是，他们开始积极地用自己的内心去体验世界，觉得自己长大了，不愿再盲目地依从父母、领导。他们力图摆脱对他人的依赖和追随，但现实又让他们产生不安全感。为了走出这种困境，多数青年战士能积极地投入到火热的军营生活，同战友们交往，彼此间能做到理解、信任和支持。但也有少部分战士站在人群外观望，不屑于与战友们交往，唯我独尊；或害怕增加不安全感而紧张不适，从而转向自我内心的交流。

(2)自我意识的发展。青年战士智力的发展几近成熟，这有力地促进了其自我意识的发展。他们已基本能正确进行自我观察、自我评价和自我调控；他们常会产生关于自己的许多独特的想法和憧憬，发现自己心灵中的美，也看到自己心灵中的丑。由于青年战士自尊心的增强，个人隐私范围的逐渐扩大，又往往担心自己的某些方面会被人耻笑。于是便小心地在心中构筑起一道"防火墙"，锁闭自己内心的秘密。

(3)小农意识的影响。中国经历了数千年的封建式小农经济，在这种自给自足的自然经济作用下，人与人之间缺乏沟通与联系。这种封建残余思想反映在一部分战士身上，就会产生情感上的排他性，认为自己什么也不缺，用不着求别人，也就没必要与别人交往。

对策 消除王强的封闭心理，必须标本兼治，采取多管齐下的方法，既启发他认识封闭自己的危害，消除他的顾虑，重新唤起他的自信；又引导他主动和别人交流，用集体的暖流去化解他心中的"寒冰"，尽快使他拥有健康的心理。具体方法有以下方面。

(1)自我启发。心理学认为，人的思维既具有广阔性和深刻性，还具有独立性和批判性，只是这种心理活动表现在不同的人身上而具有一定的差异。有的人考虑问题全面深刻、实事求是；而有的人考虑问题片面肤浅，对是非好坏缺乏正确的评判。新战士王强由于在其人生认识与发展的重要时期心理上受到了刺激，致使他的思维发生了偏差，并且日趋保守，干工作“不求有功，但求无过”，战友之间“井水不犯河水”，在这种思维模式的支配下，不愿与人交往。作为心理疏导者要有意识地启发他，使其客观地认识在他周围发生的一切，学会宽容和理解。针对王强喜欢看书的特点，指导员特地收集了一些心理疏导和人际交往的入门书籍交给三班长，让三班长在适当的时候与王强交换书籍，使王强在不知不觉中接受书中的观点，学会全面认识和理解问题；让副连长有空多往三班转转，有意识地和王强聊聊他喜欢的话题，如王强喜欢金庸的武侠小说，可以巧妙地用书中的人物和事件启发王强思考。

(2)设置障碍。具有封闭心理的人不愿与人交谈，不愿向别人袒露自己的内心，但是我们可以在他承受能力允许的前提下，利用军人不能逃避和违反命令的先决条件，为他设置一定的“交往障碍”，让他为了克服这些障碍必须与别人进行接触和交流，否则就完不成任务，使其在克服一个又一个障碍的基础上逐渐认识自己的价值和能力，在与人交往时由被动变为主动。为此连里组织了两项活动，一是班际篮球赛。规定每个班必须上两名新战士，三班总共有两名新兵，所以王强必须上场。由于三班整体实力比较强，最终获得了冠军。篮球赛结束后，三班沉浸在胜利的喜悦中，连排领导还专门到三班祝贺，并称赞王强技术好，敢拼抢，使王强在无形中有一种被认可的感觉。二是演讲比赛。三班在班长的鼓动下，一致推举王强作为三班代表参赛，并且获得了表演奖。在进行障碍设置时，考虑了王强的心理承受能力和实际工作能力，并注意了障碍设置的密度和难易程度，以免使其误认为是故意整他，和他过不去，而产生逆反和抵触心理，使问题恶化。此外，在疏导对象克服障碍时，应该给予适当的鼓励和肯定，使其树立自信心。

(3)介入引导。在心理疏导对象已初步建立了宽容和信任，不再对周围的人心存戒备之后，心理疏导主动介入，全面引导。其目的是引导他学会通过别人的态度认识自己；引导他正确培养和认识自信、自控和自尊；引导他学会尊重别人。当介入引导时，心理疏导以交友的态度出现，不能居高临下；巧用启发，让其自愿吐露心声；连队、个人和家庭协助配合，发挥综合效益。在对王强进行引导时，动员其父母来信向他讲明父母虽然离异了，但双方依然是爱他的；离异的原因是因为双方感情不和，已经失去了共同生活的基础，让王强理解父母的选择。须注意的问题是，切记不能在时机和条件不成熟时介入，引导时，要由他信得过的领导和战友出面。

(4)扩大交往。引导的最终目的是消除封闭，以健康的心态与领导和战友交往。社会心理学认为，在人际交往中，行为、情绪、认识这三个因素是一个可控的调节系统。人际关系的优劣，受双方情绪、行为、认识三个因素的制约。因此，心理疏导过程中，要注意连首长、排班骨干的自身言行，使王强感到已经受到别人良好的评价和对待，受到了领导的重视，促其主动与别人交往。经过几个阶段的引导，使王强的人生态度有较明显的改变，战友间的交往逐渐趋于正常。

与王强情况不同的是，有些战士因随和而受到人际关系之累。有位战士小张，大家都说他是个随和的人，愿意和他交往。可小张自己却有苦衷，面对战友们的一些要求，有时虽然很不情愿，却抹不开情面地应承下来。

评析　学会说“不”的确是我们生活中一项必不可少的内容。一位在美国的中国外交官把一句英语也不会说的孩子送到当地的幼儿园，幼儿园老师教给孩子的第一句英语是：“No”，目的是让孩子学会在新的环境中能够准确地、鲜明地表达自己的情感。结果，这个孩子很快适应了陌生的环境，开开心心。爸爸妈妈悬着的心也放下了。为什么要学会说“不”呢？因为人都有追求，有追求就离不开选择。“是”或“不”是选择过程中的必要表达。然而，由于中国人大都喜欢随和者，所以不少人为了获得别人的好感而一再放弃自己的意见，没勇气说“不”，尽管心里很别扭。不情愿地把“不”变成“是”，你内心的委屈和压抑等不良情绪会逐渐积累，因为不能按照自己的意愿行事，影响了自我价值的实现。还因为别人误解了你的真实感受，真是无奈。长此以往，必丧失自我、缺乏个性。渐渐地，别人会忽视你的存在，减少了对你的尊重。特别是遇到原则问题，如果不能坚持原则，极易造成不良后果，于己于人更不利。

对策 那么，该怎样改变现状，对愿意向他人提要求的人说“不”，有效地进行自我维护、掌握对自己生活的支配权呢？

建议小张有意识地做些情景练习。可以先将一些拒绝的方式记在脑子里，自我演练，比如对喜欢找人做伴的人说：“对不起，我还有事情要做。”对经常借钱不还的人说：“很抱歉，我现在没零钱。”完成好练习，日常生活中再碰到类似的情况，就能够比较自然地表达自己的意思了。

其实在学习和运用拒绝方式的过程中，在从不敢说“不”到能够说“不”的转变中，也就在进行性格的塑造和矫正了。

【案例 10】

压抑的他需要心理宣泄

刘小阳知道自己步入军营是多么的不容易：高考因三分之差而落榜，参军到部队希望能考上军校或学会开车。为了父母的嘱托，也为了自己的未来，到部队后他比其他的战士刻苦得多。课间操间隙、午休、自习……一切可以利用的时间他都用来钻研功课。可是，考试的结果不理想，他未被选拔成旅里的参考人员，这使得好强的他难以承受。他，变得消沉了……

评析 情绪是人们对客观事物是否符合自身需要的态度体验。对于符合我们需要的事物，我们会感到满意、愉快，这是积极的情绪体验；对于不符合需要的事物我们会感到不满、愤怒、沮丧、悲痛，这是消极的情绪体验。消极情绪若得不到及时疏导和释放，对于我们的身心健康和学习、训练效率，都会产生不利的影响。

心理学研究表明，人一旦有消极情绪，应当学会宣泄而不是压抑。宣泄似乎是个贬义词，其实不然，它是今天心理疏导的一个重要组成部分，是一种重要的心理调节方法。军人也是凡人，有自己的喜怒哀乐，有表达自己情绪的需要，也有选择情绪释放方式的自由，大可不必因为顾及所谓“形象”而过分压抑自己。选择合理、适度的方式发泄消极情绪，哪怕有些方式看起来有些莫明其妙，只要无伤大雅，尽可以使用。

对策 那么，如何合理地宣泄消极情绪呢？

1. 自我排解

当消极情绪产生时，自己想办法调节。自我排解有很多方式。

(1)痛哭一场。哭是人类的一种本能，是不愉快情绪的直接外在流露，也是释放情绪的良方。研究发现：伤心时会产生与人的紧张情绪有关的神经传导物质，它有害人体健康，但如果此时能任其泪雨滂沱，伤心的泪水便会将这些有害的物质排出体外，痛苦和悲伤也会随之得到缓解。流过泪的人都有这样一种体验；哭过之后，有一种如释重负之感，心情似乎变得轻松了。

因此，遇有大的委屈或不幸时，不妨痛哭一场，然后擦干眼泪，振作精神，重新投入生活。

(2)记日记。当工作受挫、受到不公正对待、遭人误解、婚恋失败、厄运降临时，可把感受、认识诉诸笔端，或理智分析各种原因，找出经验教训，或与日记中的"我"对话，劝慰、安抚现实中痛苦的"我"。

(3)音乐调节。音乐是人的情绪、情感的一种表现方式，通过它，既可以表现人的情绪、情感，也可以帮助人宣泄情绪、情感。每个人可以根据自己的情绪状况，选择相应的音乐来调节自己的情绪状况。如忧郁烦恼时可以听那些意境广阔、充满活力、轻松愉快的音乐；失眠时可以听宁静优雅的音乐；情绪浮躁时可以听悠闲清爽的音乐。除了听这种方式外，有时自己高歌几曲也能起到同样的甚至更好的作用，当人们有不满情绪积压在心中时，歌曲的旋律、歌词激起的情感共鸣及唱歌时有节律的呼吸与运动，都可缓解紧张情绪。

(4)转移注意。不想那些伤心的人和事，有意识地从事其他活动，将注意力暂时转移。如做一些自己十分感兴趣的工作，参加自己喜爱的活动，看一些娱乐性较强的杂志、书籍、电影、电视节目等，以加强积极的情绪体验，逐渐摆脱灰色心境。积极参加体育运动，可以增加人们对外界的适应力与抵抗力，使人的心理得到调节，思想得到澄清，于不知不觉中释放消极情绪，从而达到既健身又健心的目的。

2.求助于他人

(1)向亲朋好友倾诉。个人的心理承受力是有限的，所以，当遭遇不幸时，不要暗自生气、忧伤，独自品尝生活的苦酒，而应当学会向亲人、朋友倾诉，以获得别人的同情、劝导、安慰和帮助，这可以有效地平息愤怒、减轻痛苦、解除焦虑，使不快心境及时得到缓解和调整。正如人们常说的"一个痛苦两人分担，痛苦就减轻了一半"。不过，这里有一点要特别注意：一定要选择交往较深、善解人意、有一定见识的亲人朋友作为倾诉对象。如此才能保证自己能从倾诉过程中获益，否则可能受到进一步的伤害。

(2)求助于心理咨询机构。随着社会的发展，人们对心理困扰不再遮遮掩掩羞于启齿，而是大大方方求助于心理机构，如心理门诊、心理热线、情绪发泄中心等。心理疏导能运用所掌握的专业知识，帮助求助者分析目前的处境，并提供劝告、安慰、指导和帮助。由于心理疏导遵循价值中立、不批评、尊重求助者等原则，求助者在心理疏导面前，不必顾虑，可以尽情宣泄不良情绪，想说就说，想哭就哭，想攻击时可利用中心提供的任何道具作为假想敌对之怒吼、痛击一番(当然也可采用自我排解，如猛击沙袋、被子等)，这样，求助者一方面可以暂时减轻心灵痛楚，以便积蓄力量日后应付危机；另一方面，可在心理疏导的帮助下认清自我，提高应付挫折和不幸事件的能力。

当然，合理宣泄只是调节消极情绪的权宜之计，若要从根本上调整情绪，最终还得从思想认识上下工夫，如树立正确的世界观、人生观，拓宽心胸；改变认识事物的方法和不合理的认知结构，学会从多角度看问题；保持乐观的人生态度和不断进取的精神状态，不因暂时的失意而消沉气馁。此外，也应该注意争取、维护自己的正当权益。忍辱负重诚然可贵，但一味退缩、忍让并不可取，一则会损害自己的合法合理权益，二来会使自己因一再受挫而情绪低落并丧失自信心。

【案例 11】

怎样对待怨恨情绪

三排长很富有开拓精神，年终总结时在全排真正实行了“奖勤罚懒”。可一天晚上，在总结大会上受了批评的九班长对排长一阵骂骂咧咧：“哼！你为啥要整我？你才混上个绿豆芝麻大的官儿，有啥了不起！”很显然，这是一种怨恨情绪。

评析 情绪是多因素的组合体，所有的心理问题最终都是通过不良的情绪体现出来的。人的情绪是一种心理表现，伴随着情绪活动有一系列的表情动作和生理变化，如紧张、烦躁、忧郁等。情感反常、喜怒无常都会影响神经系统的正常活动，从而引起植物神经系统功能的失调和新陈代谢障碍而发生疾病。在生活中这还会影响官兵正确认识事物，产生消极后果。因此，只有学会有效地控制自己的情绪、管理自己的情绪、优化自己的情绪，才能够成为心理健康的人。

对策 如何有效地优化情绪呢？

(1)培养较高的情商。随着社会经济转型期的到来，人们都在争取跻身社会中最优的位置，都在力争实现自己最高的期望值，都具有很强烈的发展自己的愿望。在这种动机的支配下，人们就会采取各种各样的行动，以期实现自我。行动有可能成功，也有可能失败，于是，相应地就会产生积极或消极情绪。人们能否有效地管理自我情绪，营造良好的情绪氛围，要看其是否具备了较高的“情商”。

情商是衡量情感智力的参照指数。情感智力包括五方面内容：了解自己情感的能力、控制自己情感的能力、了解他人情感的能力、控制他人情感的能力、自我激励的能力。情感智力的高低将关系到一个人在今后的个体自我成长中成功与否。在现代社会中，人际交往技能已变得越来越重要。例如，有两个学生，一个功课好，一个功课虽不如前者，但毕业进入社会后，发展得却比前者好。这就由于后者在人际交往方面具备较强的情感智力的因素。而反面最著名的例子，就是在美国发生的“卢刚事件”。卢刚由于处理不好嫉妒情绪，不能正确看待自我，导致了伤人也害己的惨痛悲剧。在市场经济时代，人的生存质量更加决定于个人实力的竞争。在这种情况下，人们的情绪控制，正确看待失败与成功的自我认知能力，就显得特别重要。比如说，一个公司招聘 10 个人，但报名竞争的就有 1 000 个，那么大多数人必然是失败者。如果应聘者不能正确对待这次失败，他下次还能坦然地面对再一次的招聘机会吗？如果处理不当，这个人的人生前景也许就很灰暗。因此，对于当今世界上的每一个人来说，学会有效地控制自己的情绪，培养较高的情感智商，是社会发展和国家建设的需要，也是自我建设的当务之急。

(2)注重人际交往中的观察与交流。在相互交流中，人们往往主要依靠听取和分析对方的语言来获得信息。其实，人的身体语言更能传达出许多信息及暗示。比如，一个人的手势、眼神、声调等，都可以透露出其真实的感受。仔细观察这些，可以与对方达到心领神会的境界，便于及时地领会他人的需求。另外，当人处于各种负性情绪时，也需要相互的交流。通过语言与理解自己的人交流，是情绪得以缓解的有效手段。因为，向亲朋挚友倾诉内心的苦闷，可以使不良的情绪得以发泄，压抑的心境得以缓解，还可能获得更多的情感支持和理解，获得认识和解决问题的新思路，增强克服困难的信心。

(3)培养乐观的态度，学会调节自己的情绪。一个人如果能够注意培养和发展自己的业余爱好，进行多方面的自我娱乐活动，如打拳、听音乐、聊天、散步等，就可以在寂寞孤独、烦闷抑郁中，使身心获得有益的休整和放松。从神经生理学角度来讲，自我娱乐，培养乐观的态度，能使心情转换，能使大脑化学物质刺激作用得以改变，使愤怒的高激活量得到释放，使压力的紧张度得到缓解。这些活动对人的意义，不仅在于消遣，更重要的是对人有调节情绪的作用。越是竞争性强、生活节奏快的社会环境，这些调节情绪的方法就越受到重视。

(4)学会正确认识自身的情绪。人对自己要有自我认识，特别要认识自己的精神状态，它包括智慧能力、情感智力、个性习惯等。对自己的情绪状态有所了解，并不是说知道自己这星期发了几回怒，哭了几回，而是要了解自己的情绪处于怎样的状态，即是什么心境或心情，知道为什么发怒，为什么哭泣，从而产生自省，进而调节情绪和行为。很多人对自己的心境是无意识的。而有自我意识的人就懂得："这个星期，我情绪比较低落，我要想办法调整。"能做到这一点，就会使自己在大多数时间里保持良性的情绪状态。

(5)学会妥善地管理情绪。情绪管理必须建立在自我认知的基础上，在正确认识自我情绪的前提下，要学会掌握管理情绪的技巧，像如何自我安慰，如何摆脱焦虑，如何克制愤怒等。同时，还要学会自我激励。成就任何事情都要靠情感的自制力，而保持高度热忱是一切成就的动力。这需要不断给自己制定目标，并以满腔热忱去实现它。如果一个人情绪波动不定，患得患失，喜怒无常，处在不良的情绪状态中，而自己又不会调节和控制，就会导致心理失衡和心理危机，甚至精神错乱。因此，要维护和保持心理健康就必须学会对情绪的自我控制。

【案例 12】

如何用橡圈疏导强迫心理？

某女，13 岁，中学生。两年中一见男性(不论年龄)即产生可能要与他谈恋爱、结婚的想法，虽明知不可能，但脑内反复思考不已，无法控制，以致影响生活与学习。另外到商店去或在门口经过，便产生害怕被售货员说少付了钱的想法，明知不会，但亦不可控制，以致怕去商店。病前个性好静，喜欢看书。体格检查除长得较高大外，无异常。诊断为强迫症(强迫性思虑)。应用橡圈厌恶心理疏导法。在左手腕上套一橡圈，要求当见到男性或经商店出现上述强迫观念时，即拉弹橡圈至有痛觉，并计算拉弹次数，直到强迫观念消失为止。每日并需作记录。结果第 1 周每天出现上述强迫观念 3～6 次，前 3 天拉弹橡圈 30～50 次强迫观念才消失，后 3 天拉弹 3～5 次即可消失。第 2 周每天出现强迫观念平均 2 次，拉弹橡圈 2～5 次即消失；第 3～6 周，平均每天约有 1 次强迫观念出现，拉弹橡圈 5～10 次即消失。从第 9 周起强迫观念不再出现，橡圈亦脱掉(病人称橡圈是“救命圈”)，偶有轻微关于性的想法，能很快自己控制而消失。以后追踪观察 3 个月，强迫现象无复发。

参考文献

[1] 总政治部宣传部.全军心理服务工作座谈会文件材料汇编[M].北京:军事谊文出版社,2009.
[2] 卡劳塞维茨.战争论[M].北京:商务印书馆,1978.
[3] 总政治部宣传部.军人心理学[M].北京:国防大学出版社,2003.
[4] 王淑兰,杨永明.青年心理学概论[M].西安:陕西师范大学出版社,1986.
[5] 郭炎华.外军心理训练研究[M].北京:国防大学出版社,2002.
[6] 徐书同,李权超.军事应激心理学[M].北京:军事医学科学出版社,2002.
[7] 黄希庭.心理学[M].上海:上海教育出版社,1997.
[8] 黄希庭.简明心理学词典[M].合肥:安徽人民出版社,2004.
[9] 雷雳,张雷.青少年心理发展[M].北京:北京大学出版社,2003.
[10] 钟友彬.认识领悟疗法[M].贵阳:贵州教育出版社,1999.
[11] 汤宜朗,许又新.心理咨询概论[M].贵阳:贵州教育出版社,1999.
[12] 张亚林.行为疗法[M].贵阳:贵州教育出版社,1999.
[13] 徐俊冕,季建林.认知心理治疗[M].贵阳:贵州教育出版社,1999.
[14] 许又新.心理治疗基础[M].贵阳:贵州教育出版社,1999.
[15] 刘晓琨,徐东,董永.军人作战训练心理指南[M].北京:军事谊文出版社,2002.
[16] 邱鸿钟,梁瑞琼.应激与心理危机干预[M].广州:暨南大学出版社,2008.
[17] 钱铭怡.心理咨询与心理治疗[M].北京:北京大学出版社,1994.
[18] 季建林,赵静波.自杀预防与危机干预[M].上海:华东师范大学出版社,2007.
[19] 杨德森,赵旭东,肖水源.心理和谐与和谐社会[M].上海:同济大学出版社,2009.
[20] 梁宝勇,等.精神压力、应对与健康——应激与应对的临床心理学研究[M].北京:教育科学出版社,2006.
[21] 樊富珉,费俊峰.青年心理健康十五讲[M].北京:北京大学出版社,2006.
[22] Gilliland B E,James R K.危机干预策略[M].肖水源,等,译.北京:中国轻工业出版社,2000.
[23] 叶奕乾,何存道,梁宁建.普通心理学[M].上海:华东师范大学出版社,2008.
[24] Windy Dryden.改变的理由——理性情绪行为疗法操作指南[M].聂晶,译.北京:中国轻工业出版社,2009.
[25] 杨东,吉沅洪.使用罗夏墨迹测验[M].重庆:重庆出版社,2008.
[26] 荆其诚,傅小兰.心·坐标——当代心理学大家[M].北京:北京大学出版社,2008.
[27] 黄希庭.人格心理学[M].杭州:浙江教育出版社,2002.
[28] 孔汪周,令新晓,智建虹.社会心理学新编[M].沈阳:辽宁人民出版社,1987.
[29] 时蓉华.社会心理学[M].杭州:浙江教育出版社,1998.
[30] 车文博.西方心理学史[M].杭州:浙江教育出版社,1998.
[31] 车宏生,王爱平,卞冉.心理与社会研究统计方法[M].北京:北京大学出版社,2006.
[32] 威廉.萨哈金.社会心理学的历史与体系[M].贵阳:贵州人民出版社,1991.

[33] 宋岭梅，孙振声.教育统计学[M].武汉：湖北教育出版社，1985.

[34] Reuven Gal，David Mangelsdorff.军事心理学手册[M].苗丹民，译.北京：中国轻工业出版社，2004.

[35] 金瑜.心理测量[M].上海：华东师范大学出版社，2005.

[36] 张理义，严进.临床心理学[M].北京：人民军医出版社，2008.

[37] 凌文辁，方俐洛.心理与行为测量[M].北京：轻工业出版社，2003.

[38] 余天兵，季明宏.创新军事心理训练理论与实践 提高心理服务工作科学化水平[M].北京：蓝天出版社，2010.

[39] 宋华淼，张鹏.军人心理疏导理论与方法[M].西安：第四军医大学出版社，2003.

[40] 肯尼迪 C H，左尔莫 E A.军事心理学：临床与作战中的应用[M].贺岭峰，等，译.北京：解放军出版社，2010.

[41] 傅安球.实用心理异常诊断矫治手册[M].上海：上海教育出版社，2001.

[42] 第二炮兵军训部.心战为上——部队心理战教育训练基本知识读本[M].北京：解放军出版社，2010.

[43] 李零.吴孙子发微[M].北京：中华书局，1997.

[44] 《武经七书》鉴赏编委会.武经七书[M].北京：军事科学出版社，2002.

[45] 总政治部联络部.美军政治性工作研究论丛：4 辑[M].北京：解放军出版社，2010.

[46] 总政治部联络部.美军政治性工作[M].北京：解放军出版社，2009.

[47] 于汝波.孙子兵法研究史[M].北京：军事科学出版社，2001.

[48] 韩秋凤，刘勇，王明山.心理训练理论与实践[M].北京：国防大学出版社，2003.

[49] 王振兴，吕登高.高技术条件下心理战概论[M].北京：军事科学出版社，2001.

[50] 高光智，王光保，钱永才.军人心理学与应用[M].合肥：安徽人民出版社，1998.

[51] 总政联络部.美军战斗精神研究[M].北京：解放军出版社，2010

[52] 李国骏，王晓军.军队心理服务工作实用知识[M].西安：西北工业大学出版社，2011.

[53] 武怀堂，左军占.心理战实用知识[M].北京：军事科学出版社，2006.

[54] 严瑜.心理测量与人才评鉴[M].北京：人民出版社，2008.

[55] 童辉杰.常见心理障碍评估与治疗手册[M].上海：上海教育出版社，2007.

[56] 程正方.现代管理心理学[M].北京：北京师范大学出版社，2004.

[57] 梅锦荣.心理学基础[M].北京：北京师范大学出版社，2010.

[58] 桑志芹，邓旭阳.大学生心理素质训练[M].上海：上海教育出版社，2006.

[59] 樊富珉.团体心理咨询[M].北京：高等教育出版社，2005.

[60] 郝唯学，李川云.军人心理咨询理论与技术[M].济南：黄河出版社，2005.

[61] 严进，李宝军.外军心理卫生工作现状及发展趋势[R].北京：全军医学心理学专业委员会第七次学术交流会.2007.

[62] 肖浩海，陈兴圆.外军心理训练特点研究[J].军事体育进修学院学报，2007(2).

[63] 李权超，于中原.外军实施心理战对开展心理防护工作的启示[J].解放军预防医学杂志，2007(2).

[64] 逯记选.美军非战争军事行动中心理防护研究[J].政工学刊，2010(2).

[65] 班定军.美军在多种军事行动中的心理防护措施[J].国防科技，2010(5).

[66] 迟星北.信息化条件下美军应对战场恐惧症研究[J].军队政工理论研究,2007(2).
[67] 陈松海.伊拉克战争中美军战场心理疾病对我军的启示[J].解放军预防医学杂志,2007(5).
[68] 姚萍,钱铭怡.北美心理健康服务体系的培训与管理状况[J].中国心理卫生杂志,2008(2).
[69] 黄希庭,郑涌,等.关于中国心理健康服务体系建设的若干问题[J].心理科学,2007(1).
[70] 徐华春,黄希庭.国外心理健康服务及其启示[J].心理科学,2007(4).
[71] 蔡春明,李娜.努力增强基层官兵心理疏导工作的实效性[J].军队政工理论研究,2010(5).
[72] 许翔杰.努力提高基层政工干部心理服务工作能力[J].军队政工理论研究,2010(4).
[73] 彭文胜,杨国斌.第二炮兵部队心理卫生工作现状分析与思考[J].解放军预防医学杂志,2006(4).
[74] 宋永健.新形势下我军心理服务机构的工作目标和内容[J].人力资源管理,2010(12).
[75] 庞世伟,等.加强军队心理服务工作人才队伍建设的思考[J].职业时空,2011(7).
[76] 空军政治部宣传部.抗震救灾对非战争军事行动心理服务工作的启示[J].军队政工理论研究,2008(5).
[77] 王连水,倪合良.推进军队心理服务工作创新发展的几点思考[J].军队政工理论研究,2010(4).
[78] 杨晋陵.从"三个纳入"入手搞好心理服务[J].解放军健康,2001(1).
[79] 赵琳,等.俄军心理服务工作[J].军队政工理论研究,2010(3).
[80] 李权超,等.论外军战斗应激反应控制原则与策略[J].临床身心疾病杂志,2010(5).
[81] 蔡春明,等.努力增强基层官兵心理疏导工作的实效性[J].军队政工理论研究,2010(5).
[82] 刘庆峰,等.地震救援军人创伤后应激症状发生的相关因素[J].中国心理卫生杂志,2009(7).
[83] 杨莲珍.加强军队心理服务的队伍建设[J].军队政工理论研究,2004(1).
[84] 姜勇,等.某部抓好心理服务工作的主要做法[J].东南国防医药,2008(4).
[85] 曹春霞,等.维稳执勤官兵心理现状分析与对策[J].中国急救复苏与灾害医学杂志,2010 (5).
[86] 易晓阳,等.自助式军人心理服务系统的研制与应用[J].西南军医,2004 (5).
[87] 王应立.现代战争对军人心理健康的影响及防治对策[J].解放军预防医学杂志,2003(6).
[88] 李权超,等.多样化军事任务中军人心理应激的应对与管理[J].现代医院,2010(11).
[89] 张理义.战争性心理应激的防治[J].解放军健康,2001(1).
[90] 李晓龙,等.军事心理训练人才队伍建设浅谈[J].军事交通学院学报,2011(4).

后　记

2009年，笔者在基层部队代职期间，通过与基层部队官兵交谈得知：基层部队官兵面临的心理压力很大，存在心理问题的人员不少，对心理服务工作的需求十分迫切，但在多数基层部队还没有专职的心理服务人员，多数单位也没有建立心理咨询室、心理宣泄室、心理测评室等开展心理服务的场所，开展心理健康知识普及教育工作的也不多。面对这种巨大而强烈的反差，笔者萌生了要写一本有关基层部队心理服务工作的专业书籍的强烈冲动，并进行了大量的准备工作。但因条件受限，这一想法一直未能付诸实现。直至2011年3月，在2110工程和第二炮兵工程学院科研部的支持下，笔者的研究获得了专项资金资助，才有机会出版此专著。笔者从2011年4月开始动笔写作，经过8个多月的紧张工作，终于完成了这部书稿的写作工作，压在心底里的愿望终于实现了。

在此，要衷心感谢第二炮兵工程大学首长、科研部领导和机关的同志，没有首长、机关的关心支持，就不可能有这部著作的诞生！同时也要感谢基层部队广大官兵和政教室的领导，没有他们的鞭策、指导和鼓励，也不可能完成这部著作。还要衷心感谢参考文献中涉及的研究者们，正是他们的研究成果为笔者提供了宝贵启示与参考。衷心希望首长、机关、基层部队广大官兵、军校学员多提宝贵意见，以令作者进一步修改、完善。

著　者

2011年12月